Vita Arnoldi archiepiscopi Moguntinensis

Die Lebensbeschreibung des
Mainzer Erzbischofs Arnold von Selenhofen

Klöster als Innovationslabore

Studien und Texte

Im Auftrag der Heidelberger Akademie der Wissenschaften
und der Sächsischen Akademie der Wissenschaften zu Leipzig

herausgegeben von
Gert Melville · Bernd Schneidmüller · Stefan Weinfurter

Band 2

Vita Arnoldi archiepiscopi Moguntinensis

Die Lebensbeschreibung des Mainzer Erzbischofs Arnold von Selenhofen

Edition, Übersetzung und Kommentar

Herausgegeben von
Stefan Burkhardt

unter Benutzung der Vorarbeiten von
Stefan Weinfurter

unter Mitarbeit von
Thomas Insley

SCHNELL + STEINER

Abbildung der vorderen Umschlagseite: 2. Siegel Erzbischof Arnolds von Selenhofen, Hauptstaatsarchiv Wiesbaden, Abt. 29 Nr. U 3.

Zitiervorschlag: Vita Arnoldi archiepiscopi Moguntinensis. Die Lebensbeschreibung des Mainzer Erzbischofs Arnold von Selenhofen. Edition, Übersetzung und Kommentar, hg. von Stefan Burkhardt unter Benutzung der Vorarbeiten von Stefan Weinfurter und unter Mitarbeit von Thomas Insley (Klöster als Innovationslabore. Studien und Texte 2), Regensburg 2014.

Dieser Band entstand aus dem Forschungsschwerpunkt »Klöster im Hochmittelalter: Innovationslabore europäischer Lebensentwürfe und Ordnungsmodelle«, einem Gemeinschaftsprojekt der Heidelberger Akademie der Wissenschaften und der Sächsischen Akademie der Wissenschaften zu Leipzig. Er wurde im Rahmen des gemeinsamen Akademienprogramms von Bund und Ländern (Union der deutschen Akademien der Wissenschaften) mit Mitteln des Bundesministeriums für Bildung und Forschung und des Ministeriums für Wissenschaft, Forschung und Kunst des Landes Baden-Württemberg gefördert.

Bibliografische Informationen der Deutschen Bibliothek
Die Deutsche Bibliothek verzeichnet diese Publikation in der
Deutschen Nationalbibliografie; detaillierte bibliografische Daten
sind im Internet über http://www.dnb.dnb.de abrufbar.

1. Auflage 2014
© 2014 Verlag Schnell & Steiner GmbH, Leibnizstraße 13, 93055 Regensburg
Satz: Vollnhals Fotosatz, Neustadt a. d. Donau
Umschlaggestaltung: Anna Braungart, Tübingen
Druck: Erhardi Druck GmbH, Regensburg

ISBN 978-3-7954-2940-9

Alle Rechte vorbehalten. Ohne ausdrückliche Genehmigung des Verlags
ist es nicht gestattet, dieses Buch oder Teile daraus auf fototechnischem oder
elektronischem Weg zu vervielfältigen.

Weitere Informationen zum Verlagsprogramm erhalten Sie unter:
www.schnell-und-steiner.de

VORWORT

Die Lebensbeschreibung des Mainzer Erzbischofs Arnold von Selenhofen in einer kommentierten Neuedition mit Übersetzung vorzulegen und somit eine der wichtigsten Quellen zur Geschichte des hochmittelalterlichen Mittelrheingebiets der Forschung und einer geschichtlich interessierten Öffentlichkeit zu erschließen, wurde in den letzten Jahren durch das Forschungsprojekt „Klöster im Hochmittelalter: Innovationslabore europäischer Lebensentwürfe und Ordnungsmodelle" an der Heidelberger Akademie der Wissenschaften ermöglicht.

Der Heidelberger Akademie, die das Vorhaben in herausragender Weise unterstützte, und der begleitenden interakademischen Kommission unter Vorsitz von Herrn Prof. Dr. Eike Wolgast (Heidelberg) und Herrn Prof. Dr. Wolfgang Huschner (Leipzig), die stets mit Rat und Hilfe zur Verfügung stand, sei an erster Stelle gedankt. Mein herzlicher Dank gebührt sodann Herrn Prof. Dr. Stefan Weinfurter, der die Arbeit immer wieder – und nicht zuletzt durch die Überlassung seiner Vorarbeiten – förderte und die Edition gemeinsam mit Herrn Prof. Dr. Bernd Schneidmüller und Herrn Prof. Dr. Gert Melville in die Reihe „Klöster als Innovationslabore" aufnahm.

In Heidelberg waren insbesondere Herr Thomas Insley M.A., aber auch die Projekthilfskräfte Frau Rabea Blinn, Frau Leonie Exarchos M.A. und Frau Teresa Röger eine große Hilfe. Herr PD Dr. Tino Licht (Heidelberg) half durch seine stete Bereitschaft, Fragen mittellateinischer Feinheiten zu klären. Herrn Prof. Dr. Ernst-Dieter Hehl (Mainz) sei für viele Gespräche zur Mainzer Kirchengeschichte gedankt.

Die Mitarbeiter und Mitglieder der Zentralkommission der MGH begleiteten das Vorhaben durch vielfältigen Ratschlag. Für seine Hilfe sei insbesondere Herrn Prof. Dr. Hartmut Hoffmann herzlich gedankt. Professionelle Hilfestellung leisteten nicht nur die Mitarbeiter der Würzburger Universitätsbibliothek, der Wissenschaftlichen Stadtbibliothek Mainz, der Universitätsbibliothek Frankfurt und des Hessischen Hauptstaatsarchivs Wiesbaden. Auch die Zusammenarbeit mit dem Verlagshaus Schnell und Steiner verlief dank Herrn Dr. Albrecht Weiland und Herrn Martin Vollnhals reibungslos und angenehm.

Heidelberg, im Herbst 2014   Stefan Burkhardt

INHALT

Einleitung 9
  1. Die Verfasserfrage 9
  2. Entstehungszeit und -ort 13
  3. Intention und Aufbau 13
  4. Quellen und Vorlagen 21
  5. Sprache und Stil 22
  6. Quellenwert 24
    Personen 24
    Örtlichkeiten 30
    Ereignisse 31
  7. Überlieferung 41
    Handschriften 42
  8. Editionsprinzipien 43
    Textgestaltung und Variantenapparat 43
  9. Quellen und Literatur 44
  10. Abkürzungen und Siglen 51

EDITION UND ÜBERSETZUNG

*Vita Arnoldi archiepiscopi Moguntinensis –
Die Lebensbeschreibung des Mainzer Erzbischofs
Arnold von Selenhofen* 51

REGISTER

  Stellenregister 197
    Bibel 197
    Spätantike und mittelalterliche Literatur 199
  Register der Personen, Orte und Worte 203

EINLEITUNG

1. Die Verfasserfrage

Die Vita des Mainzer Erzbischofs Arnold von Selenhofen kann als eine der bedeutendsten Quellen zu den Herrschaftsidealen und der Herrschaftspraxis eines staufischen Reichsbischofs gelten[1]. Als eine der wenigen überlieferten Quellen beleuchtet sie auch die Geschichte des Mainzer Erzbistums und der Stadt Mainz in der zweiten Hälfte des 12. Jahrhunderts. Bereits kurz nach ihrer Entdeckung durch Johann Friedrich Böhmer fand die Vita das Interesse der Forschung[2]. Die von Theodor Ilgen aufgeworfene Frage nach der Echtheit der Vita und seine These einer Fälschung des Werks im 17. Jahrhundert wurde durch Amandus G'sell widerlegt[3]. Offen blieb jedoch lange Jahre die Frage nach dem Verfasser des Werks, der sich selbst in der Vita nicht nennt. In den letzten Jahrzehnten gab es einige Versuche, ihn zu identifizieren.

Der Verfasser muss entweder selbst im engsten Umfeld Arnolds gewirkt oder mit diesem Umfeld in engem Kontakt gestanden haben. Nur so lassen sich die Mengen an Einzelheiten erklären, die einen guten Teil des Wertes der Vita ausmachen: Informationen zur Person und Politik Arnolds, zum erzbischöflichen Hof und seinen Personen. Aber auch die sonstige Detailfülle der Vita ist beachtlich und lässt auf eine langjährige Tätigkeit des Verfassers im Umfeld Arnolds schließen: Sein unmittelbarer Wirkungskreis war wohl Mainz und Umgebung, hier erreicht die Liebe zu Einzelheiten und zu recht genauen landschaftlichen Beschreibungen, etwa des Jakobsklosters in Mainz[4], ein hohes Niveau. Der restliche Bereich der Erzdiözese wird hingegen eher beiläufig erwähnt, etwa die Lage erzbischöflicher Burgen oder des Rheinübergangs bei Bingen[5]. Die Erzählungen der Alpenüberquerung und der Seereise Arnolds sind deutlich durch Stilisierungen geprägt, hingegen sind die Schilderungen der durch das kaiserliche Heer in

---

1 Vgl. zur Vita NOHLMANNS, *Vita Arnoldi*; ILGEN, *Kritische Beiträge* und die Entgegnung bei G'SELL, *Die Vita*. Vgl. auch die grundlegenden Informationen in WATTENBACH/SCHMALE, *Deutschlands Geschichtsquellen 1*, S. 136–138 und WEINFURTER, *Gernot von St. Stephan*. Vgl. zu den dort geschilderten Ereignissen GÖRICH, *Die Ehre des Erzbischofs*; WEINFURTER, *Konflikt und Konfliktlösung* und WEINFURTER, *Der Mainzer Erzbischof*. Vgl. zu Arnold selbst BAUMBACH, *Arnold von Selenhofen*; GERLICH, *Arnold von Selenhofen*.
2 Vgl. zu dieser frühen Rezeption G'SELL, *Vita I*, S. 29f.
3 ILGEN, *Kritische Beiträge*; G'SELL, *Die Vita*.
4 *Vita* c. 67.
5 *Vita* c. 65.

Italien verursachten Zerstörungen, der Bestürmung Cremas und des dortigen kaiserlichen Lagers[6] wieder sehr detailreich und lassen möglicherweise auf Augenzeugenschaft schließen. Die unter anderem in den Gesta Friderici *geschilderten „großen" Ereignisse der frühen Barbarossazeit, die die Aufmerksamkeit der Geschichtswissenschaft auf sich zogen, – der Kampf gegen Mailand, die Doppelwahl von Viktor und Alexander und die Synode von Pavia – finden ebenso Erwähnung[7]. Zu diesen Detailinformationen tritt jedoch auch eine bestimmte Art der Überformung der Ereignisse, die tiefere Einblicke in das geistige und geistliche Umfeld eines Reichsbischofs der mittleren Stauferzeit, aber auch Rückschlüsse auf den Verfasser erlaubt.*

Ein benediktinischer Hintergrund des Verfassers der Vita ist eher unwahrscheinlich. Sicherlich taucht in der Vita ein Abt in einer Szene kurz vor der Ermordung Arnold als Fürsprecher des Erzbischofs auf[8]. Ob in diesem Abt aber auch der Verfasser der Vita zu sehen ist, scheint fraglich. So wird die Abtei St. Alban zwar in der Vita erwähnt, jedoch nicht an herausgehobener Stelle[9]. Auch blieb die Abtei St. Alban zwar über die Jahrhunderte grundsätzlich eine angesehene und ausgesprochen wichtige stadtmainzische Institution. Allerdings war St. Alban nicht mehr – wie in der Ottonenzeit – das geistig-liturgische Zentrum des Reiches[10].

Gegen eine genuin benediktinische Prägung der Vita kann auch eingewendet werden, dass in der Vita kaum die Regula Benedicti zitiert wird[11]. Die Vita ist gegenüber dem traditionellen Mönchtum sogar recht negativ eingestellt, wie sich an der Schilderung des Abtes von St. Jakob ablesen lässt[12]. Allein die Schottenmönche sind davon ausgenommen. Oft rekurriert der Verfasser auf bestimmte Personengruppen – Witwen, Waisen, Arme, Pilger – die es ihm erlauben, Arnold in einem traditionellen Rollenbild, als mildtätigen Erzbischof, erscheinen zu lassen[13]. An zwei bedeutenden Stellen der Vita werden auch Schottenmönche angeführt. Sie umgeben Arnold während seiner Regierung, sie sind unter den Wenigen, die ihn bestatten[14]. In der Vita kann man ebenso Elemente schottemönchischer

---

6 Vita c. 31, c. 51 und 52.
7 Vita, c. 32 und c. 46.
8 Vita c. 86.
9 Vita c. 57, c. 59.
10 SCHMID, Die Abtei St. Alban, S. 42–85.
11 G'SELL, Vita II, S. 375.
12 Vgl. Vita c. 72 zur Gleichsetzung des Abtes von St. Jakob mit Judas.
13 Vgl. unten, Abschnitt 3. Intention und Aufbau.
14 Vita c. 4. Die Schottenmönche werden auch später in c. 98 als eine der Gruppen genannt, die sich um den Leichnam Arnolds sorgten. SCHÖNTAG, Untersuchungen, S. 299/147 bemerkt, dass es nur um das Jahr 800 Nachrichten zu zwei Schottenkirchen in Mainz gibt. Vgl. zu den Schottenmönchen auch knapp G'SELL, Vita II, S. 358f.

Spiritualität, wie etwa die starke Betonung der peregrinatio *und die Betonung der Askese, erkennen*[15].

Allerdings findet sich keine Zitation genuin schottenmönchischer Werke, wie etwa der Vita Mariani. *Es ist somit wahrscheinlich, dass die Vita im Zusammenhang mit den Schottenmönchen steht, aber nicht von einem Schottenmönch abgefasst wurde. Als Lösung könnte sich anbieten, dass die Vita recht rasch nach der Ermordung Arnolds in einem Schottenkloster abgefasst wurde*[16]. *Richten wir unseren Blick auf die nachgewiesenen Niederlassungen der Schotten im engeren Bereich der Mainzer Diözese, so fällt das Erfurter Schottenkloster ins Auge. Für Erfurt sprächen auch andere Gründe, auf die gleich noch einzugehen ist.*

Als Alternative zu einer Abfassung der Vita im monastischen Bereich bleibt eine Herkunft des Verfassers aus dem klerikalen Milieu. Die Vita trifft zu solchen Personen keine spezifischen Aussagen. Allerdings werden doch zwei Personenkreise hervorgehoben: zum einen die Kleriker, die Arnold stets als Wächter seiner Tugendhaftigkeit umgeben hätten[17] – *sie sind wahrscheinlich mit den erzbischöflichen Kapellanen gleichzusetzen. Dass der Verfasser zu diesem Kreis gehörte, wird durch die korrekte Reihenfolge und die Hochschätzung der liturgischen Gewänder Arnolds untermauert, die für einen im Chordienst erfahrenen Geistlichen sprechen*[18]. *Vielleicht verbirgt sich der Verfasser hinter jenem* pauper, *dem Arnold in der brennenden Kirche des Klosters St. Jakob in Mainz zufällig begegnete und dem er unter anderem seinen Bischofsring übergab*[19]. *Dort hatte Arnold ja* quosdam cappellanos sacerdotes circa se[20]. *Gerade den Ring – der neben dem Stab ja die erzbischöfliche Würde symbolisierte – übergab ein zum Sterben bereiter Kirchenmann nicht irgendjemandem, sondern demjenigen, dem er auch die* memoria *anvertraute.*

Zum anderen werden aber auch die Angehörigen des Stiftes St. Maria ad gradus *erwähnt und zusammen mit den Arnold begleitenden Klerikern an prominenter Stelle – anlässlich der Sorge um die Bestattung des Ermordeten hervorgehoben*[21]. *Für* St. Maria ad gradus *stellte Arnold kurz vor seiner Ermordung auch einige Urkunden aus, die über mit die bemerkenswertesten, persönliche*

---

15 Vgl. unten, Abschnitt 3. Intention und Aufbau.
16 Vgl. hierzu BURKHARDT, Konflikte um das Neue, insb. S. 13–19.
17 Vita c. 17.
18 Vita c. 20. Vgl. auch die Stelle der Vita in c. 43, die sehr gut zum Habitus eines Kapellans bzw. Notaren passt: Ipsa sacrata indumenta et omnem templi decorem, privilegia antiquitatis, ecclesie librarias et antiquarias destruxerunt, et tamquam margaritas porcorum vestigiis exesas cuncta sui populatus lugubres ad Deum mittebant mugitus.
19 Vita c. 88.
20 Vita c. 83.
21 Vita c. 99.

Beziehungen suggerierenden Arengen des 12. Jahrhunderts verfügen: Dem heutigen Leser drängt sich geradezu der Eindruck auf, als sei der Erzbischof von einer tiefen persönlichen Krise geprägt gewesen, die er gegenüber dem Stift zum Ausdruck brachte[22]. *Zum Zeitpunkt der Ermordung Arnolds war Christian von Buch Propst von St. Maria ad gradus. Er wurde bei der zwiespältigen Bischofswahl nach dem Tod Arnolds gegen den Kandidaten der Mörder Arnolds, Rudolf von Zähringen, durch die ehemaligen Unterstützer Arnolds gewählt*[23]. *Eine Herkunft des Verfassers aus diesem Stift drängt sich geradezu auf, allerdings ergeben sich keine weiteren Hinweise auf eine Verbindung des Verfassers zum Stift St. Maria ad gradus.*

Eine andere Spur scheint hier vielversprechender: Der Verfasser der Vita war mit der Sphäre des gelehrten Rechtes in Kontakt gekommen und wusste um die Anwendung entsprechender Kenntnisse. Hierfür sprechen nicht nur einige Zitationen des Decretum Gratiani, sondern auch Formulierungen der Vita, die die Weihe Arnolds[24], *lehn- und volksrechtliche Fragen*[25], *Fragen des kanonischen Rechts*[26], *sowie Fragen des Verfahrensrechts*[27] *betreffen. Ebenso zitiert der Verfasser aus der Bibel, klassischen Autoren und verschiedenen Werken der Patristik, verfügte über liturgische Kenntnisse*[28]. *Dies spricht für eine fundierte Ausbildung des Verfassers der Vita und eine langjährige Anwendung seines Wissens in der Auseinandersetzung mit der Welt. Der Eindruck, dass es sich bei dem Verfasser der Vita um einen in der Kanzlei tätigen Weltgeistlichen gehandelt haben könnte, verfestigt sich bei einem Blick auf eine Stelle der Vita, in der im Duktus der Urkundensprache festgehalten wird: ut eorum omnis malignandi adimeretur occasio*[29]. *Deutlich wird dieser Hintergrund des Verfassers bei einem Vergleich der, zum Teil wörtlichen, Parallelen zwischen der Vita und den Urkunden, die im Namen Arnolds ausgestellt wurden*[30]. *Diese Parallelen untermauern die These von Stefan Weinfurter, dass es sich bei dem Verfasser der Vita um den erzbischöflichen Kapellan und Notar, sowie späteren Scholaster von St. Stephan in Mainz, Gernot handelte*[31]. *Gernot diente über mehrere Jahrzehnte den Mainzer Erzbischöfen als Urkundenschreiber. Insbesondere für Arnold von Selenhofen fertigte er Urkunden*

---

22 BURKHARDT, *Mit Stab und Schwert*, S. 190.
23 BURKHARDT, *Mit Stab und Schwert*, S. 76f.
24 Vita c. 9.
25 Vita c. 15 und c. 28.
26 Vita c. 54.
27 Vita c. 41.
28 Vgl. unten, Abschnitt 4. Quellen und Vorlagen.
29 Vita c. 66 mit Anm. 396.
30 Vgl. WEINFURTER, *Verfasser*, S. 330–333.
31 Vgl. WEINFURTER, *Verfasser*.

aus. Deutlich werden in einigen der von ihm ausgefertigten Urkunden auch seine Kenntnisse des kanonischen und römischen Rechts[32]. Aufgrund dieser Indizien ist Gernot mit hoher Wahrscheinlichkeit als Verfasser der Vita anzusehen.

2. Entstehungszeit und -ort

Mit der Verfasserfrage auf das engste verbunden ist die Frage nach Entstehungszeit und -ort. Die Vita muss recht rasch nach der Ermordung Arnolds abgefasst worden sein. Zum einen wird in der Vita Papst Victor IV. († 1164) noch als lebend geschildert[33]. Zum anderen ist das Strafgericht Barbarossas über die Stadt Mainz in Reaktion auf die Ermordung Arnolds noch nicht erfolgt[34]. Ebenso scheint es, als sei der Verfasser seit der Ermordung Arnolds nicht mehr in Mainz gewesen: Informationen zu den folgenden Wirren finden sich nicht. Vielmehr bricht die Vita recht unvermittelt mit der Bluttat ab[35]. Man vergleiche demgegenüber nur die Schilderungen im Chronicon Moguntinum, das die auf die Ermordung Arnolds folgenden Ereignisse schildert[36].

Möglicherweise hat das seine Ursache darin, dass der Verfasser der Vita als Parteigänger Arnolds Mainz verlassen musste, da dort nun die Gegner Arnolds die Macht übernommen hatten. Die Opposition gegen die Mörder Arnolds sammelte sich nicht in Mainz, sondern in Erfurt. Hier wurde eine erste ermittelnde Versammlung abgehalten, hier wurde Christian von Buch zu einem der neuen Erzbischöfe gewählt[37]. Vielleicht hielt sich auch der Verfasser der Vita zu dieser Zeit in Erfurt auf.

3. Intention und Aufbau

Aufgrund der internen Kriterien kann man der Vita eine dreifache Funktion zuschreiben: Erstens ist die Vita ist eine Anklageschrift. Sie diente offensichtlich dazu, die Schuldigen am Tod Arnolds zu benennen und ihr Verbrechen in der Erinnerung zu verstetigen. Grundsätzlich steht zwar die gesamte Metropole unter Anklage, wenn der Verfasser der Vita die Stadt Mainz an mancher Stelle

---

32 Vgl. etwa MUB II 244, S. 442: Quia ergo secundum decretales paginas et imperiales constitutiones tricennalis prescriptionis obiectio actori silentium imposuit.
33 Vita c. 46ff.
34 Vgl. unten, Abschnitt 6. Quellenwert – Ereignisse.
35 BURKHARDT, Mit Stab und Schwert, S. 252.
36 Chronicon Moguntinum, S. 690–693.
37 BURKHARDT, Mit Stab und Schwert, S. 76f.

verteufelnd personifiziert[38]. *Klar wird jedoch ein bestimmter Personenkreis vor allem ministerialer Herkunft markiert: die beiden Söhne des älteren Meingot, Meingot der Jüngere und Embricho, Reinbodo von Bingen und Gottfried von Eppstein, sowie Abt Gottfried von St. Jakob und der als erster auf Arnold einschlagende Helmger*[39].

Zweitens ist die Vita auch eine Schrift, die implizit für diejenigen Partei nimmt, die das Andenken Arnolds wahren wollen. Die Verteidiger Arnolds bleiben jedoch eigentümlich unbestimmt, manifestieren sich nur in der Figur seines ebenfalls ermordeten Bruders Dudo[40]. *Sonstige Unterstützer vermag oder will der Verfasser nicht nennen. Vielleicht hat die mangelnde Erwähnung von Anhängern Arnolds auch damit zu tun, dass dessen Parteiung nach den Kämpfen erheblich geschwächt war. Allein die Kanoniker des Stiftes St. Maria ad gradus und die Schottenmönche werden hervorgehoben, sie sorgten auch für die Bestattung Arnolds nach dessen Ermordung. Nicht genannt werden hingegen die Domkanoniker und die Angehörige anderer Mainzer Stifte und Klöster.*

Drittens ist die Vita eine Verteidigungsschrift im Kampf um die Erinnerung Arnolds mit dem Ziel der liturgisch verstetigten Memoria. Die Vita will in den Worten des Verfassers „auf Geheiß der Nächstenliebe" den Märtyrer Arnold von Selenhofen „der Nachwelt aller Gläubigen" bekanntmachen, „damit nicht sein Leben und Ende in Schweigen verblasse oder durch Vergessen gänzlich untergehe"[41]. *Arnold sollte also aufgrund seiner Heiligkeit, seiner vorbildlichen Lebensweise memoriert werden. Die dargestellten Ideale oder Handlungsweisen des Erzbischofs scheinen jedoch auf Ablehnung sowohl bei der Ministerialität als auch bei Teilen des Dom- und Stiftsklerus gestoßen zu sein. Hier muss der Verfasser der Vita Vorwürfe entkräften und den Leser überzeugen.*

Weshalb aber sollte der Ermordete als heilig gelten? Die Vita ist insofern ein Werk des 12. Jahrhunderts, als sie dem Ethisch-Religiösen den Vorrang vor der Schilderung von Wundern gibt.[42] *Arnold hatte vor und nach seiner Ermordung kaum Wunder vollbracht. In den Worten der Vita wurde Arnold „durch das eigene Blut rot gefärbt und getauft […] Aus dem Fürsten, dem Erzbischof, dem Priester machten sie einen Märtyrer Christi und einen Zeugen des Glaubens in Ewigkeit"*[43]; *Arnold habe sich für seine Kirche geopfert*[44]. *Und in symbolistischer Manier wird Arnold durch den Verfasser der Vita nicht nur mit dem Heiligen*

---

38 *Vita c. 69 und c. 79.*
39 *Vita c. 33, c. 35, c. 36, c. 42, c. 44, c. 61, c. 86, c. 87, c. 93.*
40 *Vita c. 77, 87.*
41 *Vita c. 1.*
42 Vgl. ANGENENDT, *Grundformen der Frömmigkeit*, S. 31–33.
43 *Vita c. 94:* eo proprio rubricato baptisatoque cruore, de principe, de archipontifice, de sacerdote martirem Christi testemque fidelem in eternum fecerunt.

3. Intention und Aufbau

seines Todestages – Johannes dem Täufer – gleichgesetzt[45]. In seinen letzten Stunden wird der Erzbischof auch geradezu ununterscheidbar zum Christus passus[46]. *Der lange Leidensweg Arnolds bis zu seinem Tod wird auch deshalb ausführlich geschildert, da man „im guten Sterben die Güte des ganzen Lebens gespiegelt" sah[47]. Die Stilisierung der Ermordung Arnolds von Selenhofen zum Martyrium konnte ihre Anregung im Officium des Heiligen Willigis haben, wenn dort die Klage erhoben wird:* quamvis non sint condigne passiones huius temporis ad futuram gloriam, quae revelabitur in nobis[48].

Es ist aber nicht nur der Tod Arnolds, auf dem die Vorbildlichkeit und Erinnerungswürdigkeit des Erzbischofs beruht. In der Vita finden sich auch ausgesprochen deutliche Stilisierungen Arnolds zu einem Erzbischof, der den spezifischen Anforderungen des Amtes in besonderer Weise entspricht: der Verteidiger und Mehrer der Rechte der Mainzer Kirche gegenüber Mit(erz)bischöfen, Papsttum und Diözesanen, der treue Gefolgsmann des Königs, der Asket in Nachfolge des Mainzer Erzbischofs Willigis.

Arnold wusste laut der Vita den Bestand der Rechte der Mainzer Kirche gegenüber seinen Mitbischöfen und dem Papsttum durchzusetzen. Daraus resultiert das hohe Ansehen Arnolds bei den Universalgewalten und den weltlichen Großen[49]. In Pavia war Arnold in der Schilderung der Vita denn auch von großem Glanz umstrahlt, „und wie er das Ansehen des ganzen deutschen Klerus im Augenblick jenes Tages durch den Glanz seiner Tugend berühmt gemacht hat, das darf niemals durch den Lauf der Zeit dem Gedächtnis der Guten entfallen"[50]. Mit

---

44 Vita c. 82 und c. 83. Vgl. zum Opfer Christi ANGENENDT, *Grundformen der Frömmigkeit*, S. 45: „Im Christentum wurde der Tod Jesu als geistiges Opfer gedeutet, als Lebenseinsatz und Hingabe ‚für die vielen' (Mk. 14,24; Mt 26,28) [...] Die Deutung des Todes Jesu als Heilsgabe hatte zwei Aspekte: einen sühnenden (Jesu Tod tilge Sünden) und einen heilsschaffenden (er vermittle ewiges Leben) [...] Die Kommunizierenden sollten die Gestalt Jesu Christi leibhaftig in sich aufnehmen, um daraufhin auch selber dessen Lebensweise zu verwirklichen und zwar nach zwei Richtungen hin: zur Bezeugung des Gotteswortes und zur Hilfe dem Nächsten".

45 Vita c. 94. Auch die Eingangsworte der Vita verweisen – über die Zitation der Tagesliturgie – auf den Täufer.

46 Vita c. 15, c. 63, c. 78, c. 81, c. 83, c. 90, c. 94. Vgl. auch die Szenen mit dem Abt Gottfried von St. Jakob, dem alter Iudas (c. 72), dem Arnold verleugnenden Petrus und dem ihn verlassenden Diener. Arnold stirbt an einem Freitag – diei, qua mundi salus in cruce pependit (c. 80) – noch dazu am Festtag Johannes des Täufers; außerdem bleibt auch Arnold drei Tage lang unbegraben. Vgl. ebenso den Gigas-Bezug in c. 83 – Ps. 18,6 wurde oft in Entsprechung zu Christus gesehen. Vgl. zum Christus passus ANGENENDT, *Grundformen der Frömmigkeit*, S. 37.

47 ANGENENDT, *Grundformen der Frömmigkeit*, S. 95.

48 Officium et miracula sancti Willigisi, S. 31.

49 Vgl. Vita c. 7 und c. 25.

50 Vita c. 58: et quomodo omnem Theutonicum clerum in articulo diei illius sue virtutis fulgore nobilitarit; nulla temporis mobilitate a bonorum mentibus debet excidere.

seinem eigenen Rang wahrte Arnold in den Augen des Verfassers der Vita auch den Rang der Mainzer Kirche in der Universalkirche. Arnold war in der Darstellung des Verfassers päpstlicher Legat für das Reich nördlich der Alpen – eine Annahme, die so nicht stimmt, aber möglicherweise die Selbstwahrnehmung widerspiegelt[51]. Neben diesen Rechten der päpstlichen Legation definierte ebenso die Vielzahl der Suffragane den hohen Rang des Mainzer Hirten, wie der Verfasser der Vita verdeutlicht[52]. Auch die für Mainz so wichtigen Weiherechte gegenüber dem Würzburger Bischof konnte Arnold wahrnehmen[53].

Darüber hinaus schmückte Arnold in den Worten des Verfassers und ganz im Sinne der vita activa die Mainzer Kirche durch Kirchenbauten und Güterkäufe. Er suchte die Ausstattung der Mainzer Kirche wieder herzustellen und zu verteidigen[54]. Als vorbildlich habe sich Arnold, so der Verfasser der Vita, auch bei der inneren Reform der Mainzer Kirche durch Synoden und die Entfernung unliebsamer Amtsträger erwiesen[55]. Gerüstet sei Arnold gegen die böse gesonnenen Angehörigen der eigenen Kirche vorgegangen[56]. Arnold führte gleichsam einen gerechten Krieg, er „führte die Waffen für das Haus Gottes gegen die Gottlosen, für das Gesetz seines Gottes gegen die Kirchenschänder, für den Schutz der Armen und Waisen gegen die Räuber"[57]. Entscheidend sei für ihn die Wahrung bzw. Wiederherstellung der Rechte und Güter der Mainzer Kirche gewesen[58].

Diese Güter setzte Arnold aber auch anderweitig ein: Wenngleich in der Darstellung der Vita scheinbar widerwillig, leistete Arnold seinen Kriegsdienst für Barbarossa[59]. Die Vita schildert eindrücklich die Bemühungen Arnolds um eine gute Ausrüstung, Gottgefälligkeit und strenge Disziplin des Mainzer Kontingents. Er erweist sich so als vorbildlicher geistlicher Kriegsmann[60]. Als Begrün-

---

51 *Vita c. 22*: Quanta vero lucta de Maguntine ecclesie nobilitate certarit, ne cuiuspiam vicini peregrina diffinicio eius libertatem, qualibet potestate nacta, deprimeret, nulla debet temporis oblivione deleri. Wie die Verleihung der apostolischen Legation an Hillin von Trier in der Umgebung Arnolds von Selenhofen perzipiert wurde, zeigt die Schilderung des Erfolges Arnolds in c. 25. Vgl. hierzu die kritische Einordnung der Ereignisse in Vita, Anm. 201.
52 *Vita c. 9*: Quippe Maguntina sedes et in suffraganeis gloriosa et in principibus est nobilissima et hominibus et rebus ditissima et in potestate et dicione amplissima. Ei namque obedit Saxonia et Thuringia, Franconia et Asia, Suevia, Boemia et Moravia.
53 *Vita c. 43.*
54 *Vita c. 12.*
55 *Vita c. 10.*
56 *Vita c. 8.*
57 *Vita c. 13*: Hic pro domo Dei contra impios, pro lege Dei sui contra sacrilegos, pro pauperum pupillorumque tutamine contra predones.
58 *Vita c. 9 und c. 11.*
59 *Vita c. 27.*
60 *Vita c. 31 und c. 32* schildern Arnold alternierend als fähigen Befehlshaber und treusorgenden Kirchenmann.

dung für den Kriegsdienst des Erzbischofs gebraucht der Verfasser der Vita das Wort vom Geben an Kaiser und Gott[61]. *Das ist aber nur ein Teil der Wahrheit: Durch den Reichsdienst wurde nämlich auch die Stellung des Mainzer Erzbischofs im Reich definiert; dieser ist in den Worten der Vita „nach dem Kaiser der erste der Fürsten"*[62].

Daraus resultiert in den Augen der Vita auch die Verpflichtung Friedrich Barbarossas, zum Schutz des Mainzer Erzbischofs einzugreifen und „das kaiserliche Schwert" zu führen, „das zur Bestrafung von Übeltätern, aber zum Lob der Vortrefflichen getragen wird"[63]. *Wiederholt wird diese Ansicht der kaiserlichen Schutzherrschaft auch später in der Vita, wenn hinsichtlich der Mainzer Verbrechen Barbarossa in einer Urkunde spricht, es müsse „so wie das Schwert des Schmerzes angesichts der Verwegenheit eines so großen Verbrechens und angesichts einer derart sühneheischenden Lasterhaftigkeit uns im Innersten getroffen hat und bis tief in unser Herz eingedrungen ist, das Schwert der Gerechtigkeit selbst, das Schwert der Rache, das wir aus göttlicher Vorsehung zur Züchtigung der Übeltäter, zum Lob aber der Guten führen, gegen den Hals der Gottlosen und Übeltäter wüten"*[64]. *Die Mainzer hätten durch ihren Aufstand nämlich „nicht nur den Mainzer Erzbischof, sondern durch seine Person auch das ganze Reich erschüttert und in Unordnung gebracht"*[65].

Arnold selbst war in der Darstellung der Vita aber stets ein friedlicher Kirchenfürst, der zu seinem Martyrium erschien „wie ein Mann des Friedens und ein allermildester Fürst [...] ohne bewaffnete Schar und ohne Kriegsgerät einer Zwangsgewalt, nicht wie ein Feind und Verwüster, sondern wie ein frommer Herr und Freund aller Guten, voller Vertrauen mit wenig Begleitung gleichsam wie in sein eigenes Haus"[66]. *Die Vita umfasst darüber hinaus auch einen ganzen Katalog an Topoi der Klugheit und Besonnenheit ihres Protagonisten, der von einer hagiographischen Schrift erwartet wurde: Arnold sei – entsprechend dem Topos des* puer senex *– ein Jüngling gewesen, der „seinen Sinn nicht auf unbekümmerte*

---

61 Vita c. 30.
62 Vita c. 28: Maguntinus post imperatorem princeps est principum. Vgl. auch Vita c. 4 und c. 27.
63 Vita c. 26: quin gladium imperialem – qui ad vindictam gestabatur malefactorum, laudem vero bonorum – experirentur.
64 Vita c. 55 [= D F I. 289, S. 102]: Quamobrem, sicut gladius doloris pro tanti sceleris ausu et pro tam piaculari flagicio viscera nostra concussit et ipsa precordia nostra prorsus penetravit, sic ipsum gladium iusticie, gladium ulcionis, quem ad vindictam malefactorum laudem vero bonorum ex divina provisione gerimus, in cervicem impiorum et malefactorum desevire oportebat.
65 Vita c. 47: non solum Maguntinum, verum eciam in ipso totum concussissent ac turbassent imperium.
66 Vita c. 68: sicut homo pacis et mansuetissimus princeps [...] non armata manu nec tyrannico apparatu, non ut hostis et depopulator sed ut pius dominus et omnium bonorum amicus, ut in propriam confidentissime domum cum paucis advenit.

Torheiten" richtete, sondern „der Richtschnur der guten Bildung und herausragenden Tat folgte"[67]. *Bewundernd werden Arnolds theologische Bildung und seine biblische Gelehrsamkeit geschildert*[68]. *Fleiß, Weisheit, Klugheit, Demut vor Gott, Sittenreinheit und ehrenhaftes Verhalten, große Beredsamkeit und große Weisheit hätten sich in ihm vereinigt*[69].

Entsprechend sei Arnold bei seinem Amtsantritt auch von seiner Metropole mit offenen Armen empfangen worden[70]. *Allerdings findet sich ebenso der klassische Topos der Bischofsviten, dass Arnold das Amt nicht angestrebt, sich aber im Bewusstsein um die Verantwortung gegenüber den Anvertrauten den schweren Belastungen des erzbischöflichen Stuhles gestellt habe*[71]. *Er habe in Erfüllung seiner bischöflichen Amtspflichten – auch dies ein klassischer Topos – Barmherzigkeit gegenüber den Armen geübt, was ihm den Ruf eines bedeutenden Wohltäters gesichert habe*[72]. *Es sei berichtet worden, dass Arnold christusgleich „jene, die selbst hassen, andere verfolgen und verletzen, seinerseits liebe, ehre und erhöhe" und versöhnungsbereite Feinde wieder aufgenommen habe*[73]. *Der Erzbischof wollte sogar um seiner eigenen Kirche willen das Martyrium erleiden*[74].

Arnold wird darüber hinaus als Asket geschildert. Er habe die „Strenge einer sehr disziplinierten Lebensweise"[75] *verfolgt. In seiner* discipline conversacionis morumque [...] structura *paarten sich Fasten, Nachtwache und Selbstgeiselung mit innigen liturgischen Praktiken*[76]. *Im Kampf stellt die Vita Arnold vor allem in der traditionellen Rolle des Geistlichen agierend dar, der Trost spendet, Mut zuspricht und himmlischen Beistand herbeisehnt, aber nicht selbst zur Waffe greift*[77]. *Die Hochschätzung des priesterlichen Dienstes zeigt sich in der ausführlichen*

---

67 *Vita c. 2:* Qui ab adolescencia sua, bone artis preclarique facinoris normam sectatus, nullis incuriarum ineptiis, quibus huiuscemodi etas solet occupari, animum dedit. Sed, tamquam dominici agminis argumentosa ovis, totus suspensus in Domino, ad sanctarum scripturarum capescendam doctrinam ipse sedulus anhelabat; meditans prophete vaticinantis oraculum, quod, qui docti fuerint.
68 *Vita c. 2.*
69 *Vgl. die weiteren Charakterisierungen in Vita c. 2, c. 12, c. 21.*
70 *Vita c. 7.*
71 *Vgl. das Rechtfertigungskapitel Vita c. 8. Zwei Begriffe häufen sich in dieser Rechtfertigung Arnolds und erweisen ihn als Bischof des 12. Jahrhunderts: zum einen die Sorge um die eigene Ehre und zum anderen die Betonung der „offensichtlichen Wahrheit".*
72 *Vgl. Vita c. 4 und c. 5.*
73 *Vita c. 15:* Iam enim verbum istud in proverbium exiit: quod domnus Arnoldus Maguntinus archiepiscopus, qui ipsum odiunt persecuntur et ledunt, eos diligat honoret et amplificet.
74 *Vita c. 63:* Et ego quoque propter ipsum et ecclesiam suam, ut filii sathane de tanta presumpcione non glorientur, paratus sum et in carcerem et in mortem ire.
75 *Vita c. 6:* Disciplinatissime vite rigorem huiuscemodi tenuit, quod principes omnes eius verebantur presenciam, cessabantque loqui in eius conspectu et digitum superponebant ori suo.
76 *Vita c. 1, c. 6 und c. 19.*
77 *Vgl. die Schilderung in Vita c. 78.*

Schilderung der priesterlichen Gewänder Arnolds durch den Verfasser der Vita[78]. Der priesterliche Dienst wird jedoch nicht als befreiend für Arnold dargestellt: Er musste sich bei Verwicklungen in weltliche Geschäfte kasteien und Buße tun um sich gleichsam zu reinigen[79]. Diese starke Betonung des Priesteramtes in Weltflucht ist ein Charakteristikum der Vita, Kern ihres geistlichen Ideals[80]. Diese asketische Gesinnung Arnolds ist auch einer der Gründe dafür, dass Arnold im Ruf besonderer Vorbildlichkeit stehen solle.

Arnold soll, so der Verfasser der Vita, bei seinen Handlungen stets die Gemeinschaft von Klerikern und Mönchen gesucht haben, die seinen Lebenswandel nicht nur bezeugten, sondern ihm auch selbst als Vorbild gelebter vita communis *dienten[81]. Auf der einen Seite stellt der Verfasser der Vita Arnold dadurch in die Kontinuitäten der Mainzer Traditionslinie des Domklosters[82]: Der Erzbischof lebt in asketischer Gemeinschaft von Tisch und Bett mit Klerikern und Mönchen – ein Lebensmodell, das in der Mitte des 12. Jahrhunderts eigentlich bereits nicht mehr der Realität entsprach. Auf der anderen Seite klingt im dargestellten Ideal des Erzbischofs, sich „von dieser nichtswürdigen Welt loszureißen und als Armer unter Armen im Haus Gottes bei Christus zu wohnen"[83] jedoch auch eine Spiritualität an, die den etablierten Formen der Kirche geradezu entgegengesetzt ist und in ihrer Perspektivierung innovatives Potential besaß. Sie findet sich zeitgleich bei bestimmten Strömungen innerhalb des Klerus, die versuchten, alternative Organisationsformen von Gemeinschaft zu erproben, etwa durch asketisch orientierte Abspaltungen aus Domkapiteln im Rahmen regularkanonischer Bewegungen oder in Anlehnung an zisterziensische Ideale[84]. Diese asketische Spiritualität findet sich aber ebenso und besonders stark bei den Schottenmönchen, die sich gerade im 12. Jahrhundert der Förderung von Teilen des Episkopats erfreuen.*

Geradezu stellvertretend für diese Orientierung stehen erstens die in der Vita deutlich spürbare Distanz des Erzbischofs gegenüber dem hohen Stiftsklerus, zweitens Arnolds Wahl seiner Grabstätte, das Kloster Bronnbach, das außerhalb, wenn auch an der Grenze, des Amtsbereichs des Mainzer Erzbischofs lag[85], sowie drittens die geradezu christusgleich stilisierten Tischgemeinschaft Arnolds mit Armen und Pilgern[86]. Hinter diesen Armen verbergen sich jedoch wohl vor allem

---

78 Vita c. 20.
79 Vita c. 6.
80 Vita c. 17 und c. 63.
81 Vita c. 17.
82 BURKHARDT, Konflikte um das Neue, S. 11–13. Vgl. hierzu auch STAAB, Reform und Reformgruppen, insb. S. 133–142.
83 Vita, c. 17.
84 Vgl. WEINFURTER, Verfasser, S. 319f. Vgl. auch BURKHARDT, Mit Stab und Schwert, S. 453.
85 Vita c. 18.
86 Vita c. 4, c. 5, c. 12, c. 76.

Mönche und Kleriker, die der erzbischöflichen Hilfe bedürfen[87]. *Parallelen zu dieser Gesinnung der Vita finden sich auch in den erzbischöflichen Urkundenarengen: die Absichtserklärung, geistliche Institutionen zu fördern*[88], *das Lob des Lebens in Klausur*[89] *und Weltklagen*[90].

Diese Stilisierung Arnolds bleibt nicht ohne Folgen für die Darstellung: Die Vita weist einige Brüche auf, die typisch für hagiographische Techniken sind. So wird Arnold etwa einmal unbewaffnet geschildert, einen Moment später verfügt sein Gefolge jedoch über Waffen[91]. *Der Erzbischof befiehlt energische Gegenwehr und vertraut im nächsten Moment nur auf die Kraft des Gebets*[92]. *Die Vita schildert auch das aufbrausende Wesen Arnolds, stellt es aber in die Tradition des gerechten Zorns der Bibel*[93]. *Verschiedene andere Quellen werden deutlicher: In einem der Briefe Hildegards von Bingen heißt es, Arnold solle seinen Zorn nicht gegen Hildegard richten und seinen Zorn gegenüber seinen Feinden zu zügeln.*[94] *Wohl im Mai 1154 entstand darüber hinaus eine Stilübung, in welcher Landgraf Ludwig IV. von Thüringen vor Barbarossa über Arnold von Selenhofen klagt, dieser habe ihn aus Neid gegen seine Stellung beleidigt*[95], *und Ludwig werde sich, falls der Herrscher nicht reagiere, gegen Arnold zur Wehr setzen*[96].

Neben der Klage über Arnolds Zorn findet sich in den zeitgenössischen Quellen auch der Vorwurf der erzbischöflichen Prunksucht, den die Vita mit dem Verweis auf den Aufwand zur höheren Ehre Gottes überspielt.[97] Das Chronicon Moguntinum *brachte Arnolds Tod hingegen in Zusammenhang mit seiner Hof-*

---

87 *Vgl. insb. Vita c. 5 und c. 18.*
88 *MUB II 197, S. 361; MUB II 209, S. 378f.; MUB II 217, S. 392f.; MUB II 222, S. 402; MUB II 232, S. 419; MUB II 242, S. 439.*
89 *MUB II 249; MUB II 251.*
90 *Vgl. MUB II 240; MUB II 244; MUB II 251.*
91 *Die Vita spricht in c. 70 von bewaffneten Rittern, die Arnold begleiteten, sich jedoch auf ihre Quartiere in der Stadt verteilt hätten.*
92 *Vita c. 78.*
93 *Vita c. 6.*
94 *MUB II 257, S. 463f. (Spalte W):* Quare abscondis faciem tuam a me quasi in perturbatione iracundię mentis tuę propter mistica verba, quę a me non profero, sed secundum quod ea in vivente lumine video, ita quod sepe illa, que mens mea non desiderat et quę etiam voluntas mea non querit, mihi ostenduntur; sed illa multociens coacta video [...] Et quare zelum habes, quasi triticum excrib[r]es [vgl. Luc 22,31], ita quod superando deicias, quod tibi contrarium est? *Hildegard kündigte Arnold auch seinen nahen Tod an (MUB II 257, S. 464 [Spalte W]:* Surge ergo ad deum, quia tempus cito veniet).
95 *MUB II 205, S. 373:* Vestrę igitur celsitudinis examini conqueror, quod Mogontinus archiepiscopus meo invidus honori inopinata atque ingenti potestate sublimatus contra me preter spem, quam in eum habebam, extollitur; qui licet me dammulam putaverit cornutam.
96 *MUB II 205, S. 373:* me tamen sibi bestiam sentiet, nisi vestro moderamine ab incepto prohibeatur.
97 *Vgl. etwa Vita c. 19 und 20.*

fahrt an der kaiserlichen curia[98], *der Zisterzienserabt Ruthard von Eberbach klagte über die Verschwendungssucht der erzbischöflichen Hofhaltung, die hart mit der Armut seiner Schutzbefohlenen kontrastiere*[99]. *Ruthard ermahnte Arnold dort ebenso, sich vor Schmeichlern in Acht zu nehmen und im Angesicht seiner Machtstellung nicht das Strafgericht Gottes zu vergessen.*

Die Vita gliedert sich in zwei große, asymmetrisch angelegte Teile. Der erste, an Umfang kleinere Teil[100] *schildert das Leben Arnolds bis zu seinem letzten Einzug in das Jakobskloster. Dies ist der Teil, der sich am differenziertesten, vielseitigsten erweist. Inhalt dieser Kapitel ist die Jugend Arnolds und seine Ausbildung, seine Wahl zum Erzbischof, die Schilderung seiner Amtsführung und der Ideale, denen er folgte, die Darstellung der Auseinandersetzungen mit den geistlichen und weltlichen Großen seines Erzbistums, seine Tätigkeit im Dienst von Kaiser und Reich und seine Auseinandersetzungen mit den Geistlichen und Ministerialen der Stadt Mainz. Ein zweiter, längerer Teil*[101] *schildert und stilisiert dann ausführlich den Höhepunkt des Konfliktes: die gewaltsame Erstürmung und Brandschatzung des Klosters St. Jakob und die Verfolgung, das Bangen und die Ermordung Arnolds von Selenhofen.*

4. Quellen und Vorlagen

Gattungsspezifisch macht die Vita Arnoldi vor allem Anleihen aus der Bibel, aber auch aus der Liturgie[102]. *Gerne zitiert der Verfasser die Kirchenväter, etwa die Briefe Gregors des Großen oder die* Soliloquia *des Augustin. Die Werke der klassischen Antike sind ihm bekannt: Vergils* Aeneis[103], *Lukans* Pharsalia[104], *Ovids* Metamorphosen[105] *und der* Catilina *des Sallust*[106]. *Sicherlich sind hierbei Prozesse der Vermittlung über Florilegien nicht auszuschließen, allerdings ist eine persönliche Vertrautheit des Verfassers der Vita mit der* Aeneis *oder Lucans* Pharsalia *wohl anzunehmen. Dies passt zur Tätigkeit des Verfassers als Scholaster ebenso*

---

98 *Vgl. Chronicon Moguntinum, S. 686:* Arnoldus autem primordia sui consecrans praesulatus, purpuram optimam de almaria tollens, sibi fecit vestes, tunicam, sorcotium et mantellum, ut in imperatoris curia gloriosior appareret. Sed omnipotens Deus non diu sustinuit istud nefas.
99 *MUB II 237, S. 429f. Diese Kritik ist nicht – wie etwa bei* Haarländer, *Mainzer Kirche, S. 313f. – auf Erzbischof Adalbert II. zu beziehen. Vgl. Vorbemerkung zu MUB II 237.*
100 *Vita c. 1–69.*
101 *Vita c. 70–99.*
102 *Vgl. etwa Vita c. 53:* aurora spargit polum.
103 *Vgl. etwa Vita c. 49:* Talia perstabat memorans, fixusque manebat.
104 *Vgl. etwa Vita c. 79:* pila minancia pilis.
105 *Vgl. etwa Vita c. 20:* materiam superabat opus.
106 *Vgl. etwa Vita c. 27:* rem militarem virtute animi magis procedere.

wie das Zitat aus den Disticha Catonis[107]. *Für eine juristische Bildung des Verfassers sprechen Übernahmen aus dem Kirchenrecht*[108].

Allerdings stellt die Vita Arnoldi in gewissem Sinn eine Besonderheit innerhalb des Corpus der erhaltenen zeitgenössischen hagiographischen und historiographischen Quellen dar. Es lassen sich keine wörtlichen oder sinngemäßen Zitate aus anderen erzählenden Werken feststellen. Eine Ausnahme bildet hier alleine das Chronicon Moguntinum, *zu dem Verbindungen bestehen. Allerdings jedoch ist wohl eher davon auszugehen, dass hier die zeitliche Abfolge umgekehrt ist und das* Chronicon *auf die Vita als Quelle zurückgriff.*[109] *Dieser Befund mangelnder nachzuweisender Vorlagen kann in zweierlei Hinsicht gedeutet werden: Entweder wollte sich der Verfasser der Vita bewusst von Mainzer Traditionen absetzen oder aber der Befund erklärt sich durch die Überlieferungslage. Aufgrund des großen Quellenverlustes in Mainz*[110] *scheint es wahrscheinlicher, dass nicht mehr beurteilt werden kann, welche regionalen Quellen der Verfasser benutzte.*

Der Verfasser hat jedoch wohl zumindest zwei Quellenarten durchaus intensiv genutzt: Erstens griff er auf eine Art Verzeichnis liturgischer Gerätschaften des Doms zurück, um die ausführliche Schilderung des erzbischöflichen Ornats anzufertigen.[111] *Zweitens hatte der Verfasser auch Zugriff auf Teile des erzbischöflichen Urkundenarchivs: Das Diplom Friedrich Barbarossas D F I. 289 ist alleine durch die Vita Arnoldi überliefert.*[112] *Beide mögliche Quellenarten spiegeln letztlich auch die Herkunft bzw. Tätigkeit des Verfassers der Vita wider: Wie bereits erwähnt, war er wahrscheinlich ein erzbischöflicher Kapellan, der mit der Durchführung von Gottesdiensten und der Sorge für das Urkundenwesen betraut war.*[113] *Hierfür spricht auch die Anteilnahme, mit der der Verfasser über die Verwüstungen des Doms durch die Mainzer berichtet.*[114]

5. Sprache und Stil

Das Latein des Verfassers ist geschliffen bei zitierten Stellen, in den selbst formulierten Teilen wird sein Stil umständlich bis hölzern, mitunter ist der Sinn des

---

107 Vgl. Vita c. 15: meminisse iram post inimicicias.
108 Vgl. etwa Vita c. 89: non iudicat Deus bis in id ipsum.
109 G'SELL, Vita I, S. 81–85, insb. S. 84.
110 Vgl. FALK, Dombibliothek.
111 Vita c. 20. Ähnliche Vorlagen könnte auch der Verfasser des Chronicon Moguntinum gebraucht haben, der recht ausführlich Exponate der Domschatzkammer schildert: Chronicon Moguntinum, S. 678–683. Vgl. hierzu auch BURKHARDT, Mit Stab und Schwert, S. 279f.
112 Vita c. 55.
113 Vgl. oben, Abschnitt 1. Die Verfasserfrage.
114 Vita c. 43.

5. Sprache und Stil

Textes schwer zu erfassen. Dennoch wird deutlich, dass es sich bei dem Verfasser um einen gelehrten Mann gehandelt haben muss. Der Verfasser gebraucht mit Vorliebe Abstrakta, Intensiva und Frequentativa[115] sowie Verstärkungen durch per[116]. Hinzu treten Trikola, wobei die ersten beiden Elemente meist unverbunden sind, das dritte Element durch et/ac/-que angeschlossen wird[117]. Recht häufig kommen auch asyndetische Reihungen vor, etwa um Arnolds Tugenden oder die Verworfenheit der Mainzer zu betonen oder um die Dramatik des berichteten Geschehens hervorzuheben[118]. Teilweise werden diese asyndetischen Reihungen durch Anaphern verstärkt[119]. Das Stilmittel der Anapher tritt auch sehr prominent an einigen anderen Stellen auf[120]. An manchen Stellen werden Antithesen gebraucht, um Arnolds Tugenden hervorzuheben[121]. Diverse personifizierende Wendungen dienen hingegen zur Abwertung der Mainzer[122]. Bei Präpositionen

---

115 G'SELL, Vita II, S. 319f. *Vgl. als weitere Beispiele auch etwa* fluctitantem, commonitabat, minitabant, gestans, dictantes, pollicitantes, rogitans, amplexabatur.
116 *Ebd.*, S. 320. *Vgl. als weitere Beispiele* perfidelem, perarmarat *und* permatura etate.
117 *Vgl. etwa die Kombinationen* manum auxilii misericordie sollicitique tutaminis; sacrilega rapaci et parricidali manu; haberet diligeret et foveret; sicut maximum sapientissimum et ditissimum tocius imperii principem; amplexabatur pascebat et consolabatur; domo patria propriaque sede eum expulissent; occupaverunt armaverunt et incastellaverunt; ut infidelitatis, periurii et sacrilegii ipsorum detestaretur et convinceretur vesania; verbum humilitatis, pacis et omnimode satisfactionis.
118 *Vgl. etwa* Magnus in ingenio, inmensus in consilio, audax erat animo; castus, liberalis, virtutumque omnium emulator magnificus und non paci imperatoris, non festo beatissimi precursoris Domini parcentes; non denique reverenciam ipsius diei, qua mundi salus in cruce pependit – sexta enim erat feria – non sacrata sanctorum loca reveriti, non sancti Iacobi presenciam, non sanctorum sancta; *mit antithetischer Gegenüberstellung Arnolds und der Mainzer:* Hic pro domo Dei contra impios, pro lege Dei sui contra sacrilegos, pro pauperum pupillorumque tutamine contra predones; illi autem, ab omni fidelium eliminati consorcio, contra Deum et ecclesiam, contra dominum et episcopum et pastorem suum, contra iusticiam et equitatem, contra fas et licitum sacrilega rapaci et parricidali manu armabantur.
119 *Vgl.* nulla pax, nulla quies, nulla tranquillitas; quid consilii caperet, quid demum eligeret, quo se absconderet, quo prodiret, quo se verteret, ignorans; pro amicicia, pro fidelitate, pro assistencia, pro devocione, pro tanta anxietate, pro tanto labore et servicio graciam et misericordiam.
120 *Vgl. besonders eindrucksvoll Vita c. 89:* Accedit; utique per immania, que in corpore tormenta pertulerat, a peccatis occultis fide iam expiatus, quia non iudicat Deus bis in id ipsum. Accedit, iam altero martirio laureatus. Accedit sacrificium et oblacio, sed et holocaustum. Accedit victima sacerdos unctus. Accedit, summus pontifex factus in eternum. Accedit; ineffabili tormento iam rubricatus et cauterizatus.
121 *Vgl. etwa die zwei inhaltlich korrespondierenden Trikola in Vita c. 15:* quod domnus Arnoldus Maguntinus archiepiscopus, qui ipsum odiunt persecuntur et ledunt, eos diligat honoret et amplificet. *Vgl. auch insbesondere die Schilderung von Arnolds Zug nach Mainz in Vita c. 69, kurz vor seiner Ermordung:* Unde pietas ad Maguntinam impietatem? pax ad discordiam? humanitas ad inhumanitatem? concordia ad discordiam? homo bonus de bono thesauro ad liberos sathane? pastor, princeps, dominus reverentissimus, unctus et consecratus, summus sacerdos, religiosus, castus et misericors ad sacrilegos, homicidas et crudelissimos?
122 *Vgl. etwa* Maguntina cecitas; Maguntina perfidia; Maguntia detestabilis; Maguntina impietas; abhominabilis Maguntina furia.

liegt oft ein Hyperbaton vor[123]. Gerne gebraucht der Verfasser die am Mittelrhein zu dieser Zeit – etwa im Officium des heiligen Willigis oder bei Hildegard von Bingen – gepflegten Alliterationen[124], auch in Verbindung mit anderen Stilmitteln[125] und Reimprosa[126].

Der Verfasser verfügte über die geistigen und materiellen Möglichkeiten zur Zitation aus Sallust, Ovid, Vergil, Horaz und den Kirchenvätern[127]. Genretypisch ist der liturgisch-biblische „Hintergrundstil", der gleich einem Goldgrund das Geschehen „umschimmert"[128]. Die Vita ist durch ausführliche Zitationen aus der Bibel geprägt, die meist in die Form direkter, predigtartiger Ansprachen Arnolds gekleidet werden. Diese Ansprachen nehmen im zweiten Teil der Vita dann die Form längerer Gebete Arnolds an, sakralisieren und überhöhen das Geschehen zusehends zum Heilsgeschehen. Arnold gleicht sich in seiner vom Verfasser geschilderten Angst, seinem Gottvertrauen, seiner Verlassenheit und seinen Qualen Christus an. Dies entspricht der Grundkonzeption der Vita, die ganz auf das Martyrium Arnolds hin ausgerichtet ist. Diese Ausrichtung wird durch das Stilmittel sich verlangsamender Erzählzeit gestützt: Die Erzählzeit dehnt sich mit fortschreitender Handlung bis zum Stillstand im Augenblick des Martyriums, dann beschleunigt sie wieder bis zur Schilderung der Beisetzung Arnolds.

6. Quellenwert

Personen

Zweifellos gibt die Vita tiefe Einblicke in Raum und Zeit des Wirkens Arnolds von Selenhofen. Sie „bietet uns Zugang zu einer ganz bestimmten bischöflichen Amtsauffassung und Amtsführung, zu Rechtsvorstellungen und zu einem religiösen Programm, wie wir dies in so dichter Form nicht leicht in einer anderen

---

123 *Vgl.* summa cum celeritate; magno cum gemitu; media per viscera; alia per orbis climata; hac in vertigine rerum.
124 G'SELL, *Vita II, S. 321f.*
125 *Vgl. die Verbindungen mit den* figurae etymologicae ut vir virtutum omnium gnarus *oder* cepissent captivassentque *oder* precibus precatibus *oder dem Oxymoron* occisum occiderunt *sowie dem Homoioteleuton* magnificencia munificencia.
126 G'SELL, *Vita II, S. 322f.*
127 *Ebd., S. 323–325.*
128 *Ebd., S. 325–334 und insbesondere S. 331: „Die Bibelverse werden in den seltensten Fällen eigentlich zitiert […] In freier Weise werden Schrifttexte in die Erzählung verwoben. Der Verfasser benutzt die Schriftworte, um s e i n e Gedanken auszudrücken".*

Quelle des 12. Jahrhunderts finden"[129]. Diese Detailinformationen wurden jedoch durch den Verfasser entsprechend seiner Intentionen in erheblichem Maße hagiographisch überformt. Die Vita steht somit gleichsam zwischen Fakten und Fiktionen: Gerade die starke Stilisierung erlaubt aber auch Aussagen zum Bischofsideal des Verfassers.

Die reichsgeschichtlichen Fakten und die Chronologie der Ereignisse können als ausgesprochen zuverlässig gelten. Andere zeitgenössische Quellen bestätigen die Aussagen der Vita. Dennoch werden die Ereignisse in spezifischer Art und Weise dargestellt. So schildert die Vita etwa den Ausbruch des Alexandrinischen Schismas[130], der Zeitpunkt der Abfassung der Vita kurz nach der Ermordung Arnolds wird aber daran deutlich, dass Viktor zweifelsfrei als der rechtmäßige Papst angesehen wird, anderslautende Meinungen und Auseinandersetzungen um die Observanz, wie sie im Laufe der 1160er Jahre üblich waren, finden sich in der Vita nicht. Die Synode von Pavia wird in zweierlei Hinsicht berücksichtigt: als Arena für die Entscheidung von Mainzer Angelegenheiten und als Ort, an dem sich die eindrucksvoll geschilderte Gestalt Arnolds entfalten kann[131].

Zahlreich sind die Nachrichten von Personen, die auch in anderen Quellen zur Reichsgeschichte auftauchen und die Geschicke der Herrschaft Barbarossas nicht unwesentlich beeinflussten. Sie werden jedoch meist neutral bis farblos gezeichnet. So finden etwa Erzbischof Hillin von Trier[132], die (Gegen-)Päpste Hadrian[133], Alexander III. und Viktor IV.[134] Erwähnung. Von den Suffraganen Arnolds wird nur Bischof Heinrich II. von Würzburg gleichsam nebenbei berücksichtigt[135]. Als Freund Arnolds wird Pfalzgraf Konrad von Staufen genannt[136], als sein Unterstützer Herzog Heinrich der Löwe[137]. Als vom Kaiser bestellte Vermittler in der Mainzer Erzdiözese erscheinen einige Personen, die in enger Beziehung zu Worms standen: Graf Simon von Saarbrücken, Walter von Hausen und David von Worms[138].

Nicht ganz so farblos gezeichnet wird der Kaisers selbst. Obwohl er in der Darstellung der Vita auf den verschiedenen Gerichtssitzungen stets zugunsten Arnolds Partei ergreift und sich deutlich von den Gegnern des Erzbischofs distan-

---

129 WEINFURTER, *Verfasser*, S. 317.
130 *Vgl. Vita c. 46.*
131 *Vgl. Vita c. 57 und 58.*
132 *Vgl. Vita c. 22.*
133 *Vgl. Vita c. 25, 46.*
134 *Vgl. Vita c. 46.*
135 *Vgl. Vita c. 43.*
136 *Vgl. Vita c. 52.*
137 *Vgl. Vita c. 64.*
138 *Vgl. Vita c. 55.*

ziert[139], *bleibt der Eindruck des Kaisers zwielichtig. Allzu oft wird Barbarossa durch die Gegner Arnolds genannt, wenn sie ihren Aufstand und ihre Zerstörungen in Mainz und Umgebung durch eine angebliche kaiserliche Duldung legitimieren wollen*[140]. *Dem entspricht auch die anderweitig mitgeteilte Quellennachricht, dass sich Barbarossa durch die Mainzer verbriefen ließ, dass sie nach dem Tod Arnolds nicht mehr ohne seine Zustimmung einen Mainzer Erzbischof wählen würden*[141].

Der Quellenwert der Vita ist vor allem aber auch in regionalgeschichtlicher Perspektive beachtlich, da sich in Mainz und Umgebung aus dieser Zeit kaum weitere narrative Quellen erhalten haben. Viele der Personen, die parallel in den Urkunden der Mainzer Erzbischöfe überliefert sind, finden sich auch in der Vita, allen voran der Vorgänger Arnolds, Erzbischof Heinrich[142]. *Deutlich negativ werden die Feinde des Erzbischofs gezeichnet: zum einen der rheinische Pfalzgraf Hermann von Stahleck*[143], *zum anderen die Gegner Arnolds in der erzbischöflichen Ministerialität. Diese letztere Gruppe wohl untereinander verwandter Personen, die sich um Meingot den Älteren gruppierten, ist außerhalb der Urkunden der Mainzer Erzbischöfe und der Kaiserurkunden praktisch nicht nachweisbar. Allein das* Chronicon Moguntinum *erlaubt es, die Schilderung der einzelnen Personen zu relativieren*[144].

Bereits Meingot der Ältere wird als harter und durchsetzungsfähiger Gegner Arnolds gekennzeichnet, der jedoch in den Augen des Verfassers der Vita auch ein respektables Mitglied der Mainzer familia *war und wohl auch durch Arnold geschätzt wurde*[145]. *Als Söhne Meingots werden in der Vita Embricho und Meingot der Jüngere genannt*[146]. *Sie spielten zusammen mit ihrem Onkel, dem Propst Burchard von Jechaburg, eine entscheidende Rolle im Vorfeld und bei der Ermordung Arnolds, indem sie bei der Abwesenheit des Erzbischofs die Stadt gegen diesen einnahmen und den Sturm auf das Kloster St. Jakob leiteten*[147]. *Alle Drei werden durch die Vita als Angehörige eines Geschlechts gekennzeichnet, das „böse und verworfen[en]" ist*[148]. *Embricho zeichnet die Vita trotz seines Auf-*

---

139 *Vgl. Vita c. 14,*
140 *Vgl. Vita c. 43 und 62.*
141 *Annales Sancti Disibodi ad a. 1157, S. 29:* ipso anno imperator effecerat arte, ut abbates et praepositi et meliores quidam de ministerialibus Moguntinae ecclesiae fidem in manum regis et in manus quorundam amicorum eius darent, ut, cum suus episcopus Arnolds quovis casu defecisset, alium non eligerent, nisi consilio eorum ipse medius interesset.
142 *Vgl. Vita c. 7.*
143 *Vgl. Vita c. 14.*
144 *Vgl.* BURKHARDT, *Mit Stab und Schwert, S. 280–282.*
145 *Vgl. Vita c. 15 und 16.*
146 *Vgl. zu ihnen Vita c. 16, Anm. 134.*
147 *Vgl. Vita c. 33, c. 35, c. 36, c. 79.*
148 *Vgl. Vita c. 44.*

standes allerdings noch zu einem Teil positiv: Er ist derjenige, der das Verhandlungsangebot Dudos, des Bruders Arnolds von Selenhofen, annehmen will, während Meingot der Jüngere Dudo heimtückisch gemeuchelt habe[149].

Ein gewisser Petrus, der als Verwandter der Meingote genannt wird und möglicherweise mit dem in den Urkunden der Mainzer Erzbischöfe später genannten Petrus scultetus gleichzusetzen ist, wird von Arnold ohne Ergebnis als Vermittler angerufen[150]. *Als eigentlicher Anstifter des Aufstandes wird in der Vita der Ministeriale Arnold der Rote geschildert, der in Bezugnahme auf das Privileg Erzbischof Adalberts I. die Forderungen Arnolds ablehnte*[151]. *Arnold der Rote scheint in der Darstellung der Vita allerdings gegenüber den Meingotsöhnen etwas zurückzustehen und wird durch den Erzbischof auch zunächst nicht bestraft*[152]. *Reinbodo von Bingen und Gottfried von Eppstein gehören ebenso zu dieser Gruppe, die als einflussreich geschildert wird, aber keine genauere Charakterisierung erfährt*[153]. *An herausgehobener Position erscheint in der Vita der Ministeriale Werner II. von Bolanden. Zwar spielt er in der Schilderung im Vergleich zu den anderen Exponenten des Aufstandes wie den Meingotsöhnen, Arnold dem Roten oder Reinbodo von Bingen keine so prominente Rolle, findet aber an wichtigen Stellen stets Erwähnung*[154].

Eine weitere Gruppe, die differenzierte Behandlung erfährt, setzt sich aus Angehörigen des hohen Klerus und den stadtmainzischen Äbten zusammen. Abt Gottfried von St. Jakob wird geradezu als Werkzeug des Teufels am schärfsten stilisiert[155]. *Über ihn ist allerdings außer seinen Spuren in den Urkunden der Erzbischöfe kaum etwas bekannt; somit kann auch das Ausmaß und der Grund seiner Feindschaft gegenüber Arnold von Selenhofen nicht mit letzter Sicherheit beurteilt werden. Gottfried war noch unter Erzbischof Heinrich Abt von St. Jakob geworden, ihm übertrug Erzbischof Heinrich auch eine Seelgerätstiftung*[156]. *Ob Gottfried Verwandter der Meingote war, ist umstritten*[157]. *Beim Strafgericht des Kaisers 1163 in Mainz wurde er verbannt, das Kloster St. Jakob aufgehoben*[158].

---

149 Vgl. Vita c. 87.
150 Vgl. Vita c. 84.
151 Vgl. Vita c. 28.
152 Vgl. Vita c. 38.
153 Vgl. Vita c. 61.
154 Vgl. Vita c. 36 und c. 37.
155 Vgl. Vita c. 73 und c. 74.
156 Vgl. SCHÖNTAG, Untersuchungen, S. 300, Anm. 158.
157 *Dafür spricht, dass er offensichtlich Grund hatte, zusammen mit Burchard von Jechaburg, Embricho, dem Sohn Meingots, und Werner II. von Bolanden an den Kaiser zu appellieren (vgl. Vita c. 37).*
158 RI IV,2,2, Nr. 1197.

Die Stellung des Dompropstes Hartmann im Konflikt ist unklar. Hartmann stieg vom Domkantor (1128–1135) zum Domdekan (1135–1142) auf. 1140 wurde ihm die Propstei St. Stephan übertragen, nach der Wahl Erzbischof Heinrichs wurde er auch Dompropst[159]. Auf der einen Seite wird er in der Vita als Teil der Verschwörung gegen Arnold genannt[160]. Auf der anderen Seite erscheint Hartmann ab einem gewissen Zeitpunkt nicht mehr im Kreis der Verschwörer. Vielleicht sprechen aber zwei Tatsachen eher für eine Feindschaft Hartmanns gegenüber Arnold von Selenhofen: Zum einen wurde Arnold nicht im Dom bestattet, sondern im Stift St. Maria ad gradus, zum anderen erscheint Hartmann nach der Ermordung des Erzbischofs nicht mehr in den Zeugenlisten der Urkunden. Ob er wie Abt Gottfried von St. Jakob aus Mainz verbannt wurde oder starb, kann nicht mehr entschieden werden. Laut einem Mainzer Nekrolog starb Hartmann an einem 12. September[161].

Propst Burchard von Jechaburg hingegen, den die Vita als Onkel der beiden Söhne Meingots des Älteren bezeichnet[162], konnte seine Position nach dem Tod Arnolds nicht nur bewahren, sondern auch ausbauen, obwohl er in der Vita als einer der Hauptverschwörer angeklagt wird[163]. Bereits in frühen Jahren wurde Burchard durch Erzbischof Heinrich mit der Propstei des Stiftes Jechaburg betraut. War sein Verhältnis zu Erzbischof Heinrich gut, schien sich die Kooperation mit Arnold von Selenhofen merklich problematischer zu gestalten[164]. Arnold verlieh Burchard 1158 die Propstei des angesehenen Stiftes St. Peter. Darüber hinaus wurde Burchard durch den Erzbischof auch mit einer Art Stellvertretung betraut, deren Kompetenzen er aber möglicherweise überschritt[165]. Vielleicht waren es Burchards gute Beziehungen zu Landgraf Ludwig II. von Thüringen, die ihm nach dem Tod Arnolds seine Propsteien erhielten. 1168 wurde Burchard auch Propst des Stiftes Dorla. Er übte noch mehr als 30 Jahre wichtige Funktionen unter den Nachfolgern Arnolds aus und kann wohl als einer der mächtigsten Männer im Mainzer Erzbistum dieser Zeit gelten. 1196/1197 verstarb er[166].

Die Hintergrundinformationen, die die Vita zu Arnold von Selenhofen selbst bietet, sind nur zum Teil genau. Arnold entstammte höchstwahrscheinlich einer Ministerialenfamilie, die ihren Sitz in dem Mainzer Vorort Selenhofen hatte[167].

---

159 SCHÖNTAG, Untersuchungen, S. 269.
160 Vgl. Vita c. 36. Später war Hartmann Teil der um Ausgleich bemühten Kommission, die zwischen Arnold und der Stadt Mainz vermitteln sollte. Vgl. Vita c. 55.
161 Drei Mainzer Necrologien, S. 63.
162 Vgl. Vita c. 16.
163 Vgl. Vita c. 36, wo Burchard an erster Stelle der Verschwörung genannt wird.
164 SCHÖNTAG, Untersuchungen, S. 140.
165 Vgl. Vita c. 29 und 33.
166 SCHÖNTAG, Untersuchungen, S. 140–142.
167 Vgl. BURKHARDT, Mit Stab und Schwert, S. 31–34.

6. QUELLENWERT

Diese Familie gehörte zweifellos zu der dortigen Führungsschicht[168]. In den erzbischöflichen Urkunden erscheinen mehrere Zeugen, die mit „aus Selenhofen" bezeichnet werden. Die genauen Verwandtschaftsverhältnisse dieser Urkundenzeugen untereinander und zu Arnold von Selenhofen sind jedoch nicht mehr zu klären.

Sicher scheint nur eine Angabe in der Vita, die von dem Bruder des Erzbischofs, dem miles Dudo, berichtet. Weitere mögliche Verwandte sind Helferich, der unter Arnold Vitztum wurde, und Hermann, den wohl Arnold zum Schultheiß ernannte. Beide waren Söhne des Ernst von Selenhofen. Auch Abt Baldemar von Bleidenstadt könnte ein Verwandter Arnolds gewesen sein. Er wird im Codex Laureshamensis als Bruder des Helferich bezeichnet[169]. Die ministerialische Abstammung Arnolds von Selenhofen wird durch die Vita geschickt kaschiert: Sie setzt den Seelenadel der Eltern und des Protagonisten an die Stelle geblütsrechtlicher Nobilität[170].

Arnold wurde wahrscheinlich vor 1100 geboren[171]. Über die Kindheit und Jugend Arnolds ist nichts bekannt; die Vita pflegt hier die Topoi der hagiographischen Gattung. Möglicherweise studierte Arnold im Ausland, hierfür spricht eine Stelle der Vita, nach der Arnold aus dem Ausland zurückgerufen wurde[172]. Es ist unklar, wann Arnold von Selenhofen zum ersten Mal als Zeuge in Mainzer Bischofsurkunden erscheint[173]. Unter König Konrad III. wurde Arnold zunächst Kapellar[174]. In diesem Aufgabenbereichen trat er nicht erkennbar hervor; ebenso wenig als Leiter des Marienstiftes in Aachen[175].

Weitere wichtige Ämter im Bereich des Mainzer Erzstiftes folgten, in den Worten der Vita wurde er „mit vielen ehrenvollen Propsteien und Kirchen zugleich ausgestattet"[176]. 1139 erscheint Arnold als Mainzer Stadtkämmerer[177]. Der Stadt-

---

168 Vgl. etwa die Aufstellung bei KEUPP, Dienst, S. 114/63.
169 Vgl. zu Dudo Vita c. 77 und c. 87. Helferich wird in Vita c. 66 genannt. Versuche, Licht ins Dunkel der Arnoldschen Verwandtschaft zu bringen, unternahmen etwa HAUSMANN, Reichskanzlei, S. 123f. und ZILKEN, Geschichte, S. 107f. Man könnte mit diesen vermuten, dass Arnold der Sohn des Ernst von Selenhofen und Bruder des Helferich, des Hermann, des Wichnand, des Werner und Dudos war. Ein weiterer Verwandter Arnolds war wahrscheinlich Abt Baldemar von Bleidenstadt, ein Bruder von Helferich (Codex Laureshamensis I, Nr. 145, S. 427; vgl. zu ihm SCHMID, St. Alban, S. 70–73). Arnold von Selenhofen ist auch im Nekrolog von Bleidenstadt verzeichnet (Monumenta blidenstatensisa, S. 40: VIII Kal. Julii ob. Arnoldus archiepiscopus). Vgl. auch Vita c. 19, Anm. 161 und die Erwähnung von Bleidenstadt in c. 65.
170 Vgl. Vita c. 2.
171 Vgl. Vita c. 63, in der sich Arnold zum Jahr 1160 als älter als 60 Jahre bezeichnet.
172 Vita c. 3 berichtet: E studio [...] devocatus ad propria. Vgl. hierzu BAUMBACH, Arnold, S. 12 mit Anmerkung 3.
173 Vgl. hierzu BURKHARDT, Mit Stab und Schwert, S. 47f.
174 Vgl. hierzu HAUSMANN, Reichskanzlei und Hofkapelle, S. 93–95.
175 Vgl. MEUTHEN, Aachener Pröpste, S. 30f.
176 Vgl. Vita c. 95: post multis nobilibus prepositutris ecclesiisque simul dotatus.
177 MUB II 12, S. 19.

kämmerer saß zusammen mit ministerialen (Unter-)Kämmerern im Stadtgericht und nahm in enger Kooperation mit der erzbischöflichen Ministerialität wichtige Verwaltungsaufgaben wahr[178]. Darüber hinaus wurde Arnold auch Propst des Stiftes St. Peter und Alexander in Aschaffenburg[179]. Vielleicht beruht auf dieser Tätigkeit seine Kenntnis um das Kloster Bronnbach und seine Intention, dort bestattet zu werden[180]. Außerdem konnte Arnold auch die Propstei des Stiftes St. Peter in Mainz erwerben und erreichte so in der Hierarchie den „dritten Platz" im Erzbistum[181]. 1151 wurde Arnold schließlich Kanzler Konrads III. Diese Ämter Arnolds werden in der Vita zwar nur angedeutet, der Verfasser betont jedoch ihre Bedeutung für das Ansehen und die Autorität Arnolds und den durch seinen Tod eintretenden Verlust[182].

Örtlichkeiten

Der Verfasser beschreibt in der Vita eine beeindruckende Anzahl von Örtlichkeiten. Hierbei ist natürlich an erster Stelle die Stadt Mainz mit ihren kirchlichen Institutionen zu nennen. Der Verfasser verfügte über eine genaue Kenntnis der verschiedenen Kirchen, ihrer Traditionen und ihrer Stellung im Gefüge des Erzbistums[183]. Er muss längere Zeit in Mainz gelebt haben. Der Verfasser kennt den Dom und den Aufbewahrungsort der verschiedenen Paramente gut, aber auch den Bereich der bischöflichen Pfalz um das heutige Höfchen[184]. Die Wohnung des Dompropstes und der Hof des Propstes von St. Peter sind ihm ebenso ein Begriff wie die Kirche St. Maria ad gradus[185]. Auch das Kloster Dalheim findet Erwähnung[186]. Um Genauigkeit ist er hinsichtlich der Beschreibung des Klosters St. Jakob bemüht[187]. Es finden sich in der Vita aber auch andere Orte der Mainzer Erzdiözese und angrenzender Diözesen: Bingen[188], Amöneburg[189], Bleiden-

---

178 *Vgl. zum Amt* FALCK, *Mainz im frühen und hohen Mittelalter, S. 134–136.*
179 *MUB II 29, S. 55.*
180 *Vgl. Vita c. 18. Vgl. hierzu* BURKHARDT, *Mit Stab und Schwert, S. 55.*
181 *Die Vita Arnoldi nennt das Stift* nobilissimam Maguntine ecclesie preposituram *(Vita c. 29). Vgl. zum Rang von St. Peter* WALDECKER, *Zwischen Kaiser, S. 158; St. Peter war mit das älteste Mainzer Stift (*KLASSERT, *St. Peter, S. 11).*
182 *Vgl. Vita c. 4 und c. 95.*
183 *Vgl. etwa seine Kennzeichnung der Propstei des Stiftes St. Peter mit dem „dritten Platz im Erzbistum" (vgl. oben, Anm. 181).*
184 *Vgl. Vita c. 43.*
185 *Vgl. Vita c. 36 und c. 99.*
186 *Vgl. Vita c. 18.*
187 *Vgl. Vita c. 67.*
188 *Vgl. Vita c. 44, 65.*
189 *Vgl. Vita c. 65.*

stadt¹⁹⁰, *Kloster Bronnbach¹⁹¹, Franken und der Fluss Werra¹⁹² sowie Seligenstadt¹⁹³. Diese Orte der weiteren Umgebung werden jedoch bereits nicht mehr so detailliert wie Mainz selbst geschildert.*

Die zweite Region, die in der Vita ausführliche und recht differenzierte Behandlung findet, ist Italien: Die Alpenpässe wecken das Interesse des Verfassers¹⁹⁴; die politische Lage, die durch die Italienpolitik Barbarossas entstand, wird aber nur kurz erwähnt¹⁹⁵, der Verfasser geht auf die klimatischen Bedingungen wie den kalten Nordwind ein¹⁹⁶, die Überfahrt nach Venedig verursacht dem wohl an die Seefahrt nicht gewöhnten Verfasser Schrecken¹⁹⁷, der Papsthof in Narni wird hingegen nur kurz angedeutet¹⁹⁸. Die militärische Lage in der Lombardei und die Belagerungen von Mailand und vor allem Crema werden durch den Verfasser spürbar beeindruckt und korrekt geschildert¹⁹⁹.

Ereignisse

Verschiedene Ereignisse erweisen sich im Rahmen der Vita vor allem dahingehend zentral, dass sie der Verfasser der Vita gebraucht, um Arnold gegen Vorwürfe bezüglich der Erlangung seines Amtes zu verteidigen bzw. seine Verdienste für Mainz zu betonen.

Zentral für den Pontifikat und das Ende Arnolds von Selenhofen sollte die Art werden, auf die der Erzbischof sein Amt erhielt. Der Vorgänger Arnolds, Erzbischof Heinrich, geriet mit Papsttum und Königtum in Konflikt. Im Juni 1153 wurde Heinrich auf einem Wormser Hoftag durch dort anwesende päpstliche Legaten ob inulitatem²⁰⁰ bzw. in den Worten Ottos von Freising pro distractione aecclesiae suae frequenter correptum nec correctum²⁰¹ abgesetzt. Die in der Vita genannten Vorwürfe, Heinrich habe Kirchengut verschleudert²⁰², könnten auf der Vergabe erzbischöflicher Lehen und Güter an die Welfen beruhen²⁰³. Die

---

190 Vgl. Vita c. 65.
191 Vgl. Vita c. 18.
192 Vgl. Vita c. 29.
193 Vgl. Vita c. 43.
194 Vgl. Vita c. 22 zum Großen St. Bernhard.
195 Vgl. Vita c. 22.
196 Vgl. Vita c. 23.
197 Vgl. Vita c. 23–25.
198 Vgl. Vita c. 25.
199 Vgl. Vita c. 31, 32, 51, 52.
200 Annales Palidenses, ad a. 1153, S. 88.
201 Otto von Freising, Gesta Friderici, lib. II, c. 9, S. 110. Vgl. zum Kontext MEYER-GEBEL, Bischofsabsetzungen, insbesondere die Zusammenfassung auf S. 301–308.
202 Vgl. Vita c. 8.
203 JÜRGENSMEIER, Bistum Mainz, S. 89; HAARLÄNDER, Mainzer Kirche, S. 323.

Absetzung Heinrichs war keineswegs unumstritten, Hildegard von Bingen und Bernhard von Clairvaux intervenierten wohl zu seinen Gunsten[204]. Sie setzten gegen die Vorwürfe der Feinde Heinrichs den Vorwurf der ungerechten Verfolgung eines „Einfältigen" und appellierten an die päpstliche Verpflichtung zur Milde[205]. Auch in Mainz könnte es massive Vorbehalte gegen Arnold gegeben haben, hierauf deuten die Aussagen des Chronicon Moguntinum *hin[206]. Andere Quellen schildern die Einsetzung Arnolds nur knapp[207], manche jedoch sprechen offen von der Härte Arnolds und seinem Verrat[208]. Auch deshalb könnte sich der Verfasser der Vita bemüßigt gesehen haben, eine längere Verteidigungsrede Arnolds einzuschalten, in der er den Erwerb des Erzbistums verteidigt[209], oder aber das Bild des Kaiser, Papst, Klerus und Volk genehmen und willkommenen Bischofs zu zeichnen[210].*

Für Arnolds Stellung als Mainzer Erzbischof ebenso wichtig wie seine Legitimität als Erzbischof waren die Auseinandersetzungen mit dem Papsttum und dem Trierer Erzbischof um die Ausgestaltung der jeweiligen Rangordnung. Während es im 10. und 11. Jahrhundert noch zu teilweise heftigen Rangstreitigkeiten zwischen den rheinischen Erzbischöfen gekommen war[211], zeigt sich das 12. Jahrhundert als Zeit der eher unterschwelligen Auseinandersetzungen zwischen Mainz und Köln. Trier war aus dem Ringen ausgeschieden[212]. Unter Erzbischof Hillin konnten die Erzbischöfe an der Mosel jedoch erneut an

---

204 *Vgl. zu den Schreiben Hildegards MUB II 193 (an den Papst) und MUB II 194 (an die Kardinäle und päpstlichen Legaten Bernhard von S. Clemente und Gregor von S. Angelo). Vgl. auch als Schreiben Bernhards von Clairvaux: MUB II 195 an die päpstlichen Legaten Bernhard von S. Clemente und Gregor von S. Angelo.*

205 *Vgl. etwa den Brief Hildegards an den Papst (MUB II 193, S. 358):* Sed tu causam istam discerne secundum materna viscera misericordie dei, qui a se non separat mendicum et egenum, quoniam plus vult misericordiam quam sacrificium.

206 Chronicon Moguntinum, *S. 684f.*

207 Heinricus Mogontinus archiepiscopus a legatis domni apostolici deponitur, cui successit Arnoldus cancellarius *(Annales Magdeburgenses, ad a. 1153, S. 191);* In cujus [Heinrici] locum rex Arnoldum cancellarium suum substituit *(Chronica regia ad a. 1153, S. 90);* cui [Heinrico] Arnoldus cancellarius substituitur *(Chronicon Montis Sereni, ad a. 1153, S. 149). Ähnlich und nur leicht parteiisch auch Chronicon Moguntinum, S. 685:* Praesidentes autem iudicio in loco, qui Neuhusen vocatur, Henricum laudabilem virum ab episcopatu amovent Maguntinensi; Arnoldum substituunt. *Vgl. auch das Glückwunschschreiben Abt Rudolfs von Reinhardsbrunn zur Wahl Arnolds (MUB II 196).*

208 *Vgl. Annales Palidenses ad a. 1153, S. 88:* Cui Arnoldus successit; cuius austeritas pre mansuetudine illius utrum Deo acceptior et episcopatui fuisset utilior, finis probavit. *Vgl. auch etwa Continuatio Claustroneoburgensis II, S. 615:* Cui [Heinrico] successit Arnolfus traditor ejus.

209 *Vita c. 8.*

210 *Vgl. Vita c. 7.*

211 *Vgl.* BOSHOF, *Köln, Mainz, Trier.*

212 *Vgl.* RITZERFELD, *Kölner Erzstift, S. 9.*

Macht gewinnen, als ihnen die apostolische Legation für ganz Deutschland verliehen wurde[213].

Für Arnold war dies nicht nur eine Frage des Rangs. Hadrian IV. hatte Hillin von Trier 1156 mit der Prüfung der Klage von Mainzer Domkanoniker gegen Arnold von Selenhofen beauftragt[214], *eine Tatsache, die Arnold nicht akzeptieren konnte und wollte. So erklären sich etwa die mit hohem Aufwand betriebenen und schließlich von Erfolg gekrönten Bemühungen Arnolds von Selenhofen um eine Exemtion seines Erzbistums aus dem Legationsbereich des Trierer Erzbischofs*[215]. *Zeitgleich sticht in den Urkunden Arnolds von Selenhofen vor allem seine Berufung auf die Petrus- bzw. auch Paulusautorität ins Auge*[216]. *Wahrscheinlich ist hierin ein Hinweis darauf zu sehen, dass nicht nur die Vita in der Exemtion aus dem apostolischen Vikariat des Trierer Erzbischofs die Übertragung einer päpstlichen Legationsgewalt sah*[217].

Neben dieser päpstlich verliehenen Kompetenz war für Arnold auch die Wahrnehmung seines Weiherechts gegenüber seinen Suffraganen offensichtlich ausgesprochen wichtig. Die gegenseitige Weihe führte eigentlich bereits von der sozialen Wirklichkeit überholte Ordnungsvorstellungen – die Gemeinschaft von Erzbischof und beigeordneten Bischöfen – vor Augen, die so eigentlich nur noch in Bezug auf Synoden praktische Bedeutung hatte. Aus anderen Quellen ist bekannt, dass Arnold im Oktober 1157 Bischof Johannes von Olmütz in Erfurt weihte[218]. *Auch auf dem Höhepunkt seiner Auseinandersetzungen mit den Mainzer Aufständischen eilte Arnold laut der Vita nach Seligenstadt, um Bischof Heinrich von Würzburg zu weihen*[219].

Arnold scheint mit seiner Amtsführung bereits frühzeitig Widerstände provoziert zu haben. Diese Auseinandersetzungen zogen sich quer durch den Klerus und das Mönchtum der Mainzer Erzdiözese. Diese Konfliktlagen waren auch Folge der institutionellen Konfiguration: Seit der ersten Hälfte des 12. Jahrhunderts ist in Mainz eine recht enge Verflechtung kirchlicher Institutionen zu erkennen, die entstand, indem Domkanoniker zu Pröpsten anderer Stifte ernannt

---

213 *Vgl. hierzu* HILPISCH, *Hillin von Trier, S. 10f.*
214 *MUB II 213.*
215 *Vgl. Vita c. 22, 25.*
216 *Vgl. zu diesem Themenkomplex* BURKHARDT, *Die Mainzer Erzbischöfe, S. 435–441, insb. S. 440.*
217 SCHÖNTAG, *Untersuchungen, S. 79.*
218 *Vinzenz von Prag, Annales, ad a. 1158–1160, S. 667:* Nam domnus imperator secundum peticionem ducis Boemie et domni episcopi et aliorum, domnum Iohannem electum regalibus investit, et investitum ad domnum Arnoldum Maguntie sedis archiepiscopum cum litteris suis et legato suo Alberto marchione ad consecrandum in episcopum dirigit; archiepiscopus autem tam honeste petitioni annuens, eum Erbffordie cónsecrat, et consecratum unâ cum domno Pragensi episcopo gregi suo remittit.
219 *Vita c. 43.*

wurden[220]. *Insbesondere nach dem Tod Erzbischof Adalberts I. ist diese Vernetzung auch bei den Stiften Erfurt, Nörten, Limburg, Aschaffenburg, Heiligenstadt und Jechaburg – außer Limburg allesamt Mainzer Archidiakonate – feststellbar*[221].

Allerdings hatte sich der Erzbischof bereits seit langem aus dem Kreis des Domkapitels verabschiedet. Während Willigis und Bardo in Mainz wohl noch sporadisch das Stundengebet in Gemeinschaft mit den Domkanonikern begingen, scheinen deren Nachfolger darauf verzichtet zu haben[222]. *Parallel hierzu setzte auch seit der Mitte des 12. Jahrhunderts die langsame Auflösung der* vita communis *ein, die sich an der allmählichen Zweckentfremdung von Refektorium und Dormitorium am Dom ablesen lässt*[223]. *Insofern ist auch das Bild der Vita, die den Erzbischof im Kreis seiner Kleriker zeichnet, zum einen anachronistisch. Es kann sich hierbei allerdings auch um die Widerspiegelung eines Versuchs Arnolds von Selenhofen handeln, Elemente und Formen einer* vita communis *im Umfeld des Erzbischofs wiederzubeleben*[224].

Das gespannte Verhältnis des Erzbischofs gegenüber seinem Domkapitel wird wohl auch an der Wahl seiner Grablege durch Arnold deutlich: Er wollte offensichtlich nicht im Dom oder einer der Mainzer Kirchen bestattet werden. Auf Bitten Arnolds von Selenhofen nahm Hadrian IV. im August 1159 das Kloster Bronnbach – die ausersehene Grabstätte Arnolds – in seinen Schutz[225]. *Arnold schenkte Bronnbach ebenso die gerade von Beringer gegen die Gamburg frisch eingetauschte* villa Bronnbach[226]. *Klar tritt die Sorge für seine Memoria auch in der von düsteren Ahnungen durchdrungenen Urkunde hervor, mit der Arnold dem Stift* St. Maria ad gradus *in Mainz im Sommer 1160 Schenkungen machte*[227].

---

220 SCHÖNTAG, *Untersuchungen*, S. 54.
221 *Ebd.*, S. 54f.
222 SEMMLER, *Tradition und Neuerung*, S. 657.
223 *Ebd.*, S. 658.
224 WEINFURTER, *Verfasser*, S. 319–321.
225 *MUB II 241 = JL 10582.*
226 *MUB II 238.* Vgl. zum Kontext RÜCKERT, *Die Anfänge*.
227 *MUB II 251, S. 454:* Verum peccatis nostris exigentibus omnes communiter in tantam iam devenimus miseriam, in tantam perturbationis et confusionis voraginem impegimus et involuti sumus, ut etiam nobis, qui licet indigni episcopali tamen fungimur honore, quid faciendum quidve sperandum sit, in dubium venerit. Iusto enim dei iudicio venit super nos tribulatio [vgl. Spr. 1. 27] et non exaudimur in necessitatibus nostris, quia omnes incessanter deum offendimus. Proinde hoc solum et unicum nobis est remedium, ut ad thronum gratię dei confugere festinemus [vgl. Hebr. 4,16], si forte misereri, si parcere, si extentam super nos suę districtionis iram [vgl. Ps. 84,6] convertere dignetur in misericordiam. Huius rei consideratione nos salubriter compuncti et commoniti, ne penitus inutiles et sine fructu coram domino inveniamur [Lk. 13,6], quantum ipsius concesserit clementia, curam adhibere et operam dare parati sumus et semper erimus. St. Maria ad gradus *ist die einzige stadtmainzische geistliche Institution, die Arnold so bedachte.* SCHÖNTAG, *Untersuchungen*, S. 101 *meint: „Diese Zurückhaltung ist nur auf Grund der Spannungen zu verstehen, die zwischen ihm und einem Teil des Klerus der Stadt bestanden".*

Als einziges Mainzer Stift sorgten sich die dortigen Kleriker um eine würdige Bestattung des toten Erzbischofs[228].

1156 kam es zum Konflikt zwischen dem Erzbischof und seinen Domkanonikern: Drei Kanoniker hatten Arnold bei Papst Hadrian IV. wegen ihm nicht zustehender Eingriffe in kirchliches Vermögen und wegen seines Verbots einer Appellation an den Heiligen Stuhl verklagt[229]. Möglicherweise vergab Arnold Kirchenlehen an seine eigene Verwandtschaft, wie er auch die ministerialen Schlüsselpositionen umbesetzte[230]. Der Papst beauftragte seinen Legaten für ganz Deutschland – Erzbischof Hillin von Trier –, den Fall zu bearbeiten[231].

Die Ursache des Streites lag möglicherweise in konzeptionellen Differenzen über das Verhältnis von Bischof und Domkapitel – und über die personalen Verknüpfungen weitergehend zwischen Erzbischof und anderen Stiften der Mainzer Erzdiözese. Vielleicht sah Arnold in sich als Mainzer Erzbischof den eigentlichen Herrn des Kapitelgutes und negierte die bereits vollzogene Gütertrennung. Vielleicht ist aber auch die schlichte Paarung von Geldnot und undiplomatischen Wesenszügen Arnolds die Ursache dieser Auseinandersetzung. Deutlich werden in den Ereignissen, die die Vita so nicht schildert, die harten Züge in der Politik Arnolds von Selenhofen: Er entzog den entsprechenden Klerikern die materielle Basis für ihr satzungsgemäßes Leben[232].

Diese Eingriffe Arnolds in die Güter des Domkapitels blieben keine Einzelfälle. Hinzu traten weitere materielle Verluste, die seit dem Pontifikat Arnolds eintraten: Seitenlang zählt das Chronicon Moguntinum die ursprüngliche Einrichtung des Mainzer Domes bis in das kleinste Detail auf, um anschließend den Verlust unter Arnold von Selenhofen zu beklagen[233]. Arnold ließ in der Schilderung der Disibodenberger Annalen den zweiten Fuß vom Kruzifix Benna abnehmen, um damit den Kampf gegen Pfalzgraf Hermann zu finanzieren[234]. Während der Auseinandersetzungen zwischen den Mainzern und Arnold wurde der Dom geplündert[235]. Ein Übriges scheint eine Feuersbrunst bewirkt zu haben,

---

228 Vgl. Vita c. 99.
229 Vgl. BWA 27 bzw. MUB II 213 (= JL 10145) und die Darstellung der Vorstellungen Arnolds in Vita c. 17. Vgl. auch die Wertung bei SCHÖNTAG, Untersuchungen, S. 75.
230 Vgl. BURKHARDT, Mit Stab und Schwert, S. 509.
231 Vgl. MUB II 213 = JL 10145.
232 HAARLÄNDER, Mainzer Kirche, S. 326.
233 Vgl. BURKHARDT, Mit Stab und Schwert, S. 280–282. Vgl. auch die Klage des Verfassers der Vita Arnoldi in c. 43, der die Zerstörung von Schriftstücken im Aufstand gegen Arnold von Selenhofen anprangert.
234 Vgl. Annales Sancti Disibodi, ad a. 1160, S. 29: Huius imaginis alterum pedem Marcolfus episcopus tulit et Romam pro pallio misit, alterum cum cruribus Arnoldus episcopus accepit et Herimanno comiti palatino cum eo rebellavit.
235 Vgl. Vita c. 43.

die wahrscheinlich im Pontifikat Christians von Buch mit dem Dom auch viele Urkunden und Bücher vernichtete[236]. Zur Zeit des zweiten Pontifikats Konrads von Wittelsbach war der Dom infolge der Unruhen unter Arnold von Selenhofen und durch verschiedene Naturkatastrophen offensichtlich in einem bedauernswerten Zustand[237].

Ebenso scheinen die Belastungen des Mainzer Erzstiftes durch die kaiserliche Politik beachtlich gewesen zu sein. Dies lässt sich an den Mainzer Urkunden nachvollziehen, wenn Arnold eine Verpfändungsurkunde einleitet: Postmodum vero superveniente nobis alia evidenti necessitate, videlicet expeditione domini imperatoris ad domandam Mediolanensium rebellionem[238]. *Berühmt ist die Arenga von MUB II 238 bezüglich der Verpflichtungen der Reichskirchen zur Unterstützung herrscherlicher Kriegszüge[239].*

Die Geldnot des Erzbischofs war aber nicht nur durch die von der Vita geschilderten kriegerischen Auseinandersetzungen innerhalb der Mainzer Erzdiözese oder die Unterstützung des Kaisers in Italien bedingt. Trotz seiner angespannten finanziellen Lage erwarb Arnold um 1157 die halbe Burg Vippachedelhausen[240]. Beim Erwerb der (halben) Burg von Gelnhausen übernahm sich Arnold allerdings: Arnold hatte geplant, den Kauf der Burg durch den Verkauf von Gütern des Mainzer Altmünsterklosters zu finanzieren, das er wiederum mit eigenen Besitzungen entschädigen wollte. Die Nonnen von Altmünster wehrten sich jedoch offensichtlich heftig gegen den wohl recht eigenmächtigen – man möchte sagen: für Arnold typischen – Eingriff des Erzbischofs in ihre Güter[241]. Arnold sah sich schließlich gezwungen, den Verkauf zu widerrufen und – gegen eine erhöhte Entschädigung – nur eine Verpfändung der entsprechenden Güter an den Würzburger Dompropst vorzunehmen[242].

Die heftigsten Konflikte entsponnen sich jedoch um die Frage der Stellvertreterschaft Arnolds. Im Zuge seiner Bemühungen um Aussöhnung mit den Meingoten hatte Arnold deren Verwandten Propst Burchard von Jechaburg zu seinem geistlichen und weltlichen Stellvertreter ernannt, was die Vita ausführlich schil-

---

236 Falk, Dombibliothek, S. 56.
237 *Bei den verschiedenen Kampfhandlungen unter Arnold von Selenhofen wurde der Dom offensichtlich geplündert, später beschädigten ihn Blitzschlag und Sturm wohl schwer.*
238 *MUB II 236, S. 427.*
239 *MUB II 238, S. 431:* Legibus atque decretis inrefragabili catholicorum virorum tam sanctorum patrum quam piissimorum principum sanctione diffinitum est, ut ecclesię, que munificentia sunt imperiali dotate, pro imperiali obsequio et imperii necessitate debeant seipsas exponere atque ad imperialis honoris promovendam maiestatem plena presidia collatione bonorum suorum presertim in bellico examine, ubi in maiestatem imperii agitur, pro viribus administrare.
240 *MUB II 224.*
241 *Vgl. die verunechtete Urkunde Arnolds MUB II 234 und die echte Urkunde MUB II 236.*
242 *MUB II 236.*

dert[243]. *In der konkreten Situation benötigte der Erzbischof einen Stellvertreter, der ihm vertrauenswürdig erschien und zugleich über genügend Autorität verfügte. Allerdings entwickelte sich die Stellvertreterschaft nicht so wie von Arnold geplant. Burchard von Jechaburg habe sich – so die Vorwürfe in der Vita – nicht nur als Stellvertreter, sondern als vollgültiger Mainzer Erzbischof aufgeführt[244]. Diesen Konflikt suchte Arnold durch die Inanspruchnahme seines Richteramtes zu lösen.*

Gerade die Verpflichtung zu Visitationen nahm Arnold von Selenhofen nämlich offensichtlich sehr ernst. Sofern möglich, scheint er jährlich auf Visitationsreise gegangen zu sein[245]. Bereits zu Beginn seines Pontifikats berief Arnold eine Synode ein, auf der er offensichtlich einige Amtsträger entfernte[246]. Offensichtlich wollte er eine Anfang Oktober 1159 abgehaltene Synode dazu verwenden, sich als Stadtherr zu inszenieren, seine Gegner eindrucksvoll vor sein Gericht zu zitieren und sie vor aller Augen Genugtuung leisten zu lassen. Die Mainzer wollten jedoch die Synode sprengen, indem sie mit bewaffneter Hand den Dom stürmten, von wo sie aber zurückgeschlagen wurden[247].

Ein spezifisches Reformprogramm Arnolds lässt sich aus den Quellen allerdings nicht erkennen: Arnold machte keine Anstalten, Domkapitel und Stifte umzugestalten. Die Vertreter des traditionellen Benediktinertums behielten ihre Macht; an Arnolds Hof nahmen sie die für Äbte in der zweiten Hälfte des 12. Jahrhunderts typische Stellung im Beratungsgremium Arnolds ein. Und auch wenn man die Empfängerinstitutionen seiner Urkunden betrachtet, liegen Benediktinerklöster und herkömmliche Stiftskirchen weit vor Regularkanonikern und Zisterziensern an erster Stelle. Sollte es nicht einfach tragischer Zufall sein, könnte jedoch die Tatsache, dass Arnold im Benediktinerkloster St. Jakob ermordet wurde, auf die Ablehnung seiner Person in benediktinischen Kreisen hinweisen[248].

Auseinandersetzungen ergaben sich aber nicht nur im geistlichen Bereich. Es sind insbesondere die Spannungen zwischen dem Erzbischof und weltlichen Machthabern, die sich in der Vita widerspiegeln. Ein erster Konfliktraum befand sich im Nordosten der Mainzer Erzdiözese. Die Spannungen zwischen dem Mainzer Erzstift und der werdenden Landgrafschaft Thüringen stiegen wahrscheinlich zu Beginn des Pontifikats Arnolds von Selenhofen, als sich dieser gewillt zeigte,

---

243 *Vgl. Vita c. 29.*
244 *Vgl. Vita c. 33.*
245 SCHÖNTAG, *Untersuchungen, S. 29.*
246 *Vita c. 10.*
247 *BWA 83.*
248 *Die Feindschaft Abt Gottfrieds von St. Jakob ließe sich möglicherweise durch seine Zugehörigkeit zur Meingotsippe zwanglos erklären. Vgl. hierzu jedoch ablehnend* KEUPP, *Dienst und Verdienst, S. 122f. mit Anmerkung 111.*

energisch seine Rechte im Osten und Norden der Erzdiözese wahrzunehmen[249]. Eine andere, verschwommene Konfliktlinie verlief entlang des Rheins. So kam es 1155 zu einer heftigen Auseinandersetzung zwischen dem Mainzer Erzbistum unter Arnold von Selenhofen und einer Gruppe des rheinischen Adels unter Führung des Pfalzgrafen Hermann[250]. Arnold klagt in einem Brief an Wibald von Stablo, der Pfalzgraf habe ihn ohne jeglichen Grund, unter Verletzung seiner Vasallenpflichten angegriffen und seine Burgen, Höfe und Klöster zerstört[251]. Laut der Vita hatte Arnold sich bemüht, die von den Reichen der Stadt und der Umgebung seiner Kirche entrissenen Besitzungen zurückzugewinnen. Hierdurch habe er sich die Feindschaft einer breiten Koalition zugezogen[252].

Auch in Mainz spielte – wie in allen rheinischen Bischofsstädten – die Ministerialität eine bedeutende Rolle. Das Verhältnis zu ihrem erzbischöflichen Dienstherrn gestaltete sich aber nicht immer spannungsfrei. Wichtig waren die Ämter der erzbischöflichen Verwaltung und des Hofes, die Arnold wohl durch Angehörige seiner Verwandtschaft besetzte. Als Beispiele sind etwa der Mainzer Vitztum Helferich und der Mainzer Schultheiß Hermann zu nennen, die an die Stelle des Mainzer Vitztum Meingots des Älteren und des dortigen Schultheiß Hartwich traten[253]. Der Vitztum war der oberste Beamte für die erzstiftischen Güter im jeweiligen Vitztumbezirk. Der Mainzer Schultheiß nahm die Aufgaben des Vogtes wahr[254]. Er vertrat den erzbischöflichen Kämmerer bei dessen Abwesenheit, war zweiter Vorsitzender im Stadtgericht und übte die Niedergerichtsbarkeit aus[255]. Er erhielt seine Banngewalt vom Burggraf bzw. König. Weitere wichtige Ministeriale ohne Ämter, die sich nicht nur in der Vita, sondern auch in den erzbischöflichen Urkunden nachweisen lassen, sind Reinbodo von Bingen und Arnold der Rote.

Insbesondere Arnold der Rote sollte noch eine bedeutende Rolle bei den Auseinandersetzungen spielen. In einer ersten Phase des Konfliktes dominierten aber

---

249 Vgl. hierzu SCHÖNTAG, Untersuchungen, S. 23f. und ebd., S. 145.
250 Vgl. hierzu etwa SCHAAB, Geschichte, S. 34f.
251 MUB II 200, S. 365: Bonam igitur in vobis tamquam in fratre et amico fiduciam habentes conquerendo notificamus vobis, quod palatinus comes de Reno [Pfgf. Hermann] teste deo nullam in nos causam habens contra fidem et sacramentum, quo nobis erat astrictus, ex insperato, ex improviso ęcclesię Maguntine et nobis cum nonnullis iniquitatis suę complicibus violentię manus iniecit, castra nostra destruxit, homines nostros captivavit, curtes nostras non solum rapinis devastavit, verum etiam suę ditioni subiecit, sacra cimiteria et ęcclesias spoliavit, ipsa altaria et venerabiles reliquias ornamentis suis denudavit, in monachorum irruens cenobia eorumque perfringens eraria sacrilegam exercere rapinam non formidavit.
252 Vita c. 13.
253 SCHÖNTAG, Untersuchungen, S. 24.
254 FALCK, Mainzer Ministerialität, S. 48.
255 FALCK, Mainz, S. 137.

6. QUELLENWERT

wohl zunächst die gewaltsamen Auseinandersetzungen in Mainz zwischen zwei verfeindeten Ministerialengruppen – „Selenhofenern" und „Meingoten". Arnold erwies sich entweder als nicht willens oder aber als unfähig, die Kämpfe zu beenden, auswärtige Mächte intervenierten[256]. *Dann gelang aber doch die oberflächliche Versöhnung*[257]. *Der eigentliche Konflikt, der mit der Ermordung Arnolds endete, beruhte auf drei Ursachen: der konkreten finanziellen Forderung Arnolds nach Unterstützung seiner Heerfahrt nach Italien, die – nach Lehnrecht – zu erfüllen war*[258], *dem prinzipiellen Kampf zwischen Kommune und Erzbischof um die Stadtherrschaft, der sich am Stadtprivileg Adalberts I. kristallisierte, und der Auseinandersetzung zwischen rivalisierenden Ministerialengeschlechtern.*

Zwei Modi der Auseinandersetzung dominieren die Darstellung der Vita: Zum einen die bewaffneten Auseinandersetzungen zwischen dem Erzbischof und seinen Gegnern, zum anderen jedoch die Versuche, die Konflikte durch rechtlich bindende Beschlüsse und Kompromisse zu sedieren. Dies zeigt sich sehr schön in einer bestimmten Phase des Konfliktes: So klagte Burchard von Jechaburg, als er durch Arnold aus der Metropole vertrieben worden war, zusammen mit Abt Gottfried von St. Jakob, Embricho (dem Sohn des Meingot), Arnold dem Roten und Werner von Bolanden vor dem Kaiser[259]. *Arnold der Rote hatte zuvor Widerstand gegen seine Abgabenpflicht geleistet.*

Barbarossa akzeptierte die Appellation gegen das Urteil der Großen, wechselte von einem Verfahren nach Recht zu einem Verfahren nach Gnade[260] *und wollte durch ein Schreiben auf den Erzbischof einwirken, dass dieser Arnold den Roten gegen Genugtuung wieder in Mainz aufnehme. In der Folge kam es zu Unruhen in Mainz*[261]. *Der Dom und der Bischofspalast wurden geplündert; zugleich verschlossen die Empörer die Stadttore, negierten also die Stadtherrschaft Arnolds.*

Arnold zog nach Bingen, um die Satisfaktion zum bestimmten Termin abzuwarten[262]. *Den Rat seiner Anhänger, mit Gewalt vorzugehen, lehnte er ab; er verhängte das Interdikt über seine Metropole und eilte zum Kaiser nach Italien*[263]. *Die Entscheidung des Kaisers fiel zugunsten Arnolds aus*[264]: *Die geplünderten Güter sollten restituiert, die Mainzer selbst wieder der Stadtherrschaft*

---

[256] Vgl. SCHÖNTAG, *Untersuchungen*, S. 25.
[257] *Vita* c. 15.
[258] So das Urteil Barbarossas und der Fürsten (*Vita* c. 34).
[259] *Vita* c. 36 und 38.
[260] Vgl. GÖRICH, *Ehre des Erzbischofs*, S. 99.
[261] BWA 79.
[262] Vgl. *Vita* c. 44.
[263] BWA 85.
[264] RI IV,2,2, Nr. 779, BWA 87.

Arnolds unterstellt werden[265]. *Zur Durchsetzung dieser Beschlüsse schickte der Kaiser eine Gesandtschaft.*

Arnold stellte Bedingungen für die Aussöhnung: Neben Restitutionsbestimmungen sollten die Kleriker von St. Peter (dem Stift Burchards von Jechaburg) bis nach St. Alban die harnschare *durchführen*[266], *die vornehmsten Laien sollten bis auf weiteres aus der Stadt verbannt bleiben*[267]. *Die Mainzer waren allerdings nicht bereit, sich solchen Bedingungen zu unterwerfen: Über acht Tage wartete Arnold vergeblich in St. Alban auf ein Erscheinen der Mainzer*[268]. *Vielmehr organisierten die Ministerialen Reinbodo von Bingen und Gottfried von Eppstein den bewaffneten Widerstand*[269]. *Nun rief Arnold Heinrich den Löwen und seine Lehnsleute für einen militärischen Schlag zu Hilfe, ging allerdings doch nochmals auf ein Aussöhnungsangebot ein. Ob Arnold zu unvorsichtig war, als er sich nur in geringer Begleitung zu den Verhandlungen begab, ist ungewiss: Er vertraute wohl den Kräften der ihm wohl gesonnenen Ministerialenparteiung*[270]. *Darüber hinaus lag das St. Jakobskloster, in dem er Quartier nahm, vor der Stadt und war nicht unbefestigt*[271]. *Die Mainzer kamen den Forderungen des Erzbischofs wohl nicht zu dessen Zufriedenheit nach. Nach der harschen Ablehnung des Erzbischofs sammelten sich die gegnerischen Kräfte, marschierten auf das Kloster zu, steckten es in Brand und ermordeten den Erzbischof.*

Die Strafe, die Mainz Anfang April 1163 durch das Gericht des Kaisers ereilte, war auf den ersten Blick hart: Manche der Aufrührer wurden hingerichtet, andere verbannt, die Stadtmauer (teilweise) geschleift, Mainz selbst das ius civitatis *entzogen.*[272] *Das St. Jakobskloster blieb nach der Ermordung Arnolds längere Zeit eine Art „Erinnerungsort"; eine Ruine, die die Mainzer über der Stadt an ihre Mordtat erinnerte. Eine Art „Vergangenheitsbewältigung" fand erst 1176 unter Christian von Buch mit der Neugründung des Klosters als Prämonstra-*

---

265 *RI IV,2,2, Nr. 789.*
266 *Wahrscheinlich sollten die Kleriker Bücher tragen. Hunde zu tragen wäre schwer erträglich gewesen und hätte die Stimmung weiter angeheizt. Vgl. zu dieser Frage auch* GÖRICH, *Ehre des Erzbischofs, S. 109 und zur Strafe* SCHWENK, *Hundetragen.*
267 *BWA 94, RI IV,2,2, Nr. 854 D. Dass die Maßnahme primär auch die Ministerialität betraf, zeigt sich daran, dass Reinbodo von Bingen, ein Ministerialer, die Stadt verlassen musste, dies aber zusammen mit Gottfried von Eppstein nicht tat (Vita c. 61).*
268 *BWA 99.*
269 *BWA 100.*
270 *Für letzteres spricht, dass Arnold den ihm treu ergebenen Ministerialen Helferich in die Stadt zu Verhandlungen und möglicherweise Sondierungen vorausschickte (BWA 104).*
271 *BWA 101.*
272 *RI IV,2,2, Nr. 1197, BWK 19, BWK 22. Die Entfestung scheint doch den Rahmen einer rein zeremoniellen Niederlegung eines Teils der Stadtmauer überschritten zu haben; die Annales Ratisponenses vergleichen sie mit der Unterwerfung und Zerstörung Mailands im Jahr zuvor.*

tenserstift statt²⁷³. Die Zeugenlisten der Urkunden der auf Arnold folgenden Bischöfe zeigen deutlich, dass viele der in der Vita genannten Aufständischen – wie etwa Arnold der Rote, Gottfried von Eppstein und Reinbodo von Bingen – nicht nur später wieder als Zeugen auftauchen, sondern offensichtlich wichtige Stützen der erzbischöflichen Politik blieben²⁷⁴.

Die Vorwürfe, die die Vita den Gegnern Arnolds in den Mund legt, lassen vermuten, dass der Erzbischof die Dienstverpflichtungen der Ministerialen wieder verschärft einforderte und ihre Emanzipationsbestrebungen harsch beschnitt²⁷⁵. Der Kampf zwischen den Mainzer Ministerialen und ihrem Erzbischof wurde im Kern dann aber wohl weniger um die konkreten finanziellen Forderungen als um die unterschiedliche prinzipielle Interpretation des Stadtprivilegs Erzbischof Adalberts I. ausgelöst.²⁷⁶ Obwohl es im Grunde bereits zur Zeit seiner Ausstellung unspektakulär war, hatte dieses Privileg doch einen hohen symbolischen Wert und konnte deshalb auch als Chiffre für die Unabhängigkeit der Stadtgemeinde von erzbischöflichen Weisungen instrumentalisiert werden²⁷⁷.

7. Überlieferung

*Der Text der Vita beruht allein auf einer Handschrift aus der Zeit um 1500, die wohl aus Mainz stammt und heute unter der Signatur Ms. chart. fol. 187 in der Universitätsbibliothek Würzburg aufbewahrt wird (**W**). Von dieser Handschrift wurden durch den Mainzer Jesuiten Johannes Gamans (gest. um 1670) wahrscheinlich zwei Abschriften angefertigt, von denen eine verloren ist, eine andere sich jedoch in der Stadtbibliothek Mainz (**M**) erhalten hat. Von dem erhaltenen Mainzer Exemplar wurde dann im 18. Jahrhundert eine weitere Abschrift vorgenommen, die heute in der Frankfurter Stadtbibliothek aufbewahrt wird (**F**).²⁷⁸*

---

273 *Annales Sancti Disibodi, ad a. 1176, S. 30:* Monasterium et claustrum sancti Iacobi reaedificari Moguntine inceptum est.
274 Vgl. hierzu BURKHARDT, Mit Stab und Schwert, Anhang I.
275 Vgl. SCHÖNTAG, Untersuchungen, S. 174.
276 Ganz unberechtigt war die Meinung Arnolds des Roten nicht: wenngleich die Interpretation etwas gedehnt erscheint, konnte man aus der Abgabenregelung (MUB I 600, S. 518: *ut nullius advocati placita vel exactiones extra muros expeterent, sed infra sui nativi iuris esset sine exactoris violentia, quia cui tributum, cui vectigal vectigal gratis nullo exigente persolverent*) auch eine Freiwilligkeit bzw. notwendige Angemessenheit der Steuerleistung lesen.
277 Der Erzbischof gab eigentlich nichts aus der Hand, was er noch besaß. Vgl. hierzu DEMANDT, Stadtherrschaft, S. 16. Dass die Hauptregelung des Stadtprivilegs – die Nichtladbarkeit der Bürger vor auswärtige Richter – auch in der zweiten Hälfte des 12. Jahrhunderts ungebrochen als zentrales Privileg von hohem Aktualitätswert galt, zeigt etwa die Verleihung eines entsprechenden Vorrechts an die Bürger von Osnabrück durch Barbarossa im November 1171 (MGH D F I. 584).
278 Vgl. zu den Abhängigkeitsverhältnissen G'SELL, Vita I, S. 32–39.

Erstmals ediert wurde die Vita 1853 durch Johann Friedrich Boehmer unter dem Titel „Martyrium Arnoldi archiepiscopi Moguntini" in den Fontes Rerum Germanicarum, Bd. 3, S. 270–326. Boehmer stützte sich alleine auf W. Philipp Jaffé besorgte 1866 unter dem Titel „Vita Arnoldi Archiepiscopi Maguntini" eine Neuausgabe in Bd. 3 der Bibliotheca Rerum Germanicarum, S. 604–675. Jaffé stützte sich auf W und F, die er für unabhängig überliefert hielt.

Handschriften

Mainz, Würzburger Universitätsbibliothek, Ms. chart. fol. 187   **W**

Papier; 1. Hälfte 16. Jh.; 28 Blätter; 34 x 22 cm; Provenienz: Mainz und Umgebung/Oberrhein- und Maingebiet.

Die Handschrift ist Teil eines Sammelbandes mit verschiedenen Stücken, vor allem aus dem Kontext des Mainzer Erzbistums bis in das frühe 16. Jahrhundert: u. a. zwei Drucke aus dem 15. Jahrhundert (Johannes Lichtenberger, Prognosticatio *und* Statuta provincialia Moguntinensia*) (1^r–90^v); Iohannes Hebelin,* Historia Moguntina *(121^r–199^r);* Chronicus liber antistitum Vuorm(atiensium) *(202^r–245^v); Wolfgang Baur,* Vitae praesulum Spirensium *(248^r–314^v); Iacobus Vüimpfelingus Slettaten(sis),* De laudibus et ceremoniis ecclesie Spiren(sis) carmen ad Ludoicum de Helmstat antistitem Spirensem *(314^v–319^v); Henricus comes in Hennenberg,* Chronicon episcoporum Argentinensium *(322^r–338^r); Würzburger Bischofskatalog bis Konrad von Thüngen (339^r–346^v);* Novitates Italiae, praesertim ex regno Neapolitano *(350^r–354^r). Abmessungen, Schriftspiegel, Zeilenzahl und Schriften variieren erheblich.*

Vorne und hinten auf den Spiegeln Fragmente aus einem monastischen Werk, wohl Kommentar zur Benediktregel, Pergament 15. Jh.

Auf dem Vorderspiegel von Hand des Nicolaus Schmidt Notiz über den Vorbesitzer, den Obristen Krichenbeck (vgl. MGH SS 11, S. 317). 37^v: Nicolaus Schmidt vicarius Mogonus exul propter Suevos pro tempore sacellarius aulicus generossimorum comitum de Manderscheidt in Girolstain. *1^r: von anderer Hand Ausleihvermerk eines Unbekannten, der dafür Codices stellte (vgl. MGH SS 11, S. 317). 1^r, 40^r, 91^r, 121^r, 202^r, 248^r, 323^r, 346^v, 354^r:* Collegii Societatis Jesu Moguntinae (ex antiqu.) *(17. Jh.).*

Die Handschrift war im Besitz des im Herzogtum Jülich gebürtigen Obristen Krichenbeck. Dieser verkaufte den Codex für zwei Dukaten an den Mainzer Vikar Nicolaus Schmidt, der durch die Schweden aus Mainz vertrieben worden war. Schmidt war Anfang der 1640er Jahre Schlosskapellan der Grafen von Manderscheid (Blankenheim) in Gerolstein. In der zweiten Hälfte des 17. Jahrhunderts gelangte die Handschrift wieder nach Mainz. Aus dieser Zeit stammen die

Besitzvermerke des Jesuitenkollegs.[279] *Nach Würzburg gelangte der Codex wahrscheinlich 1725.*[280]

Die Vita befindet sich 91ʳ–118ᵛ unter der Bezeichnung „Arnoldi archiepiscopi Moguntini Martyrium"; es folgt 118ᵛ–119ᵛ ein Fragment des Liber de calamitate ecclesie Moguntine *(ed. Philipp Jaffé, Bibliotheca Rerum Germanicarum 3, S. 690–692).*

Literatur: THURN, *Bestand bis zur Säkularisierung, S. 77–79;* G'SELL, *Die Vita.*

Mainz, Wissenschaftliche Stadtbibliothek, HBA I 55, 1   **M**

Papier; 17. Jh.; 36 Blätter; 23,5 x 17,5 cm. Die Handschrift wurde mittels Abschrift von W durch den Mainzer Jesuiten Johannes Gamans (* 1606, gest. 1684) angefertigt. Durch den Pfarrer Johann Sebastian Severus (* 1716, gest. 1779 in Walldürn) wurde diese Handschrift zusammen mit anderen Schriftstücken bzw. Abschriften von Schriftstücken aus dem Nachlass des Johannes Gamans gesammelt und im vorliegenden Fall zu Bd. 1 der Analecta ad historiam Moguntinam *vereinigt.*

Literatur: FALK, *Die Gamansischen Fragmente, S. 78.*

Frankfurt, Universitätsbibliothek, Nachl.St.A.Würdtwein A 26a   **F**

Papier; 18. Jh.; 84 Blätter; 22 x 18,5 cm. Die Handschrift wurde mittels Abschrift von M durch den Wormser Weihbischof Stephan Alexander Würdtwein (* 1722, gest. 1796) angefertigt. Zusammen mit anderen Abschriften wurde die Handschrift unter dem Titel „Vita et passio Arnoldi archiepiscopi Moguntini 1153–1160" in den Band Chronica varia *integriert.*

Literatur: PELGEN, *Stephan Alexander Würdtwein, S. 297–299.*

8. Editionsprinzipien

Textgestaltung und Variantenapparat

1. *Der Text beruht auf W, der ältesten und einzigen erhaltenen eigenständigen Handschrift der Vita Arnoldi.*
2. *Leithandschrift ist dementsprechend W. Ihrem Text und ihrer Schreibweise folgt die Edition im Prinzip.*

---

279 Vgl. ILGEN, Kritische Beiträge, S. 48.
280 G'SELL, Vita I, S. 40.

3. An vielen Stellen hat Jaffé in seiner Edition Verbesserungen am Text vorgenommen. Diese werden vielfach übernommen und im Variantenapparat mit Jf gekennzeichnet.

4. Die Vereinheitlichungen von ci oder ce u.ä. in ti bzw. te u.ä. durch Jaffé werden nicht übernommen.

5. Die neuzeitlichen Abschriften von W, d. h. M und F, werden nur zur Klärung strittiger Stellen von W hinzugezogen und an den entsprechenden Stellen als Varianten verzeichnet.

6. Die Kapitelzählung wird im Rahmen der Edition durch arabische Ziffern neu eingefügt und folgt, soweit möglich, den Absätzen von W.

9. Quellen und Literatur

Annales Magdeburgenses, hg. von Georg Heinrich PERTZ (MGH SS 16), Hannover 1859 (ND Stuttgart 1963), S. 105–196.

Annales Palidenses, hg. von Georg Heinrich PERTZ (MGH SS 16), Hannover 1859 (ND Stuttgart 1963), S. 48–98.

Annales Sancti Disibodi, hg. von Georg WAITZ (MGH SS 17), Hannover 1861, S. 4–30.

BWA = XXIX. Arnold (1153 Juni 7–14 bis 1160 Juni 24), in: BÖHMER, Johann Friedrich, Regesta archiepiscoporum Maguntinensium. Regesten zur Geschichte der Mainzer Erzbischöfe von Bonifatius bis Uriel von Gemmingen 742–1514, Bd. 1: Von Bonifatius bis Arnold von Selehofen, 742–1160, hg. von Cornelius Will, Innsbruck 1877, S. 354–380.

BWK = XXX. Konrad I. (Erstes Pontifikat. 1161 Juni 20 – 1177 August). bzw. XXX. Konrad I. (Zweites Pontifikat. 1183 Nov. 11–17 bis 1200 Oct. 25?), in: BÖHMER, Johann Friedrich, Regesta archiepiscoporum Maguntinensium. Regesten zur Geschichte der Mainzer Erzbischöfe von Bonifatius bis Uriel von Gemmingen 742 – 1514, Bd. 2: Von Konrad I. bis Heinrich II., 1161 – 1288, hg. von Cornelius Will, Innsbruck 1886, S. 1–17 bzw. S. 59–120.

Chronica regia Coloniensis, cum continuationibus in monasterio S. Pantaleonis scriptis aliisque historiae Coloniensis monumentis, hg. von Georg WAITZ (MGH SS rer. Germ. 18), Hannover 1880.

Chronicon Moguntinum, in: Monumenta Moguntina, hg. von Philipp JAFFÉ (Bibliotheca rerum Germanicarum 3), Berlin 1866, S. 677–699.

Chronicon Montis Sereni, hg. von Ernst EHRENFEUCHTER (MGH SS 23), Hannover 1874, S. 130–226.

Codex Laureshamensis, Bd. 1: Einleitung – Regesten – Chronik, hg. von Karl GLÖCKNER, Darmstadt 1929.

D F I. = Die Urkunden Friedrichs I., hg. von Heinrich Appelt u. a. (MGH Diplomata regum et imperatorum Germaniae 10.1–5), Hannover 1975–1990.
Drei Mainzer Necrologien, hg. von Cornelius Will, in: Correspondenzblatt 26, 1878, S. 57–67.
MUB I = Mainzer Urkundenbuch, Bd. 1: Die Urkunden bis zum Tode Erzbischof Adalberts I. (1137), hg. von Manfred Stimming, Darmstadt 1932.
MUB II = Mainzer Urkundenbuch, Bd. 2,1: 1131–1175, Bd. 2,2: 1176–1200, hg. von Peter Acht, Darmstadt 1968/1971.
Officium et miracula sancti Willigisi. Nach einer Handschrift des XII Jahrh. mit zwei chromolithographischen Tafeln und einem Facsimile der Neumen, hg. von W. Guerrier, Moskau 1869.
Otto von Freising/Rahewin, Gesta Friderici I. imperatoris, hg. von Georg Waitz (MGH SS rer. Germ. 46), Hannover/Leipzig 1912.
RI = Regesta Imperii IV.2: Die Regesten des Kaiserreiches unter Friedrich I., 1. Lieferung 1152 (1122)–1158, neubearbeitet von Ferdinand Opll unter Mitwirkung von Hubert Mayr, Wien/Köln/Graz 1980; 2. Lieferung 1158–1168, neu bearbeitet von Ferdinand Opll, Wien/Köln 1991; 3. Lieferung 1168–1180, neu bearbeitet von Ferdinand Oppl, Wien u. a. 2001.
Vinzenz von Prag, Annales, hg. von Wilhelm Wattenbach (MGH SS 17), Hannover 1861, S. 658–683.

Angenendt, Arnold, Grundformen der Frömmigkeit im Mittelalter (Enzyklopädie deutscher Geschichte 68), München 2003.
Bachmann, Johannes, Die päpstlichen Legaten in Deutschland und Skandinavien (1125–1159) (Historische Studien 115), Berlin 1913.
Baumbach, Felix, Arnold von Selenhofen. Erzbischof von Mainz, Berlin 1872.
Boshof, Egon, Köln, Mainz, Trier. Die Auseinandersetzung um die Spitzenstellung des deutschen Episkopats in ottonisch-salischer Zeit, in: Jahrbuch des Kölnischen Geschichtsvereins 49 (1978), S. 19–48.
Braun, Joseph, Die liturgische Gewandung im Occident und Orient nach Ursprung und Entwicklung, Verwendung und Symbolik, Darmstadt 1964.
Burkhardt, Stefan, Konflikte um das Neue. Innovationsprozesse im Mainzer Erzbistum des 12. Jahrhunderts, in: Innovation in Klöstern und Orden des Hohen Mittelalters. Aspekte und Pragmatik eines Begriffs, hg. von Mirko Breitenstein/Stefan Burkhardt/Julia Dücker (Vita regularis – Ordnungen und Deutungen religiosen Lebens im Mittelalter. Abhandlungen 48), Berlin 2012, S. 3–18.
Burkhardt, Stefan, Die Mainzer Erzbischöfe zwischen Zentrum und Peripherie, in: Rom und die Regionen. Studien zur Homogenisierung der lateinischen Kirche im Hochmittelalter, hg. von Jochen Johrendt/Harald Müller

(Abhandlungen der Akademie der Wissenschaften zu Göttingen N.F. 19), Berlin 2012, S. 425–453.

BURKHARDT, Stefan, Mit Stab und Schwert. Bilder, Träger und Funktionen erzbischöflicher Herrschaft zur Zeit Kaiser Friedrich Barbarossas. Die Erzbistümer Köln und Mainz im Vergleich (Mittelalter-Forschungen 22), Ostfildern 2008.

CURSCHMANN, Fritz, Hungersnöte im Mittelalter. Ein Beitrag zur deutschen Wirtschaftsgeschichte des 8. bis 13. Jahrhunderts, Leipzig 1900 ND Aalen 1970.

DEMANDT, Dieter, Stadtherrschaft und Stadtfreiheit im Spannungsfeld von Geistlichkeit und Bürgerschaft in Mainz (11.–15. Jahrhundert) (Geschichtliche Landeskunde 15), Wiesbaden 1977.

DOBRAS, Wolfgang, Mainz, St. Jakob, in: Germania Benedictina 9. Die Männer- und Frauenklöster der Benediktiner in Rheinland-Pfalz und Saarland, hg. von Friedhelm Jürgensmeier, St. Ottilien 1999, S. 470–510.

FALCK, Ludwig, Mainz im frühen und hohen Mittelalter (Mitte 5. Jahrhundert bis 1244) (Geschichte der Stadt Mainz 2), Düsseldorf 1972.

FALCK, Ludwig, Mainzer Ministerialität, in: Ministerialität im Mainzer Raum. Referate und Aussprachen der Arbeitstagung vom 12. bis 14. Oktober 1972 in Kaiserslautern, hg. von Friedrich Ludwig Wagner (Veröffentlichungen der Pfälzischen Gesellschaft zur Förderung der Wissenschaften 64), Speyer 1975, S. 44–59.

FALK, Franz, Die ehemalige Dombibliothek zu Mainz, ihre Entstehung, Verschleppung und Vernichtung nach gedruckten und ungedruckten Quellen, Leipzig 1897.

FALK, Franz, Die Gamansischen Fragmente. In: Correspondenzblatt des Gesammtvereines der deutschen Geschichts- und Alterthumsvereine 23 (1875), S. 76–79.

FLACHENECKER, Helmut, Schottenklöster. Irische Benediktinerkonvente im hochmittelalterlichen Deutschland (Quellen und Forschungen aus dem Gebiet der Geschichte; N.F., H. 18), Paderborn u. a. 1995.

GERLICH, Alois, Art. „Arnold, 11. A. v. Selenhofen, Ebf. v. Mainz" in: Lexikon des Mittelalters 1 (1999), Sp. 1002f.

GÖRICH, Knut, Die Ehre des Erzbischofs. Arnold von Selenhofen (1153–1160) im Konflikt mit Mainz, in: Archiv für mittelrheinische Kirchengeschichte 53 (2001), S. 93–123.

G'SELL, P. Amadeus, Die Vita des Erzbischofs Arnold von Mainz (1153–1160) auf ihre Echtheit geprüft, in: Neues Archiv der Gesellschaft für ältere deutsche Geschichtskunde 43 (1922), S. 29–85 (I) und 319–379 (II).

HAARLÄNDER, Stefanie, Die Mainzer Kirche in der Stauferzeit (1122–1249), in: Handbuch der Mainzer Kirchengeschichte, Bd. 1,1: Christliche Antike und

Mittelalter, hg. von Friedhelm Jürgensmeier (Beiträge zur Mainzer Kirchengeschichte 6), Würzburg 2000, S. 290–331.

HAUSMANN, Friedrich, Reichskanzlei und Hofkapelle unter Heinrich V. und Konrad III. (Schriften der MGH 14), Stuttgart 1956.

HILPISCH, Stephan, Hillin von Trier 1152–1169, in: Archiv für mittelrheinische Kirchengeschichte 7 (1955), S. 9–21.

ILGEN, Theodor, Kritische Beiträge zur rheinisch-westfälischen Quellenkunde des Mittelalters IV: Vita Arnoldi archiepiscopi Moguntini, in: Westdeutsche Zeitschrift für Geschichte und Kunst 27 (1908), S. 38–97.

JÜRGENSMEIER, Friedhelm, Das Bistum Mainz. Von der Römerzeit bis zum II. Vatikanischen Konzil (Beiträge zur Mainzer Kirchengeschichte 2), Frankfurt a.M. ²1989.

KARN, Georg Peter, St. Peter in Mainz, München 2004.

KEUPP, Jan Ulrich, Dienst und Verdienst. Die Ministerialen Friedrich Barbarossas und Heinrichs VI. (Monographien zur Geschichte des Mittelalters 48), Stuttgart 2002.

KLASSERT, Martin Ludwig, Das Mainzer Kollegiatstift St. Peter. Bemerkenswertes aus der Geschichte des Stifts, seiner Besitzungen und seiner Mitglieder, in: Archiv für hessische Geschichte und Altertumskunde NF 52 (1994), S. 11–125.

MEUTHEN, Erich, Die Aachener Pröpste bis zum Ende der Stauferzeit, in: Zeitschrift des Aachener Geschichtsvereins 78 (1966/67), S. 5–95.

MEYER-GEBEL, Marlene, Bischofsabsetzungen in der Reichskirche vom Wormser Konkordat (1122) bis zum Ausbruch des Alexandrinischen Schismas (1159) (Bonner Historische Forschungen 55), Bonn 1992.

NOHLMANNS, Leonardus, Vita Arnoldi de Selenhofen, archiepiscopi Moguntini (1153–1160), Diss. hist., Bonn 1871.

OTTO, August, Die Sprichwörter und sprichwörtlichen Redensarten der Römer, Leipzig 1890.

PELGEN, Franz Stephan, Stephan Alexander Würdtwein (1722–1796) in der Mainzer Martinus-Bibliothek, in: Bibliotheca S. Martini Moguntina. Alte Bücher–Neue Funde, hg. von Helmut Hinkel, Mainz 2012, S. 279–310.

PLASSMANN, Alheydis, Die Struktur des Hofes unter Friedrich I. Barbarossa nach den deutschen Zeugen seiner Urkunden (MGH Studien und Texte 20), Hannover 1998.

RITZERFELD, Ulrich, Das Kölner Erzstift im 12. Jahrhundert. Verwaltungsorganisation und wirtschaftliche Grundlagen (Rheinisches Archiv 132), Köln/Weimar/Wien 1994.

RÜCKERT, Maria Magdalena, Die Anfänge der Klöster Schöntal und Bronnbach und ihr Verhältnis zur Mutterabtei Maulbronn, in: Anfänge der Zisterzienser in Südwestdeutschland. Politik, Kunst und Liturgie im Umfeld des Klosters Maulbronn, hg. von Peter Rückert/Dieter Planck (Oberrheinische Studien 16), Stuttgart 1999, S. 101–125.

SCHAAB, Meinrad, Geschichte der Kurpfalz, Bd. 1: Mittelalter, Stuttgart ²1999.

SCHERG, Leonhard, Die Zisterzienserabtei Bronnbach im Mittelalter. Studien zur Geschichte der Abtei von der Gründung bis zur Mitte des 14. Jahrhunderts (Mainfränkische Studien 14), Würzburg 1978.

SCHMID, Reinhard, Die Abtei St. Alban vor Mainz im hohen und späten Mittelalter. Geschichte, Verfassung und Besitz eines Klosters im Spannungsfeld zwischen Erzbischof, Stadt, Kurie und Reich (Beiträge zur Geschichte der Stadt Mainz 30), Mainz 1996.

SCHMITT-VOLLMER, Dietlinde, Bronnbach. Ein Grablegeprojekt im 12. Jahrhundert. Zur Baugeschichte der Zisterzienserkirche, Bd. 1: Text, Bd. 2: Karten (Forschungen und Berichte der Bau- und Kunstdenkmalpflege in Baden-Württemberg 12), Stuttgart 2007.

SCHÖNTAG, Wilfried, Untersuchungen zur Geschichte des Erzbistums Mainz unter den Erzbischöfen Arnold und Christian I. (1153–1183) (Quellen und Forschungen zur hessischen Geschichte 22), Darmstadt/Marburg 1973.

STAAB, Franz, Reform und Reformgruppen im erzbistum Mainz. Vom ‚Libellus de Willigisi consuetudinibus' zur ‚Vita domnae Jutta inclusae', in: Reformidee und Reformpolitik im spätsalisch-frühstaufischen Reich. Vorträge der Tagung des Gesellschaft für mittelrheinische Kirchengeschichte vom 11. bis 13. September 1991 in Trier, hg. von Stefan Weinfurter (Quellen und Abhandlungen zur mittelrheinischen Kirchengeschichte 68), Mainz 1992, S. 119–187.

SEMMLER, Josef, Tradition und Neuerung, in: Handbuch der Mainzer Kirchengeschichte, Bd. 1,2: Christliche Antike und Mittelalter, hg. von Friedhelm Jürgensmeier (Beiträge zur Mainzer Kirchengeschichte 6), Würzburg 2000, S. 612–670.

THURN, Hans, Bestand bis zur Säkularisierung: Erwerbungen und Zugänge bis 1803 (Die Handschriften der Universitätsbibliothek Würzburg 5), Wiesbaden 1994.

WALDECKER, Christoph, Zwischen Kaiser, Kurie, Klerus und kämpferischen Laien. Die Mainzer Erzbischöfe 1100 bis 1160 (Quellen und Abhandlungen zur mittelrheinischen Kirchengeschichte 101), Mainz 2002.

WATTENBACH, Wilhelm/SCHMALE, Franz J., Deutschlands Geschichtsquellen im Mittelalter. Vom Tode Kaiser Heinrichs V. bis zum Ende des Interregnum, Bd. 1, Darmstadt 1976.

WEGELE, Franz Xaver von, Arnold von Selenhofen, Erzbischof von Mainz (1153–1160), Jena 1855.

WEINFURTER, Stefan, Gernot von St. Stephan (Mainz), in: Verfasserlexikon 11, Berlin/New York 2004, Sp. 517–519.
WEINFURTER, Stefan, Konflikt und Konfliktlösung in Mainz: zu den Hintergründen der Ermordung Erzbischof Arnolds 1160, in: Landesgeschichte und Reichsgeschichte. Festschrift Alois Gerlich, hg. v. Winfried Dotzauer u. a., Stuttgart 1995, S. 67–83.
WEINFURTER, Stefan, Der Mainzer Erzbischof Arnold von Selenhofen. Vita und Memoria, in: Zeitschrift für württembergische Landesgeschichte 73 (2014), S. 59–71.
WEINFURTER, Stefan, Wer war der Verfasser der Vita Erzbischof Arnolds von Mainz (1153–1160)?, in: Festschrift für Eduard Hlawitschka zum 65. Geburtstag, hg. von Karl-Rudolf Schnith/Roland Pauler (Münchener Historische Studien, Abteilung Mittelalterliche Geschichte 5), Kallmünz 1993, S. 317–339.

10. Abkürzungen und Siglen

Anm.	*Anmerkung*
AA SS	*Acta Sanctorum*
BHL	*Bibliotheca hagiographica latina antiquae et mediae aetatis*
BWA	*XXIX. Arnold (1153 Juni 7–14 bis 1160 Juni 24), in: Böhmer, Johann Friedrich, Regesta archiepiscoporum Maguntinensium. Regesten zur Geschichte der Mainzer Erzbischofe von Bonifatius bis Uriel von Gemmingen 742–1514, Bd. 1: Von Bonifatius bis Arnold von Selehofen, 742–1160, hg. von Cornelius Will, Innsbruck 1877, S. 354–380.*
BWK	*XXX. Konrad I. (Erstes Pontifikat. 1161 Juni 20 – 1177 August). bzw. XXX. Konrad I. (Zweites Pontifikat. 1183 Nov. 11–17 bis 1200 Oct. 25?), in: Böhmer, Johann Friedrich, Regesta archiepiscoporum Maguntinensium. Regesten zur Geschichte der Mainzer Erzbischöfe von Bonifatius bis Uriel von Gemmingen 742–1514, Bd. 2: Von Konrad I. bis Heinrich II., 1161–1288, hg. von Cornelius Will, Innsbruck 1886, S. 1–17 bzw. S. 59–120.*
CCCM	*Corpus Christianorum continuatio mediaevalis*
CCSL	*Corpus Christianorum, Series Latina*

CSEL		*Corpus scriptorum ecclesiasticorum Latinorum Academiae Vindobonensis*
DA		*Deutsches Archiv für Erforschung des Mittelalters*
DRW		*Deutsches Rechtswörterbuch*
GCS		*Die griechischen christlichen Schriftsteller der ersten drei Jahrhunderte*
hg.		*herausgegeben*
Jh.		*Jahrhundert*
JL		*Jaffé, Philipp/Löwenfeld, Samuel, Regesta pontificum Romanorum ab condita ecclesia ad annum post Christum natum 1198, Bd. 2, Leipzig 2. Aufl. 1888*
MGH		*Monumenta Germaniae Historica*
	Briefe d. dt. Kaiserzeit	*Die Briefe der deutschen Kaiserzeit*
	Const.	*Constitutiones et acta publica imperatorum et regum*
	D F I.	*Die Urkunden Friedrichs I., hg. von Heinrich Appelt u. a. (MGH Diplomata regum et imperatorum Germaniae 10.1–5), Hannover 1975–1990*
	SS	*Scriptores (in Folio)*
	SS rer. Germ.	*Scriptores rerum Germanicarum in usum scholarum*
	SS rer. Merov.	*Scriptores rerum Merovingicarum*
MPL		*J. P. Migne, Patrologia Latina*
MUB I		*Mainzer Urkundenbuch, Bd. 1: Die Urkunden bis zum Tode Erzbischof Adalberts I. (1137), hg. von Manfred Stimming, Darmstadt 1932*
MUB II		*Mainzer Urkundenbuch, Bd. 2,1: 1131–1175, Bd. 2,2: 1176–1200, hg. von Peter Acht, Darmstadt 1968/1971*
NF		*Neue Folge*
Ps.		
	(G)	*Psalm nach griechischem Text*
	(H)	*Psalm nach hebräischem Text*
RI		*Regesta Imperii*
SCHr		*Sources chrétiennes*

VITA ARNOLDI
ARCHIEPISCOPI MOGUNTINENSIS

Die Lebensbeschreibung
des Mainzer Erzbischofs Arnold von Selenhofen

1. *Virum*[1] *misericordie*, cuius iusticie oblivionem *non* acceperunt, venerabilem martirem Christi, Arnoldum archiepiscopum Maguntinum omnium fidelium posteritati[a] intimandum *iubente*[2] *caritate* suscepimus. Non quia sufficienti preconio eius nos posse virtutes miseracionesque arbitremur efferre; sed *ne*[3] vel intra *silencium* ipsius *vita* finisve langueseret vel oblivione prorsus periret[b], aggressi sumus super tanti novitate negocii verborum nostrorum habenas *magistra*[4] *veritate* laxare. Novum quippe tormentorum et nostris temporibus ymmo a seculis inauditum fuit genus simul cum penis expertus. Verum, antequam nostre *obediencie*[5] *manus* reverentissimi viri attrectent martirium[c], vite ipsius iacienda sunt fundamenta tamquam materia; ut ex discipline conversacionis morumque eius structura novi martirii *crescat*[6] *edificacio in templum sanctum Domino*.

2. Itaque venerabilis Christi martir Arnoldus pago Maguntino[7] ex religiosis nobilibusque parentibus[8] *extitit*[9] *oriundus*. Qui ab adolescencia sua, *bone*[10] *artis preclarique facinoris* normam sectatus, nullis incuriarum[11] ineptiis, quibus huiuscemodi etas solet occupari, animum dedit. Sed[d], tamquam dominici agminis[e] *argumentosa*[12] *ovis*[f], *totus*[13] *suspensus* in *Domino*, ad sanctarum scripturarum capescendam[g] doctrinam ipse sedulus anhelabat; meditans prophete vaticinantis oraculum, quod, *qui*[14] *docti fuerint, fulgebunt sicut splendor firmamenti*, et *quia*[15] *sciencia et prudencia* custodiunt *rectorum salutem* et protegunt *gradientes simpli-*

---

a) *Jf;* prosteritati *W.*   b) *Jf;* perierent *W.*   c) *Jf;* martirum *W.*   d) *Jf;* se *W.*
e) *folgt* sed *W.*   f) apis *F Jf.*   g) capesendam *Jf.*

---

1 *Ecclus. 44,10–15:* sed illi viri misericordiae sunt quorum pietates non defuerunt; *hierauf aufbauend die wohl in der Vita zitierte Lesung am Fest der Heiligen Johannes und Paulus (26.6.).*
2 *Bernhard v. Clairvaux, Sermones super Cantica Canticorum, Nr. 50,5 (ed. J.* LECLERCQ/H. M. ROCHAIS, *Bernardi opera 2, S. 81, Z. 14):* caritate iubente.
3 *Sallust, De coniuratione Catilinae, 1,1:* ne vitam silentio transeant.
4 *Bernhard v. Clairvaux, Sermones super Cantica Canticorum, Nr. 74,9 (ed. J.* LECLERCQ/H. M. ROCHAIS, *Bernardi opera 2, S. 245, Z. 11):* cum magistra Veritate.
5 *Gozechinus Moguntinensis, Epistula ad Walcherum (CCCM 62, S. 23, Z. 389–390):* manus obedientiae.
6 *Eph. 2,21:* in quo omnis aedificatio constructa crescit in templum sanctum in Domino.
7 *Das Gebiet rechts des Rheins unweit von Mainz.*
8 *Die Eltern Arnolds v. Selenhofen gehörten höchstwahrscheinlich einer Ministerialenfamilie an, die aus dem Mainzer Vorort Selenhofen stammte. Vgl. Einleitung, S. 28f.*

1. Den Mann[1] der Barmherzigkeit, dessen gerechte Taten nicht in Vergessenheit geraten sind, den verehrungswürdigen Märtyrer Christi, Erzbischof Arnold von Mainz, der Nachwelt aller Gläubigen bekannt zu machen, haben wir auf[2] Geheiß der Nächstenliebe auf uns genommen. Nicht, weil wir glauben, dass wir mit
5 ausreichendem Lob seine Tugenden und barmherzigen Taten preisen könnten, sondern damit[3] nicht sein Leben und Ende in Schweigen verblasse oder durch Vergessen gänzlich untergehe, sind wir daran gegangen, über die Neuigkeit einer so großen Angelegenheit unseren Worten – nach[4] strenger Beachtung der Wahrheit – freien Lauf zu lassen. Ihm ist wahrlich eine neue Art von Martern, eine in
10 unseren Zeiten und sogar seit Jahrhunderten ungekannte, mit Höllenqualen zugefügt worden. Aber bevor sich unsere folgsamen[5] Hände mit dem Martyrium dieses ehrwürdigsten Mannes beschäftigen, sind die Fundamente seines Lebens gleichsam als Baustoff niederzulegen; damit aus der Zusammenfügung der Disziplin, des Lebenswandels und der Sitten dieses Mannes das Gebäude[6] des neuen
15 Martyriums zu einem heiligen Tempel im Herrn erwachse.

2. Arnold also, der ehrwürdige Märtyrer Christi, wurde im Mainzer Gau[7] von frommen und edlen Eltern[8] geboren[9]. Dieser richtete von Jugend an – indem er der Richtschnur der guten[10] Bildung und der herausragenden Tat folgte – seinen Sinn nicht auf unbekümmerte[11] Torheiten, von denen dieses Alter gewöhnlich erfasst wird. Vielmehr strebte er selbst mit Eifer, wie ein fleißiges[12] Schaf in der
20 Herde des Herrn, ganz[13] auf Gott ausgerichtet, danach, die Lehre der Heiligen Schrift aufzunehmen; dabei trug er in Gedanken den Ausspruch des weissagenden Propheten bei sich, dass die Gelehrten[14] erstrahlen werden wie der Glanz des Himmels, und dass[15] Weisheit und Klugheit über das Heil der Rechtschaffenen
25 wachen und die redlich Voranschreitenden schützen. Als er daher in ständiger

---

9 *Sulpicius Severus, Vita sancti Martini, c. 2,1 (SChr 133, S. 254, Z. 3–4):* Igitur Martinus ... oriundus fuit; *Vita Landiberti, Lectio I (MGH SS rer. Merov. 6, S. 387, Z. 19):* extitit oriundus.
10 *Sallust, De coniuratione Catilinae, 2,9:* verum enim vero is demum mihi vivere atque frui anima videtur, qui aliquo negotio intentus praeclari facinoris aut artis bonae famam quaerit.
11 *Tertullianus, De cultu feminarum, lib. II, c. 9,1 (CCSL 1, S. 362, Z. 6):* deliciarum ineptiis occupare.
12 *Vgl. Passio Sanctae Ceciliae virginis et martyris (Sanctuarium seu vitae sanctorum, Bd. 1, S. 333, Z. 39):* Cecilia famula tua quasi ouis tibi argumentosa deseruit.
13 *Luc. 19,48:* omnis enim populus suspensus erat audiens illum.
14 *Dan. 12,3.*
15 *Prov. 2,6:* quia Dominus dat sapientiam et ex ore eius scientia et prudentia *und Prov. 2,7:* custodiet rectorum salutem et proteget gradientes simpliciter.

citer. Unde cum diutina instancia *sub*[16] theologice *discipline*[h] *ferula* sudaret[17] et secundum apostolum a domino Deo, qui *dat*[18] *omnibus affluenter* scienciam, *vias*[19] *suas dirigi* in legem[i] Domini instanter deposceret, *magnificavit*[20] *Dominus facere cum ipso*: ut sancte scripture scienciam, que in incepto sibi disposicio fuerat, tamquam discrecionis racionabilem habitum indueret.

3. E studio igitur devocatus ad propria, cum omni devocione divino se manciparet obsequio[21], et dum moribus sciencia ac honestate *super*[22] omnes *coetaneos* suos *emularetur* religionem virtutum, senilemque[23] ipse iuvenis etatem virtute transcenderet et quasi eximium sydus inter ceteros celebri conversacione splenderet, affuit mox ille, cuius *invidia*[24] *mors introivit in orbem terrarum*. Affuit, *vidit*[25] *et invidit*. Doluitque famam sanctam et[j] opinionem boni viri, que longe lateque crebuerat; *et*[26] *superseminavit zizaniam in medio tritici*. Aggressusque est in venerabilem virum tela invidie persecucionisque molimina per suos satellites intorquere, vicium virtutem ferre non prevalens. Sed dei protegente clemencia, *hostium*[27] *cuneos* ut immunis a culpa sic a lesione semper *pertransiens*, tyrannidem evasit; se ipso cottidie melior et maior et Deo et hominibus acceptabilior clariorque existens. Ipsa vero turma hostilis econtra, nevo tabescens invidie, in sese fatiscebat assidue, invidie spiritus tabe cancerata atque consumpta. Sui namque officii finem sortitur[k] invidia, dum afficit spiritus invidie: spiritus afficiens atque[l] studiose[l] genitricis sue diligens officium, scilicet[m] officere. Unde quidam ait:

Iustius[28] *invidia nihil est, que protinus ipsum*
Auctorem rodit excruciatque[n] *animum.*

---

h) *Jf*; disciplina *W.*   i) lege *Jf.*   j) *Jf*; ne *W.*   k) *Jf*; sortitus *W.*   l–l) *Jf*; et qui studio *W.*   m) *Jf*; sed *W.*   n) *Jf*; excruciamus *W.*

---

16 *Petrus Damiani, Sermones, Nr. 39,2 (CCCM 57, S. 241, Z. 32): sub disciplinae ferula.*
17 *Vgl. zur Ausbildung Arnolds und möglichen Studienorten Einleitung, S. 29.*
18 *Iac. 1,5: si quis autem vestrum indiget sapientiam postulet a Deo qui dat omnibus affluenter et non inproperat et dabitur ei.*
19 *Isai. 45,13: omnes vias eius dirigam; Cassiodor, Expositio psalmorum, Nr. 104,45 (CCSL 98, S. 956, Z. 608): in lege eius … dirigamur.*
20 *Ps. 125,2 (H): magnificavit Dominus facere cum istis.*
21 *Vgl. zu den verschiedenen kirchlichen Ämtern, die Arnold innehatte Einleitung, S. 29f.*
22 *Gal. 1,14: Proficiebam … supra multos coetaneos in genere meo abundantius aemulator existens.*

Beharrlichkeit unter der Rute[16] der theologischen Wissenschaft Schweiß vergoss[17] und, gemäß dem Wort des Apostels, von Gott dem Herrn, der allen[18] die Weisheit im Überfluss gibt, inständig erflehte, dass seine[19] Wege nach dem Gesetz Gottes gelenkt werden, da[20] tat der Herr Großes an ihm: dass er die Weisheit der
5 Heiligen Schrift, die am Anfang für ihn Veranlagung gewesen war, gleichsam als vernünftiges Kleid der verständnisvollen Erkenntnis anlegte.

3. Aus dem Studium daher zu den passenderen Dingen weggerufen, widmete er sich mit aller Demut dem Dienst für Gott[21], und während er sich durch seine Sitten, seine Weisheit und sein ehrenhaftes Verhalten vor[22] allen Gleichaltrigen um die frommen
10 Tugenden bemühte und[23] – obgleich selbst ein junger Mann – sogar das Greisenalter an Tugend übertraf und gleichsam als außerordentlicher Stern unter den übrigen durch den vorbildlichen Lebenswandel erstrahlte, da war bald jener zur Stelle, durch dessen Neid[24] der Tod auf dem Erdkreis Eingang gefunden hat. Er kam, sah[25] und war neiderfüllt. Und es schmerzte ihn der heiligmäßige Ruf und das Ansehen des
15 rechtschaffenen Mannes, das sich weithin verbreitet hatte; und[26] er säte Unkraut mitten unter den Weizen. Und er ging daran, gegen den verehrungswürdigen Mann Geschosse der Missgunst und Anstrengungen der Verfolgung durch seine bösen Knechte zu richten, da das Laster die Tugend nicht zu ertragen vermag. Aber durch die gnädige Vorsehung Gottes entging dieser der bösen Gewalt, indem er die Heer-
20 scharen[27] der Feinde, frei von Schuld und damit auch von Verletzung, immer durchschritt; sich selbst übertreffend wurde er täglich besser und größer und vor Gott und den Menschen wohlgefälliger und strahlender. Die feindliche Schar dagegen, in der Sünde der Missgunst sich verzehrend, fiel mehr und mehr in sich selbst zusammen, durch die Fäulnis des neiderfüllten Geistes zerfressen und verbraucht. Die Grenzen
25 ihres Geschäftes nämlich erfährt die Missgunst, wenn der Geist der Missgunst wirkt: der Geist, der eifrig und mit Inbrunst das Geschäft seiner Erzeugerin betreibt, nämlich Schaden anzurichten. Daher der Ausspruch:

‚Nichts[28] ist gerechter als die Missgunst, die sogleich den Neider selbst verzehrt und seinen Geist martert.'

---

23 Vgl. *Gregor d. Große, Dialogorum libri IV, lib. II, prol. (SChr 260, S. 126, Z. 1–2):* ab ipso pueritiae suae tempore cor gerens senile. Aetatem quippe moribus transiens.
24 *Sap. 2,24:* Invidia autem diaboli mors introivit in orbem terrarum.
25 *Augustinus, Sermones, Nr. 229H (ed. G. MORIN, Miscellanea Agostiniana 1, S. 480, Z. 21–22):* quia ergo diabolus vidit hominem ascensurum und ipse ceciderat, vidit et invidit: cecidit, et deiecit.
26 *Matth. 13,25.*
27 *Sulpicius Severus, Vita Sancti Martini, c. 4,5 (SChr 133, S. 260, Z. 17–18):* hostium cuneos penetrabo.
28 *Anthologia Latina Nr. 485^b. Vgl. auch etwa Hieronymus, Commentarii in IV epistulas Paulinas, Ad Galatas, lib. III, vers. 19–21 (MPL 26, Sp. 417B).*

4. Reverendus autem vir Domini, ut dictum est, *in*²⁹ *medio nacionis prave et perverse* civium suorum³⁰ tamquam *luminare* clarissimum refulgens, quanto magis persequebatur, tanto magis in gloria et honore crescebat, ad alciora proximaque virtuti semper se erigens. Namque ut dicitur, ab³¹ extremo ungue usque ad supremum calculum per dignitatum gradus ascendens, postquam sibi Deus fecerat *nomen*³² *magnum iuxta nomen magnorum qui erant in terra* ut⁰ splendore indutus principum^p, imperialis aule illustrissimus cancellarius³³, quasi alter imperator in latere imperatoris³⁴ imperii prestaret officio, circa omnes afflictos pia et clementissima gestitans viscera, orphanorum viduarumque ac Yberniorum Scotorum³⁵ – quos ultima mundi ad nostre meditullium terre baculo peregrinanti transmittunt – omniumque peregrinancium oppressorum unicum gremium armarium et tutissimus existebat portus^q; ut cum beato Iob dicere posset: *Cumque*³⁶ *sederem quasi rex in solio meo, eram tamen merencium consolator*. Raro pauper a manu ipsius vacuus quandoque recessit. Tempore vero ingruentis inopie, que totam Germaniam fame profligatura^r minitabat^s ³⁷, tercentos pauperes – propria manu obsequiis exhibitis – alimoniis sollicitus et specialiter nutriebat; aliis quibus victum largiebatur adhibitis, *quorum*³⁸ *non est numerus*.

5. Mensa autem ipsius multo^t frequentique paupere hospite ac peregrino. Tanta namque opinio elimosinarum suarum ac pietatis circumfuderat pauperes, quod ad ipsum tamquam ad proprium certumque promptuarium ubique concurrerent. Religionem³⁹ autem *super*⁴⁰ *aurum et lapidem preciosum* omnemque pulchritudinem arcius amplectens, illius professionis viros, quorum iugiter fruebatur contubernio quorumque presenciam post Deum venerabatur, tamquam fratres et patres

---

o) *Jf;* et *W.*   p) *Jf;* principium *W.*   q) *Jf M F; fehlt W.*   r) *Jf;* profligaturam *W.*   s) *Jf;* nutabat *W.*   t) *Jf;* multe *W.*

---

29 *Philipp. 2,15:* ut sitis sine querella et simplices filii Dei sine reprehensione in medio nationis pravae et perversae inter quos lucetis sicut luminaria in mundo.
30 *Als Gegenspieler Arnolds erscheint im Laufe der Vita der Familienverband der Meingote. Vgl. Einleitung, S. 26f.*
31 *Vgl. zu möglichen alternativen Lesarten zu* ab extremo ungue usque ad supremum calculum *A. OTTO, Die Sprichwörter und sprichwörtlichen Redensarten der Römer, Leipzig 1890, S. 355f.*
32 *2. Sam. 7,9:* fecique tibi nomen grande iuxta nomen magnorum, qui sunt in terra.
33 *Arnold wurde 1151 von König Konrad III. zum Reichskanzler ernannt. Vgl. Einleitung, S. 30.*
34 *Konrad III. blieb nur König. Friedrich Barbarossa wurde am 18./19. Juni 1155 zum Kaiser gekrönt. Vgl. RI IV,2,1, Nr. 319.*

4. Der verehrungswürdige Mann des Herrn aber, der, wie gesagt, inmitten[29] des verworfenen und verkehrten Geschlechts seiner Mitbürger[30] wie ein Gestirn hell strahlend aufleuchtete, wuchs um so mehr an Ruhm und Ehre, je mehr er verfolgt wurde, und erhob sich beständig zu Höherem und der Tugend Nächstem. Denn er erklomm die Stufen der Würden, wie man zu sagen pflegt, vom[31] untersten Absatz bis zum obersten Rang, und nachdem ihm Gott einen großen[32] Namen verschafft hatte gleich dem Namen der Großen auf Erden, so dass er, umhüllt von fürstlichem Glanz, als höchstberühmter Kanzler des kaiserlichen Hofes[33], gleichsam ein zweiter Kaiser an der Seite des Kaisers[34], die Reichsgeschäfte leitete, da stellte er, der gegenüber allen Bedrängten ein gütiges und sehr zur Milde neigendes Herz in sich trug, für die Waisen und Witwen, für die Schottenmönche[35] – die von den entlegensten Gebieten am Rande der Welt mit dem Pilgerstab mitten in unsere Lande ausgesandt wurden – sowie für alle Pilger und Verfolgten die einzige Zuflucht und Rüstkammer und den sichersten Hafen dar. So konnte er mit dem seligen Job sagen: „Obwohl[36] ich wie ein König auf meinem Thron saß, war ich doch ein Tröster der Trauernden". Selten einmal verließ ihn ein Armer, den seine Hand nicht gelabt hatte. Zu einer Zeit hereinbrechenden Mangels aber, der ganz Deutschland durch eine Hungersnot zugrundezurichten drohte[37], speiste er dreihundert Arme – nachdem er ihnen eigenhändig zu Diensten gewesen war – mit besonderer Fürsorge; zahllosen[38] anderen schenkte er zusätzlich Nahrung.

5. Sein Tisch wurde häufig aufgesucht von Armen, Fremden und Pilgern. Denn so sehr hatte sich der Ruf seiner Almosen und seiner Barmherzigkeit bei den Armen verbreitet, dass sie zu ihm gleichsam wie zu einer eigens für sie bestimmten Vorratskammer von überallher zusammenkamen. Da er ihre Lebensweise[39] aber mehr[40] als Geld und wertvolle Steine und alle Schönheit liebte, ehrte er die Männer dieses Bekenntnisses, deren Haus- und Tischgenossenschaft er ständig genoss und deren Anwesenheit er nach Gott am meisten verehrte, und unter-

---

35 *Vgl. zu den Schottenmönchen Einleitung, S. 10f. Vgl. zur Frage der Niederlassung von Schottenmönchen im Mainzer Erzbistum* FLACHENECKER, *Schottenklöster, S. 153–158 und 344 und* BURKHARDT, *Konflikte um das Neue, S. 13f.*
36 *Iob. 29,25:* Si voluissem ire ad eos, sedebam primus; cumque sederem quasi rex, circumstante exercitu, eram tamen maerentium consolator.
37 *Große Hungersnöte soll es im Reich 1145–1147 und 1150–1151 gegeben haben. Vgl.* CURSCHMANN, *Hungersnöte im Mittelalter, S. 39f.*
38 *Ps. 39,13:* mala quorum non est numerus.
39 *Das heißt wohl das Bekenntnis der Schottenmönche.*
40 *Ps. 18,11.*

fovebat, honorabat; manum auxilii misericordie sollicitique tutaminis sine intermissione ipsis imperciens. Ecclesiis eciam propensius intendens, beneficiis eas multis et magnis pro eterna retribucione dotabat⁴¹. Diruta earum resarcire, dilapsa atque *dispersa*⁴² *congregare*, et ne caritas seu religio penes ipsas tepesceret vel remitteretur, sollicitus erat.

6. Disciplinatissime vite rigorem huiuscemodi tenuit, quod *principes*⁴³ omnes eius verebantur[u] presenciam, *cessabantque loqui* in eius conspectu *et digitum superponebant*[v] *ori suo*. De ipsius quippe probatissime conversacionis specimine talis elucebat moralitas, ut quilibet, qui hanc experiencia adipisci valeret, *inventum*⁴⁴ tesaurum tamquam *preciose margarite* portaret. In oracionibus ieiuniisque quam creberrime procumbens, divinum officium tanta venerabatur instancia, ut in beatissime Marie officiorum inpensis, licet seniles multisque laboribus fatigatos gereret artus, numquam ipsos, nisi gravissima invalitudine pressus, quiescendos quandoque remitteret; innumeras venias toto corpore Domino cum lachrimis et gemitu solvens. Et cum terreni imperii pro assumpto officio instancius occuparetur obsequiis, numquam ei *ingeries*[w] sompni subrepsit[x], quin *medio*⁴⁵ tempore *noctis* iuxta prophetam *ad confitendum* domino *surgeret*. Quadragesimali quoque tempore clam sibi mattam submittens pene id temporis spacium noctibus insompne[y] ducebat, in oracionibus gemitu lacrimisque pernoctans. Ad insigne quoque tanti viri mirabilitatis preconium hoc[z] accedit: quod, si quando – vel *rigore*⁴⁶ *iusticie* vel ex humanitatis innata commocione – iram conceptam, qua mortalium nemo caruit, in aliquem vel dampni vel detrimenti illacione[a] perfunderet, mox ultricem discipline corpori suo usque ad sanguinem virgarum addebat vindictam. Et sic, per verberum dirissimas cruces excessum patratum perexpians[b],

u) *Jf*; ferebantur *W*. v) supponebant *Jf*. w) pigrities *Jf*. x) *Jf*; subrepit *W*.
y) *Jf*; in sompne *W*. z) *Jf*; huc *W*. a) *Jf*; illacionem *W*. b) *Jf*; per expians *W*.

41 *Vgl. zu den Schenkungen und Förderungen Arnolds Einleitung, S. 34.*
42 *Ioh. 11,52:* et non tantum pro gente sed ut filios Dei qui erant dispersi congregaret in unum.
43 *Iob 29,9:* Principes cessabant loqui et digitum superponebant ori suo.
44 *Matth. 13,46:* inventa autem una pretiosa margarita abiit et vendidit omnia quae habuit et emit eam.
45 *Ps 118,62 (H):* medio noctis surgam ad confitendum tibi super iudicia iustificationis tuae.

stützte sie gleichsam wie ‚Fratres' und ‚Patres'. Tief bewegt von Barmherzigkeit ließ er jenen Schutzbedürftigen die Hand der Hilfe ohne Unterlass zukommen. Auch zeigte er sich den Kirchen sehr geneigt und stattete sie mit vielen und großen Schenkungen um des ewigen Lohnes willen aus[41]. Es war ihm ein inneres Bedürfnis, deren Zerstörung aufzuhalten, Zerfallenes und Zerstreutes[42] wieder zu sammeln, damit weder die Nächstenliebe noch die Gottesfurcht nachlasse oder ermatte.

6. An der Strenge einer sehr disziplinierten Lebensweise hielt er so sehr fest, dass alle[43] Hochgestellten seine Gegenwart achteten und wenn sie ihn erblickten, aufhörten zu reden und ihren Finger auf ihren Mund legten. So sehr glänzte die sittliche Haltung durch das äußerst ehrbare Vorbild seiner Lebensweise, dass jeder, der diese Erfahrung zu erlangen vermochte, den gefundenen[44] Schatz gleichsam wie eine wertvolle Perle mit sich trug. Beim Gebet und beim Fasten warf er sich so oft als möglich nieder und gab sich dem Gottesdienst mit solch ehrfürchtigem Eifer hin, dass er bei der liturgischen Verehrung der allerheiligsten Maria, auch wenn seine Glieder altersschwach und von vieler Mühsal erschöpft waren, diesen niemals Ruhe gönnte, es sei denn, er wurde von äußerst schweren Gebrechen geplagt. Mit dem ganzen Körper zollte er dem Herrn unzählige Kniefälle unter Tränen und Seufzen.

Und obwohl er wegen des übernommenen Amtes beständig von Diensten für das irdische Reich in Anspruch genommen wurde, beschlich ihn niemals der Schlaf; vielmehr erhob[45] er sich – gemäß dem Propheten – gar mitten in der Nacht, um dem Herrn zu bekennen. In der Fastenzeit überdies legte er sich heimlich eine Büßerdecke unter, verbrachte fast diese ganzen Nächte ohne Schlaf, indem er sie mit Gebeten, Seufzen und Tränen durchwachte. Zum beispiellosen Ruhm der Herrlichkeit dieses so großen Mannes kam zudem folgendes hinzu: Wenn er einmal – sei es aufgrund der Strenge[46] der Gerechtigkeit, sei es aus der den Menschen angeborenen Erregbarkeit – irgendjemandem in aufwallendem Zorn, dessen ja kein Sterblicher entbehrt, Schaden oder Verlust zufügte, so bestrafte er sogleich seinen Körper für den Bruch der Disziplin mit Rutenschlägen bis aufs Blut. Indem er so den vollbrachten Frevel mit der härtesten Marter der Schläge

---

46 *Decretum Gratiani, D. 50 c. 32, § 2:* Basilius autem circa delinquentes rigorem iusticiae servandam ostendit. *Otto v. Freising/Rahewin, Gesta Friderici, lib. II, c. 3 (MGH SS rer. Germ.* [46], *S. 104, Z. 33–34):* sperans ob presentis diei alacritatem eius se animum a rigore iustitie emollire posse. *Ebd., lib. IV, c. 56 (MGH SS rer. Germ.* [46], *S. 311, Z. 17–19):* nisi nos consilio et auxilio religiosorum virorum, qui spiritu dei aguntur, tam impudicae iniquitati iusticiae rigorem opposuissemus.

domino Deo intra *cubiculum*⁴⁷ *cordis* in ara crucis se ipsum mactabat. Vir itaque, summis virtutibus fultus, sibi notus erat et Deo.

7. Iamque ad canos reverentissime et venerabilis sue persone usque pervenerat⁴⁸, dum divina satagenteᶜ clemencia de multis aliis dignitatibus, clero Maguntine metropolis unanimi eligente, populo acclamante, imperatore⁴⁹ cooperante, Romano pontifice⁵⁰ agente – deposito Heinrico archiepiscopo⁵¹ – Wormacie, universa terra plaudente, ad summum meruit provehi sacerdocii gradum; *letantibus*⁵² *et exultantibus* universisᵈ, quia *respexisset*⁵³ *Dominus plebem suam* et metropoli illi Maguntine, que multa pastorum insolencia hactenus graviter laborarat, in tanto et tam venerabili patre providisset.⁵⁴ *Exultat*⁵⁵ apostolica sedes in tanta *columpna*⁵⁶ *ecclesie, resultat* imperium de tam illustrissimo principe, consultant principes in principeᵉ, plauditᶠ Germanicaᵍ tellus in mirifico presule⁵⁷.

8. Verum licet sit scriptum: *Qui*⁵⁸ *episcopatum* desiderat, rem *bonam desiderat* – studium enim sapiencie est, animarum superintendere curis – tamen, quia nonnulli contendunt, eximium virum appetisse magis pontificium quam fugisse⁵⁹, opere precium est de multis inserere, que religiosis auribus familiaritatis consorcio enarrare solebat. Aiebat enim: „*Quicquid*⁶⁰ *mihi ex honore sacerdotalis officii*

---

c) *Jf;* satagante *W.* d) *Jf M F; fehlt W.* e) *Jf;* principie *W.* f) *Jf;* plaudet *W.*
g) *Jf;* Germania *W.*

---

47 *In Anlehnung an Matth. 6,6 häufige Wendung bei den Kirchenvätern, etwa bei Augustinus, Sermones, Nr. 50,7 (CCSL 41, S. 629, Z. 143).*
48 *Arnold wurde wahrscheinlich zwischen 1095 und 1100 geboren. Zum Zeitpunkt seiner Wahl 1153 war er somit zwischen 53 und 58 Jahren alt. Vgl.* BURKHARDT, *Mit Stab und Schwert, S. 31.*
49 *Friedrich Barbarossa war zu diesem Zeitpunkt nur König (Kaiserkrönung am 18.6.1155).*
50 *Papst Eugen III. (15.2.1145–8.7.1153).*
51 *Erzbischof Heinrich I. (27.9.1142–Pfingsten 1153). Die Annales Magdeburgenses (MGH SS 16), ad a. 1153, S. 191 berichten nur: Heinricus Mogontinus archiepiscopus a legatis domni apostolici deponitur, cui successit Arnoldus cancellarius. Vgl. hierzu auch* MEYER-GEBEL, *Bischofsabsetzungen, S. 223.*
52 *Soph. 3,14:* lauda filia Sion iubilate Israhel laetare et exulta in omni corde.
53 *Ruth 1,6:* quod respexisset Dominus populum suum.
54 *Die hier geschilderten Vorgänge fanden auf einem Hoftag Barbarossas in Worms am 7.6.1153 statt. Die Schilderung des Herrschaftsantritts Arnolds trägt eindeutig apologetische Züge.*

sühnte, opferte er sich selbst in der Kammer⁴⁷ seines Herzens Gott dem Herrn auf dem Altar des Kreuzes. Und so bewährte sich dieser Mann, geziert mit den höchsten Tugenden, vor sich und Gott.

7. Seine achtungsgebietende und verehrungswürdige Person war schon zu hohem Alter gelangt⁴⁸, als er es – mit dem Willen der göttlichen Gnade – verdiente, von vielen anderen Würden zur höchsten Stufe des Priestertums emporgehoben zu werden, da der Klerus der Metropole Mainz ihn einstimmig wählte, das Volk zustimmte, der Kaiser ihn unterstützte⁴⁹ und der römische Papst⁵⁰ eingriff, indem der Erzbischof Heinrich⁵¹ in Worms abgesetzt wurde; dabei spendete das ganze Land Beifall; es⁵² freuten sich alle und frohlockten, weil der Herr⁵³ sich seines Volkes angenommen hatte und für jene Mainzer Metropole, die bis dahin schwer an der großen Überheblichkeit ihrer Hirten gelitten hatte, in der Gestalt eines so bedeutenden und so verehrungswürdigen Vaters gesorgt hatte.⁵⁴ Es⁵⁵ frohlockte der apostolische Stuhl über eine so starke Säule⁵⁶ für die Kirche, es hallte das Reich wider vom Jubel über diesen überaus berühmten Fürsten, es freuten sich die Fürsten über den Fürsten und das deutsche Reich klatschte Beifall über diesen wunderbaren Kirchenführer⁵⁷.

8. Aber mag es auch geschrieben stehen: ‚Wer⁵⁸ ein Bischofsamt begehrt, begehrt eine gute Sache' – denn es ist das Bestreben der Weisheit, die Sorge für die Seelen zu tragen – , so ist es dennoch – weil nicht wenige den Vorwurf erheben, dieser vortreffliche Mann habe das Bischofsamt eher begierig angestrebt als es geflohen⁵⁹ – der Mühe wert, etwas von all dem zu berichten, was er gottesfürchtigen Ohren in dem ihn umgebenden Kreis von Vertrauten zu erzählen pflegte. Er sagte nämlich: „Was⁶⁰ auch immer Außenstehende mir an Schmeicheleien erwei-

---

Arnold wurde wohl nur von einem Teil des Mainzer Klerus und Volks unter nicht unerheblicher Beteiligung Friedrich Barbarossas gewählt, was für Unmut gesorgt haben soll. Vgl. zur Wahl Arnolds Einleitung, S. 31f. und HAARLÄNDER, *Mainzer Kirche, S. 325. Die negative Schilderung seiner Amtsvorgänger liegt auf einer Linie mit den Intentionen des Autors, den Sturz Erzbischof Heinrichs zu rechtfertigen.*
55 *Vgl. den Apostelhymnus* Exultat coelum laudibus, resultat terra gaudiis.
56 In Anlehnung an Gal. 2,9 weitverbreitete Metapher der Patristik.
57 *Als einziges Glückwunschschreiben hat sich ein Schreiben Abt Rudolfs v. Reinhardsbrunn erhalten, das von Acht als echt angesehen wird: MUB II 196.*
58 *1. Tim. 3,1:* Fidelis sermo: si quis episcopatum appetit, bonum opus desiderat.
59 *Vgl. die Schilderung im* Chronicon Moguntinum *(Bibliotheca rerum Germanicarum 3), S. 684.*
60 *Gregor d. Große, Registrum epistolarum, lib. I, ep. 3 (CCSL 140, S. 3, Z. 1–3):* Gregorius Paulo scolastico. Quicquid mihi ex honore sacerdotalis officii extranei arrident, non ualde penso. De uobis autem mihi hac ex re arridentibus non minime doleo, qui desiderium meum plenissime scitis.

extranei arrident, non valde penso. De vobis autem, mihi ac de re arridentibus, non minime doleo; qui desiderium meum plenissime scitis. Vetustam⁶¹ enim *navem vehementerque confractam* et a multis depopulatam *ego infirmus et indignus suscepi.*⁶² *Undique enim fluctus* intrant; *et cottidiana ac valida tempestate quassate, putride*ʰ ecclesie Maguntine *naufragium tabule sonant. Populus*⁶³ enim hic meus *dure cervicis est* et *incircumcisus*⁶⁴ *corde* et *labiis*; nec domari potest aut ad viam rectitudinis duci, nisi aculeo *flagellis*⁶⁵ *scorpionibusque cedatur.* Maguntinum enim oportet quasi tyrannidem exercereⁱ. *Nusquam*⁶⁶ *tuta fides* est. Qui enim *edunt*⁶⁷ *panes meos* et qui sub specie exhibendi servicii mihi assistunt, siciunt sanguinem meum; fraude et domestico dolo *observantes*⁶⁸ *mihi calcaneum.* Nulla vero⁶⁹ est *efficacior pestis* quam *domesticus hostis.* Preter voluntatem pontificalisʲ apicis onera laboremque coactus suscepi." Et adiciebat: „Quod autem emuli mei maledictionis ac impietatis persone mee notam infligunt, asserentes: me prebuisse materiam, qua felicis memorie predecessor meus Heinricusᵏ Maguntinus antistes a sui presulatus decidisset honore, *Deus*⁷⁰ *qui absconditorum est cognitor* novit, quod in hoc scelestoˡ et nefario verbo in nullo michi conscius sum. Nec ulla reatus inpunctioᵐ meam in hac re *conscienciam*⁷¹ *stimulat,* nisi quia ille bonus homo – cum in sentencie penderet articulo, actoribus pro dilapidacione ecclesie et obediencie transgressione acriter in ipsum agentibus, nec haberet quod racionabiliter proponeret – nitebatur, ut *adversus*⁷² *veritatem* sibi assisterem. Quod

---

h) *folgt getilgtes und überstrichenes* ecce W.   i) *Jf;* existere *W.*   j) pontificalis *Jf.*
k) *Jf F;* N. *überschrieben* Heinricus *M;* N. *W.*   l) *Jf;* scelesti *W.*   m) inputatio *Jf.*

---

61 *Gregor d. Große, Registrum epistolarum, lib. I, ep. 4 (CCSL 140, S. 4, Z. 8–11):* Sed quia uetustam nauim uehementer que confractam indignus ego infirmus que suscepi, – undique enim fluctus intrant et cotidiana ac ualida tempestate quassatae putridae naufragium tabulae sonant. *Vgl.* WILHELM M. GESSEL, *Reform am Haupt. Die Pastoralregel Gregors des Großen und die Besetzung von Bischofsstühlen, in: Papsttum und Kirchenreform. Historische Beiträge. Festschrift für Georg Schwaiger, St. Ottilien 1990, S. 17–36, hier 19f. Zur Schiffsmetapher vgl.* GÜNTER KETTENBACH, *Einführung in die Schiffsmetaphorik der Bibel (Europäische Hochschulschriften, Reihe 23: Theologie 512), Frankfurt a.M. 1994. (Siehe auch Ps. 68,16 und Matth. 8,23f.).*
62 *Vgl. zu den Auseinandersetzungen unter Arnolds Vorgänger Heinrich Einleitung, S. 31.*
63 *Exod. 32,9:* Cerno quod populus iste durae cervicis sit. *Die angebliche Rede des neuen Erzbischofs spiegelt wohl die Opposition gegen den Amtsantritt Arnolds wider. Vgl. Einleitung, S. 31f.*
64 *Ier. 9,26; Act. 7,51.*
65 *2. Paral. 10,14:* Pater meus cecidit vos flagellis, ego ... caedam vos scorpionibus.

sen wegen der Ehre des Priesteramtes, schätze ich wenig. Über euch aber bin ich sehr betrübt, die ihr mir aus dem gleichen Grunde schmeichelt; ihr kennt ja doch sehr genau meinen Wunsch. Ich[61] habe als Schwacher und Unwürdiger ein altes, schon mit Gewalt zertrümmertes und von vielen geplündertes Schiff übernommen.[62] Von überall her dringen die Fluten ein; und die von einem beständigen und wahrhaft schweren Unwetter erschütterten, morschen Bretter zeigen den Schiffbruch der Mainzer Kirche an. Dieses mein Volk[63] ist halsstarrig und unbeschnitten[64] an Herz und Lippen; es kann nicht gezähmt oder auf den Weg eines gottgefälligen Lebens geführt werden, wenn es nicht gefügig gemacht wird durch den Stachel[65] von Schlägen und Marterinstrumenten. Der Mainzer Bischof muss gleichsam eine Tyrannis ausüben. Nirgends[66] findet man Zuverlässigkeit. Diejenigen nämlich, die meine[67] Brote essen und mir beistehen unter dem Anschein, mir Dienste zu leisten, dürsten nach meinem Blut; mit Betrug und Hinterlist im eigenen Hause lauern[68] sie mir auf die Fersen. Kein Unheil[69] ist nämlich wirkungsvoller als der Feind im eigenen Hause. Ich habe die Last und die Mühen des bischöflichen Amtes gezwungenermaßen und gegen meinen Willen übernommen." Und er fügte hinzu: „Was aber die Anschuldigungen meiner Widersacher, die mir das Schandmal der Verleumdung und Gottlosigkeit anheften, betrifft, ich hätte das Material geliefert, womit mein Vorgänger seligen Angedenkens, Heinrich, Erzbischof von Mainz, von der Würde seines Bischofsamtes gestürzt wurde, so weiß Gott[70], der das Verborgene kennt, dass ich mir hinsichtlich dieses verbrecherischen und gottlosen Vorwurfs in keiner Weise einer Schuld bewusst bin. Und kein Schuldbewusstsein bedrängt[71] mein Gewissen in dieser Sache, außer dass jener gute Mann – als er am entscheidenden Punkt seiner Verhandlung stand, während die Ankläger die Vorwürfe der Zerstreuung der Kirche und der Übertretung des Gehorsams heftig gegen ihn vorbrachten, und er nichts hatte, was er vernünftigerweise vorbringen konnte – darauf baute, dass ich ihm gegen[72] die

---

66 *Vergil, Aeneis, lib. IV,373:* Nusquam tuta fides; *die Formulierung fand Eingang in Isidor v. Sevilla, Etymologiarum siue Originum libri XX, lib. II, c. 21,15 (ed. W.M.* LINDSAY *[1901], S. 109, Z. 16).*

67 *Ps. 40,10 (G):* etenim homo pacis meae in quo speravi qui edebat panes meos magnificavit super me subplantationem.

68 *Ps. 55,7 (G):* ipsi calcaneum meum observabunt.

69 *Boethius, Philosophiae consolatio, lib. III, c. 5,14 (CCSL 94, S. 45, Z. 36–37):* Quae uero pestis efficacior ad nocendum quam familiaris inimicus?

70 *Dan. 13,42:* Deus aeterne, qui absconditorum es cognitor.

71 *Augustinus, In Iohannis epistulam ad Parthos tractatus, Nr. IX,4 (MPL 35, Sp. 2048):* non sit quod stimulet conscientiam meam.

72 *Iac. 3,14; 2. Cor. 13,8.*

quia fas non erat manifeste veritati occurrere pertinaciter, nec salva Dei gracia aut tuto honore meo id facere quibam, imposuit mihi cum suis nomen calumpnie: quod honoris et dignitatis sue sibi *supplantacionem*[73] fecissem. Quod sicut est *Deo*[74] *et hominibus odibile*, ita et a cogitacione mea et opere est *prorsus*[75] *extraneum*." Hec et his similia vir beatus[n] merebat.[76]

9. Postquam ergo canonica electione parilique voto cleri populique ac omnium principum Maguntine metropolis gubernacula[77], quamquam coactus, regenda suscepit, processione cleri tocius principumque splendore omniumque populorum frequencia, deducencium ipsum in iubilo, gloriosissime propriam[o] est locatus in sedem.[78] Et demum[p] officii sui *per*[79] *imposicionem* – duobus viris apostolice sedis legatis[80] hinc[q] inde suffultus – *manus ministeriumque episcoporum*[r] *suorum plenitudinem*[s] sollempnissime est adeptus et nomen[p]. Multa cepit secum anxietate temptare: quomodo animabus sibi commissis superintendere[t], ac ecclesie sue dilapsa et multo retro tempore alienata colligere, et priscum illius *sedis*[81] *honorem conservare* valeret. Quippe Maguntina sedes et in suffraganeis gloriosa et in principibus est nobilissima et hominibus et rebus ditissima et in potestate et dicione amplissima. Ei[u] namque obedit Saxonia et Thuringia, Franconia et Asia[v], Suevia, Boemia et Moravia.[82]

n) *Jf*; beate *W*.   o) *Jf*; proprie *W*.   p-p) Et demum – duobus viris apostolice sedis legatis hinc inde suffultus – per imposicionem manus ministeriumque episcoporum suorum plenitudinem officii sui sollempnissime est adeptus et nomen *Jf*.   q) *Jf*; hic *W*.   r) *Jf*; episcopiorum *W*.   s) *Jf*; plenitudine *W*.   t) *Jf*; super intendere *W*.   u) *Jf*; Et *W*.   v) Hassia *F*.

73 *Ps. 40,10 (G):* magnificavit super me subplantationem.
74 *Ecclus. 10,7:* odibilis coram Deo et hominibus superbia.
75 *Augustinus, Contra Iulianum, lib. VI, c. 1 (MPL 44, Sp. 821):* extranea prorsus mali.
76 *Vgl. die Schilderung im* Chronicon Moguntinum *(Bibliotheca rerum Germanicarum 3), S. 684f.*
77 Gubernacula *wird auch im Umkreis des Hofes Barbarossas verwendet:* Otto v. Freising/Rahewin, Gesta Friderici, lib. III, c. 32 (MGH SS rer. Germ. [46], S. 202, Z. 28): regni gubernacula; *ebd., lib. IV, c. 4 (MGH SS rer. Germ. [46], S. 236, Z. 11–12):* Romani ... imperii gubernacula; *ebd. lib. IV, c. 65 (MGH SS rer. Germ. [46], S. 309, Z. 20):* Romani imperii gubernacula. *Vgl. auch MGH D F I. 163, S. 280:* urbis et orbis gubernacula.
78 *Erneut zeigt sich hier das apologetische Bemühen des Autors, eine kanonische Wahl Arnolds nachzuweisen.*

Wahrheit zur Seite stünde. Weil es aber nicht gerecht war, sich der offensichtlichen Wahrheit hartnäckig zu verschließen, und ich dies nicht unbeschadet der göttlichen Gnade und nicht unter Wahrung meiner Ehre tun konnte, legte er mit den Seinen mir den Namen eines Verleumders bei: dass ich einen heuchlerischen Anschlag[73] auf seine Ehre und Würde begangen hätte. So wie dies Gott[74] und den Menschen verhasst ist, so liegt es auch meinem Denken und Handeln völlig[75] fern". Dieses und Ähnliches betrauerte der heiligmäßige Mann.[76]

9. Nachdem er also auf die kanonische Wahl und auf den einmütigen Wunsch von Klerus und Volk wie auch aller Fürsten hin es auf sich genommen hatte, wenn auch gezwungenermaßen, das Steuerruder[77] des Mainzer Erzbistums zu übernehmen, wurde er, begleitet von einer Prozession des ganzen Klerus, dem Glanz der Fürsten und der Versammlung des ganzen Volkes, das ihn in Jubel geleitete, auf ehrenvollste Weise in sein Amt eingesetzt.[78] Und sodann[79], gestützt durch die beiden Legaten des apostolischen Stuhles[80], erlangte er durch die Auflegung der Hand und den Dienst seiner Suffraganbischöfe die Fülle seiner Amtsgewalt und den Titel. In seiner Besorgnis begann er, vieles zu prüfen: auf welche Weise er über die ihm anvertrauten Seelen wachen, das seiner Kirche Entglittene und seit lang zurückliegender Zeit Entfremdete sammeln und den althergebrachten Vorrang[81] seines Bischofssitzes erhalten könne. Denn der Mainzer Stuhl ist sowohl berühmt wegen seiner Suffraganbistümer als auch der edelste dank seiner Fürsten und der reichste an Menschen und Gütern, sowie an Macht und Gewalt der umfangreichste. Ihm gehorchen nämlich Sachsen und Thüringen, Franken und Hessen, Schwaben, Böhmen und Mähren.[82]

---

79 *Theodulf v. Orléans, De ordine baptismi, c. 17 (MPL 105, Sp. 236A):* per impositionem manuum et ministerium episcoporum. *Es ist nicht überliefert, welche Suffragane an der Weihe Arnolds teilnahmen.*

80 *In mehreren Quellenstellen werden als päpstliche Legaten Gregor v. S. Angelo und Bernhard v. S. Clemente genannt, so z. B. Chronica regia Coloniensis (MGH SS rer. Germ [18]), ad a. 1153, S. 89f.:* Heinricus Mogontinus archiepiscopus instinctu et voluntate regis depositus est a duobus cardinalibus Gregorio et Bernardo. *Vgl. hierzu* BACHMANN, *Päpstliche Legaten, S. 107f.*

81 *Bernhard v. Clairvaux, Ep. de moribus et officio espiscoporum (ep. 42), c. 31 (ed. J.* LECLERCQ/ H. M. ROCHAIS, *Bernardi opera 7, S. 126, Z. 2):* Servate vestrae sedis honorem.

82 *Die Suffraganbistümer des Mainzer Erzbischofs waren im 12. Jahrhundert Verden, Hildesheim, Halberstadt, Paderborn, Würzburg, Bamberg, Prag, Olmütz, Worms, Speyer, Eichstätt, Straßburg, Augsburg, Konstanz und Chur.*

10. *Primum*⁸³ igitur, ut euangelici *precepti*⁸⁴ imitator egregius, statuit *regnum Dei et iusticiam eius querere*, et ecclesie statum, qui valde ob quorundam insolenciam conversacionemque notabilem a *religionis*⁸⁵ *forma* deciderat, in melius reformare. Unde tandem, auctoritate apostolica in Letare Iherusalem⁸⁶ tocius sui metropolitanatus convocato concilio, manifestam hominum suspectionem, quantum potuit per se et venerabiles episcopos qui presentes et cooperatores aderant, canonicis edictis et legibus a cleri eliminavit consorcio; aliaque, que ad^w *domus*⁸⁷ *Dei decorem* queque ad religionis studium caritatisque fervorem conducerent^x, modis omnibus conciliabat.

11. Ipso quoque pontificatus sui ingressu, quia *per*⁸⁸ *ostium intravit et non aliunde*, bono pacis, ut *filius*⁸⁹ *pacis* esset, in tantum cepit insistere, quod^y inimicos suos, quos ab ipsis adolescencie sue crepundiis emulos et insidiatores pro virtute habebat, sibi reconciliabat; reputans antiquitatis sentenciam: quod *magne*⁹⁰ *res longoque tempore parte labuntur discordia, parve autem et tenues crescunt*^z *concordia*. *Benedixit*⁹¹ itaque *domum*^a *Dei et inhabitantibus eam*; sciens, esse mandatum: *In*⁹² *quamcumque domum intraveritis, dicite: pax huic domui; et si ibi fuerit filius pacis, requiescet super eum*^b *pax vestra, sin autem, ad vos revertetur*. Ad memoriam eciam apostolicum illud reducens^c, quod negligenciam omnem episcopus deberet vitare, et quod *bene*⁹³ *diluculo surgit, qui* substanciam domus Domini *querit*, sicut *fidelis*⁹⁴ *dispensator et prudens* – ut haberet, unde *necessitatem*⁹⁵ *tribueret pacienti* – aggressus est dominicalia ecclesie sue, villas quoque et castella aliaque, que dudum sic alienata fuerant, ut vix eorum paterent vestigia,

---

w) *Jf; fehlt W.* x) *Jf;* obducerent *W.* y) *folgt in W.* z) *Jf;* calescit *W.*
a) domui *Jf.* b) *Jf;* eam *W.* c) *Jf; korr. aus* reducenus (?) *W.*

---

83 *Matth. 6,33:* quaerite autem primum regnum et iustitiam eius et omnia haec adicientur vobis.
84 *Dionysius Exiguus, Praefatio ad Iulianum presbyterum in Collectionem Decretorum Romanorum pontificum, c. 7 (CCSL 85, S. 47, Z. 56–58):* Hic itaque pastor, illius atque bonis pastoris imitator exsistens, egregius praesul sedis apostolicae fuit, qui diuina praecepta fecit et docuit.
85 *Bernhard v. Clairvaux, Homiliae super ‚Missus est', Nr. 4,10 (ed. J.* Leclercq/H. M. Rochais, *Bernardi opera 4, S. 56, Z. 14–15):* saltem forma religionis retenta.
86 *Vierter Fastensonntag; 14.3.1154.*
87 *Ps. 25,8 (G):* Domine dilexi decorem domus tuae et locum habitationis gloriae tuae; *Augustinus, Enarrationes in Psalmos, 25,2,12 (CCSL 38, S. 149, Z. 28):* decorem domus Dei.
88 *Ioh. 10,1:* Amen, amen dico vobis: Qui non intrat per ostium in ovile ovium, sed ascendit aliunde, ille fur est et latro.

10. Seine erste⁸³ Amtshandlung war daher der Beschluss, wie ein außerordentlicher⁸⁴ Befolger der Lehre des Evangeliums das Reich Gottes und dessen Gerechtigkeit anzustreben und den Zustand der Kirche, die durch die Überheblichkeit und die schimpfliche Lebensweise gewisser Leute sehr vom richtigen⁸⁵ Weg der Frömmigkeit abgewichen war, zum Besseren hin zu reformieren. Daher berief er kraft seiner apostolischen Autorität auf den Sonntag ‚Letare Hierusalem'⁸⁶ ein Konzil für seine gesamte Kirchenprovinz ein, auf dem er das offenkundige Misstrauen der Menschen, so gut es ihm und den ehrwürdigen Bischöfen, die anwesend waren und mit berieten, möglich war, durch kanonische Edikte und Gesetze aus der Gemeinschaft des Klerus entfernte; und auch anderes, was zur Zierde⁸⁷ des Hauses Gottes und was zum Glaubenseifer und zur Hingabe an die Nächstenliebe führen sollte, erwirkte er auf alle Arten.

11. Auch begann er gleich zu Beginn seines Pontifikats, weil er geradewegs durch⁸⁸ die Tür eintrat und nicht von anderswo, auf dem Gut des Friedens – denn er war ein Sohn⁸⁹ des Friedens – so sehr zu beharren, dass er sich mit seinen Feinden, die ihn wegen seiner Tugendhaftigkeit von den frühesten Tagen seiner Jugend an beneidet und angefeindet hatten, wieder versöhnte. Er bedachte den Satz der Alten, dass große⁹⁰ Gemeinwesen, die in langer Zeit entstanden sind, durch die Zwietracht vergehen, kleine und schwache aber durch die Eintracht wachsen. So segnete⁹¹ er das Haus Gottes und dessen Bewohner, wie es ihm aufgetragen wurde: In⁹² welches Haus ihr auch eintretet, sagt: ‚Friede diesem Haus', und wenn dort ein Sohn des Friedens sein wird, wird auf ihm euer Friede ruhen, wo aber nicht, wird er auf euch zurückkommen. Er erinnerte sich auch an das Wort des Apostels, dass ein Bischof jegliche Nachlässigkeit meiden solle und dass ‚nach⁹³ Gutem trachtet, wer Eigentum für das Haus des Herrn zu erwerben sucht'; gleichwie ein treuer⁹⁴ und kluger Verwalter begann er – damit er das besitze, woraus er die notwendigen⁹⁵ Dinge unter den Notleidenden verteile –, die Höfe seiner Kirche mit viel Aufwand und großer Mühe zurückzugewinnen, auch Dörfer und Burgen und anderes, was seit langem so entfremdet gewesen war,

---

89 *Luc. 10,6.*
90 *Sallust, Iugurtha, 10,6:* Nam concordia parvae res crescunt, discordia maxumae dilabuntur.
91 *1. Paral. 13,14:* mansit ergo arca Dei in domo Obededom tribus mensibus et benedixit Dominus domui eius et omnibus quae habebat.
92 *Luc. 10,5f.*
93 *Prov. 11,27:* bene consurgit diluculo qui quaerit bona qui autem investigator malorum est opprimetur ab eis.
94 *Luc. 12,42.*
95 *Eph. 4,28:* ut habeat unde tribuat necessitatem patienti.

multo labore multisque impendiis recuperare. Et de *ventre*⁹⁶ *oblivionis* ymmo magna^d de tyrannorum potentumque voragine abstracta cepit ea in lucem parere et, utpote dotem titulumque ecclesie sue, strenue prudenterque stabilita tenere.

12. Cum autem in episcopatus sui dicione persisteret et Deum coram oculis suis omni tempore haberet essetque cum eo Dominus, ad quecumque ambularet, in tantum^e ut prerogativa^f iusticie ac sapiencie sue cunctis^g inclitis terre principibus et tyrannis formidabilis foret, essetque pax in finibus eius *nec*⁹⁷ *sathan aut malus occursus*; cumque ad *decorem*⁹⁸ *domus Domini*, ad religionem, ad pauperum miseraciones, postremo ut ius suum unicuique tribueret et iuxta apostolum *omnia*⁹⁹ *ut omnibus esset*, adniteretur; *nocturnus*¹⁰⁰ *sator, qui*¹⁰¹ *seduxit universum orbem* et qui *nihil*¹⁰² *intemptatum* dimittit, sathan videlicet, affuit, bonis ceptis eius invidens atque quieti. Cepit itaque venerabilem virum per maiores illius ecclesie principes – quorum patres pro Maguntine ecclesie libertate tuenda proprium effuderant sanguinem – ascitis hiis, qui^h a primordiis adolescencie sue in boni viri necem ardebant, lacessere^i finitimo et domestico bello; bona ecclesie eius invadere diripere, *sanctuarium*¹⁰³ *Dei prophanare*, crucem et vulnera Domini more Iudaico conspuere blasphemare; denique sacrilega manu omnia confundere commiscere polluere, nulli parcere, nulli pacem servare; intollerabiles exactiones per episcopatum exercere.¹⁰⁴

13. Voluntatem itaque eorum malam et nequam et manifesta^j *sacrilegii*¹⁰⁵ opera *rapinarum*^k conspiciens^l, multimodis^m secum deliberabat, qualiter huic malo occurreret. Multisque ad hec que^n necessaria videbantur adhibitis, ea, *que*^o¹⁰⁶ *pacis*

---

d) magis *Jf*. e) *Jf;* intantum W. f) *Jf;* prerogatā W. g) *Jf;* cunctisque W.
h) *folgt* qui W. i) *Jf;* lacescere W. j) manifesti *Jf*. k) *folgt gestrichen* concupiscens W. l) concupiscentias M F. m) *Jf;* multis W. n) *Jf; fehlt* W.
o) *folgt* a W.

---

96 *Benzo v. Alba, Epygrama, lib. I (ed. H. Seiffert, MGH SS rer. Germ. 65, S. 102, Z. 10–11):* redeant ad lucem … sopita in ventre oblivionis.
97 *3. Reg. 5,4:* non est adversarius neque occursus malus.
98 *Ps. 25,8 (G).*
99 *1. Cor. 9,22:* factus sum infirmis infirmus ut infirmos lucri facerem omnibus omnia factus sum ut omnes facerem salvos.
100 *Hieronymus, Dialogi adversus Pelagianos libri III, lib. I, par. 13 (CCSL 80, S. 16, Z. 25–26).*
101 *Apoc. 12,9:* qui seducit universum orbem.
102 *Horaz, De Arte Poetica, v. 285:* nil intemptatum nostri liquere poetae.

dass kaum noch Spuren davon vorhanden waren. Und das, was er aus dem Bauch[96] der Vergessenheit, ja mehr sogar aus dem Schlund der Tyrannen und Mächtigen hervorzog, begann er in das Licht zu stellen und als Ausstattung und Rechtstitel seiner Kirche entschlossen und klug festzuhalten.

12. Als er aber auf der Macht seines Bischofsamtes unnachgiebig beharrte und allzeit Gott vor Augen hatte und, wohin er auch immer ging, allzeit der Herr mit ihm war, so dass er durch den Vorrang seiner Gerechtigkeit und Weisheit allen berühmten Fürsten und Tyrannen des Landes schreckenerregend erschien, und als Frieden in seinem Gebiet war und weder[97] ein Widersacher noch ein böses Hindernis dagegen angingen, als er sich um den Schmuck[98] des Hauses des Herrn, um den Glauben, um das Mitleid mit den Armen kümmerte, schließlich auch darum, dass er jedem Einzelnen sein Recht zukommen ließ, damit gemäß dem Apostel alles[99] allen sei, da erschien der Schöpfer[100] der Nacht, der Satan nämlich, der[101] den Erdkreis verführte und der nichts[102] unversucht ließ und voller Missgunst war gegen dessen gute Werke und die Ruhe. Daher begann dieser mit Hilfe der mächtigsten Fürsten dieser Kirche – deren Väter für die Freiheit der Mainzer Kirche ihr eigenes Blut vergossen hatten – und im Bund mit denen, die vom Anfang seiner Jugend an im Streben nach der Ermordung dieses guten Mannes erglühten, diesen verehrungswürdigen Mann mit einem Krieg der Nachbarn und der eigenen Leute zu reizen, die Güter seiner Kirche anzugreifen und zu plündern, das Heiligtum[103] Gottes zu entweihen, das Kreuz und die Wunden des Herrn nach jüdischer Art anzuspeien und zu schmähen, schließlich mit gotteslästerlicher Hand alles in Unordnung zu bringen, zu vermengen, zu beschmutzen, nichts zu verschonen, keinem den Frieden zu bewahren und der gesamten Diözese unerträgliche Lasten aufzuerlegen.[104]

13. Als er daher ihre böse und nichtswürdige Absicht erkannte und die Plünderungswerke[105] offenkundiger Kirchenschändung sah, überlegte er bei sich auf vielfältige Weise, wie er diesem Übel entgegentreten könne. Nachdem vieles, was dafür notwendig erschien, angewandt worden war, versuchte er zunächst, den Frieden[106] durch Bitten zu erlangen. Als er schließlich in täglichem Schmerz

---

103 *Ps. 88,40 (H):* profanasti in terra sanctuarium eius.
104 *Die Vita bezieht sich hier offensichtlich auf Konflikte Arnolds mit dem Rheinischen Pfalzgrafen Hermann v. Stahleck (gest. 20.9.1156) und weiteren Lehnsleuten des Erzbischofs. Vgl. hierzu den Brief Arnolds an Wibald v. Stablo (Das Briefbuch Abt Wibalds v. Stablo [MGH Briefe d. dt. Kaiserzeit 9], Nr. 439) und Einleitung, S. 38.*
105 *Das Briefbuch Abt Wibalds v. Stablo, Nr. 439, S. 911, Z. 2–3:* sacrilegam exercere rapinam non formidavit.
106 *Luc. 14,32:* legationem mittens rogat ea, quae pacis sunt.

erant, cepit primum rogare. Tandem cum, potissima episcopatus deperditum ire cottidianis incendiis rapinis afflictionibus et exactionibus, cum altaria execrari, vita{p} cum rebus privari suos, dolore cottidiano conspiceret; ratus, quod in tali foro melius contingere potuit; statuit *vim*[107] *vi repellere*, mucrone mucronem. *Et*[108] *apertis thesauris suis* et ecclesie sue, pro honore Dei ut vir in hostes exivit. Vicemque tristem, pro ut tempus blandiebatur et locus, inimicis Domini sacrilegis et tyrannis, qui *gratis*[109] ecclesiam Domini *persequebantur* – postquam legittimis eos vocarat induciis et ad satisfaccionem{q} venire contempserant – reddidit. Certatum est magna vi multoque discrimine. Hic pro domo Dei contra impios, pro lege Dei sui contra sacrilegos, pro pauperum pupillorumque tutamine contra predones; illi autem, ab omni fidelium eliminati consorcio, contra Deum et ecclesiam, contra dominum et episcopum et pastorem suum, contra iusticiam et equitatem, *contra*[110] *fas et licitum* sacrilega rapaci et parricidali{r} manu armabantur{s}.

14. Interea victoriosissimus triumphator Fredericus{t} Romanorum imperator, de Italia – imperialis diadematis consecracione percepta – rediens, omnes illos sacrilegos coram se, Wormacie responsuros domno episcopo, evocavit.[111] Ubi in presencia tocius curie[112], omnesque in faciem suam ad pedes reverentissimi pontificis corruentes, iuxta quod scriptum est: *Et*[113] *inimici eius terram lingent*, in cinere et cilicio satisfacientes, penas tanto facinori congruas dederunt; et vindictam, que vulgo dicitur Harnescharre{u}[114], in medio hyemis horridissimi temporis quilibet in ordine suo secundum suam dignitatem vel condicionem nudipes{v} ad terminum usque statutum pro gracia tanti pontificis recuperanda proprio collo congestans; in primis Hermannus palatinus comes Reni[115], sicut principalis tanti flagicii

---

p) *Jf*; vitam *W*. q) satisfactionem *Jf*. r) *Jf*; parricida *W*. s) *Jf*; armabuntur *W*. t) *folgt* primus *W*. u) Harnes *W*; Harnescharre *F*. v) *Jf*; nudipedes *W*.

107 *Isidor v. Sevilla, Etymologiarum siue Originum libri XX, lib. XVIII, c. 2 (ed. W.M. LINDSAY [1901], S. 709, Z. 23):* Hoc est enim ius gentium, vim vi expellere.
108 *Matth. 2,11.*
109 *Ps. 118,161 (G):* Principes persecuti sunt me gratis.
110 *Hieronymus, Commentarii in Ezechielem, lib. VII, c. 22 (CCSL 75, S. 296, Z. 560–563):* Verecundiora patris nudauerunt in te, nouercae contra fas et licitum copulari et inmunditiam menstruatae humiliauerunt in te.

erkennen musste, dass das Beste des Bistums durch tägliche Brandschatzung, Raubzüge, Schädigungen und Erpressungen zugrunde ging, als er sah, dass die Altäre entweiht wurden, dass die Seinen ihr Leben mit dem Besitz verloren, da beschloss er – in der Überzeugung, dass in einem solchen Gericht Besseres ge-
5 schehen konnte –, die Gewalt[107] mit Gewalt zurückzutreiben, den Dolch mit dem Dolch. Und[108] nachdem seine Schatzkammern und die seiner Kirche geöffnet worden waren, ging er für die Ehre Gottes wie ein Mann gegen die Feinde vor. Und wie Zeit und Ort es günstig einrichteten, hat er den Feinden Gottes, den Kirchenschändern und Gewalttätern, die die Kirche Gottes umsonst[109] verfolg-
10 ten – nachdem er sie in rechtmäßiger Frist vorgeladen hatte und sie sich weigerten, zur Widergutmachung zu kommen –, traurige Vergeltung zugefügt. Es wurde mit aller Gewalt und unter äußerstem Einsatz gekämpft. Dieser führte die Waffen für das Haus Gottes gegen die Gottlosen, für das Gesetz seines Gottes gegen die Kirchenschänder, für den Schutz der Armen und Waisen gegen die
15 Räuber; jene aber, von jeder Gemeinschaft der Gläubigen abgesondert, kämpften gegen Gott und die Kirche, gegen ihren Herrn, ihren Bischof und ihren Hirten, gegen die Gerechtigkeit und die Billigkeit, gegen[110] das Recht und das Erlaubte mit räuberischem Frevel und mörderischer Hand.

14. Inzwischen kehrte der allersiegreichste Triumphator Friedrich, der Kaiser
20 der Römer, von Italien zurück – er hatte die Weihe mit der kaiserlichen Krone empfangen –, und befahl alle jene Kirchenschänder vor sich, damit sie in Worms dem Herrn Bischof Rede und Antwort stünden.[111] Dort, in Gegenwart des ganzen Hofes[112], stürzten alle vor seinem Angesicht zu Füßen des ehrwürdigsten Bischofs nieder, gemäß dem Wort der Schrift: ‚Und[113] seine Feinde werden die
25 Erde küssen', leisteten in Sack und Asche Genugtuung und unterwarfen sich der Buße, die einem so großen Verbrechen angemessen war. Und die Strafe, die im Volk Harnescharre[114] heißt, trug ein jeder am eigenen Hals, mitten in der härtesten Winterzeit, der Reihe nach gemäß seiner Würde und seinem Stand mit nackten Füßen bis zur festgesetzten Grenzmarke, um die Gnade des so
30 bedeutenden Bischofs wiederzuerlangen. Als erster musste Hermann, der Pfalzgraf bei Rhein[115], da er der Hauptschuldige dieses so schimpflichen

---

111 *Friedrich Barbarossa kehrte wohl September/Oktober 1154 von seinem Romzug in das Reich nördlich der Alpen zurück (RI IV,2,1 Nr. 363 und 364). Arnold traf mit Friedrich am 13.10.1154 in Regensburg zusammen (RI IV,2,1 Nr. 365) und erhob Anklage gegen Pfalzgraf Hermann wie dieser gegen ihn.*
112 *Der Hoftag in Worms fand am 25.12.1155 statt (RI IV,2,1 Nr. 375).*
113 *Ps. 71,9 (G).*
114 *Vgl. zu dieser Strafe Einleitung, S. 10.*
115 *Pfalzgraf Hermann v. Stahleck.*

auctor, canem per medium lutum portans. Alii sellam asinariam, alii subtellarium[w][116] instrumentum, alii secundum suam convenienciam alia, rigidis plantis algentibusque, tocius in conspectu ferebant concilii.[117]

15. Postquam igitur auctore Deo *pax*[118] *est reddita terris*, et venerabilis vir, cum prefatis hostibus osculo pacis conveniens, quendam etiam ministerialem suum nomine Mengotum[119], qui contra eum omni tempore perniciosissimo studio moliebatur, intercedentibus pro ipso principibus, in graciam recepit. Hic enim erat, qui, in domnum Maguntinum veteri et funestissimo odio ad mortem usque invectus, *omni*[120] *tempore vite sue* machinabatur contra eum et ipsius inenarrabiliter siciebat exicium. Receptum itaque tanta gracia cepit respicere, quod, restitutis omnibus que lege beneficiorum amiserat, eum inter primos et precipuos amicos haberet diligeret et foveret; illud sepe pertractans, quod *misericordia*[121] *superexaltat*[x] *iudicium* et: *Noli*[122] *vinci a malo, sed vince in bono malum*. Iam enim verbum istud in proverbium exiit: quod domnus Arnoldus Maguntinus archiepiscopus, qui ipsum odiunt persecuntur et ledunt, eos diligat honoret et amplificet. Et utique ea virtutis altitudo et illa misericordie sublimitas erat in principe et in mirifico presule Christi illa nobilitas, quod, de quantacumque[y] offensa quispiam ad suam graciam per satisfactionem rediret, numquam suam iniuriam in posterum reminisci sed pocius ei misereri et in gracia bona respicere eum mallet; malorum iudicans esse, *meminisse*[123] *iram post inimicicias. Ingrediebatur*[124] itaque Mengotus ad domnum episcopum *et egrediebatur*; intereratque consiliis et secretis ipsius; habebatque perfidelem[z] et amicum introitum ad omnia, que agebantur *omni*[125] *tempore vite sue*. Erat autem Mengotus ministerialis Maguntini, strennuus sapiens

---

w) sub tellarium *W*; bubulcarium *Jf.*   x) *Jf*; super exaltat *W*.   y) *Jf*; quantamcumque *W*.
z) perfidentem *Jf*.

116 *Otto v. Freising/Rahewin, Gesta Friderici, lib. II, c. 46 (MGH SS rer. Germ. [46], S. 154, Z. 13):*
 nobilis canem, ministerialis sellam, rusticus aratri rotam … gestare cogatur.
117 *Als weitere Beteiligte nennen die Disibodener Annalen (MGH SS 17, S. 29) auf der Seite Arnolds Graf Ludwig v. Looz und Graf Wilhelm v. Gleiberg und als Gegner: Graf Emicho v. Leiningen, Gottfried v. Sponheim, Heinrich v. Katzenelnbogen, Graf Konrad v. Kyrburg und Graf Heinrich v. Diez.*
118 *Corpus orationum, Nr. 595 (CCSL 160, S. 298, Z. 1).*
119 *Meingot der Ältere, Mainzer Ministeriale. Vgl. zu ihm* WALDECKER, *Zwischen Kaiser, Kurie, Klerus, S. 186f.*

Vergehens war, einen Hund durch ziemlichen Schmutz tragen. Andere trugen einen Esels-Sattel, andere ein Pflugrad[116], andere gemäß dem, was ihnen angemessen war, andere Gegenstände, mit steifen und gefrorenen Füßen, im Anblick der ganzen Versammlung.[117]

15. Nachdem also durch Gottes Willen der Friede[118] den Landen zurückgegeben war, hat der verehrungswürdige Mann, als er sich mit den obengenannten Feinden im Friedenskuss ausgesöhnt hat, auch einen seiner Ministerialen mit Namen Meingot[119], weil die Fürsten sich für jenen verbürgten, in Gnade aufgenommen, der gegen ihn die ganze Zeit über mit äußerst schändlichem Eifer gekämpft hatte. Dieser, der gegen seinen Mainzer Herrn mit altem und höchst verderblichem Hass in Todesverachtung hergezogen war, hatte bisher in seinem[120] ganzen Leben nur Böses gegen ihn ausgeheckt und in unbeschreiblicher Weise nach seinem Tod gedürstet. Den wieder in Gnaden Aufgenommenen begann er deshalb mit solcher Erkenntlichkeit zu bedenken, dass er ihn, nachdem alles zurückerstattet worden war, was dieser nach Lehnrecht verloren hatte, unter den ersten und liebsten Freunden hielt, ihn liebte und förderte. Dabei überdachte er häufig jenes Wort, dass die Barmherzigkeit[121] über das Gericht triumphiert, und jenes: ‚Lass[122] dich nicht vom Bösen überwinden, sondern überwinde das Böse mit dem Guten'. Schon verbreitete sich fürwahr jener Ausspruch als Sprichwort: dass der Herr Arnold, der Erzbischof von Mainz, jene, die ihn selbst hassen, verfolgen und verletzen, seinerseits liebe, ehre und erhöhe. Und jedenfalls war dieser Fürst von solcher Höhe der Tugend und Größe der Barmherzigkeit, war der wunderbare Bischof von solchem Edelmut Christi, dass, wenn einer aus einer noch so großen Feindschaft nach der Wiedergutmachung in seine Gnade zurückkehrte, er sich später niemals mehr an sein erlittenes Unrecht erinnerte, sondern diesem vielmehr Erbarmen und besondere Gnade zuteilwerden lassen wollte in der Überzeugung, dass es Merkmal von schlechten Menschen sei, sich[123] früherer Feindschaften zu erinnern. Daher ging[124] Meingot bei dem Herrn und Bischof ein und aus, nahm an den Beratungen und dessen Geheimnissen Anteil und hatte Zeit[125] seines Lebens sehr vertrauten und freundschaftlichen Zugang zu allen Dingen, über die ver-

---

120 *3. Reg. 15,6:* omni tempore vitae eius.
121 *Iac. 2,13:* superexsultat misericordia iudicio.
122 *Rom. 12,21.*
123 *Disticha Catonis, lib. II, distich. 15 (ed. E. BEHRENS, Poetae Latini Minores 3, S. 224):* Litis praeteritae noli maledicta referre: Post inimicitias iram meminisse malorum est.
124 *1. Reg. 18,16:* ipse enim ingrediebatur et egrediebatur ante eos.
125 *3. Reg. 15,6.*

et in multis expertus et omnibus Maguntinis virtute prole viribus atque diviciis tempore illo excellencior.[126] Confidebatque sibi venerabilis archiepiscopus, eratque sibi familiaris dilectus et primus amicus, omnemque domum eius tenere diligebat.

16. Noluit vero dominus *Deus*[127] *pacis*, qui est *terribilis*[128] *in consiliis super filios hominum*, iniuriam illam, quam[a] prefatus palatinus et Mengotus et alii complices eorum domno episcopo fecerant, de qua supra meminimus, transire inultam. Sed, reformata pace, in brevi eos Dominus ita delevit de terra, quod omnes, qui illius facinoris fuerant auctores, exceptis hiis quos *gladius*[129] *anathematis* ante reconciliacionem quasi *vivos*[130] *absorpserat*, aut sunt seculo mortui aut cum ipsis rebus vitam amiserunt[b] extremam. Mortuus est ergo Hermannus palatinus comes.[131] Mortuus est et Mengotus, pulmonis infirmitate percussus.[132] Ad quem dum venerabilis archiepiscopus, *intempeste*[c][133] *noctis silencio* excitatus, venisset et eum in agone spiritum reddendi comperisset[d], valde sibi compati et vehementissime flere de eius funere cepit; ita ut omnibus manifestum esset indicium, quantum ipsum in vita diligeret, quem sic in extremo[e] mortis articulo et tanta conturbacione defleret. Cumque post honorabiles exequias eum usque ad locum sequeretur sepulcri – ut dilectionis affectum, quem exhibuerat patri, post obitum filiis eius effectuose inpenderet – arcius eos consolari cepit et per omnia amplecti. Unde quendam eorum Mengotum nomine,[134] defuncti Mengoti filium, cingulo tandem militari accinxit; multisque beneficiis ipsos[f] ditavit. Avunculum autem eorum nomine Burcardum[135], prepositum in Iecheburgk[g], qui ante minus erat acceptus, in graciam receptum, domesticum et familiarem adeo sibi exhibuit, quod splendidum et honoratum et sibi collateralem in omnibus consiliis suisque

a) *Jf;* qua W. b) *Jf;* amiserant W. c) *Jf;* in tempeste W. d) reperisset *(?) Jf.*
e) *Jf;* extreme W. f) episcopos W. g) Iecheburg *Jf.*

126 Vgl. zu den Besitzungen und verwandtschaftlichen Beziehungen der Meingote KEUPP, Dienst und Verdienst, S. 117.
127 *Philipp. 4,9; 1. Thess. 5,23; Hebr. 13,20.*
128 *Ps. 65,5 (G).*
129 *Decretum Gratiani, C. 5 q. 2 c. 2:* reus mox anathematis gladio feriatur; *ebd., C. 24 q. 3 c. 24:* et anathematis gladio feriatur; *ebd., C. 36 q. 2 c. 6:* Quod si fecerit, ab ecclesiae communione remotus anathematis gladio feriatur.
130 *Ps. 123,3 (H):* forsitan vivos absorbuissent nos cum irasceretur furor eorum super nos.
131 *Am 20.9.1156.*

handelt wurde. Meingot aber war Ministeriale des Mainzer Erzbischofs, war tatkräftig, verständig und in vielen Dingen erfahren und allen Mainzern an Tugend, Nachkommen, Kräften sowie Reichtümern in jener Zeit überlegen.[126] Der verehrungswürdige Erzbischof vertraute ihm, dieser war ihm ein lieber Vertrauter und der erste Freund, und er schätzte es, dessen ganzes Haus hochzuhalten.

16. Gott[127] aber, der Herr des Friedens, der schrecklich[128] ist in den Ratschlüssen über die Söhne der Menschen, wollte nicht jenes Unrecht, das der vorgenannte Pfalzgraf und Meingot und andere ihrer Verbündeten dem Herrn Bischof zugefügt hatten – worüber wir oben berichtet haben –, ungestraft übergehen. Vielmehr hat der Herr, nachdem der Friede eingekehrt war, diese in kurzer Zeit so von der Erde getilgt, dass alle, die Urheber jener Untat gewesen waren – ausgenommen diese, die das Schwert[129] des Bannfluchs vor der Versöhnung gleichsam lebendig[130] verschlungen hatte – entweder das Zeitliche segneten oder mit ihren Besitztümern ihr Leben verloren. Es ist also gestorben der Pfalzgraf Hermann.[131] Es ist auch Meingot gestorben, von einer Erkrankung der Lunge heftig befallen.[132] Als der ehrwürdige Erzbischof, aufgeweckt aus[133] tiefer Nachtruhe, zu ihm gekommen war und ihn im Todeskampf vorfand, ergriff ihn starkes Mitleid mit ihm, und er begann, sehr heftig über seinen Tod zu weinen, so dass für alle offenkundig war, wie sehr er ihn selbst im Leben geliebt hat, den er in der Todesstunde mit so großer Ergriffenheit beweinte. Und als er ihn nach der ehrenvollen Leichenfeier bis zum Ort des Begräbnisses begleitete, begann er dessen Söhne innigst zu trösten und in jeder Weise zu umarmen, indem er die Liebe, die er dem Vater entgegengebracht hatte, nach seinem Tod ihnen wirksam zuteilwerden ließ. Daher hat er einen von ihnen mit Namen Meingot[134], Sohn des verstorbenen Meingot, schließlich mit dem Gürtel der Ritterwürde ausgezeichnet, und er hat sie mit vielen Lehen bereichert. Ihren Onkel aber namens Burchard[135], Propst in Jechaburg, der vorher nur geringes Ansehen bei ihm hatte, nahm er in seine Gnade wieder auf und machte ihn sich so sehr zu einem engen Vertrauten,

---

132 *Meingot der Ältere ist letztmalig in der (verunechteten) Urkunde MUB II 221 vom April/Mai 1157 als Zeuge genannt.*
133 *1. Reg. 3,20: Et consurgens intempestae noctis silentio.*
134 *Meingot der Jüngere. Er ist belegt in MUB II 230, MUB II 231 und MUB II 234. Meingot der Ältere hatte einen weiteren Sohn Embricho.*
135 *Burchard war seit 1144 Propst von Jechaburg, ab 1158 und bis 1195 auch Propst von St. Peter in Mainz. Außerdem war Burchard Propst des Stiftes Oberdorla und Stadtkämmerer von Mainz. Burchard bezeugt fast alle Mainzer Urkunden der Barbarossazeit und muss als ausgesprochen einflussreich gelten. Das zunächst gespannte Verhältnis zu Arnold mag darin seine Erklärung finden, dass Burchard Angehöriger der Meingotsippe war.*

secretis ipsum admitteret, unde in oculis imperialibus omniumque principum prefatus prepositus non modicus appareret.

17. Interea – inimiciciarum[h] undique collisis rancoribus, postquam funestissimos iniquitatis sue radios rutilante pace malefida discordia condidit – contigit[i], quod venerabilis episcopus suscepti vicem officii fluctitantem[j] doleret[k], quod hactenus tempestate discordie, et nunc negociorum importuno tumultu, quieto sacerdocio fas vacare non esset. Verbum autem illud scripture vigilanti meditacione proruminans: Quia *cum*[136] *ingressi fuerint sacerdotes, qui excubant ad ministerium altaris, non egredientur exterius de sanctuario et ibi reponent vestimenta sua in quibus ministrant, quia sancta sunt*, maxime contrarietatis assercionem sue racioni, tamquam arbitrio, diiudicandam ferebat: quomodo quis possit altaribus excubare divinis, qui *secularibus*[l][137] *implicaretur negociis*. Verum – quia scriptura tenet: *Vestimentis*[138] *aliis sacerdotes vestientur et sic procedant ad populum*, et Dominus in euangelio ait: *Reddite*[139] *que sunt cesaris cesari, et que sunt Dei Deo* – aiebat: „Quemlibet voluit Deus stare in loco suo et *in*[140] *ea vocacione, qua esset vocatus*, commorari; quoniam *omnis*[141] *potestas a domino Deo est.*" Et resumens iterum narracionis verbum, adiecit, loquens hiis qui cum ipso aderant religiosis viris: „*Pacem*[142] inquit *reliquit* Deus discipulis suis, dicens: *Pacem meam do vobis; non quomodo mundus dat, ego do vobis*. Pacem hanc pernecessariam[m] habemus, fratres, quoniam *mundus*[143] *in maligno est positus*. *Omnes*[144] fere *non que Ihesu Christi*, sed ea, *que sua sunt, querunt*. Vos autem beati estis, qui, *spiritu*[145] *ambulantes*, esse spiritu pauperes elegistis[n] propter *regnum*[146] *celorum*. *In*[147] *paciencia*

h) *Jf;* inimiciarum *W.*   i) contigit *ergänzt Jf.*   j) fluccitantem *W;* fluctuantem *Jf.*
k) *Jf;* dolore *W.*   l) *folgt gestrichen* dum *W.*   m) *Jf;* per necessariam *W.*
n) *Jf;* eligistis *W.*

136 *Ezech. 40,46:* sacerdotum erit, qui excubant ad ministerium altaris: isti sunt filii Sadoc, qui accedunt de filiis Levi ad Dominum, ut ministrent ei *und Ezech. 42,14:* Cum autem ingressi fuerint sacerdotes, non egredientur de sanctis in atrium exterius, sed ibi reponent vestimenta sua, in quibus ministrant, quia sancta sunt.
137 *2. Tim. 2,4:* Nemo militans implicat se saeculi negotiis.
138 *Ezech. 42,14:* vestienturque vestimentis aliis et sic procedent ad locum populi.
139 *Matth. 22,21.*
140 *1. Cor. 7,20:* unusquisque in qua vocatione vocatus est in ea permaneat.
141 *Rom. 13,1:* omnis anima potestatibus sublimioribus subdita sit non est enim potestas nisi a Deo quae autem sunt a Deo ordinatae sunt.

dass er ihn als hervorragenden und angesehenen Begleiter in alle seine Pläne und Geheimnisse einweihte, so dass der vorgenannte Propst in den Augen des Kaisers und aller Fürsten als kein geringer erschien.

17. Inzwischen – als der Hass der Feindseligkeiten von allen Seiten her zerschlagen worden war und nachdem die treulose Zwietracht die unheilvollsten Strahlen ihrer Bosheit unter dem goldschimmernden Frieden verborgen hatte – ereignete es sich, dass der ehrwürdige Bischof über die wogenden Wechselfälle des übernommenen Amtes schmerzlich betrübt war, weil es ihm bislang in der Zeit der Zwietracht und nun in dem beschwerlichen Lärm der Geschäfte nicht möglich war, sich in Ruhe dem Priesteramt zu widmen. Jenes Bibelwort aber durchdrang ihn bei seinen ständigen Überlegungen: ‚Denn, nachdem[136] die Priester eingetreten sind, denen der Altardienst obliegt, sollen sie nicht aus dem Heiligtum herausgehen, und sie sollen dort ihre Kleidung, in der sie den Gottesdienst leisteten, ablegen, weil diese heilig sind'. Und er stellte die Frage größter Widersprüchlichkeit an seine Vernunft, gleichsam wie an ein Schiedsgericht, zur Entscheidung: auf welche Weise sich einer dem göttlichen Altardienst widmen kann, der in[137] weltliche Geschäfte verstrickt ist. Aber, weil geschrieben steht: ‚Die[138] Priester sollen andere Gewänder anlegen und so vor das Volk treten', und weil der Herr im Evangelium spricht: ‚Gebt[139] die Dinge, die des Kaisers sind, dem Kaiser und die Gottes sind, Gott', sagte er: „Der, von dem Gott es verlangt, hat an[140] seinem Platz zu bleiben und in der ihm auferlegten Berufung auszuharren, da doch alle[141] Macht von Gott ausgeht". Die Erzählung erneut aufgreifend, fügte er in seinem Gespräch mit den frommen Männern, die in seiner Umgebung weilten, hinzu: „Den Frieden[142]", sagte er, „überließ Gott seinen Jüngern, indem er sprach: ‚Ich gebe euch meinen Frieden; nicht wie die Welt ihn gibt, gebe ich ihn euch'. Dieses Friedens bedürfen wir sehr dringend, Brüder, da ja die Welt[143] im Argen liegt. Fast alle[144] suchen ihren Vorteil, nicht die Sache Jesu Christi. Ihr aber seid glücklich, die ihr, im[145] Geiste wandelnd, euch entschieden habt, wegen des Himmelreichs[146] Arme im Geiste zu sein. Mit[147] eurer Duldsamkeit werdet ihr

---

142 *Ioh. 14,27:* pacem relinquo vobis pacem meam do vobis non quomodo mundus dat ego do vobis non turbetur cor vestrum neque formidet.
143 *1. Ioh. 5,19; MUB II 234, S. 423:* Mundum in maligno esse positum quia multis et variis eventibus declaratur.
144 *Philipp. 2,21:* omnes enim sua quaerunt non quae sunt Christi Iesu.
145 *Gal. 5,16:* spiritu ambulate.
146 *Matth. 5,3.*
147 *Luc. 21,19:* in patientia vestra possidebitis animas vestras.

enim *vestra possidebitis animas vestras*, pacem et quietem et animi vestri inenarrabilem tranquillitatem habentes, ut soli Deo sine intermissione vacare possitis. Sed, *heu*[148] *mihi; quia incolatus meus prolongatus est, habitabo cum habitantibus Cedar*, ubi nulla pax, nulla quies, nulla tranquillitas; ubi percepti officii mei ministerium exequi aut vix aut numquam ociumº habeo. *Quis*[149] *dabit mihi pennas sicut columbe*, ut ad sanctorum altissimam paupertatem de hoc inquietudinis stadio advolare possim et quondamᵖ mihi vacareq. *Quis*[150] *me liberabit de corpore mortis huius? Quid*[151] *retribuam Domino pro omnibus, que retribuit mihi?* Rogate pro me, dilectissimi fratres mei, ut Deus, in cuius omnia disposicione consistunt, circa impossibilitatem meam dignetur benignitatis sue operariʳ virtutem; ut de hac mundi me potenter eripiatˢ miseria, et iugiter *me*[152] *faciat* per vestram opitulacionem suis *inherere mandatis*. Videtᵗ Dominus, fratres mei, quia desiderio ardentissimo omnino concupisco, *ab*[153] hoc nequamᵘ *eripi seculo* et cum pauperibus pauper habitare in domo Dei in Christo." Habebat autem iuxta precepta canonum[154] religiosissimos clericos et monachos omni tempore assistentes sibi, sollertissimos sue vite custodes, qui conversacionis sue testimonium darent et ad quorum exemplum *mundum*[155] *cum* suo *flore* ipse quandoque asperneret.

18. Ceterum ad ecclesiarum edificacionem et restauracionem[156], et ad pauperum sustentacionem, et ut religio in ecclesiis sibi commissis omni servaretur custodia, vigilantissimam operam dabat. Et ne cui paupertas delinquendi necessitatem infligeret, larga manu fratrum indigencie procurabat occurrere, aiens: quod necessitas iustum cogat peccare. Monasteria quedam incepta perfecit ab inicio quedam fecit; multisque beneficiis ea locupletavit. Inter queᵛ insignia sunt Sancta Maria invalle[157] et quodʷ sancta maria in burnebach[158] dicitur. Ibi enim voluntatem

---

o) *folgt getilgt* habebo *W.*   p) qm̄ *W;* quandoque *F Jf.*   q) *Jf;* vocare *W.*
r) *korr. aus* operare *W.*   s) *korr. durch andere Hand zu* deripiat *W.*   t) *Jf;* Vivit *W.*
u) nequaq̄ *W.*   v) *folgt in W.*   w) *Jf; fehlt W.*

---

148 *Ps. 119,5 (G):* heu mihi quia incolatus meus prolongatus est habitavi cum habitationibus Cedar.
149 *Ps. 54,7 (G):* quis dabit mihi pinnas sicut columbae.
150 *Rom. 7,24.*
151 *Ps. 115,12.*
152 *Vgl. Missale Rom. ante Communionem:* fac me tuis semper inhaerere mandatis.
153 *Gal. 1,4:* ut eriperet nos de praesenti saeculo nequam.
154 *Vgl. Decretum Gratiani, D. 1 c. 60.*

euer Leben gewinnen, die Friedensordnung und die Ruhe und den unbeschreiblichen Seelenfrieden besitzend, so dass ihr euch ohne Unterbrechung Gott allein widmen könnt. Aber wehe[148] mir! Weil mein irdischer Aufenthalt sich hinzieht, werde ich bei den Zelten von Kedar wohnen, wo es keine Friedensordnung, keine Ruhe und keinen Seelenfrieden gibt, wo ich kaum oder niemals die Ruhe finde, um den Dienst des von mir übernommenen Amtes zu erfüllen. Wer[149] wird mir Flügel wie die einer Taube geben, um zur höchsten Armut der Heiligen hinaufliegen zu können von diesem Kampfplatz der Unruhe und mich einmal davon zu befreien? Wer[150] wird mich erretten von diesem todgeweihten Leib? Wie[151] soll ich dem Herrn all das vergelten, was er mir angedeihen lässt? Betet für mich, meine geliebtesten Brüder, damit Gott, dessen planmäßiger Anordnung alles unterworfen ist, Erbarmen hat wegen meiner Unzulänglichkeit und die Kraft seiner Gnade wirken lässt, damit er mich aus diesem Elend der Welt machtvoll herausreißt und mich[152] in die Lage versetzt, mit eurer Hilfe beständig seinen Geboten zu folgen. Der Herr sieht, meine Brüder, dass ich mit glühendster Sehnsucht nur dies wünsche, mich von[153] dieser nichtswürdigen Welt loszureißen und als Armer unter Armen im Haus Gottes bei Christus zu wohnen." Er hatte freilich gemäß den kanonischen Vorschriften[154] äußerst streng lebende Kleriker und Mönche, die ihn ständig umgaben, als gewissenhafteste Wächter seines Lebens um sich, damit sie Zeugnis über ihren gottesfürchtigen Lebenswandel ablegten und er auch selbst nach deren Beispiel einmal die Welt[155] mit ihrem Glanz verschmähe.

18. Im Übrigen beschäftigte er sich eifrigst mit der Errichtung und Wiederherstellung der Kirchen[156], mit der Versorgung der Armen und damit, dass in den ihm anvertrauten Kirchen die strenge Lebensweise mit aller Wachsamkeit bewahrt wird. Und damit nicht jemand durch die Armut gezwungen wird, sich zu versündigen, suchte er der Not der Brüder durch die wohltätige Hand zu begegnen, wobei er sagte, dass die Not den Gerechten zwinge, eine Schuld auf sich zu laden. Er vollendete einige begonnene Klöster, einige ließ er ganz neu errichten, und er stattete diese mit vielen Gütern aus. Unter ihnen ragen besonders die Klosteranlagen hervor, die St. Maria im Tal[157] und St. Maria in Bronnbach[158] genannt werden. Er

---

155 *Gregor d. Große, Dialogorum libri IV, lib. II, prol. (SChr 260, S. 126, Z. 5–6)*: despexit iam quasi aridum mundum cum flore.
156 *Vgl. zu den von Arnold geförderten Kirchen Einleitung, S. 34.*
157 *Das heute nicht mehr erhaltene Kloster Dalen/Maria Dalheim im Zahlbacher Tal in der Nähe der Römersteine, Mainz.*
158 *Kloster Bronnbach im unteren Taubertal bei Wertheim. Vgl. RÜCKERT, Die Anfänge; SCHERG, Die Zisterzienerabtei Bronnbach; SCHMITT-VOLLMER, Bronnbach.*

quiescendi extremam_x locaverat_x, locumque sepulcri fecerat; fecissetque votis satis, nisi et_y alter occurrisset eventus.[159]

19. Annitebatur vero cottidie in civilibus causis horas quas poterat, quibus cum *Maria*[160] *ad pedes Domini* staret, subtrahere. Acriusque presulatus sui procumbebat ministerio; ut preteritos neglectus, quos discordie fucus induxerat, posset commodius_z abstergere, et ab beneficio_a suo ingratitudinis maculam deinceps omnem posset, Domino donante, propellere. Officiatos autem omnes, presertim qui divino mancipabantur obsequio, quoslibet in suo ordine peritissimos habuit et fideles.[161] Ad decorem vero domus Domini et sacerdocii veneracionem iuxta religionis pudicam sanctimoniam sic insudabat, ut in sui pontificii sede habitu decore ornatu et religione ipsa disciplina thronum glorie sibi statuisse probares.

20. Huc accedit, quod sacerdocii scemate pontificatus sui fulgebat officium. Tantaque reverencie gracia personam suam in pontificiali_b habitu divinus perfuderat splendor, ut nec ipse Melchisedech, ymmo nec ipse sapientissimus *Salomon*[162] *in omni gloria sua sic* fuerit coopertus. Vestes autem ipsius, que pontificalem fulgorem prestabant, ex preciosissima materia opere polimito erant auro contexte; verumtamen *materiam*[163] *superabat opus.*
Primum namque *coccineam*[164] *induebat clamidem* splendidissimam, que, speciem in modum_c equalitatis habens, nec infra eius staturam angusta, nec extra excedens, decenti parilitate mensure in ipso_d totam pandebat equalem. Deinde superhumerale *nuda*[165] *colli tegebat,* probatissimo auro opere fabrili in_e margine

---

x–x) extremo declaraverat *Jf.*   y) ei *Jf.*   z) commodosius *W; folgt* a se *Jf.*
a) officio *Jf.*   b) pontificali *Jf.*   c) omnimodam *Jf.*   d) ipso se *Jf.*
e) *doppelt W.*

---

159 *Vgl. zur Schenkung des Dorfes Bronnbach an das Kloster Bronnbach durch Arnold MUB II 238.*
160 *Luc. 10,39:* Maria quae etiam sedens secus pedes Domini.
161 *Möglicherweise spielt der Vitenautor hiermit auf sich selbst an. Auch andere Geistliche könnten gemeint sein: Sigelo wurde durch Arnold zum Stadtkämmerer ernannt und Domdekan; später sollte er auch Propst des Stiftes St. Maria im Felde werden. Vielleicht meint der Vitenautor aber auch die Ministerialen Helferich, der unter Arnold v. Selenhofen Vitztum wurde, und Hermann, der Schultheiß wurde. Beide standen wohl in einem engen Vertrauensverhältnis –*

hatte nämlich den Wunsch verkündet, am Ende seines Lebens dort zu ruhen, und hatte den Ort des Grabes bestimmt; und er hätte diese Gelübde erfüllt, wenn nicht zugleich ein anderes Ereignis aufgetreten wäre.[159]

19. Er gab sich aber täglich Mühe, wenn er mit weltlichen Angelegenheiten beschäftigt war, die Stunden, die er nur immer konnte, abzuziehen, in denen er mit Maria[160] zu Füßen des Herrn weilen könnte. Um so energischer widmete er sich dem Dienst seines Bischofsamtes, damit er die vorangegangenen Nachlässigkeiten, welche die Hinterhältigkeit der Zwietracht eingeführt hatte, leichter tilgen und somit jeden Makel des Undanks mit Gottes Hilfe von seinem Amtsgut abwehren könne. Er aber hatte ausschließlich Beamte um sich, die sich vor allem dem göttlichen Gehorsam hingaben, die ihm in ihrem Stand die kundigsten Ratgeber und ihm treu ergeben waren.[161] Für den Schmuck aber des Hauses Gottes und für die Würde des Priesteramtes in Verbindung mit einem sittsam reinen Lebenswandel gemäß der rechten Lebensweise vergoss er so viel Schweiß, dass man im Hinblick auf den Sitz seines Bischofsamtes, auf die Kleidung, auf den stattlichen Schmuck und eben auf die Kenntnis der rechten Lebensweise glauben konnte, dass der Thron des Ruhmes für ihn errichtet worden ist.

20. Hinzu kam, dass das Amt seines Pontifikats durch die Kleidung seiner Priesterwürde erstrahlte. Der göttliche Glanz durchströmte seine Person im bischöflichen Kleid durch so große Gnade der Gunstbezeugung, dass nicht der Melchisedech, ja noch nicht einmal der sehr weise Salomon[162] selbst in all seiner Ehre so gekleidet waren. Seine Kleider aber, die den bischöflichen Glanz zum Ausdruck brachten, waren aus sehr kostbarem Material und in vielfältiger Webarbeit mit Gold durchwirkt; ohne Zweifel aber überragte[163] das Werk das Material. Zunächst einmal nämlich legte[164] er ein strahlend glänzendes scharlachrotes Obergewand an, das den Eindruck von Ebenmaß vermittelte und das sich, für seine Gestalt weder zu eng noch zu weit, in einem wohlgestalteten Gleichmaß völlig ausgewogen über ihn legte. Ferner bedeckte er den nackten[165] Hals mit einem Schulterkleid, das am Rand mit feinstem Gold in kunstfertiger Arbeit

---

vielleicht auch Verwandtschaft (vgl. MUB II 188, S. 351 nennt Helferich und Hermann Söhne des Ernst v. Selenhofen) – zu Arnold.
162 *Luc. 12,27.*
163 *Ovid, Metamorphoseon, lib. II, v. 5:* materiam superabat opus; nam Mulciber illic.
164 *Matth. 27,28:* chlamydem coccineam circumdederunt ei. *Vgl. hierzu G'SELL, Die Vita II, S. 361: „Der Beschreibung nach kann es nur ein talarartiges Gewand sein."*
165 *Gen. 27,16:* colli nuda protexit.

totum contextum.¹⁶⁶ Tercio adicitur^f et linea; que in cunctis horis^g usque ad protensionis sue quaslibet fimbrias, per omnes humerales regiones lateraque^h, ab imo et sursum, de dextra in sinistram, miro opere in aureum corpus contexta, aureum cernentibus offert nitorem.¹⁶⁷ Hec zona iacinctina concluditur, cui baltheum auro contextum fulgidissima specie conseritur.¹⁶⁸ Deinde stola apponitur; cuius siquidem si contemplaris figuram, tanta artis virtute opus ipsum deprehenderes^i instructum, quod, ubi sit aurum ubi autem non sit qualiterque implexum, visu erranti non sine admiracione et stupore transibis.

Eiusdemque generis manipulus^j illic et opere eodem pulchra consideracione consociatur.¹⁶⁹ Et adhuc, ut pectus pontificis caractere Dei viventis muniatur, insignissimum et invictissimum *crucis*¹⁷⁰ signum, *lignum* videlicet, *in quo salus mundi pependit*, cristallino^k opere lamina argentea mirabiliter insculptum, balsamum ut aromatizans, ubi magna sanctorum pignora condebantur, collo pontificis aureis cathenis suspenditur. Tunc adiungitur et alia clamis, smaragdinum per totum tenens virorem, que ad linei^l usque laminam pendens, eiusdem lamine^m horas^n undique tetigit; et fit nescio quedam admiranda auri viridisque iunctura.¹⁷¹ Tunc additur racionale, ad officium ministerii *iudicii*¹⁷² *doctrinam et veritatem* baiulans, tunica videlicet, desuper contexta per totum ex lamina auree contexcionis, fimbrias aspectu concupiscibiles undique digerens.¹⁷³

Quas *fimbrias*¹⁷⁴ *mulier* ab infirmitate detenta *tetigit*, ut a modo^o pontifex ingrediatur ad sancta sanctorum. Hoc igitur vestimento, sicut caritatis unitate et

---

f) addicitur *W*.   g) oris *M F Jf*.   h) *Jf*; latamque *W*.   i) *Jf*; deprehendere *W*.
j) *Jf*; manipulum *W*.   k) crustario *Jf*.   l) linee *Jf*.   m) *Jf*; laminis *W*.
n) oras *M F Jf*.   o) mo[rbo liberaretur ... quan]do *Jf*.

---

166 *Das Superhumerale, auch Amikt genannt, ist eine Art Schultertuch mit kostbarer Randverzierung; vgl. hierzu* Braun, *Die liturgische Gewandung, S. 44–45. Die Bezeichnung der Vita ist altertümlich. Der hier beschriebene Amiktbesatz kam gerade im 12. Jahrhundert auf; vgl.* G'sell, *Die Vita II, S. 362.*

167 *Die Albe – hier* linea *genannt – war wohl mit einem Vollbesatz versehen. Ab dem 12. Jahrhundert kam eine reiche Goldverzierung der Alben häufiger vor. Vgl.* G'sell, *Die Vita II, S. 362 und grundsätzlich* Braun, *Die liturgische Gewandung, S. 57–92.*

168 *Die Albe wurde durch einen* zona *genannten Gürtel zusammengehalten, an dem der* baltheus, *eine Art Zierstreifen, der bis in das Spätmittelalter verwendet wurde, befestigt war; vgl.* G'sell, *Die Vita II, S. 362.*

169 *Der Manipel wird hier vor der Kasel genannt und somit möglicherweise früher als die Kasel angelegt. Dies würde einer Tradition entsprechen, die ab dem 13. Jahrhundert an Wirkung verliert; vgl.* G'sell, *Die Vita II, S. 363.*

verwebt war.¹⁶⁶ Drittens kommt noch die Albe hinzu, die an allen Rändern bis zu den Fransen – über die gesamten Schulterpartien und die Seiten hin, von unten nach oben und von rechts nach links – in wunderbarer Arbeit zu einem goldenen Gesamtwerk gewoben war und den Betrachtern einen goldenen Glanz bot.¹⁶⁷
5 Dieses wird mit einem hyazinthfarbenen Gürtel geschlossen, an dem das mit Gold durchwirkte Angebinde, das von strahlendster Pracht war, befestigt wird.¹⁶⁸ Danach wird die Stola angelegt: wenn man aber deren Gestalt betrachtete, würde man das Werk selbst mit so viel Trefflichkeit an Kunstfertigkeit ausgestattet finden, dass mit umherschweifendem Blick mit Bewunderung und Staunen nicht mehr
10 unterschieden wird, wo Gold ist und wo keines ist und wie es eingewebt ist.
Ein Manipel derselben Art und auf gleiche Weise hergestellt ist ebendort hinzugefügt, prachtvoll anzusehen.¹⁶⁹ Und damit das Herz des Bischofs durch das Sinnbild des lebenden Gottes geschützt wird, ist um den Hals des Bischofs außerdem an goldenen Ketten das herrlichste und unbesiegbarste Zeichen des Kreuzes¹⁷⁰ ge-
15 hängt, das Holz nämlich, an dem das Heil der Welt hing und das in wunderbarer Weise in einer kristallenen Hülle mit silberner Fassung versehen ist, duftend wie Balsam, in dem ehrwürdige Reliquien der Heiligen verwahrt wurden. Dann war noch ein anderes Gewand hinzugefügt, durch und durch smaragdgrün, das bis zur Brustplatte der Albe herabhing und das die Ränder dieser Brustplatte allenthalben
20 berührte – und so wurde eine bewundernswerte Verbindung von Gold und Smaragdgrün geschaffen, die ich kaum zu beschreiben weiß.¹⁷¹ Sodann wird das Rationale hinzugefügt, das beim Gottesdienst die Lehre¹⁷² der Gerechtigkeit und die Wahrheit verkörpert, die Tunika nämlich, die von oben her völlig mit einer goldgewirkten Hülle verwoben war und bei der die begehrenswert erscheinenden
25 Fransen nach allen Seiten hin ausgerichtet waren.¹⁷³
Diese Fransen¹⁷⁴ hat eine von Krankheit heimgesuchte Frau berührt [um geheilt zu werden, als] der Bischof an den Altar herantrat. Der mit diesem Kleid, wie mit

---

170 *Missale Rom. Adoratio crucis in Parasceve:* Ecce lignum Crucis, in quo salus mundi pependit.
171 *Mit diesem Satz wird die Dalmatik beschrieben, die damals eine talarartige Form hatte; vgl.* G'SELL, *Die Vita II, S. 363 und* BRAUN, *Die liturgische Gewandung, S. 247–283.*
172 *Exod. 28,30.*
173 *Die Begriffe* racionale *und* tunica *werden hier synonym verwendet. Das Rationale bezeichnet hier einen liturgischen, pontifikalen Schulterschmuck, der wie das Pallium eigentlich über die Kasel engelegt wird. In Mainz wurde das Rationale aber unterhalb der Kasel getragen; vgl.* G'SELL, *Die Vita II, S. 364f. Vgl. zum Rationale grundsätzlich* BRAUN, *Die liturgische Gewandung, S. 676–700.*
174 *Matth. 9,20:* Et ecce mulier, quae sanguinis fluxum patiebatur duodecim annis, accessit retro et tetigit fimbriam vestimenti eius.

tamquam talari tunica, pontifice toto circumdato, contra temptacionum molimina, fidei et spei tollerancieque tamquam loricam, casulam induebat.¹⁷⁵ Cuius vestimenti pro facie dignitatis sue genium, quod pallium dicitur, ad ima usque promergens, fibulis aureis venerabilis archiepiscopus Arnuldus applicare iubebat. Sic itaque tantus pontifex, tantis ministeriorum infulis sacerdotaliter redimitus ut summus Aaron pontifex, cydarim seu mitram, qualis^p ipsum decebat^q, ut pro se et pro toto exoraret populo, gestans^r, ad mensam Domini religiosissima, quasi vestitus nupciali podere, gradiebatur honestate. Qualis autem odor^s, qualisque gestus, quive modus dicendi, queve reverencia, cum sacris astaret misteriis! Quantaque honestatis prerogativa gloriosus apparebat in conspectu Domini, intelligi magis potest quam dici.

21. Sed et corporis quantitatem et persone elegantissimam formam divina sibi indiderat disposicio. Stature namque habebat longitudinem sed mensuratam, sicut solent *incliti*¹⁷⁶ *terre*. Longo igitur corpore corpulenciorem prebebat faciem; in ceteris inexhausta, inremissa^t tamen, pinguedo maciei horrorem pellebat. Canus erat toto vertice; crispoque^u¹⁷⁷ capillo cesaries venustatis habitum admiserat.¹⁷⁸ Oculi grandes, nares equales^v, frons leta satis sed severa; et luminum intuitus morum gravitate fulgebat. Labia composita, risus blandus et suavis, vultus in oblongum vivido alboque colore suffusus. Sed et omnis facies constancie^w pondusque auctoritatis habebat. Agilis et^x quantitate sua admodum erat gracilis, torosus tamen artubus a¹⁷⁹ *planta pedis usque ad verticem*; ut vix vel nulla in eo reperiretur^y macula. Sed et affectum animi facie procliva^z laxabat; quia in subrubeo^a graciam^b in rubore colore^b, commocionem, in omnibus^c hiis mediis quibusdam signa^d esse ad utrumque probatur. *Magnus*¹⁸⁰ *in*^e *ingenio, inmensus in*

p) *Jf;* qualem *W.*   q) *Jf;* dicebat *W.*   r) *Jf;* gestiens *W.*   s) onor *Jf.*
t) in remissa *W;* remissa *Jf.*   u) *Jf;* crispoque *W.*   v) *folgt gestrichen* for *W.*
w) constantiam *Jf.*   x) *folgt* pro *Jf.*   y) *Jf;* reperietur *W.*   z) *Jf;* prodiva *W.*
a) *Jf;* sub rubeo *W.*   b–b) colore gratiam, in rubore *Jf.*   c) ominibus *Jf.*
d) *Jf;* signis *W.*   e) *fehlt Jf.*

175 *Die Kasel oder Planeta ist ein skapulierartiger Überwurf, der über Brust und Rücken herabfällt, an den Seiten die Arme unbedeckt lässt und in der Mitte mit einem Durchlass für den Kopf versehen ist; vgl.* BRAUN, *Die liturgische Gewandung, S. 149–247.*
176 *Isai. 23,8.*
177 *Vgl. auch im Folgenden: Passio Bartholomei I 14 (BHL 1002), AA SS 25. Aug., t. 5 Sp. 34E.*

dem Zeichen der Einheit der christlichen Liebe, und dem ‚Schleppkleid' vollständig umgebene Bischof legte gegen die beschwerlichen Versuchungen und gleichsam als Schild für den Glauben, die Hoffnung und die Großmut die Kasel an.[175] Als Zeichen seiner Würde ließ der ehrwürdige Erzbischof Arnold das Hauptstück dieses Gewands, das man Pallium nennt, bis nach unten herab reichend, mit goldenen Fibeln anbringen. Mit so bedeutenden Amtszeichen also priesterlich bekleidet wie der Hohepriester Aaron, trug er die ‚Cidaris' beziehungsweise die Mitra, wie es sich für ihn ziemte, und, um für sich und für sein ganzes Volk die Gnade zu erflehen, schritt der so bedeutende Bischof überaus ehrfurchtsvoll zum Tisch des Herrn, als wäre er gleichsam mit einem Hochzeitsgewand bekleidet. Welcher Wohlgeruch aber, welche Ausstrahlung, welche Art des Sprechens, welche Andacht, wenn er bei den heiligen Mysterien stand! Mit welch großem Vorrang seiner Würde er glorreich vor dem Angesicht Gottes erschien, das kann man eher sich vorstellen als sagen.

21. Aber auch eine körperliche Fülle und die so überaus elegante Gestalt der Person hatte ihm die göttliche Vorsehung verliehen. Seine Gestalt nämlich war von stattlicher Größe, aber wohlbemessen, so wie sie die Vornehmen[176] des Landes gewöhnlich auszeichnet. Mehr noch als eine stattliche Figur besaß er ein volles Gesicht. Ansonsten vertrieb eine niemals schlaffe, vielmehr ansehnliche Wohlgenährtheit den Schrecken der Magerkeit. Grau war er am gesamten Haupt. Durch[177] die gekräuselten Locken verlieh das Haupthaar ihm ein schmuckvolles Aussehen.[178] Seine Augen waren groß, seine Nase gleichmäßig, seine Stirn durchaus freundlich, aber auch streng. Und der Blick seiner Augen leuchtete durch die Erhabenheit seiner Tugenden. Die Lippen waren wohlgeformt, sein Lächeln offen und freundlich, das Gesicht in seiner Gesamtheit war mit einer lebendigen und hellen Färbung versehen. Aber auch der ganze Gesichtsausdruck zeigte das Gewicht seiner Beständigkeit und Autorität. Er war beweglich und trotz seiner Körperfülle beinahe grazil, kräftig an allen Gliedern von[179] der Fußsohle bis zum Scheitel, so dass kaum ein, ja gar kein Makel bei ihm zu finden war. Und er ließ auch eine Gemütsaufwallung durch seine bewegte Miene nach außen treten, denn es wurde erkannt, dass in der leichten Errötung seines Gesichts eine gnädige Stimmung, in der vollen Errötung Zorn und in all den mittleren Abstufungen das Zeichen für beides abzulesen war. Im[180] Verstand groß, im Ratschlag sehr

---

178 *Die grauen Haare entsprechen Arnolds Alter über 60 Jahren; vgl. Einleitung, S. 29. Die gekräuselten Haare entsprachen der damaligen Haarmode; vgl. etwa auch den sog. Cappenberger Barbarossakopf.*
179 *Deut. 28,35; Iob 2,7.*
180 *Heriger v. Lobbes, Gesta episcoporum Leodiensium c. 43 (MGH SS 7, S. 182, Z. 31):* optimus ingenio, magnus in consilio.

consilio, audax[181] erat *animo*; castus, liberalis, *virtutum*que[182] omnium *emulator* magnificus; multumque eloquencie, multumque sapiencie[f] inerat.

22. Quanta vero lucta de Maguntine ecclesie nobilitate certarit, ne cuiuspiam vicini peregrina diffinicio eius libertatem, qualibet potestate nacta[g], deprimeret, nulla debet temporis oblivione[h] deleri. Namque, cum Treverensis archiepiscopus[183] legacionis qua fungebatur potestatem ad Germanie omnes ecclesias quadam iurisdictione intenderet[184], cogitabat: qualiter ipsam a se et ab omnibus sui metropolitanatus depelleret finibus[185]. Et quia mons Appenninus ex ea facie, qua Italiam totamque Liguriam respicit, nomini Theutonico admodum erat infestus; et moncium abdita *viarum*que[186] Ligurus observabat *angusta*[187]; et ad hoc accedebat, quod *bruma*[i188] rigens omnia Alpium pervia squalente[j] vestiverat glacie[j189]; nivosum Iovis[190] montanumque transitum proinde[k] arripere rennuit. Statuit igitur, quia in[l] tali negocio non esset differendum, alia per orbis climata sedem Romanam petere.

23. Prudentissimo itaque frequentique clero comitatus, magnis commeatibus multisque sumptibus, peragratis Theutonici regni finibus, ad mediterraneum mare perveniunt. Ubi, quia sub uno remige propter multitudinem eos aliqua navis non quibat recipere, multis collectis navibus, parabant Venetum[m] attingere portum; estimantes, conserto navigio, datis velis boree[191], quod possent simul navigare. Mox autem, tempestate exorta, elapse dissoluteque sunt ita ab invicem procul naves, quod nulla alterius teneret vestigium nec unus alium cernere posset.

---

f) *folgt* ei *Jf.* g) *Jf;* nacticia *W.* h) *Jf;* oblivioni *W.* i) *Jf;* bruina *W.*
j–j) *Jf;* squalentem vestiverat glaciem *W.* k) perinde *W;* provide *Jf.* l) id *Jf.*
m) *korr. aus* Ventum *W.*

181 *Isidor v. Sevilla, Etymologiarum siue Originum libri XX, lib. XII, c. 1,47 (ed. W.M.* LINDSAY *[1901], S. 473, Z. 20).*
182 *Sulpicius Severus, Dialogorum libri II, 3,10,5 (CSEL 1, S. 208, Z. 4–5): uere Christi iste discipulus, gestarum a Saluatore uirtutum, quas in exemplum sanctis suis edidit, aemulator.*
183 *Erzbischof Hillin v. Falmagne (um 1100–23.10.1169; Erzbischof von Trier seit 1152).*
184 *Hadrian IV. hatte Hillin v. Trier – wie dessen Vorgänger Albero – zum päpstlichen Legaten für alle deutschen Kirchenprovinzen ernannt. Vgl. JL 10094 vom 7.10.1155.*
185 *Was die Vita verschweigt: Hadrian hatte Hillin mit der Untersuchung der Klage einiger Mainzer Domkanoniker betraut, die Arnold 1156 in Rom beschuldigt hatten, Pfründen an Laien vergeben und den Domschatz geplündert zu haben. Vgl. MUB II 213. Vgl. zur Identifizierung der Kläger und Beklagten* BURKHARDT, *Mit Stab und Schwert, S. 509.*

versiert, war er von¹⁸¹ kühnem Mut. Keusch und freigiebig, war er in großartiger Weise bemüht¹⁸² um alle Tugenden. Große Beredsamkeit und große Weisheit waren ihm gegeben.

22. Mit welch großem Einsatz er um den vornehmen Rang der Mainzer Kirche kämpfte, damit nicht ein fremder Einfluss irgendeines Nachbarn – durch welchen Machtanspruch auch immer entstanden – ihre Freiheit herabdrücken würde, darf niemals der Vergessenheit preisgegeben werden. Als nämlich der Erzbischof von Trier¹⁸³ die Legationsgewalt, die er ausübte, hinsichtlich einer gewissen Jurisdiktionsgewalt auf alle Kirchen Germaniens ausdehnte¹⁸⁴, da sann er [Arnold] darauf, wie er diese von sich und aus allen Gebieten seiner Kirchenprovinz abwehre¹⁸⁵. Und weil der Höhenzug des Appenin von derjenigen Seite aus, von der er nach Italien und ganz Ligurien blickt, dem deutschen Namen feindlich gesonnen war und der Ligurer an den abgelegenen Pässen der Berge und den engen¹⁸⁶ Stellen der Wege lauerte¹⁸⁷ und außerdem der raue¹⁸⁸ Winter jeden Übergang der Alpen mit klirrendem Eis überzogen hatte¹⁸⁹, lehnte er es daher ab, den verschneiten und steilen Pass des Großen St. Bernhard¹⁹⁰ zu benutzen. So beschloss er, weil es in einer so wichtigen Angelegenheit keinen Aufschub geben konnte, durch andere Zonen des Erdkreises den römischen Sitz anzusteuern.

23. Begleitet von sehr erfahrenen und zahlreichen Geistlichen und mit viel Gepäck und großem Aufwand gelangte er, nachdem die Gebiete des deutschen Reichs durchzogen waren, an das Mittelmeer. Dort trafen sie Vorkehrungen, mit zahlreichen zusammengesuchten Schiffen – weil ein einziges Schiff auf Grund ihrer Menge nicht in der Lage war, sie unter ein Ruder aufzunehmen – den Hafen von Venedig zu erreichen, in dem Glauben, dass sie mit aneinandergereihten Schiffen und gegen den Nordwind¹⁹¹ aufgespannten Segeln alle zugleich in See stechen könnten. Bald aber waren die Schiffe durch einen aufgekommenen Sturm abgetrieben und so weit voneinander verstreut, dass keines den Kurs des anderen halten oder eines das andere im Blick behalten konnte. Deshalb unter-

---

186 *Vergil, Aeneis, lib. II,332.*
187 *Die politische Lage in diesem Teil Italiens war bereits vor dem Ausbruch des Alexandrinischen Schismas aufgrund der Auseinandersetzungen Friedrich Barbarossas mit den Kommunen gespannt.*
188 *Lukan, De bello civili, lib. I, v. 17–18.*
189 *Die Reise Arnolds muss vor der Ausstellung von MUB II 215 (JL 10201) am 11.8.1156 und nach der Ausstellung von MUB II 213 (JL 10145) am 15.2.1156 stattgefunden haben.*
190 *Der Große St. Bernhard.*
191 *Möglicherweise ganz wörtlich der starke, winterliche Nordwind in der Adriagegend.*

Dedit se itaque venerabilis archiepiscopus Maguntinus pro libertate ecclesie sue ventis, credidit se procellis. Non *mine*¹⁹² *ponti, non rabies* fluctus, non Caribdis¹⁹³, non denique Sirtis ulla ab incepto deterruit; non peregrina puppis, non *invisa*¹⁹⁴ *littora*, non locorum habitator incognitus, nec ullum saltim discrimen ab hac intencione reduxit.

24. Ferebatur ⁿ enim, *intumescentibus*¹⁹⁵ *undis*, equoris per horridum altissimumque fundum. Et nunc delphinorum species, quos eversio° ebullivit ponti, nunc alia maris terribilia monstra, nunc belue marini fetus, diros teterrimosqueᵖ mugitus frendentes, nunc insurgentis tempestatis mugitaciones, nunc fragor horridissimus aquarum, nunc venti duelliones modo ad alta nunc ad ima navem undanti horribilitate pellentes et, ut in summa dicatur, omnis marina condicio novo hospiti minas intemptat. Modo navis ad celica usque videbatur astra efferri, nunc, per medium conglobantis aque fervorem dependens, ad profundaq yma putabatur dimergi; aliquando medios ambientesʳ se undique ponti excelsissimosˢ cumulos, efflante aquilone, secabat. Tandem, divina protegente clemencia, rapidissimo cursu, unda flatibusque pellentibus, cum eos periclitatio sola naufragiumque maneret, divino miraculo in Venetum navis portum¹⁹⁶, diutine suspiratum, evasit. Ceteros autem, eadem sub sorte laborantes, ipsa similisqueᵗ fortuna recepit.

25. Postquam, propiciante Domino erepti de naufragio, Venecie applicanturᵘ et gaudia, que tunc imminebantᵛ, feriarum paschaliaʷ celebrarunt, festivissimoˣ a Venetis honoreʸ donati – quia propter Romanos, quibus offensi erant Alemanni¹⁹⁷, proficisci ad papam per Romaniam Italie nequibant – marinas Siciliam versus

---

n) *korr. zu* afferabatur *W.*   o) *Jf*; eversa *W.*   p) *korr. aus* deterrimosque *W.*
q) profundi *M F Jf.*   r) ambientis *Jf.*   s) *Jf*; excellissimos *W.*   t) similique *W*; similisve *Jf.*   u) applicarantur *W.*   v) imminebat *W.*   w) paschalium *M F Jf.*   x) festinissima *Jf.*   y) oneraria *Jf.*

---

192 *Boethius, Philosophiae consolatio, lib. I, IV (CCSL 94, S. 6, Z. 5):* non illum rabies minaeque ponti.
193 *Hier im Sinne eines „Meeresungeheuer."*
194 *Hugo v. St. Victor, Didascalicon de studio legendi, lib. II, c. 23 (ed. Ch. H. Buttimer [1939], S. 41, Z. 15):* litora invisa.

warf sich der verehrungswürdige Mainzer Erzbischof für die Freiheit seiner Kirchen ganz den Winden und vertraute sich den Stürmen an. Nicht die Drohungen[192] des Meeres, nicht der Zorn der Wogen, nicht Charybdis[193] und auch nicht irgendeine Sandbank schreckten ihn von diesem Unternehmen ab, kein fremdes Schiff, kein feindliches[194] Gestade, kein Bewohner fremder Orte und nicht irgendeine unvorhergesehene Gefahr hielten ihn von diesem Vorhaben ab.

24. So wurde er durch die aufschäumenden[195] Wellen über den schrecklichen und abgrundtiefen Meeresgrund getrieben. Und bald waren dort die Gestalten der Delphine, die der Wirbel der See empor schleuderte, bald andere furchterregende Monster des Meeres, bald Ungeheuer aus des Meeres Schoß, die knirschend unheilvolle und widerwärtige Schreie von sich gaben, bald das Dröhnen eines anhebenden Sturmes, bald das schrecklichste Getöse der Wassermassen, und dann die Kämpfe des Windes, die durch das entsetzliche Wogen das Schiff bald in die Höhe, bald in die Tiefe stürzten, und, um es in einem zu sagen, die ganze Beschaffenheit des Meeres streckte dem neuen Gast drohend Gefahren entgegen. Bald schien das Schiff bis zu den Sternen am Himmel empor gerissen zu werden, dann aber, als es inmitten des Wogens des sich zusammenballenden Wassers hing, glaubte man, dass es in die Tiefen des Meeres hinabtauchen würde. Auf einmal aber, vom heranwehenden Nordwind erfasst, begann es, sich mitten durch die hochragenden Gipfel der See, von denen es von allen Seiten umgeben war, eine Bahn zu ziehen. Als schon einzig die Todesgefahr und der Schiffbruch diesen bevorstanden, da entkam das Schiff schließlich doch, durch die göttliche, schützende Gnade auf sehr schnellem Kurs, auf hoher Woge und von Winden getrieben, durch ein göttliches Wunder in den lang ersehnten Venezianischen Hafen[196]. Auch die übrigen, die sich unter demselben Los abmühten, rettete das gleiche oder ein ähnliches Schicksal.

25. Nachdem sie, durch den gnädigen Gott vom Schiffbruch gerettet, in Venedig angelegt und die gerade anstehenden Feierlichkeiten des Osterfestes begangen hatten, wurden sie von den Venezianern höchst ehrenhaft beschenkt und segelten dann die Küste entlang Richtung Sizilien, weil sie wegen der Römer, denen die Deutschen verhasst waren[197], nicht durch die Romagna Italiens zum Papst

---

195 *Origenes sec. translationem Rufini, In Genesim Homiliae 9,1 (GCS 29, S. 86, Z. 21):* undis intumescentibus.
196 *Venedig.*
197 *Anlässlich der Kaiserkrönung Barbarossas kam es zu theoretischen und handgreiflichen Auseinandersetzungen. Vgl. RI IV,2,1, Nr. 316 und 319.*

attingentes horas[z][198], postquam Nargine[199] moram diutinam habuerunt, vix tandem apostolicam convenerunt presenciam. Recepit itaque venerabilis papa Adrianus[200] domnum Arnoldum Maguntinum, tantoque eum honoratum habuit sollempni[a], et eo dignitatis splendore pre cunctis Romane curie honestatum, ut, quociens Maguntinus ingrediebatur ad ipsum, domnus papa, ei assurgens, collateralem sibi acceptum magnificum et gloriosum omnibus exhibebat[b], omnisque curia obsequio magnificentissimo sibi inclinabat[c]. Quid plura? Omnem voluntatem suam a sede apostolica impetrans, vicem domni pape legacionemque super omnem Maguntinam metropolim ibidem recepit, et ecclesiam suam[d] de[e] subiugo[e] aliorum exemit[201]. Novissime, curia decentissima largicione donata, ipse quoque apostolicis mirifice donatus exeniis, multo tamen labore et inestimabili sumptu Iovis altissima iuga deculcans[202], cum omni tripudio, Domino comitante, honoratus remeavit ad propria.

26. Eodem tempore Mediolanensium sevicia et propria dominandi libido contra finitimas civitates et populum sibi adiacentem in tantum exarsit, quod clamor afflictorum omnis[f] orbis iam pene repleverat aures et ipsum gloriosissimi cesaris Frederici imperiale tribunal querelarum sedula cumulacione pulsabat.[203] Cumque post temporum longa intersticia[g] monitis imperialibus acquiescere nollent, et invictissimi cesaris arma *post*[204] *tergum quasi proicerent*, accirentque sibi regnorum omnium invidiam, obmittendum non erat, quin gladium imperialem – qui *ad*[205] *vindictam* gestabatur *malefactorum, laudem vero bonorum* – experirentur. Igitur Fredericus invictissimus Romanorum imperator et semper augustus, ad arma

z) oras *M*.   a) *Jf*; sollempnio *W*.   b) exhiberet *Jf*.   c) inclinaret *Jf*.
d) folgt gestrichenes s *W*.   e–e) desub iugo (?) *W*.   f) omnium *W*; omnes *Jf*.
g) *Jf*; intristicia *W*.

198 *Wohl kaum ist eine Reise um die Südspitze Italiens anzunehmen.*
199 *Narni. Dort ist Hadrian IV. vom 3.8.1156 (JL 10198) bis zum 19.8.1156 (JL 10205) nachweisbar und dort wurde auch am 11.8.1156 die gleich anzuführende Exemtion MUB II 215 (JL 10201) ausgestellt.*
200 *Hadrian IV. (1100/1120–1.9.1159; Papst seit 4.12.1154).*
201 *MUB II 215 (JL 10201) spricht nur davon, dass die Mainzer Kirchenprovinz aus der päpstlichen Legation des Trierer Erzbischofs ausgenommen wurde; eine Ernennung Arnolds zum päpstlichen Legaten wird dort nicht erwähnt.*

ziehen konnten[198]. Nachdem sie lange in Narni[199] verweilt hatten, gelangten sie endlich in die Gegenwart des Papstes. Und so nahm der verehrungswürdige Papst Hadrian[200] den Herrn Arnold von Mainz auf; und er ehrte ihn durch so große Feierlichkeiten und bezeugte ihm Ehrerbietung vor allen anderen an der Kurie durch eine so würdevolle Auszeichnung, dass, sooft der Mainzer ihn auch aufsuchte, der päpstliche Herr sich vor ihm erhob, ihn vor allen anderen als einen ihm vertrauten, gern gesehenen, großartigen und rühmlichen Mann herausstellte und die gesamte Kurie in hoch preisender Huldigung sich vor ihm verneigte. Was bedarf es noch mehr der Worte? Er erreichte, dass seinem Anliegen vom apostolischen Stuhl ganz und gar entsprochen wurde, und er empfing an Ort und Stelle die Stellvertreterschaft des Herrn Papst und die Legationsgewalt über die gesamte Mainzer Kirchenprovinz und befreite seine Kirche aus der Unterjochung durch andere.[201] Schließlich, nachdem die Kurie durch eine höchst angemessene Zuwendung bedacht worden war und auch er selbst apostolische Gaben auf wunderbare Weise erhalten hatte, überwand er mit größter Mühe und unermesslichem Aufwand den äußerst hohen Pass des Großen St. Bernhard[202] und kehrte voller Freude und unter dem Schutz des Herrn als geehrter Mann in seinen Bereich zurück.

26. Zur selben Zeit waren die Raserei und die ihnen eigene Herrschsucht bei den Mailändern – die sich gegen die benachbarten Städte und das in ihrer Umgebung wohnende Volk richteten – so sehr entfacht, dass die Klage der Bedrängten an die Ohren fast schon des gesamten Erdkreises gelangte und sogar das kaiserliche Hofgericht des allerruhmreichsten Kaisers Friedrich durch die unablässige Anhäufung der Streitfälle zum Eingreifen zwang.[203] Und als sie nach einer längeren Zeitspanne trotz der kaiserlichen Ermahnungen keine Ruhe geben wollten, als[204] sie die Heeresmacht des unbesiegbarsten Kaisers gering schätzten und den Unwillen aller Reiche auf sich zogen, war es unvermeidbar, dass sie das kaiserliche Schwert – das zur[205] Bestrafung von Übeltätern, aber zum Lob der Vortrefflichen getragen wird – zu spüren bekamen. Daher rief Friedrich, der unbesiegbarste Kaiser der Römer und Augustus, zu den Waffen und führte gegen

---

202 *Im Gegensatz zur winterlichen Hinreise war nun, im Spätsommer 1156, der Große St. Bernhard passierbar.*
203 *Im Juni 1156 beschwerten sich Como, Lodi und Pavia über Mailand (RI IV,2,1 Nr. 398).*
204 *Isai. 38,17. Bezieht sich möglicherweise auf den gescheiterten Versuch, die Mailänder durch das Überbringen einer kaiserlichen Fahne zur Ruhe zu zwingen (RI IV,2,1 Nr. 445).*
205 *1. Petr. 2,14: Sive ducibus ... missi ad vindictam malefactorum, laudem vero bonorum; vgl. auch MGH D F I. 289, S. 102 (Schreiben Barbarossas an die Mainzer, vgl. unten, c. 55). Die Formel findet sich auch in den Weiheordines für die Königs-/Kaiserkrönung bei der Schwertübergabe.*

prosiliens, contra *Mediolanensium*[206] *rebellionem* acutum vibrantem inmoderatumque gladium Theutonicorum tociusque imperii sui principes, in maxima virtute, sicut multitudo *harene*[207] *que est in littore maris*, virorum forcium et pugnatorum, sub imperialis edicti expedicione commovit[208].

27. Inter quos venerabilem Arnuldum Maguntinum, sicut maximum sapientissimum et ditissimum tocius imperii principem, evocavit. Ipse vero Maguntinus proinde[h] multa instancia imperialem precabatur clemenciam, ut ei in gracia sua intra provinciam remorari liceret; etatis sue exhaustum senium, et ad bellicum usum ineptum et hactenus multiplici labore in *obsequio*[209] imperiali attritum, pretendens. At imperator, sciens, *rem*[210] *militarem virtute animi magis procedere quam viribus corporis*, cognoscensque, virum ipsum consilio et omni virtute diviciis ac honestate inter omnes regni principes esse excellentissimum, noluit ipsius carere presencia. Maguntinus itaque, imperialem videns prevalere sentenciam, vergentem sui quasi oblitus etatem, ut *vir*[211] *virtutum omnium gnarus* – pro honore Dei et Maguntine ecclesie; et ut pax inter regnum et sacerdocium, que tunc quibusdam emergentibus causis admodum erat elapsa[212], reformaretur[i]; possetque ad imperii graciam Mediolanenses revocare concordia, ne tanta civitas deperditum iret, statuit, se imperialibus obtemperare mandatis.

28. Et quia Maguntinus post imperatorem princeps est principum, ut secundum *Maguntine*[213] *ecclesie decenciam ad*[214] *tantum imperii negocium se posset accingere*, sicut ius gencium habet, a Maguntinis civibus tam ministerialibus quam burgensibus *stipendia*[215] *milicie* deposcere cepit; proponens eis, quod – cum frequentissime pro honore ecclesie et tocius civitatis magnis laborasset impendiis, sive in imperiali sive in apostolica curia, sive contra hostes ecclesie – nihil

---

h) *Jf*; perinde *W*.   i) *Jf*; reformarentur *W*.

206 *MUB II 234, S. 423:* expeditio ad domandam Mediolanensium rebellionem.
207 *Gen. 22,17:* velut harenam quae est in litore maris possidebit semen tuum portas inimicorum suorum.
208 *Am 24.3.1157 beschloss ein Hoftag in Fulda eine Heerfahrt gegen Mailand (RI IV,2,1 Nr. 442). Der Kaiser trat den Zweiten Italienzug nach dem 14.6.1158 an (RI IV,2,1, Nr. 558).*
209 *MUB II 238, S. 431:* Pro imperiale obsequio et imperii necessitate.
210 *Sallust, De coniuratione Catilinae 1,5:* vine corporis an virtute animi res militaris magis procederet.

die Auflehnung²⁰⁶ der Mailänder das scharfe, blitzende und unbeugsame Schwert der Deutschen und versammelte die Fürsten seines ganzen Reiches in größter Streitmacht an unerschrockenen Männern und Kämpfern, so wie die Menge des Sandes²⁰⁷ am Gestade des Meeres, auf kaiserlichen Befehl zur Heerfahrt²⁰⁸.

27. Unter ihnen rief er den ehrwürdigen Mainzer Arnold, gleichsam den erhabensten, weisesten und reichsten Fürst des ganzen Reiches, zu sich. Der Mainzer selbst aber richtete auf gleiche Weise die dringende und inständige Bitte an die kaiserliche Großherzigkeit, dass sie ihm ohne Verlust der Gunst gestatte, in seiner Kirchenprovinz zu bleiben; er brachte vor, aufgrund seines hohen Alters erschöpft und untauglich für den Kriegsdienst und nach schon so vielfältigen Leistungen im kaiserlichen²⁰⁹ Dienst ausgezehrt zu sein. Der Kaiser hingegen, im Wissen, dass Kriegserfolge²¹⁰ mehr auf der Vortrefflichkeit des Geistes als auf körperlichen Kräften beruhen, und in der Erkenntnis, dass dieser Mann durch seinen klugen Rat und seine ganze Persönlichkeit, durch Reichtum und Ansehen unter allen Fürsten des Reiches der hervorragendste sei, wollte auf seine Teilnahme nicht verzichten. Daher betrachtete der Mainzer das kaiserliche Wort als verpflichtend, vergaß gleichsam sein fortgeschrittenes Alter und entschloss sich, als ein in allen Tugenden bewanderter²¹¹ Mann, den kaiserlichen Geboten zu gehorchen – zur Ehre Gottes und der Mainzer Kirche, und damit der Friede zwischen Königtum und Priestertum, der damals infolge bestimmter aufgekommener Streitfälle weitgehend verlorengegangen war²¹², wiederhergestellt werde und er die Mailänder zur Versöhnung mit dem Reich in Eintracht zurückrufen könne, damit eine so bedeutende Stadt nicht zugrunde gehe.

28. Und weil der Mainzer nach dem Kaiser der erste der Fürsten ist, begann er – damit er sich, dem Rang²¹³ der Mainzer Kirche angemessen, für²¹⁴ die so große Aufgabe des Reiches rüsten könnte –, von den Mainzer Bewohnern, sowohl von den Ministerialen wie von den Bürgern, Steuern²¹⁵ für den Kriegszug zu fordern, wie das Volksrecht es verlangt; er legte ihnen dar, dass er bisher nichts von ihnen gefordert habe, obwohl er sich schon so häufig, sei es am kaiserlichen oder am päpstlichen Hof, sei es gegen die Feinde der Kirche, für das Ansehen der Kirche

---

211 Gen. 25,27.
212 *Diese Bemerkung bezieht sich möglicherweise auf die Ereignisse auf dem Hoftag von Besançon im Oktober 1157 (RI IV,2,1, Nr. 491).*
213 *MUB II 238, S. 432:* iuxta honorem imperii et Maguntinę ecclesie decentiam.
214 *MUB II 238, S. 432:* ad candem expeditionem plena et sufficienti militum copia nos accingeremus.
215 *Decretum Gratiani, D. 86 c. 19:* docens idcirco stipendia constituta miliciae. *Vgl. hierzu Einleitung, S. 39–41.*

exegisset ab eis[216]. Postquam vero opem ex consilio subpeditacionis[j] animo libenti spoponderunt, quidam Arnoldus ministerialis, cuius erat[k] prenomen rufus[k][217], cum ad ipsum verbum peticionis venisset, medio prorumpens multitudinis, aiebat – forte ex previlegio per Albertum[218] civibus concesso[219], quod[l] allegavit – ipsos de iure nihil debere, nihil domno episcopo ex iusticia debere[220]. Unde a cunctis eciam civibus animum tribuendi non sine magno episcopi incommodo[m] revocavit. Venerabilis vero pontifex – quia dies expedicionis instabant, nec poterat ex induciis, quibus culpabiles conveniendi forent, legittimis uti diebus – tantam sue lesionis iniuriam usque ad regressionis sue presenciam ab expedicione distulit prosequendam.

29. Die autem egressionis sue, accersitis necessariis fidelibus suis, ut domui sue proficiscendus disponeret, inter omnes nominatim et specialiter filios Mengoti[221], cuius supra meminimus, et prepositum Burcardum de Iecheburg, eorum avunculum, advocarat; tamquam eos, quibus omnia fidebat. Namque eidem Burcardo quandam nobilissimam Maguntine ecclesie preposituram, Sancti Petri videlicet que tercie vocis honore prefulget[222], et eius fidei contulerat, et de *scabello*[223] *pedum suorum* ipsum sibi auricularem collateralemque et gloriosum perfecerat. Huic igitur vicem suam in spiritualibus causis et iusticia[n] banni a flumine Werre[224] in totam usque Franconiam[225], deinde civitatem Maguntinam sibi suisque nepotibus, filiis Mengoti, usque[o] bona fide ad[o] reditum suum commisit; et eos[p] tamquam alterum se ipsum super iusticiis suis disponendis reliquit. Cui omnimodam fidelitatem tamquam domino suo iurarunt.

j) *korr. aus* suppeditacionis *W.*   k–k) *Jf;* erat per nomen erat rufus *W. G'sell schlägt als mögliche Verbesserung* supernomen *vor (G'sell, Vita, S. 348).*   l) *Jf; fehlt W.*
m) *Jf;* incomodo *W.*   n) *Jf;* iusticie *W.*   o–o) bona fide usque ad *Jf.*
p) eum *Jf.*

216 *Vgl. zu den Verpfändungen Arnolds Einleitung, S. 36.*
217 *Personen mit der Namenskombination* Arnoldus Rufus *u.ä. tauchen in den Mainzer Urkunden dieser Zeit mehrfach auf. Es ist nicht sicher nachzuweisen, ob die entsprechenden Zeugen der Urkunden Arnolds, Christians v. Buch und Konrads v. Wittelsbach eine identische Person bezeichnen.*
218 *Erzbischof Adalbert I. v. Saarbrücken (15.8.1111–23.6.1137).*
219 *MUB I 600. Das entsprechende Privileg wurde auch in das Portal von* St. Maria ad gradus *(jetzt Marktportal des Doms) eingegraben und war somit für alle sichtbar.*
220 *Diese Behauptung entsprach nicht zweifelsfrei dem Wortlaut von MUB I 600. Das Privileg legte fest:* hoc iure donavi, ut nullius advocati placita vel exactiones extra murum expeterent, sed infra

und der ganzen Stadt unter großem Kostenaufwand abgemüht habe[216]. Nachdem sie daraufhin unter Berücksichtigung der im Überfluss vorhandenen Mittel freimütig Zahlungen versprochen hatten, da geschah es, dass ein gewisser Ministeriale Arnold, dessen Beiname ‚der Rote' war[217], als die Forderung an ihn gerichtet wurde, aus der Mitte der Menge hervorbrach und, indem er sich auf das von Adalbert[218] den Bürgern gewährte Privileg[219] berief, mit Nachdruck vorbrachte, dass sie von Rechts wegen zu nichts verpflichtet seien und dass sie dem Bischof gerechterweise gar nichts schuldeten[220]. Damit brachte er auch, zum großen Schaden für den Bischof, alle Bürger von ihrer Bereitschaft ab, Abgaben zu leisten. Weil aber nun der Aufbruch zur Heerfahrt unmittelbar bevorstand und wegen der Frist, nach deren Ablauf die Schuldigen hätten zusammenkommen müssen, die gesetzmäßigen Tage nicht eingehalten werden konnten, verschob der ehrwürdige Bischof die Ahndung des so großen, ihn verletzenden Unrechts bis zum Zeitpunkt seiner Rückkehr von der Heerfahrt.

29. Am Tage aber seiner Abreise, nachdem er seine treuen Gefährten um sich versammelt hatte, um bei seinem Aufbruch die wichtigen Angelegenheiten seines Hauses zu regeln, rief er vor allen anderen ausdrücklich und insbesondere die Söhne des Meingot[221], den wir oben erwähnt haben, und den Propst Burchard von Jechaburg, deren Onkel, zu sich: gleichsam diejenigen, denen er alles anvertraute. Denn er hatte diesem Burchard wegen seiner Treue eine höchst angesehene Propstei der Mainzer Kirche, nämlich Sankt Peter, übertragen, die durch die Ehre erglänzt, dass sie den dritten Platz einnimmt[222], und er hatte ihn vom Schemel[223] seiner Füße emporgehoben zu seinem vertrauten Ratgeber und ihn berühmt gemacht. Diesem übergab er daher seine Stellvertretung in allen geistlichen Gerichtsfällen und in der hohen Gerichtsbarkeit für das Gebiet vom Fluss Werra[224] bis weit nach Franken hinein[225]; sodann vertraute er ihm und seinen Neffen, den Söhnen des Meingot, die Stadt Mainz zu treuen Händen bis zu seiner Rückkehr an. Und er überließ ihnen, gleichsam wie ‚ein zweites Ich', die Ausübung seiner Gerichtsbarkeiten; ihm leisteten sie gleichwie ihrem Herrn den umfassenden Treueid.

---

sui nativi iuris esset sine exactoris violentia, quia cui tributum tributum, cui vectigal vectigal gratis nullo exigente persolverent.
221 *Meingot der Jüngere und Embricho.*
222 *D.h. in der Rangfolge der Mainzer Amtsträger nach dem Erzbischof und dem Dompropst. St. Peter war eine der ältesten Mainzer Stiftskirchen.*
223 *Ps. 109,1: donec ponam inimicos tuos scabellum pedum tuorum.*
224 *Werra.*
225 *D.h. Burchard bekam die entsprechende Amtsgewalt nur im nicht-thüringischen Teil des Erzbistums zugeteilt. Als Propst von Jechaburg hatte er aber auch dort archidiakonale Amtsgewalt.*

30. Igitur Maguntinus, sub predictorum fide domo civitate rerumque suarum cura relicta, in nobilissimo robustoque milite centeno et quadrageno, ave dicens fratribus, regio apparatu et in religiosissimorum fratrum frequencia, ut *que*²²⁶ *sunt cesaris cesari reddat et que sunt Dei Deo*, Italiam versus procedit.²²⁷ Eratque exercitus eius tamquam exercitus regis, quos ipse propriis ducebat expensis; ne rapine malum, qualibet necessitate coacti, incurrerent. Dabatque in omni sufficiencia singulis. Qui *omnes*²²⁸ erant *pugnatores robustissimi* in clipeo et hasta, in lorica et gladio, pharetra et arcu, funda et lapide; gerebantque omnes ferventissimam et virilem etatem, omnes incliti iuventute sua. Dederatque domnus Maguntinus omnibus in mandatis, quod, sicut diligerent personas suas^q et res, a pauperum se continerent rapinis; non furta, non rixas, non expoliaciones, nullasque inter se attemptarent discordias.

31. Preteriens autem per depopulaciones^r Lombardie²²⁹, lugubres desolatasque regionis intuens partes; quantasque miseri illius terre coloni dederant strages; meniaque fugato interempto habitatore deserta; et quomodo et vitam cum rebus incole hic^s innocenter amiserant; vincula captivitatesque eorum, *quos*²³⁰ *gladius non vorarat*, cernens; quomodo et prophanata sanctuaria Domini violataque altaria clamarent ad Dominum; non sine magna animi compassione aiebat: „*Ve*²³¹ *terre, cuius imperium discordia regit; ve hominibus, per quos* hoc *scandalum venit.*" Circa omnes vero afflictos pia et *misericordissima*²³² gestans *viscera*, maxime circa clericos et monachos, quos Boemorum gladius, qui in exercitu erant, exulare compulerat, *manum*²³³ caritatis sue omnibus *aperiebat*.

q) *Jf; fehlt W.*   r) *Jf; depopulacionis W.*   s) *hoc W; heu M F Jf.*

---

226 *Matth. 22,21:* dicunt ei Caesaris tunc ait illis reddite ergo quae sunt Caesaris Caesari et quae sunt Dei Deo.
227 *Im Juni 1158 traf Arnold wahrscheinlich auf dem Lechfeld bei Augsburg ein (RI IV,2,2, Nr. 556). Vgl. zum keineswegs kleinen Umfang des Kontingents* BURKHARDT, *Mit Stab und Schwert, S. 263.*
228 *Iudic. 20,44.*

30. Nachdem er nun Haus, Stadt und Fürsorge für sein Hab und Gut der Obhut der Vorgenannten überlassen und den Brüdern Lebewohl gesagt hatte, brach der Mainzer mit einem hochedlen und starken Heer von 140 Rittern in königlicher Pracht und in Begleitung zahlreicher gottesfürchtiger Brüder nach Italien auf, um dem[226] Kaiser zu geben, was des Kaisers ist, und Gott, was Gottes ist.[227] Und es war sein Heer wie das Heer des Königs, dessen Männer er ganz mit eigenen Aufwendungen mit sich führte, damit sie nicht auf das Übel des Plünderns verfielen, wenn sie durch irgendeine Not dazu getrieben würden; und er gab einem jeden das, was er brauchte. Alle[228] waren sie kräftigste Kämpfer mit Schild und Speer, mit Harnisch und Schwert, mit Köcher und Bogen, mit Schleuder und Stein; und alle standen sie in blühendem und kraftvollem Alter, alle in bester Manneskraft. Und der Mainzer Herr hatte an alle den Befehl ausgegeben, dass sie so, wie sie ihr eigenes Leben und ihre Habe liebten, sich auch von Plünderungen der Armen zurückhalten sollten; zu keiner Hinterlist, keinem Streit, keinem Raub und keiner Zwietracht untereinander sollten sie sich verleiten lassen.

31. Dann zog er durch die verwüstete Lombardei[229] und sah die beklagenswerten und verlassenen Teile dieser Region. Wie viele bemitleidenswerte Bewohner dieses Landes waren getötet worden! Die Gebäude standen leer, nachdem ihre Bewohner geflohen oder getötet worden waren; und wie unschuldig haben die Einwohner ihr Leben mit ihrem Eigentum hier verloren! Die Fesseln und die Gefangenschaft derer, die[230] das Schwert nicht dahingerafft hatte, sah er sehr wohl. Wie sehr die Heiligtümer des Herrn entweiht und die Altäre geschändet waren, das schrie zu Gott! Nicht ohne großes Erbarmen klagte er: „Wehe[231] dem Land, das die Zwietracht beherrscht! Wehe den Menschen, durch deren Schuld dieses Übel hereingebrochen ist!" All diesen Niedergeschlagenen brachte er eine fromme und überaus barmherzige[232] Zuneigung entgegen, am meisten den Klerikern und Mönchen, die das Schwert der Böhmen, die sich im Heer befanden, gezwungen hatte, fern der Heimat zu leben, und freigiebig[233] erwies er allen seine Nächstenliebe.

---

229 *Der Zweite Italienzug Barbarossas hatte größere Zerstörungen vor Ort zur Folge. Vgl. hierzu* BERWINKEL, *Verwüsten und Belagern.*
230 *2. Reg. 18,8:* quos voraverat gladius in die illa.
231 *Matth. 18,7:* vae mundo ab scandalis necesse est enim ut veniant scandala verumtamen vae homini per quem scandalum venit.
232 *Luc. 1,78:* per viscera misericordiae Dei nostri.
233 *Prov. 31,20:* manum suam aperuit inopi.

32. Quanta vero strennuitate in Mediolanensium se obsidione habuerit²³⁴; quantumve consilio viribus magnificencia munificencia et omniformi^t virtute inestimabiliter ecclesiam Dei et imperium super omnes principes honorarit; quanta pro bono pacis annisione laborarit; quam instructa, quam robusta, quam fortissima castra fortissimorum habuerit; qualiter a suis et quam ordinate structa acie, quanta simul^u sollicitudine claustra et ecclesias^v fratrum et omnes pauperes tutabatur; quanta eis largitus fuerit, et quanta largitate et benivolencia in ipsis castris eosdem^w amplexabatur pascebat^x et consolabatur; quantumque^y apud cesarem et alios principes eis aminiculabatur; cicius nos tempus, ut videtur, ad hoc referendum quam verba desereret.

33. Dum Mediolani hec gererentur²³⁵, crebra fama legacioque ferebant: quod filii Mengoti et illi, quos domnus episcopus super dicione^z sua domi reliquerat, officium pietatis et graciam, quam ipse cum eis fecerat, interpretati sunt in malificium crudelitatis et in impietatem ingratitudinis. Et ferebant enim: quod Burcardus prepositus cum complicibus suis, gravissima coniuracione introducta, omnes Maguntinos pene priores contra ipsum episcopum armaverit, quod ipsum Burcardum in episcopum condicerent et pro episcopo haberent; et de sede episcopali et omnibus ad episcopatum pertinentibus per invasionem se intromitteret; officiatos et iusticias episcopatus subverteret et suas imponeret; hominia multorum reciperet; cogeretque per violenciam^a multos; haberetque se in episcopali^b curia gestu omnique festivitate sicut Maguntinus; omnisque civitas oculos in ipsum haberet²³⁶; ipsi autem filii Mengoti homines et ministeriales et colonos ecclesie cepissent captivassentque, et graves rapinas in ipsos et exactiones exercuissent, precipientes in civitate; ipsi civitas, ipsi episcopatus, *omnia*²³⁷ *in omnibus* in civitate essent; aulam episcopalem avunculo suo, quem episcopum crearant, multa elacione facientes.

t) *Jf*; omni facti *W.*   u) *Jf*; sit *W.*   v) korr. aus ecclesiis *W.*   w) *Jf*; eosque *W.*
x) *Jf*; pavebat *W.*   y) *Jf*; quantuque *W.*   z) *Jf*; dicioni *W.*   a) *Jf*; violeciam *W.*
b) *Jf*; episcopatu *W.*

234 *Die Belagerung Mailands zog sich vom Juli bis in den September 1158 hin.*
235 *D.h. vor dem 8.9.1158, dem Datum der Unterwerfung Mailands (RI IV,2,2, Nr. 583).*

32. Mit welcher Entschlossenheit er sich aber bei der Belagerung der Mailänder verhielt[234] oder wie sehr er – mehr als alle anderen Fürsten – durch seinen Rat, seine Fähigkeiten, seinen edlen Charakter, seine Wohltätigkeit und vielgestaltige Tugend die Kirche des Herrn und das Reich auf unschätzbare Weise ehrte, mit welcher Anstrengung er sich für das Gut des Friedens einsetzte, welch gut angelegte, welch mächtige, welch ganz hervorragend befestigte Feldlager er errichtete, wie er von den Seinen und von einer wohlgeordneten Schlachtreihe beschützt wurde und mit welcher Besorgnis zugleich er sowohl die Klöster und Kirchen der Mönche wie auch alle Armen beschützte, wie freigiebig er diesen gegenüber war und mit welch reichen Spendengaben und Wohlwollen, selbst in den Feldlagern, er eben diese aufnahm, nährte und tröstete und wie sehr er ihnen beim Kaiser und auch bei den anderen Fürsten Beistand leistete: um all dies wiederzugeben, dürfte uns die Zeit schneller als die Worte fehlen.

33. Als diese Dinge in Mailand geschahen[235], überbrachten ein sich schnell verbreitendes Gerücht sowie eine Gesandtschaft die Nachricht, dass die Söhne des Meingot und jene, die der Herr Bischof zur Vertretung seiner Herrschaft zuhause zurückgelassen hatte, den in Barmherzigkeit zu erfüllenden Auftrag und die Gunst, die er ihnen selbst erwiesen hatte, zu boshafter Grausamkeit und zur gottlosen Undankbarkeit hin ausgelegt und umgewandelt hätten. Es wurde nämlich berichtet, dass der Propst Burchard mit seinen Komplizen eine überaus gefährliche Verschwörung gebildet und beinahe alle Mainzer Prioren gegen den Bischof selbst aufgeboten habe, dass man diesen Burchard sogar als Bischof ansehe und ihn als Bischof behandle, weiterhin, dass er sich in Bezug auf den Bischofssitz und alles, was zum Bistum gehört, auf gewaltsame Art einmische, dass er die Beamten entferne und die Rechtsgrundsätze des Bistums umstürze und seine eigenen an deren Stelle setze, dass er die Treueide von vielen empfange, dass er auf viele gewaltsamen Zwang ausübe und dass er sich am bischöflichen Hof in Gebaren und jeder Festlichkeit wie der Mainzer selbst aufführe. Die gesamte Stadt richte ihre Blicke auf ihn.[236] Die Söhne des Meingot jedoch hätten die Menschen, sowohl die Ministerialen als auch die Hörigen der Kirche, gefangen und gefangengesetzt und sie mit schwerem Raub und Abgabenforderungen bedrängt, indem sie in der Stadt Befehle erteilten. Sie selbst seien die Stadt, sie selbst das Bistum, sie selbst seien alles[237] in allen Dingen in der Stadt. Ihrem Onkel, der von ihnen zum Bischof ernannt worden sei, hätten sie in grenzenlosem Übermut den Bischofspalast zur Verfügung gestellt.

---

236 *In den Augen des Vitenschreibers überschritt also Burchard seine beschränkten Kompetenzen, die ihm verliehen worden waren.*
237 *1. Kor. 15,28.*

34. Venerabilis autem episcopus, bene sibi conscius, fidem relacionum verbis adhuc prestare nolebat, donec suam eis exhiberet^c presenciam, secundum scripturam Domini dicentem: Descendam et videbo, *utrum*^d238 *clamorem* eorum, *qui venerat ad me, opere compleverint; an non est ita, ut sciam.* Interim autem questio coram imperiali presencia de beneficiis ipsorum, qui milicie stipendia contempserunt persolvere, suborta est. Et exinde principum^e omnium emanavit sentencia: quod abiudicata eis forent beneficia, donec et stipem persolverent secundum beneficiorum iura, et contemptum, quem fecerant, per composicionis dispendium dominis suis civiliter expiarent.²³⁹ Ex ore igitur principum prolata, ab imperatore et tota curia confirmata est.

Factum autem est quod^f, cum omnia ad honorem Dei et magnificenciam imperii, Mediolanensibus in graciam per dedicionem civitatis receptis²⁴⁰, consilio principum, maxime virtute et prudencia Maguntini, essent in pace composita, domnus Maguntinus, honoratissimus et de magnifico obsequio a maiestate imperii admodum regraciatus, de latere imperatoris *bonis*²⁴¹ *avibus* remeavit ad propria.

35. Ceterum, coniuracionis contra se facte molimina, cuius supra meminimus, quia latere eum non potuerunt – *nichil*²⁴² enim *opertum, quod non reveletur* – ceperunt coniuratores ipsi manifesta se iam opposicione detegere; et clandestinis^g machinacionibus et iniquorum cetuum conciliabulis et omni conamine, quo nequicia pietatem impetere solet, *rependentes*²⁴³ *mala pro bonis*, impietatem pro beneficiis, in ipsum bello^h civili et *plus*²⁴⁴ *quam civili*, quasi intestino, grassari^i; nequiciam impietatis, quam in eius absencia conceperant, mortifero fetu in eius presenciam parturientes. Quamobrem ad factionis huius apertum indicium in tantum vesanie sue filii Mengoti irruperunt furorem, quod, cum quadam die Renum domnus episcopus transire decerneret, ipsi armata manu in gladiis et telis

---

c) *Jf;* exhibet *W.*   d) *Jf;* veterum *W.*   e) *Jf;* principium *W.*   f) *Jf; fehlt W.*
g) *Jf;* clamdestinis *W.*   h) *korr. aus* bellū (?) *W.*   i) *Jf;* crassari *W.*

---

238 *Gen. 18,21:* utrum clamorem qui venit ad me opere conpleverint an non est ita ut sciam.
239 *Vgl. hierzu Einleitung, S. 39.*
240 *8.9.1158 (RI IV,2,2, Nr. 583).*
241 *Ovid, Metamorphoseon, lib. XV, v. 640:* ite bonis auibus.

34. Der ehrwürdige Bischof aber wollte, in gutem Selbstvertrauen, den Berichten nicht eher Glauben schenken, als bis er den Mainzern nach seiner Rückkehr selbst gegenüberstünde, gemäß der Schrift des Herrn, die besagt: Ich werde hinabsteigen und ich werde sehen, damit[238] ich weiß, ob das Klagegeschrei über sie, das zu mir gedrungen ist, ihren Taten entspricht, oder ob es nicht so ist. Einstweilen aber wurde die Frage, was mit den Lehen derer geschehen sollte, die die Heeressteuer nicht leisten wollten, auch vor dem Kaiser verhandelt. Und daraus erging das Urteil aller Fürsten: dass jenen die Lehen solange aberkannt werden sollten, bis sie gemäß dem Lehnrecht die Leistung erbracht hätten und außerdem für die Missachtung, derer sie sich schuldig gemacht hatten, ihren Herren durch Bußzahlungen nach Art guter Bürger Genugtuung geleistet hätten.[239] Dieser von den Fürsten verkündete Urteilsspruch wurde vom Kaiser und dem gesamten Hof bekräftigt.

Als dann die Mailänder nach der Übergabe der Stadt wieder in Gnaden aufgenommen waren[240] und mit dem Rat der Fürsten und insbesondere durch die Tatkraft und die Klugheit des Mainzers alles zur Ehre Gottes und zum Ruhme des Reiches in Frieden geregelt war, da war es so weit, dass der Herr von Mainz – hochgeehrt und für seinen großartigen Dienst von der Majestät des Reiches sehr gnädig belohnt – unter[241] guten Vorzeichen von der Seite des Kaisers zurückeilte zu seinen eigenen Gütern.

35. Weil aber die Machenschaften des gegen ihn gerichteten Komplotts – das wir oben erwähnt haben – ihm nicht verborgen bleiben konnten – denn es[242] gibt nichts Verborgenes, das nicht ans Licht gebracht würde –, begannen die Verschwörer nun, sich in ganz offener Gegnerschaft zu erkennen zu geben. Und – indem[243] sie mit Bosheit für das Gute und mit Pflichtvergessenheit für die Wohltaten bezahlten – fingen sie an, mit heimlichen Unternehmungen, durch Beratschlagung auf hinterhältigen Zusammenkünften und mit jeglicher Bemühung, mit der das Böse gegen die Frömmigkeit vorzugehen pflegt, nun in einem Bürgerkrieg, ja[244] noch schlimmer: in einem Krieg der engsten Vertrauten gegen ihn selbst loszuschlagen. Die Bosheit und Gottlosigkeit, die sie in seiner Abwesenheit gezeugt hatten, setzten sie nun, als er wieder anwesend war, als todbringende Frucht in die Welt. Zum offenkundigen Zeichen dieses bösen Treibens ließen sich die Söhne des Meingot deshalb zu einer derartigen Raserei ihres Wahnsinns hinreißen, dass, als eines Tages der Herr Bischof beschloss, über

---

242 *Luc. 12,2:* nihil autem opertum est quod non reveletur neque absconditum quod non sciatur.
243 *Ps. 37,21; Augustinus, Enarrationes in Psalmos, in psalmum 36,2,13 (CCSL 38, S. 355, Z. 17–18):* immo uero rependet mala pro bonis, blasphemias, murmur adversus deum, indignationem.
244 *Lukan, De bello civili, lib. I, v. 1:* Bella per Emathios plus quam civilia campos.

in ipsum et suos insurgerent, et transitum, ne in civitatem veniret, conarentur obstruere²⁴⁵. Postquam vires eis ad id perficiendum minus subpeditarunt, archiepiscopus, consultis fidelibus suis, coram se responsuros sibi ipsos vocavit. Qui post multas dilaciones, simulato licet satisfacientes, de preteritis et que in absencia sua contra ipsum commiserant omnem pollicitabantur in condicto termino satisfactionem. Ab illo ergo dieʲ *cogitaverunt*²⁴⁶ *eum occidere*.

36. Sane coniuracio vehementissime convalescebat cottidie. Erantque principes coniuracionis: Burcardus prepositus; et nepotes sui, filii Mengoti; et Hartimannus maior prepositus²⁴⁷, in cuius *fabrica*²⁴⁸ omnem hanc *iniquitatis* cudebantᵏ *monetam*; et abbas Sancti Iacobi²⁴⁹; et Arnoldus Rufus; et Warnherus de Bonlant²⁵⁰; et cum hiis complices innumerabiles. Concilium isti habebant contra episcopum, conveniebantque in domo maioris prepositi. Recipiebantque se tandem apud Sanctum Petrum in curia prepositi Burcardi²⁵¹ et domo filiorumˡ Mengoti, ibique pro castris erant; maledicentes domno episcopo, minitantesque ei, quod pro ipso numquam de civitate discederent.

37. Episcopus, post tantum laborem et post tantum imperii servicium cupiens requiescere, pacem non inveniens, multos in coniuracionis malo habens suspectos – nec facile se eis poterat credere, quia plerique latebant – postquam oblongos cultellos, quibus eum clanculo sub velamento satisfactionis confodere decreverant, deprehendit et ipsos coniuratores contra se ipsa in civitate moliri omnibus modis cernebat, Burcardum prepositum, qui summus in coniuracione auctor et dux erat, de civitate expulit, et vires eisᵐ omnes in civitate ademit. Hunc itaque,

---

j) *so Jf (vgl. Joh. 11,53: Ab illo ergo die cogitaverunt ut interficerent eum); fehlt W.*   k) *folgt momenta W.*   l) *Jf; fidelium W.*   m) *ei Jf.*

---

245 *Mainz war traditionell Ort für Rheinübergänge. Arnold war in der zweiten Septemberhälfte 1158 durch Barbarossa aus dem Heer entlassen worden (RI IV,2,2, Nr. 587).*
246 *Ioh. 11,53: ab illo ergo die cogitaverunt ut interficerent eum.*
247 *Hartmann, Dompropst in Mainz und Propst von St. Stephan in Mainz, in den Mainzer Urkunden belegt von 1140 bis 1160.*
248 *Petrus Damiani, Briefe, ep. 65 (MGH Briefe d. dt. Kaiserzeit 4,2, S. 241, Z. 1): monetarius iniquitatis habebat, nichilque aliud nisi animarum omnium commune periculum fabricabat.*
249 *Gottfried als Abt von St. Jakob bei Mainz in den Mainzer Urkunden belegt von 8.4.1151–1160 (MUB II 157, S. 289, Anm. 19).*

den Rhein zu setzen, sie sich in bewaffneter Schar mit Schwertern und
Wurfgeschossen gegen ihn selbst und seine Leute erhoben und die Überfahrt
gewaltsam zu verhindern suchten[245], damit er nicht in die Stadt käme. Nachdem
ihnen für dieses Unternehmen aber nicht ausreichend Kräfte zur Verfügung standen, rief der Erzbischof, nachdem er den Rat seiner Getreuen eingeholt hatte, sie
vor sich, damit sie sich vor ihm verantworteten. Nach vielen hinhaltenden
Verzögerungen gaben sie, wenn auch nur unter Vortäuschung von Bußfertigkeit,
das Versprechen ab, für die jüngsten Vorfälle und für das, was sie sich in seiner
Abwesenheit gegen ihn hatten zuschulden kommen lassen, zu einem festgelegten
Zeitpunkt vollständige Wiedergutmachung zu leisten. Aber von jenem Tag an
sannen[246] sie darauf, ihn zu töten.

36. Nun erstarkte die Verschwörung sehr schnell von Tag zu Tag. Die Anführer
der Verschwörung waren: Propst Burchard und seine Neffen, also die Söhne des
Meingot, sodann der Dompropst Hartmann[247], in dessen Werkstatt[248] sie diese
Münze der Bosheit schlugen, ferner der Abt von Sankt Jakob[249] und auch Arnold
der Rote und Werner von Bolanden[250] und mit ihnen unzählige Komplicen.
Diese hielten Rat, der gegen den Bischof gerichtet war, und kamen im Haus des
Dompropsts zusammen. Außerdem trafen sie sich bei Sankt Peter im Amtshof
des Propstes Burchard[251] und im Haus der Söhne des Meingot; und dort waren
sie so sicher wie in Burgen. Sie redeten Übles über den Herrn Bischof und drohten ihm, seinetwegen sich niemals aus der Stadt zu entfernen.

37. Der Bischof, der nach so vielen Mühen und nach so großem Dienst am Reich
Ruhe herbeisehnte, der aber den Frieden nicht finden konnte, der vielmehr viele
in Verdacht hatte, der bösen Verschwörung anzugehören – denn nicht leicht
konnte er sich diesen anvertrauen, da sich doch die meisten im Verborgenen hielten –, erkannte die langen Dolchmesser, mit denen sie ihn unter dem Deckmantel
der Wiedergutmachung zu durchbohren heimlich beschlossen hatten, und sah
deutlich, dass die Verschwörer mitten in der Stadt auf jede Weise gegen ihn
errichtete Aktionen unternahmen. Daraufhin verwies er den Propst Burchard,

---

250 Werner II. v. Bolanden (vor 1134–um 1190), bedeutender Reichsministeriale. Seine Frau Guda
v. Weisenau war eine Nichte Meingots des Älteren. Vgl. hierzu KEUPP, Dienst und Verdienst,
S. 121f., Anm. 106.
251 Erzbischof Friedrich (937–954) ließ als Ersatz für die Peterskirche am Dimesser Ort näher an
der Stadt Mainz, aber immer noch außerhalb der Stadtmauern in der Nähe des Peterstors einen
Kirchenbau errichten. Dort gründete er 948 ein Chorherrenstift. St. Peter lag in der Nähe des
heutigen 117-er Ehrenhof in Mainz. KARN, St. Peter, S. 2; WALDECKER, Zwischen Kaiser, Kurie
und Klerus, S. 157; FALCK, Mainz im frühen und hohen Mittelalter, S. 89.

ad imperatorem proficiscentem, secutus est Embrico Mengoti filius, et abbas Sancti Iacobi, Wernerus de Bonlant, et clericorum et laicorum maxima multitudo.

38. E vestigio legem, ab imperiali ore de beneficiis Mediolani promulgatam in eos, qui milicie stipem sibi non dederant[252], domnus episcopus in medium proferebat. Et de beneficiorum amissione perterriti, nonnulli secundum iusticiam vel secundum graciam super hoc respondebant[n]. Solus Arnoldus Rufus, ministerialis eius de quo supra retulimus – cum comparium *suorum*[253] nollet *stare sentencia*[o], nec ullam de iniuria illata domno episcopo exhiberet satisfactionem, sed nunc bonis verbis nunc occasionibus nunc et induciis[p] *tempus*[254] *redimens*, cum adhuc in nullo ab episcopo gravaretur, licet eum super quibusdam contra se satisfactionibus interpellaret[q] – male sibi conscius, *cesarem*[255] *appellavit*. Et sicut coniuracionis ita itineris preposito Burcardo ad imperatorem factus est comes.

39. Postquam commentaciones suas et fraudium molimina, quibus famam domni episcopi *incrustare*[256] *ac insimulare*[r] attemptarant, penes imperatoriam maiestatem lente procedere viderent[s], ne[t] omnino viderentur confusi, efflagitant *litteras*[257] *dimissorias*, ut recipiantur satisfacientes. Quod domnus episcopus libenti animo fecisset, si ipsi condignam satisfactionem exhibuissent. Et frustrati igitur hac vice, iterato labore multis litterarum precariis[u] domni imperatoris multorumque interventu multisque precibus pulsabant: ut digna cum satisfactione denuo reciperentur. Acquievisset domnus episcopus et tunc eorum postulacionibus; sed ipsi eam, quam exposcebat, dare spernebant satisfactionem. Multis tandem precibus[v] precatibus domni imperatoris – postquam iudices

---

n) *Jf;* respondentes *W.* o) sententie *Jf.* p) *Jf;* indiciis *W.* q) *Jf;* interpelleretur *W.* r) *Jf;* simulare *W.* s) *Jf;* viderentur *W.* t) *Jf;* nec *W.* u) *Jf;* pariis *W.* v) *fehlt Jf.*

---

252 Vgl. oben, c. 34.
253 *Decretum Gratiani, C. 2 q. 6 c. 33:* Arbitrarii sunt, qui nullam potestatem habentes cum consensu litigantium in iudices eliguntur, in quos compromittitur, ut eorum sentencie stetur.
254 *Eph. 5,16:* redimentes tempus.
255 *Act. 25,11:* Caesarem appello; *Act. 25,12:* Caesarem appellasti.

den größten Aufwiegler und Anführer der Verschwörung, der Stadt und brach dort ihre ganze Kraft. Als dieser daraufhin sich auf die Reise zum Kaiser begab, zogen mit ihm Embricho, der Sohn des Meingot, ferner der Abt von Sankt Jakob, dann Werner von Bolanden und eine riesige Menge von Klerikern und Laien.

38. Unmittelbar darauf ließ der Bischof den Rechtsspruch öffentlich bekanntmachen, der vom Kaiser selbst in Mailand hinsichtlich der Lehen derer verkündet worden war, die ihm kein Geld für das Heer gegeben hatten[252]. Und über den Verlust der Lehen entsetzt, leisteten ziemlich viele von ihnen in dieser Sache Wiedergutmachung nach Recht oder Gnade. Nur Arnold der Rote, einer seiner Ministerialen – wir haben oben von ihm berichtet –, der sich dem Urteilsspruch seiner[253] Standesgenossen nicht beugen wollte und dem Herrn Bischof für das zugefügte Unrecht überhaupt keine Wiedergutmachung leistete, sondern bald mit schönen Worten, bald durch Vorwände, bald auch durch Verzögerungen Zeit[254] gewinnen konnte – denn er wurde vom Bischof noch in keiner Weise streng behandelt, außer dass ihn dieser zu bestimmten Bußleistungen ihm gegenüber aufforderte –, hat, sich seiner Schuld bewusst, beim[255] Kaiser Berufung eingelegt. Und so wurde er, wie bei der Verschwörung, auch auf der Reise zum Kaiser zum Gefährten des Propstes Burchard.

39. Nachdem sie sahen, dass sie mit ihren Lügenreden und betrügerischen Ränken, mit denen sie den Ruf des Herrn Bischofs zu[256] beschmutzen und bösen Beschuldigungen auszusetzen suchten, bei der kaiserlichen Majestät nur schleppend vorankamen, verlangten sie, um nicht als vollkommen bloßgestellt zu erscheinen, mit großem Ungestüm Empfehlungsbriefe[257], damit sie, bereit zur Sühne, wieder in Gnaden aufgenommen würden. Dies hätte der Herr Bischof liebend gern getan, wenn sie die angemessene Bußleistung erbracht hätten. Für dieses Mal abgewiesen, brachten sie mit wiederholter Anstrengung durch viele gnädig gewährte Bittbriefe des Herrn Kaisers, unter Einsatz vieler Fürsprecher und durch ständiges Flehen lauthals die Forderung vor, dass sie durch eine für sie angemessene Sühneleistung endlich wieder in Gnaden aufgenommen werden sollten. Der Herr Bischof wäre auch jetzt auf ihre Forderungen eingegangen, aber voller Verachtung weigerten sie sich, die von ihm verlangte Bußleistung zu erbringen. Nach vielen, oft wiederholten Bitten des Herrn Kaisers und nachdem

---

256 *Das Briefbuch Abt Wibalds von Stablo, Nr. 439, S. 911, Z. 11:* insimulare et incrustare.
257 *Decretum Gratiani, C. 2 q. 6 c. 31:* Post appellationem interpositam litterae dandae sunt ab eo, a quo appellatum est, ad eum, qui de appellatione cogniturus est siue principem, siue quem alium, quas litteras dimissorias siue apostolos appellant.

deputarat²⁵⁸, qui eos ad satisfactionem usque deberent compellere – domno imperatori volens deferre, annuit, ut in civitatem ingrederentur. Et prefigens eis diem, egressus de civitate, condictum eorum prestolabatur satisfactionis terminum.

40. Potitis igitur sue voluntatis optatibus, confracte prius eis *vires*²⁵⁹ *malicie non defecerunt*. Sed omni temptatu conaminum gravius in domnum episcopum assurgentes, tanto robore plateas civitatis domosque omnesque viarum concursus ipsosque cives armaverunt in ipsum, ut iuxta eorum seviciam nullus a modo domno episcopo in civitatem pateret accessus. *Elevatum*²⁶⁰ *est cor eorum* nimis, et locuti sunt adversus Deum et adversus dominum suum episcopum in magna superbia et nequicia. Contuleruntque manus suas; proscripcionis et exulatus multarumque afflictionum iniurias mortisque titulos in ipsum dictantes. Rapacem, tyrannum, pestilentem, et quidquid blasphemie^w spiritu^x adinvenire poterant, eum nominabant; adicientes ad contumelie maiorem cumulum: quod^y numquam^z in civitatem redire^a auderet. Ipsi carnifices panifices cerdones pelliparii sacharii mensariique^b a^c sede in ipsum esse^c proscribebant.

41. Postquam huius infidelitatis profanus et nefandus rumor totam terram asperserat, in superbie sue pervicacia ipsis exstantibus, sinodales dies adventabant. Domnus itaque episcopus, pro officii sui debito ad celebrandam synodum se accingens, contra^d eorum impetum perfidie in^e multo militum robore eis invitis civitatem ingressus, noluit absque iudicio vendicare in ipsos; sed, ut pius et clemens pater, ad satisfactionem – cum eos repente posset delere – iterum iterumque invitans, sinodum instantem celeberrimo prosequebatur officio²⁶¹. Sed

---

w) *Jf;* blaspheime *W.*   x) *Jf;* spiritus *W.*   y) *folgt si redire Jf.*   z) unquam *Jf.*
a) *Jf; fehlt W.*   b) *Jf;* mensarūque *W.*   c–c) *korr. zu* adesse in ipsum sese *Jf.*
d) *folgt gestrichen* ineptum *W.*   e) *folgt im gleichen Wort Ansatz zu Buchstabe* f(?) *W.*

---

258 *Wahrscheinlich Ende 1158/Anfang 1159 (RI IV,2,2, Nr. 643).*
259 *Heriger, Elevatio Sancti Landoaldi et sociorum eius, c. 4 (MGH SS 15,2, S. 610, Z. 45–46):* Porro nostrae prosperitatis aemuli superius breviter designati, quorum semel fractae nequaquam malitiae suae defecere vires. *Vgl. wohl als Vorlage Vita Antonii, c. 5 (MPL 73, Sp. 130C):* nec diabolo semel fractae defecere vires.

er Richter abgeordnet hatte[258], die sie zur schuldigen Sühneleistung zwingen sollten, gab er schließlich – um dem Herrn Kaiser in Ehren zu Willen zu sein – seine Zustimmung, dass sie die Stadt wieder betreten dürften. Nun setzte er ihnen einen bestimmten Tag und wartete, nachdem er aus der Stadt herausgegangen war, dort auf den festgelegten Zeitpunkt ihrer Bußleistungen.

40. Obwohl sie damit ihren Willen wunschgemäß durchgesetzt hatten, gingen ihnen die zunächst gebrochenen Kräfte[259] der Bosheit doch nicht aus. Vielmehr verstärkten sie ihre aufrührerischen Machenschaften gegen den Herrn Bischof mit allen möglichen Maßnahmen und besetzten in solcher Stärke die Plätze der Stadt, die Häuser und alle Straßenkreuzungen und bewaffneten die Bürger selbst gegen ihn, dass durch ihre blindwütige Raserei dem Herrn Bischof nun kein Zugang mehr in die Stadt offenstand. Allzu sehr überhob[260] sich ihr Herz und mit großer Überheblichkeit und Nichtsnutzigkeit lästerten sie gegen Gott und gegen ihren Herrn Bischof. Und sie rotteten sich in bewaffneter Schar zusammen, wobei sie gegen ihn ständig frevelhafte Äußerungen ausstießen und ihm Acht und Bann und sogar Mord androhten. Sie nannten ihn einen Räuber, einen Tyrannen, einen Verderber und was nur immer ihnen im Geist der Gotteslästerung einfiel. Und als Gipfel der Beleidigung fügten sie hinzu, dass er niemals wagen solle, in die Stadt zurückzukehren. Selbst die Metzger, Bäcker, Schuster, Gerber, Sackträger und Wechsler sprachen gegen ihn das Verbannungsurteil aus, dass er von seinem Bischofssitz fernzubleiben habe.

41. Nachdem die Kunde solch verwerflicher und verbrecherischer Untreue das ganze Land überzogen hatte und sie in ihrem Hochmut trotzig verharrten, rückten die Tage der Synode immer näher. Der Herr Bischof freilich, der sich entsprechend den Pflichten seines Amtes zur Abhaltung der Synode vorbereitete, wollte nicht ohne Gerichtsverfahren gegen sie vorgehen, auch als er trotz ihrer treulosen Erhebung mit einer überaus schlagkräftigen Kriegstruppe gegen ihren Willen in die Stadt gelangt war; vielmehr lud er sie ein um das andere Mal wie ein barmherziger und nachsichtiger Vater zur Ableistung der Buße ein – obwohl er sie augenblicklich hätte zugrunderichten können – und brachte die Vorbereitungen zur unmittelbar anstehenden Synode in rühmlichster Pflichterfüllung voran[261]. Die

---

260 *2. Paral. 26,16; Dan. 5,20; Ezech. 31,10:* elevatum est cor eius.
261 *Vgl. zu dieser Synode, dem kanonistischen Hintergrund und dem Verfahren zwischen Gnade und Recht Einleitung, S. 37 und S. 39.*

ipsi filii diaboli, obstinacionem sectantes, contra observabant oportunitatem, ut assultum in synodo facerent et episcopum cum suis ex inproviso occuparent.²⁶² Sed ubi fraus eorum impietati sue effectivum processum ministrare nequibatᶠ, ut interim maiores sibi passim vires accerserent, *rogabant*²⁶³ *ea que pacis erant*; offerebantque satisfactionem, ut sentenciam synodalem et excommunicacionem tali tergiversacione evadere possent. Interrogabat enim domnus metropolitanus synodalem sentenciam: quid super his diffiniendum foret, quia et contra eumᵍ coniuracionem fecissent, et insultum molirentur, cedem et perniciem tocius ecclesie et conturbacionem; et presenciam suam iuxta canonicam consuetudinem exhibere synodo contempsissent. Quoʰ cum in procinctu sentencia esset, differebatur in crastinum, agentibus internunciis, qui composicionem facere nitebantur.

42. In crastino vero, ad terciam usque diei nunciis hinc inde crebrescentibus, paciⁱ tandem per satisfactionem devoventes, publico congressu aulam episcopalem et omne concilium se armis parabant invadere et stragem, dispositam in episcopum suosque, perficere. Duxeruntqueʲ aciem suam tribus ordinibus, ut per medium civitatis, dextra, sinistraque congrederentur per turmas suas, cum gladiis et fustibus, contis, fundis, sudibus, omnique milicia hominum; quos ruralis gleba, tetris arcubus fuligineaqueᵏ cuspide, obscuro fatiscentequeˡ clipeo, fulvis aridisque vexillis; quos et pelliparia cerdonaria saccaria lictoria macellaria clibanaria, extrema prestaratᵐ civitatis condictio²⁶⁴. Hiis igitur falangis talibusve castris filii Mengoti instructi cum suis militibus contra episcopum properabant. Et milites vero episcopi, ex adverso festinantes – habebat enim sexcentos milites et eo amplius²⁶⁵, optime loricatos et omnes in armis fortissimos, absque alia admirabili multitudine – in eos transire affectabant, et repentino in ipsos irruere interituⁿ et uno impetu eos trucidare, quoniam vulgus, omnis ferme inermis, facile erat in fugam converti. Sed domnus episcopus, parcere multitudini volens, paulisper in unum

---

f) *Jf;* nequibant *W.*   g) *folgt* et *W; folgt* suos *Jf.*   h) *Jf;* quod *W.*   i) *Jf;* pati *W.*
j) *Jf;* dixeruntque *W.*   k) *Jf;* fulgineaque *W.*   l) *Jf;* faciscenteque *W.*   m) prestiterat *Jf.*   n) incursu (?) *Jf.*

262 *Die Annales S. Disibodi (MGH SS 17), S. 29 berichten:* Adversarii episcopi Moguntinensis post festum sancti Remigii [1. Oktober] synodum armata manu, ut eum exturbarent, ingressi; sed comitibus cum suis ad arma alacriter convolantibus, turpiter redire sunt coacti.
263 *Luc. 14,32:* rogat ea quae pacis sunt.

Söhne des Teufels hingegen, die in ihrem Starrsinn verharrten, warteten auf eine günstige Gelegenheit, um einen Anschlag auf die Synode zu begehen und den Bischof mit seinem Gefolge unversehens gefangen zu nehmen.[262] Aber als ihre Arglist ihrem ruchlosen Vorhaben keinen Erfolg verschaffen konnte, fragten[263] sie nach den Friedensbedingungen, um für sich in der Zwischenzeit aus dem weiten Umkreis Verstärkung herbeizuholen. Sie boten eine Bußleistung an, um mit einer solchen Hinterlist dem Urteil der Synode und der Exkommunikation zu entgehen. Der Herr Metropolit befragte nämlich die Synode nach ihrem Urteil: was man über diese gerichtlich entscheiden solle, da sie sowohl gegen ihn gehandelt als auch eine Verschwörung angezettelt hätten und auf Angriff, Mord und auf Verderben und Verwirrung der ganzen Kirche hinwirkten und es verachtet hätten, gemäß dem kanonischen Brauch auf der Synode zu erscheinen. Obwohl das Urteil unmittelbar vor der Verkündung stand, wurde es auf Betreiben der Unterhändler, die einen Vergleich herbeiführen wollten, auf den nächsten Tag verschoben.

42. Als sie am folgenden Tag – an dem bis zur Terz ständig Boten hin und her eilten – schon gelobten, sich durch eine Sühneleistung endlich für den Frieden zu entscheiden, da trafen sie dennoch in einem offenen Aufruhr Vorbereitungen, um bewaffnet in den Bischofspalast und in die Synodalversammlung selbst einzudringen und den gegen den Bischof und seine Leute geplanten Mordanschlag auszuführen. Sie brachten ihre Truppen in drei Abteilungen heran, um durch die Mitte der Stadt sowie von links und rechts her kommend sich mit ihren Scharen zu vereinigen, mit Schwertern und Knüppeln, mit Lanzen, Schleudern, spitzen Pfählen und mit jeder Art von Kriegsleuten: Die einen kamen von der ländlichen Scholle, mit minderwertigen Bogenwaffen und rußigen Spießen, mit mattem und brüchigem Schild, mit schmutzigen und farblosen Fahnen; die anderen stammten aus den städtischen Gruppen der Kürschner, der Schuster, der Sackträger, der Stadtknechte, der Metzger, der Bäcker und aus den niedersten Schichten[264]. Mit diesen Haufen, oder, wenn man so will, mit einem solchem Heer zogen die Söhne des Meingot, begleitet von ihren Rittern, rasch gegen den Bischof. Die Ritter aber des Bischofs – er hatte nämlich 600 oder mehr Ritter bei sich[265], alle bestens gepanzert und aufs stärkste bewaffnet, dazu eine ansehnliche Menge Fußvolks – machten sich auf der anderen Seite rasch bereit und waren drauf und dran, auf sie loszugehen, mit einem plötzlichen Vernichtungsschlag über sie herzufallen und sie in einem einzigen Ansturm niederzumetzeln, denn das Volk, fast völlig wehr-

---

264 *D.h. „Stadt und Land" hatten sich zum Aufstand versammelt.*
265 *Man beachte, dass in der Schilderung der Vita das Aufgebot Arnolds für den Kaiser auf dem 2. Italienzug nur 140 Ritter umfasst hatte. Möglicherweise werden hier auch Anwesende der Synode subsumiert.*

eos faciebat subsistere. Et fuerunt, qui utrimque° pactumᵖ faciendumᵖ susciperent. Etq ad hoc composicionis calculum: quod infra xv dies aut secundum graciam vel iusticiam domno episcopo satisfacere deberent. Erant enim maiores et honestissimi viri terre, quibus satis credendum fuerat.

43. Hiis ita dispositis, inevitabiliter instabat, ut iuxta condictum Wirciburgensi episcopo²⁶⁶ Selinginstat²⁶⁷ in crastinum occurreret, ut ei simul et manum et benedictionem imponeret pontificatus et plenitudinem ministerii conferret. Protinus ergo, ut domnus metropolitanus de civitate egressus fuerat, illi, rupto federe, violata fide, fracto concordie bono, *confuso*²⁶⁸ *fasque nefasque*, unanimiter cum toto populo, quibus antea indulgebatur, immani et sacrilega audacia ipsam *domum*²⁶⁹ *Domini*, ecclesiam scilicet maiorem²⁷⁰, *ut ab* ipsa *inciperet iudicium*, occupaverunt armaverunt et incastellaverunt. Et coram altari, coram mensa Domini, ubi sanguis et corpus Domini conficitur, ubi dominice passionis misterium commemoratur, officiumʳ impudicicie, et abhominabilis voluptatis lacunamˢ, meretricumque lupanar, et immundissime luxurie scortique fecerunt prostibulum. Exinde, *fractis*²⁷¹ foribus, prorumpentes in *erarium* ipsius ecclesie, ubi sancta condebantur sanctorum, fures et latrones et sacrilegos et immundissimos diaboli satellites constituentes ibidem custodes, nec Deum nec hominem nec ipsa sancta verentes, sacrilega et impiissima manu demoliti sunt sanctuarium; et omnia profanantes omnemque thesaurum ecclesie et domni episcopi, quidquid sacrum, quidquid Deo dicatum, quidquid intus sub Dei protectione depositum fuerat, temeraverunt. Ipsa sacrata indumenta et omnem templi decorem, previlegia antiquitatis, ecclesie librariasᵗ et antiquariasᵘ destruxerunt, et tamquam *margaritas*²⁷²

---

o) *Jf*; utrumque *W*. p–p) *Jf*; factum pacandum *W*. q) *möglicherweise folgte ursprünglich* deduxerunt rem *Jf*. r) officinam *Jf*. s) *Jf*; lucanar *W*.
t) *Jf*; librarios *W*. u) *Jf*; antiquarios *W*.

266 *Heinrich II. v. Stühlingen war Domherr in Straßburg und wurde am 5. Oktober 1159 durch Arnold v. Selenhofen in Seligenstadt geweiht. Im Februar 1165 starb er in Würzburg, vgl.* WENDEHORST, *Das Bistum Würzburg I, S. 162–165.*
267 Seligenstadt.
268 *Ovid, Metamorphoseon, lib. VI, v. 585f: Sed fasque nefasque confusura.*

los, war leicht in die Flucht zu schlagen. Aber der Herr Bischof, der die Menge
schonen wollte, gab seinen Leuten Anordnung, dass sie noch ein wenig an ihrer
Stelle verharren sollten. Es fanden sich nun einige Männer, die es auf sich nahmen, beiderseitige Friedensverhandlungen zu unternehmen. Und man kam zu
folgendem Vergleich: dass sie innerhalb von 15 Tagen dem Herrn Bischof nach
Gnade oder Recht die Sühneleistung erbringen müssten. Es handelte sich dabei
um die mächtigsten und angesehensten Männer des Landes, denen man wohl
vertrauen konnte.

43. Nachdem diese Angelegenheit so geregelt war, konnte es nicht mehr aufge-
schoben werden, dass er gemäß der Vereinbarung am folgenden Tag zum
Würzburger Bischof[266] nach Seligenstadt[267] eilte, um ihm mit der Handauflegung
die Bischofsweihe zu erteilen und ihm die Fülle des Amts zu übertragen. Aber
kaum, dass der Herr Metropolit die Stadt verlassen hatte, da brachen jene den
Vertrag, verletzten die Treue, zerstörten das Gut der Eintracht und brachten[268]
Recht und Unrecht durcheinander. Zusammen mit dem ganzen Volk, dem er zuvor
Verzeihung gewährt hatte, besetzten sie in ungeheuerlicher und gotteslästerlicher
Vermessenheit sogar das Haus[269] des Herrn, nämlich die Domkirche[270] – auf dass
von dort selbst das Gericht käme –, versahen sie mit Waffen und verschanzten sich
darin. Und vor dem Altar, vor dem Tisch des Herrn, wo das Blut und der Leib
Christi bereitet werden, wo des Mysteriums der Leiden Christi gedacht wird, da
vollzogen sie einen ‚Gottesdienst' der Schamlosigkeit, bereiteten eine Lasterhöhle
abscheulicher Wollust, ein Bordell der Huren, einen Dirnentempel der sündhaf-
testen Ausschweifungen und Unzucht. Nachdem[271] sie dann die Türen aufgebrochen hatten, drangen sie zur Schatzkammer des Domes vor, wo das Allerheiligste
aufbewahrt wurde, stellten Diebe, Wegelagerer, Kirchenräuber und sündhafteste
Spießgesellen des Satans dort als Wächter auf und zerstörten, weder Gott, noch
den Menschen, noch gar das Heilige achtend, mit frevelhafter und ruchlosester
Hand das Heiligtum. Und alles schändend, den ganzen Schatz der Kirche und des
Herrn Bischofs, alles was heilig, alles was Gott geweiht, alles was darinnen unter
Gottes Schutz niedergelegt war, alles entweihten sie. Sogar die geweihten Gewänder
und den ganzen Schmuck des Gotteshauses, die alten Urkunden, die Bücher- und
Urkundenschränke zerstörten sie. Und so wie die Perlen[272], die durch die Tritte

---

269 *1. Petr. 4,17:* Quoniam tempus est, ut incipiat iudicium a domo Dei; si autem primum a nobis,
qui finis eorum, qui non credunt Dei evangelio?
270 *Dom St. Martin in Mainz.*
271 *MGH D F I. 289, S. 103:* et fracto eius erario; *Das Briefbuch Abt Wibalds von Stablo, Nr. 439,
S. 911, Z. 2:* eorumque perfringens eraria.
272 *Matth. 7,6:* neque mittatis margaritas vestras ante porcos.

porcorum vestigiis exesas cuncta^v sui populatus lugubres ad^w Deum mittebant mugitus. Deinde vertiginem vesanie^x sue in aulam episcopalem²⁷³ vertentes, furioso ore in episcopum latrantes, omnia subverterunt, quidquid in utensilibus in suppellectili, quidquid in vino et frumento^y, confractis cameris, ostiis, diversoriis, deambulatoriis sedibusque, penitus omnibus demolitis. Vinum, quod non potuerunt consumere, in rivum productum terra mater sorbebat. Novissime in clericos, qui domno episcopo adherebant, sui furoris convertentes tonitruum, domos ipsorum et res familiares et quicquid in ipsis fuit ad solum usque *denudabant*²⁷⁴. Portas quoque^z urbis clauserunt, ne aliquis ab inde domno episcopo pateret accessus. Et sic, domum Domini irreverenter et^a contumeliose prostituentes hactenus, qualiter domno episcopo inferrent perniciem, omni sollicitudine pertractabant; super omnibus his sceleribus, sicut qui maiori se iudice solent tueri, domnum imperatorem auctorem et preceptorem interpretantes.

44. Postquam tante impietatis ad domnum episcopum pervenit opinio, nichilominus, admonitis fideiussoribus, prefixum emendacionis ipsorum in castro Pinguie²⁷⁵ prestolabatur terminum. Ubi autem eos fraudis sue emolimenta perpendit tanta infidelitate fore^b adeptos nec satisfactionem pro iniuria sed minas econtra tonare, aiebat: „Ab ipsa pactionis origine inquit luce clarius erat, quia mortifero *doli*²⁷⁶ *velamine* discordie^c federa ineuntes^d, non *dictis*²⁷⁷ *facta* compensarent, sed timide nequicie sue cepta, data oportunitate, patrarent. *Semper*²⁷⁸ *enim presumit seva, consciencia perturbata*. Consciencia enim eorum^e, nevo infidelitatis transfixa, non potuit non nocere. *Generacio*²⁷⁹ enim hec *prava et perversa* filiorum Mengoti, *generacio*²⁸⁰ *que nunquam direxit cor suum, genimina*²⁸¹

---

v) *folgt Lücke Jf.*   w) *folgt gestrichen* eum *W.*   x) *Jf;* vesane *W.*   y) *möglicherweise folgte ursprünglich* invenerunt *Jf.*   z) *folgt gestrichenes Wort* utribus (?) *W.*
a) *Jf;* in *W.*   b) *Jf;* foret *W.*   c) concordie *Jf.*   d) *Jf;* inientes *W.*
e) *folgt gestrichen* nemo *W.*

273 *Der Bischofspalast stand an der Stelle des heutigen Mainzer Höfchen. Er wurde 1273 zerstört, allerdings wieder aufgebaut. Einziger heute noch existierender Überrest ist die Gotthardkapelle.*
274 *MGH D F I. 289, S. 102:* suis operimentis denudare; *Das Briefbuch Abt Wibalds von Stablo, Nr. 439, S. 911, Z. 1:* ornamentis suis denudavit. *Die hier erwähnten Häuser der Domkanoniker gehörten wahrscheinlich zu jenen, die sich in der Nähe des erzbischöflichen Palastes beim heutigen Mainzer Höfchen befanden.*
275 *Bingen am Rhein.*

der Schweine zertreten werden, schickte alles von ihnen Verwüstete seine
Klagelaute zu Gott. Darauf wandten sie sich in ihrer irrsinnigen Wut dem bischöflichen Palast²⁷³ zu, tobten mit Gekläffe gegen den Bischof, kehrten alles von
unten nach oben, was an Gegenständen im Hausrat, was an Wein und Vorräten
sich fand, nachdem die Kammern aufgebrochen waren und die Türen, die
Gemächer, die Wandelgänge und Stühle, fast alles zertrümmert war. Der Wein,
den sie nicht trinken konnten, wurde in die Abwasserrinne gegossen; ihn saugte
die Mutter Erde auf. Schließlich richteten sie den Donner ihrer Raserei gegen die
Kleriker, die dem Herrn Bischof treu ergeben waren, und plünderten ihre Häuser
und ihren Besitz und was sich bei ihnen fand, vollkommen aus²⁷⁴. Zudem verschlossen sie die Tore der Stadt, damit dem Herrn Bischof von nun an kein
Zugang mehr offenstand. Und so gaben sie das Haus des Herrn unehrerbietig
und schmachvoll in solchem Ausmaß der Unzucht preis und setzten alles daran,
um dem Herrn Bischof Schaden zuzufügen. Gleichsam als wollten sie sich durch
einen höheren Richter schützen, nannten sie für alle diese Verbrechen den Herrn
Kaiser als Urheber und Anordner.

44. Auch als die Kunde einer so großen Treulosigkeit zum Herrn Bischof gelangte,
wartete dieser – nachdem er die Bürgen ermahnt hatte – dennoch auf den für ihre
Bußzahlung festgesetzten Zeitpunkt in der Burg Bingen²⁷⁵. Als er aber doch zu der
Erkenntnis kam, dass sie durch diese so große Untreue sich einen betrügerischen
Vorteil verschaffen würden und nichts von Buße für ihre Unrechtstaten verlauten
ließen, sondern ganz im Gegenteil Drohungen ausstießen, da sprach er: „Vom
Beginn des Vertrages an war es sonnenklar, dass sie, als sie unter dem todbringenden Schleier²⁷⁶ der Heimtücke die Abmachungen der Zwietracht eingingen, den
Worten²⁷⁷ keine Taten folgen lassen, sondern das in ihrer kleinmütigen Bosheit
Begonnene bei günstiger Gelegenheit ausführen würden. Das²⁷⁸ schlechte Gewissen
nämlich verfällt immer in Raserei. Ihr Gewissen, durch die Sünde der Treulosigkeit
durchbohrt, konnte eben gar nicht anders als Schaden zufügen. Dieses böse²⁷⁹ und
verworfene Geschlecht der Söhne des Meingot, ein Geschlecht²⁸⁰, dessen Herz
niemals fest war, diese Brut²⁸¹ der Schlangen, diese immer wieder nachwachsenden

---

276 *Ambrosius, Commentarius In Cantica Canticorum, c. 4,30 (MPL 15, Sp. 1909B) und Ders., De uirginbus, lib. I, c. 8,41 (ed. F. GORI, Biblioteca Ambrosiana, 14,1, S. 140, Z. 19):* Verba tua nullum doli uelamen obtendant.
277 *Sallust, De coniuratione Catilinae 3,2:* facta dictis exaequanda sunt.
278 *Sap. 17,10:* cum sit enim timida nequitia dat testimonium condemnata semper enim praesumit saeva conturbata conscientia.
279 *Deut. 32,5:* generatio prava atque perversa.
280 *Ps. 77,8 (G):* generatio prava et exasperans; generatio, quae non direxit cor suum.
281 *Matth. 23,33.*

viperarum, hec venenosa capita ydre repullulancia *numquam*[282] *vincuntur in bono*. Ego enim per pacienciam sustinui eos. Vindicet Deus obprobrium et conculcacionem sanctorum suorum, *et*[283] *reddat sanguinem* tante tradicionis super capita eorum; quoniam *polluerunt*[284] *sanctuarium Domini*, et de *domo*[285] *Dei fecerunt speluncam latronum*. Hoc *videat*[286] *Deus et iudicet, reddatque eis secundum opera eorum*; quia gratis siciunt sanguinem meum, et insidiantur vite et honori meo."

45. Post hec versus Mogunciam cum[f] procederet, et pro foribus civitatis eorum comperisset et – in fugam ipsis conversis – evasisset potenter insidias, noluit fidelium suorum consultacioni acquiescere, ut, collecta milicia, *civitatem*[287] *percuteret in ore gladii*. Sed cum in pravitate propositi sui eos perseverare et imperiali se auctoritate super tanto flagicio tueri cerneret, civitatemque ipsam eius soli domino[g] conservandam faterentur; postquam eos in festivitate omnium sanctorum[288] gladio excommunicacionis ferierat et civitatem a divinis suspenderat; ad imperialem presenciam, cui tanta obsequia impenderat, super tam *piaculari*[289] *flagicio* cum religiosorum copiosissima multitudine transalpinare contendit.

46. Ea tempestate, *felicis*[290] *recordationis* papa Adriano debito nature *perfuncto*[291], magnis *apostolica sedes* obtunsionum[h] *malleis*[i] *erroribusque trapezitarum*[j], tamquam *regnum*[292] *in se ipsum divisum* in duobus apostolicis e regione dissiden-

---

f) *nachträglich ergänzt* M; *fehlt* W.　　g) dominio *Jf.*　　h) *Jf*; obtensionum W.
i) *Jf*; malleisque W.　　j) *Jf*; trapezatarum W.

---

282 *Rom. 12,21:* noli vinci a malo sed vince in bono malum.
283 *3. Reg. 2,32?*
284 *Ps. 78,1:* Polluerunt templum.
285 *Matth. 21,13:* et dicit eis scriptum est domus mea domus orationis vocabitur vos autem fecistis eam speluncam latronum.
286 *Exod. 5,21:* et dixerunt ad eos videat Dominus et iudicet quoniam fetere fecistis odorem nostrum coram Pharao et servis eius et praebuistis ei gladium ut occideret nos; *Ier. 25,14:* quia servierunt eis cum essent gentes multae et reges magni et reddam eis secundum opera eorum et secundum facta manuum suarum; *2. Tim. 4,14:* Alexander aerarius multa mala mihi ostendit reddat ei Dominus secundum opera eius; *Apoc. 22,12:* ecce venio cito et merces mea mecum est reddere unicuique secundum opera sua.
287 *Num. 21,24; Deut. 20,13; Deut. 13,15:* statim percuties habitatores urbis illius in ore gladii et delebis eam omniaque quae in illa sunt usque ad pecora.
288 *1.11.1159.*

giftigen Köpfe der Hydra werden niemals²⁸² im Gutem besiegt. Ich habe sie geduldig ertragen. Möge Gott die Schmähung und die Misshandlung seiner Heiligen rächen und²⁸³ das Blut dieses so üblen Verrats über ihre Häupter bringen; denn sie²⁸⁴ haben das Heiligtum des Herrn entehrt und aus dem Haus²⁸⁵ Gottes eine Räuberhöhle gemacht. Dies möge²⁸⁶ Gott sehen und richten und es ihnen vergelten nach ihren Werken; denn sie dürsten vergeblich nach meinem Blut und stellen meinem Leben und meiner Ehre nach."

45. Daraufhin rückte er nach Mainz vor, und als er vor den Toren der Stadt ihren Hinterhalt erkannt hatte und – nachdem sie selbst sich zur Flucht gewandt hatten – ihm machtvoll entgangen war, da wollte er nicht dem Rat seiner Gefolgsleute nachgeben, dass er mit versammelter Heeresmacht die²⁸⁷ Stadt der Schärfe des Schwertes ausliefern sollte. Sondern als er wahrnahm, dass sie in ihrem bösen Vorsatz verharrten und sich mit der kaiserlichen Autorität für ein solch großes Vergehen rechtfertigten, und als sie behaupteten, die Stadt selbst sei ihrem alleinigen Herrn zu erhalten, nachdem er ferner sie am Fest aller Heiligen²⁸⁸ mit dem Schwert der Exkommunikation geschlagen und die Stadt vom Gottesdienst ausgeschlossen hatte, da beeilte er sich, wegen dieser wahrlich sühneheischenden²⁸⁹ Schandtaten in einer überaus zahlreichen Begleitung von Geistlichen über die Alpen zum Kaiser zu gelangen, dem er so große Dienste erwiesen hatte.

46. In jener Zeit, nachdem²⁹⁰ Papst Hadrian seligen Angedenkens der Natur den schuldigen Tribut gezahlt hatte²⁹¹, wurde der apostolische Stuhl durch die schweren Hammerschläge und durch die Irrlehren der Betreiber unredlicher Geldgeschäfte jählings in den Abgrund gerissen, so wie ein²⁹² in sich gespaltenes

---

289 *Gregor d. Große, Registrum epistolarum, lib. X, ep. 2 (CCSL 140A, S. 827, Z. 2–4):* Cum plerumque quod in laicis culpa est hoc crimen in sacro sit ordine constitutis, quanta in eis districitione puniendum sit piaculare flagitium, qui zelo rectitudines utitur non ignorant; *ebd., lib. XII, ep. 9 (CCSL 140A, S. 981, Z. 35–37):* Nam quisquis ad hoc facinus emendandum officii sui consideratione uehementer non arserit, cum ipso se habere non dubitet portionem, a quo prius hoc piaculare flagitium sumpsit exordium. *Decretum Gratiani, C. 1 q. 1 c. 5:* Quisquis ergo contra symoniacum et neophitorum heresim pro offitii sui loco uehementer non arserit, cum eo se non dubitet habiturum portionem, qui prius commisit hoc piaculare flagitium; *ebd., C. 30 q. 4 c. 6:* Quia uero piaculare flagitium commisit, qui duabus conmatribus uel duabus sororibus nupsit, magna iuxta modum culpae penitencia sibi debet iniungi.
290 *Hier liegt eine Anlehnung an das Papstwahldekret (MGH Const. 1, c. 2, S. 539) von 1059 vor:* defuncto piae memoriae domino Stephano decessore nostro, haec apostolica sedes ... per simoniacae haeresis trapezitas malleis crebrisque tunsionibus subiacuerit.
291 *1.9.1159.*
292 *Luc. 11,17.*

tibus²⁹³, quorum alteri Victor²⁹⁴ alteri Alexander²⁹⁵ tradiderat pronostica nomen, raptabatur in preceps. Et scismatis cancer in vastum eo usque ecclesie corpus irrepserat, quod christiane unitatis soliditatem pene sua infecisset malicia, nisi inspirante Deo catholici principes huic^k generali morbo *ancipiti²⁹⁶ gladio* spiritus per abscisionem festinassent occurrere²⁹⁷. Itaque venerabilem Arnoldum Maguntinum, transalpina petentem, imperiales apices multorumque illustrium principum in itineris ipso procinctu prevenerunt epistole precarie, poscentes: ut pro necessitate universalis ecclesie eis dignaretur in octavis epiphanie²⁹⁸ reverentissimam suam exhibere personam; locum Papie²⁹⁹, et tocius qualitatem meritave^l insinuantes negocii; proponentesque: quod sine auctoritatis sue presencia, etiam si mundus conveniret in unum, tam arduam causam diffiniri non expediret, eo quod omnium oculi ipsius super hoc consilium expectarent atque sentenciam³⁰⁰.

47. In omnium quoque epistolarum pretextu ipsius super negocio, cuius gracia proficiscebatur, imperator ac principes accuratissime^m loquebantur; pacienciam, quam in hac causa exhibuerit, admodum commendantes^n; et suam opem contra impios hostes domini Dei et suos omnimodam pollicitantes; prenunciantesque, quod nil aliud perfidos et infidelissimos ipsos nisi labor pena et erumpna atque confusio maneret, quoniam hac infanda temeritate non solum Maguntinum, verum eciam in ipso totum concussissent ac turbassent imperium. Hiis ergo litterarum, quasi ultro se ingerentis^o, victorie perceptis tropheis, aiebat: „Dominus Deus inquit qui est *terribilis³⁰¹ in consiliis super filios hominum*, videat et³⁰² *discernat causam meam;* quoniam³⁰³ gratis et supervacue exprobraverunt *animam*^p

---

k) *möglicherweise* hinc W.   l) *Jf;* merita ve W.   m) *Jf;* acuratissime W.   n) *Jf;* comendantes W.   o) *Jf,* ingerentes W.   p) *Jf;* anima W.

---

293 *Das Alexandrinische Schisma.*
294 *Viktor IV. (1095–20.4.1164), Oktavian v. Monticelli, Gegenpapst seit der (gespaltenen) Papstwahl am 7.9.1159.*
295 *Alexander III. (1100/1105–30.8.1181), Rolando Bandinelli, Papst seit der (gespaltenen) Papstwahl am 7.9.1159.*
296 *Hebr. 4,12:* penetrabilior omni gladio ancipiti.
297 *Das Einladungsschreiben zur Synode von Pavia (MGH D F I 284) erging am 23.10.1159 aus Crema an viele Reichsbischöfe (RI IV,2,2, Nr. 767).*
298 *13.1.1160.*
299 *Pavia.*

Reich gespalten in die Parteien von zwei gegeneinander streitenden Päpsten[293]; dem einen übertrug die Vorbestimmung den Namen Viktor[294], dem anderen den Namen Alexander[295]. Und das Geschwür der Spaltung war so tief in den weiten Körper der Kirche eingedrungen, dass es durch seine Bösartigkeit beinahe den Bestand der christlichen Einheit zersetzt hätte, wenn nicht durch Gottes Eingebung rechtgläubige Fürsten sich eiligst aufgemacht hätten, um dieser allgemeinen Krankheit entgegenzutreten und sie mit dem beidseitigen[296] Schwert des Geistes wegzuschneiden[297]. Deshalb haben den ehrwürdigen Arnold von Mainz, als er im Begriffe stand, die Reise über die Alpen anzutreten, die kaiserlichen Schreiben und Bittbriefe vieler vornehmer Fürsten während der Vorbereitung zur Reise erreicht mit der Aufforderung, angesichts der Notlage der gesamten Kirche ihnen die Ehre zu erweisen und zur Pfingstoktav[298] höchstpersönlich zu erscheinen, wobei sie als Ort Pavia[299] nannten und die Größe und Bedeutung der Angelegenheit vor Augen stellten. Und sie machten deutlich, dass ohne die Gegenwart seiner Autorität, auch wenn die ganze Welt zusammenkäme, es nicht gelingen könne, eine so schwierige Sache zu einem Ende zu bringen, weil die Augen aller in dieser Angelegenheit auf seinen Rat und sein Urteil gerichtet seien[300].

47. Im Schmuck all der Briefe äußerten sich der Kaiser und die Fürsten zu seiner Angelegenheit, um deretwillen er zur Reise aufbrach, überaus sorgfältig. Sie lobten sehr die Geduld, die er in dieser Angelegenheit bewiesen hatte, und sie sagten ihre volle Unterstützung zu gegen die frevelhaften Feinde Gottes des Herrn und seiner. Und sie ließen schon vorab die Nachricht überbringen, dass die Gottlosen und Treulosesten nichts anderes erwarte als Mühsal, Strafe, Drangsal und Schmach, da sie durch ihren ruchlosen Friedensbruch nicht nur den Mainzer Erzbischof, sondern durch seine Person auch das ganze Reich erschüttert und in Unordnung gebracht hätten. Als er diese brieflichen Siegeszeichen eines gleichsam von selbst sich einstellenden Sieges erhalten hatte, sprach er: „Gott der Herr, der schrecklich[301] ist in seinen Ratschlüssen über die Söhne der Menschen, möge[302] meine Sache sehen und entscheiden. Denn[303] sie haben ohne Grund und

---

300 *Vgl. MGH D F I 284, S. 96:* Quia vero ad unitatem aecclesiae reformandam sapientia tua admodum nobis necessaria est, ut ea nequaquam carere valeamus, dilectionem tuam attentissime rogamus et rogando commonemus, quatinus pro fidelitate aecclesiae et imperii ad predictam curiam omni occasione remota venias, ut in adventu tuo unitas et pax et tranquillitas aecclesiae reformetur.
301 *Ps. 65,5 (G):* venite et videte opera Dei terribilis in consiliis super filios hominum.
302 *Ps. 42,1:* Iudica me Deus et discerne causam meam a gente non sancta a viro doloso et iniquo salva me.
303 *Ps. 34,7 (G):* quia frustra absconderunt mihi insidias retis sui sine causa foderunt animae meae.

meam, et demoliti sunt domum Domini et *testamentum*³⁰⁴ eius *polluerunt*. Deus, qui *dissipavit*ᑫ³⁰⁵ *consilium Achitofel* adversus David, dissipet consilium eorum adversum me *et*³⁰⁶ *reddat* eis *secundum vias* abhominacionis eorum. Ego autem paratus sum, innocenciam meam omni regno probareʳ; et coram omni imperio cum ipsis contendere volo iudicio; et perscrutari, quid apud imperium promeruerim, quia isti impiissimi auctoritate, ut aiunt, imperatoris mandatoque suo tantam contumaciam in me presumpserunt.

48. Gradiebatur autem domnus Maguntinus via regia; cupiens moncium Iovis aditusˢ valliumque ipsius anticipare prerupta, ne forte hiemps, *que*³⁰⁷ tunc *asperior inhorruerat*, que haut parum nivales aquas in glaciem iam coegerat, transitum ipsum Iovis in difficultatem converteret³⁰⁸.
Porro adversarii sui, contra eum per invia et solitudines compendio quodam usi, more latronum noctis profunde inrumpentesᵗ silenciumᵘ, bidui itineris ferme spacium ipsum precesserant; clanculo preire conantes, ut famam ipsius apud imperatorem et totam curiam commacularent et, precio exhibito, aliquos interim sibi compararent fautores³⁰⁹. Sed Deus, qui *superbis*³¹⁰ *resistit* et *humilibus dat graciam*, eorum nequicie impetum ipso in itinere subnervans, iuxta quod scriptum est: *equum*³¹¹ *et ascensorem proiecit in mare*, a quodam magnate regionis illius capti, detenti et ad suam, scilicet episcopi, presenciam usque conservati, ipsiusque voluntati omnes sunt traditi et in manu sua positi; ut eis redderet, secundum quod ipsi promeruissent. Noluit autem clementissimus presul – quamvis tanta mala proᵛ bonis eiʷ ingessissent, quamvis tantam impietatem et tam immanemˣ rapinam tyrannidemque adhucʸ in domoᶻ Dei et in ipsum exercerent,

q) *Jf;* dissipat *W.*   r) *Jf; fehlt W.*   s) *folgt gestrichenes Wort* vallique (?) *W*
t) *Jf;* inrupentes *W.*   u) *Jf;* solencium *W.*   v) *Jf;* bro *W.*   w) *Jf;* eis *W.*
x) *Jf;* immanam *W.*   y) *Jf;* ad huc *W.*   z) domum *Jf.*

304 *Decretum Gratiani, D. 6 c. 1:* Testamentum ueteris legis hunc pollutum dicit, nisi aqua lotus fuerit, eique usque ad uesperam intrare ecclesiam non conceditur.
305 *2. Reg. 15,34:* dissipabis consilium Ahitofel.
306 *2. Paral. 6,30:* tu exaudi de caelo de sublimi scilicet habitaculo tuo et propitiare et redde unicuique secundum vias suas quas nosti eum habere in corde suo tu enim solus nosti corda filiorum hominum.
307 *Sulpicius Severus, Vita s. Martini 3,1 (SChr 133, S. 256, Z. 17–18):* media hieme quae solito asperior inhorruerat.

unnötig meine Seele beschimpft, das Haus der Herrn zerstört und sein[304] Testament besudelt. Gott, der den Plan[305] des Achitofel gegen David zunichtemachte, möge auch ihre Absichten, die sie gegen mich hegen, zunichtemachen und[306] an ihnen Vergeltung üben entsprechend dem Ausmaß ihrer Gräuel. Ich aber bin bereit, meine Unschuld dem ganzen Reich zu beweisen. Und vor dem ganzen Reich will ich mich mit ihnen selbst um ein Urteil streiten. Und ich will ergründen, was ich mir gegenüber dem Reich habe zuschulden kommen lassen, dass diese Gottlosesten, wie sie behaupten, mit der Autorität des Kaisers und in seinem Auftrag einen so großen Widerstand gegen mich gewagt haben."

48. Der Mainzer Herr begab sich nun auf die *via regia*, wobei er eifrig bemüht war, den Aufstieg zu den Bergen des Großen St. Bernhard und den steilen Abstieg in dessen Täler hinter sich zu bringen, bevor möglicherweise der Winter, der[307] damals ziemlich rau herrschte und in nicht geringem Maße das Schneewasser bereits zu Eis erstarren ließ, den Übergang über den Großen St. Bernhard zu einem Problem machen würde[308].

Zudem hatten seine Gegner, indem sie zu seinem Nachteil durch unwegsames und einsames Gelände bestimmte Abkürzungen benutzten und nach der Art der Wegelagerer die tiefe Stille der Nacht störten, beinahe zwei Tagesreisen Vorsprung ihm gegenüber gewonnen; heimlich versuchten sie vorauszueilen, um seinen Ruf beim Kaiser und beim gesamten Hof zu schädigen und in der Zwischenzeit durch Bestechungen einige Fürsprecher für sich zu gewinnen[309]. Aber Gott, der sich[310] den Hochmütigen widersetzt und den Demütigen seine Gnade erweist, lähmte den Drang ihrer Bosheit auf dieser Reise und stürzte, wie es in der Schrift heißt, Pferd[311] und Reiter ins Meer; von einem mächtigen Herrn dieser Gegend wurden sie alle gefangengenommen, in Haft genommen und bis zu seiner – nämlich des Bischofs – Gegenwart festgehalten und dann seinem Willen unterworfen und ihm ausgeliefert, damit er ihnen heimzahle, was sie verdienten. Der allermildeste Bischof aber – obwohl sie ihm das Gute mit so großem Übel vergolten hatten, obwohl sie eine so schlimme Gottlosigkeit und einen so ungeheuren Raub und eine Gewaltherrschaft im Haus Gottes und gegen ihn begangen hatten und ihn

---

308 *Arnold verhängte das Interdikt am 1.11.1159 über Mainz (vgl. Anm. 288). Die Eröffnung der Synode von Pavia war auf den 1.1.1160 festgesetzt. Die Entscheidung zugunsten Arnolds fiel jedoch laut der Vita noch bei der Belagerung Cremas vor Weihnachten 1159 (vgl. unten, c. 54). Wenn der Große St. Bernhard noch nicht durch Schnee blockiert war, muss Arnold in größerer Eile noch im Spätherbst 1159 nach Italien gezogen sein.*
309 *In D F I 290, das am 30.12.1159 vor Crema ausgestellt wurde, erscheinen u.a. Heinrich der Löwe und Pfalzgraf Konrad v. Staufen in der Zeugenliste.*
310 *Iac. 4,6.*
311 *Exod. 15,1: equum et ascensorem deiecit in mare.*

et domo patria propriaque sede eum expulissent – noluit in eos manum inicere; non carcerem, non vincula, non ullam custodiam. Sed vehementer indoluit, quia retenti ac impediti fuissent. Iussit eos illesos ac liberos abire, ut ceptum contra iusticiam prosequerentur iter. Ceterum ipsi, nusquam tutos[a] se fore credentes, ad imperatoris usque presenciam ipsius fruebantur[b] tuicionis ducatu. Implebat itaque venerabilis Maguntinus mensuram apostolicam, factus[c] tante adversitatis discrimine *factor*[d][312] apostolici *verbi*, dicentis: *Si*[313] *esurierit inimicus tuus, ciba illum; si sitit, potum da illi.* Animum quoque David, Bethleemitidis regis atque prophete, induisse conspicitur vir iste egregius; cui cum persecutorem suum, Saul impiissimum[e] regem, Dominus in manu sua in spelunca Odollam[f] tradidisset, *abscisa*[314] *clamidis* ipsius *ora*, noluit extendere manum in ipsum, dicens: *Iudicet*[315] *Deus inter te et me.*

49. Quanto autem apparatu quantove tripudio, postquam presencie sue rumor castra cesaris fama evolante respersit, et quam officiosissime ad unum circiter miliare – preter hos, qui pridem[g] ad unam vel amplius dietam occurrerant[h] – principes omnes obviam Maguntino procedere si[i] cerneres et[316] certatim *in oscula ruere*[j] et *ab*[317] *ore narrantis pendere* invideres, pulchri spectaculi illa dies foret. *Stipatus*[318] igitur hinc inde principibus, undique et *fulcitus* proceribus et aliis quorum non est numerus, aulam imperialem preconis sub voce Maguntinus ingreditur. Tante presulis reverencie maiestas imperialis assurgit et Teutonico more[k] resalutatum considere iubet.
At ipse, omnibus principibus sibi constantibus magno dato silencio, iniurie sue querelam presentibus adversariis coram depromit; curiosissime sciscitans: an cesaris throno hec tam seva emanasset sentencia, quod ministeriales sui coram

a) *Jf; fehlt W.* b) *Jf;* furebantur *W.* c) *Jf;* actus *W.* d) actor *Jf.*
e) *Jf;* impissimum *W.* f) *Jf;* moolla *W.* g) *Jf;* predem *W.* h) *Jf;* occurrerant *W.* i) *Jf; fehlt W.* j) *Jf;* rure *W.* k) *Jf;* mē *W.*

312 *Iac. 1,22:* estote autem factores verbi et non auditores tantum fallentes vosmet ipsos *und Iac. 1,23:* quia si quis auditor est verbi et non factor hic conparabitur viro consideranti vultum nativitatis suae in speculo.
313 *Rom. 12,20.*
314 *1. Reg. 24,6:* post haec percussit cor suum David eo quod abscidisset oram clamydis Saul.

aus dem Haus, der Heimat und vom eigenen Bischofssitz vertrieben hatten –
wollte nicht gewaltsam Hand an sie legen, weder durch Kerkerhaft, noch Fesseln
oder irgendeine Bewachung. Vielmehr empfand er großen Schmerz darüber, dass
sie festgehalten und gefesselt worden waren. Er erteilte den Befehl, dass sie unbe-
einträchtigt und frei abziehen dürften, um die begonnene Reise, die gegen die
Gerechtigkeit gerichtet war, fortzusetzen. Diese, die sich nirgendwo sicher glauben konnten, erfreuten sich somit bis zur Gegenwart des Kaisers seines
Schutzgeleits. Der ehrwürdige Mainzer erfüllte daher die apostolische Vorschrift,
indem er durch die Entscheidung, eine so widrige Sache zu fördern, das Wort[312]
des Apostels befolgte, der sagte: Wenn[313] dein Feind hungert, so gib ihm Speise;
wenn ihn dürstet, so gib ihm zu trinken. Auch den Sinn Davids, des Königs von
Bethlehem und Propheten, hat dieser herausragende Mann, wie zu sehen war,
angenommen. Als der Herr jenem seinen Verfolger, den gottlosesten König Saul,
in der Höhle Odollam in die Hände lieferte, da wollte er, nachdem[314] er einen
Zipfel von seinem Mantel abgeschnitten hatte, nicht Hand an ihn legen, indem er
sagte: Der Herr[315] soll zwischen dir und mir entscheiden.

49. Mit welchem Aufwand und mit welch großem Jubel – nachdem die Nachricht
seiner Gegenwart sich im Lager des Kaisers durch fliegende Kunde verbreitet
hatte – und wie ausgesprochen ehrerbietig alle Fürsten – außer denen, die ihm
schon vorher eine oder mehr Tagesreisen entgegengekommen waren – dem
Mainzer ungefähr eine Meile entgegen zogen: wenn du das gesehen hättest und
wenn du wahrgenommen hättest, wie sie sich um die Wette bemühten, ihn[316] zu
küssen und an[317] den Lippen des Erzählers hingen, dann wäre dies ein Tag herr-
lichen Erlebnisses. Dicht[318] umringt daher von Fürsten und bestärkt von allen
Seiten von den Mächtigen und anderen, deren Zahl man gar nicht angeben kann,
betrat der Mainzer den kaiserlichen Palast unter der Ankündigung des Herolds.
Angesichts einer so großen Verehrung des Bischofs erhob sich die kaiserliche
Majestät und erlaubte ihm, nachdem er seinen Gruß auf ‚deutsche Weise' erwidert hatte, sich zu setzen.
Jener aber, als alle Fürsten um ihn herum standen und große Stille eingekehrt war,
brachte den Streitfall seines erlittenen Unrechts in Anwesenheit seiner Gegner
vor, indem er in eindringlichster Weise die Frage stellte: ob vom Thron des Kaisers
diese so schmerzende Entscheidung ausgegangen sei, dass seine Ministerialen, die

---

315 *1. Reg. 24,13:* iudicet Dominus inter me et te et ulciscatur me Dominus ex te manus autem mea non sit in te.
316 *Gen. 29,13:* occurrit obviam ei ... et in oscula ruens.
317 *Vergil, Aeneis, lib. IV,79:* exposcit pendetque iterum narrantis ab ore.
318 *Cant. 2,5:* Fulcite me floribus, stipate me malis.

positi sedem Maguntinam, patria rebus et honore ipso depulso, rapaci sacrilegio et latrocinanti tyrannide debuissent invadere; et domum oracionis, ipsum tribunal Dei viventis, *speluncam*³¹⁹ *latronum* et omnis spurcicie lacunam exhibere mandasset; et an servicio suo apud imperialem maiestatem id promeruisset.

*Talia*³²⁰ *perstabat memorans, fixusque manebat.*

50. Vix cum verba finisset, concitato clamore ob sceleris novitatem et immanissime infidelitatis raritatem omnes strepere omnesque vociferari glomeratis cepere tumultubus: „O pro nefas!" et: „Moriantur suspendanturque! *Rei*³²¹ *sunt mortis* et rei sunt maiestatis¹, qui hec presumpserunt." Et geminabant. Tandem clamore sedato, postquam domnus imperator a se huius suspicionis notam absterserat, adversarii Dei, *luridi*³²² *ora*ᵐ, in medium responsuri ducuntur; faciem enim ipsorum pallor, suffusus rubore ac tremore, obsederatⁿ. Quid contra dicerent, miseri non habebant. Sed, quibusdam innitentes calumpniis – a principibus pressi silencio, quia hiis mendaciis locus non erat – quales principum tociusque curie invectiones detulerint; quam coruscosᵒ intuitus ferocesque animadversiones experti sintᵖ; quanto ludibrio habiti, qualesque damnaciones in se super tam detestabili temeritate sua audierint; quanto pudore affecti, a conspectu curie usque in crastinum, iterum audiendi, sublati fuerint; quantumque domni Maguntini oris graciam et corporis dignitatem et eleganciam gestus ipsius observanciamque verborum suorum et grandeve sue etatis reverenciam universi obstupebant, hostibus suis devoventes; et presens etas et secutura potest retinere posteritas.

l) *Jf*; maiestati *W*. m) *Jf*; lucidiora *W*. n) *Jf*; obsiderat *W*. o) corucis *W*.; truces *F Jf*. p) *Jf*; sunt *W*.

319 *Matth. 21,13:* et dicit eis scriptum est domus mea domus orationis vocabitur vos autem fecistis eam speluncam latronum; *Marc. 11,17:* et docebat dicens eis non scriptum est quia domus mea domus orationis vocabitur omnibus gentibus vos autem fecistis eam speluncam latronum.
320 *Vergil, Aeneis, lib. II,650:* Talia perstabat memorans fixusque manebat.

hier standen, den Mainzer Bischofsstuhl, nachdem er selbst aus der Heimat, dem Besitz und dem Amt vertrieben worden war, mit räuberischem Kirchenfrevel und verbrecherischer Tyrannei stürmen dürften; und ob er den Auftrag erteilt hätte, das Haus des Gebets, sogar den Chorraum des lebendigen Gottes, in eine Räuberhöhle[319] und ein Grube voller Unflätigkeit zu verwandeln; und ob er selbst das durch seinen Dienst, den er der kaiserlichen Majestät geleistet habe, verdient hätte.

Solches[320] vorbringend stand er fest da und harrte entschlossen aus.

50. Kaum hatte er seine Rede beendet, brachen alle in aufgebrachtes Geschrei aus wegen der Neuartigkeit des Verbrechens und wegen der Einzigartigkeit dieser ungeheuerlichen Untreue, und sie begannen – nachdem sie sich tumultartig zusammengedrängt hatten – alle laut zu schreien: „Oh welch ein Frevel!", und: „Sie sollen getötet und aufgehängt werden! Sie[321] sind des Todes schuldig und des Majestätsverbrechens, die solches zu tun gewagt haben". Und sie wiederholten dies. Endlich legte sich das Geschrei, und nachdem der Herr Kaiser den Vorwurf dieses Verdachts von sich gewiesen hatte, wurden die Widersacher Gottes in die Mitte geführt, um sich zu verantworten, mit leichenblasser[322] Miene, denn die Blässe, unterlaufen von Röte und Zittern, hatte sich über ihr Gesicht gelegt. Nichts hatten die elenden Gestalten, was sie dagegen hätten vorbringen können. Aber als sie sich auf gewisse Verleumdungen stützten, wurden sie von den Fürsten zum Schweigen gebracht, weil für solche Lügen hier nicht der Ort war. Welche Zurechtweisungen sie durch die Fürsten und den gesamten Hof erlitten, welch blitzende Blicke und wütende Ermahnungen sie ernteten; mit welchem Hohn sie überschüttet wurden und welche Verwünschungen sie gegen sich selbst wegen ihrer so verabscheuenswerten Verwegenheit zu hören bekamen; wie schimpfbeladen sie aus dem Anblick des Hofes bis zum nächsten Tag, an dem sie erneut angehört werden sollten, hinweg geführt wurden; und wie sehr alle von den huldvollen Worten aus dem Mund des Mainzer Herrn, von der Würde seiner Gestalt, von der Eleganz seiner Gebärden, von der Beachtung, die man seinen Worten entgegenbrachte, und von der Ehrerbietung vor seinem hohen Alter überwältigt waren und seine Feinde verfluchten: das soll das gegenwärtige Zeitalter und die nachfolgende Zukunft in Erinnerung behalten.

---

321 *Matth. 26,66:* Reus est mortis.
322 *Hieronymus, Vita Hilarionis, c. 22,3 (ed. A.A.R. BASTIAENSEN, Vite dei Santi del III al VI secolo 4, S. 122, Z. 6–10):* Non latuit fama Hilarionis accolas quoque illius loci, et certatim, virilis ac muliebris sexus, ora luridi et attenuati fame, pluvias a servo Christi, id est, a beati Antonii successore, deprecabantur.

51. Hiis ergo pro tribunali decursis, catervatim ruunt principes, suum domno Maguntino offerentes hospicium.
Validissima namque obsidione medio hiemis tempore ambierat domnus imperator quoddam munitissimum Italie opidum, Crema nomine; aggeresque, valles, propugnacula, arietes, machinas et omnia edificiorum tormenta contra ipsum in gyrum prestruxerat.³²³ Ediderantque sui ad hiemales ymbres horroresque algentis brume arcendos, omnibus circiter ad decem miliaria circa obrosis^q, quecumque mappalia, paleariis pendentibus^r circum^r.

52. Ad hec igitur hospicia novum hospitem curiosi principes certatim vocabant. Obtinuitque eum illustris Conradus comes palatinus Reni, imperatorisque germanus³²⁴; et quia vicinior curie, et quia ei familiarior erat. Et suum hospicium, medio in publico pro ipsius oppidi foribus magno macerie robore septum, et multitudinis erat capacius et, in cuiusdam valli eminencia patula^s consitum, liberum cernentibus longioremque passim pollicebatur intuitum.
Tanta autem vis algoris^t regionem illam et omnem meridianam plagam ea tempestate compresserat, ut et aqua, in terre duritatem coacta, solidum^u plantis iter prebuerit – quod illic monstruosum est – et, rerum lege mutata, meridionales coloni in aquilonis climate se hiemare contenderent.

53. Hospitalitatis igitur expletis officiis, dum *aurora*³²⁵ *spargit polum* terrisque illabitur^v dies, super negocio domni Maguntini principes *convenerunt*³²⁶ *in unum*; quilibet ipsius iniuriam tamquam suam prosequi cupiens. Sed obsidionis labor atque anxietas aliquot resistebat diebus; nec dabatur ocium, ut domnus imperator huic malo imponeret debitum finem. Nec sine magno cordis^w dolore transiebant^x principes, presertim Maguntine ecclesie homines, tantam iniuriam. Conquerebantur enim sedula contricione altissimo Deo, quod huiuscemodi condicionis viri tam temerarium et criminosum facinus in tam excelsum principem magnificumque archiepiscopum et in tam nobilissimam sedem attemptassent; adicientes, quod, si

---

q) abrosis *Jf*; chen rigorem *W*. labore *W*.
r–r) circumpendentibus *Jf*.
u) *Jf*; solitum *W*.
x) transibant *Jf*.
s) *Jf*; patulo *W*.
v) *Jf*; illibatur *W*.
t) folgt gestrichen
w) folgt gestrichen

323 Vgl. zur parallelen Schilderung der Belagerung Cremas, die die Aussagen der Vita bestätigen, v.a. RI IV,2,2, Nr. 740, aber auch Nr. 749, Nr. 764, Nr. 776, Nr. 786, Nr. 787, Nr. 799, Nr. 800, Nr. 804.

51. Nachdem sich dies vor dem Richterstuhl ereignet hatte, eilten die Fürsten in Scharen herbei und boten dem Mainzer ihr Quartier an.
Der Kaiser hatte nämlich mitten im Winter durch eine äußerst starke Belagerung eine sehr gut befestigte Stadt in Italien namens Crema umzingelt, und er ließ gegen sie im Umkreis Erddämme, Gräben, Bollwerke, Mauerbrecher, Kriegsmaschinen und alle auf die Häuser gerichteten Wurfmaschinen aufbauen.[323] Seine Leute hatten, um die winterlichen Unwetter und die Schrecken der frostigen Winterzeit abzuhalten, – nachdem im Umkreis von etwa 10 Meilen alles zerstört worden war – eine Art von Zelten errichtet, die mit Tüchern behangen waren.

52. Zu diesen Unterkünften luden die eifrigen Fürsten im Wettstreit den neuen Gast ein. Dieser entschied sich für den berühmten Pfalzgraf bei Rhein, Konrad, den Halbbruder des Kaisers[324], einesteils, weil dieser dem Hof ziemlich nahestand, und andernteils, weil er ihm recht eng verbunden war. Und sein Quartier, das mitten auf der Straße vor den Toren dieser Stadt mit einem stark befestigten Verhau umgeben war, konnte einerseits eine große Menge von Leuten aufnehmen und erlaubte andererseits – durch seine Lage auf der offenstehenden Erhöhung eines Walls – den Beobachtern einen freien und weitreichenden Ausblick in alle Richtungen.
Ein so gewaltiger Frost aber hatte sich zu jener Zeit über diese Gegend und den ganzen südlichen Raum gelegt, dass sogar das Wasser, so hart wie die Erde geworden, den Schritten einen festen Weg bot – was dort ganz ungewöhnlich ist – und die südlichen Bewohner infolge des geänderten Naturgesetzes sich beeilten, im Klima des Nordens zu überwintern.

53. Als daher die Verpflichtungen der Gastlichkeit erfüllt waren, kamen die Fürsten – während die Morgenröte[325] den Himmel besprengte und der Tag auf die Erde glitt – wegen der Angelegenheit des Mainzer Herrn zusammen[326]. Ein jeder wünschte, dessen Unrecht so wie ein selbst erlittenes zu verfolgen. Aber die Strapazen und die Sorgen durch die Belagerung verhinderten das für einige Tage, und es ergab sich keine Gelegenheit, dass der Herr Kaiser diesem Übel das gebührende Ende bereitet hätte. Aber nicht ohne großen Schmerz in ihrem Herzen ließen die Fürsten, vor allem die Männer der Mainzer Kirche, ein solch großes Unrecht ungeahndet. Sie schickten nämlich in ihrer tiefen Erbitterung ihre Klage zum allerhöchsten Gott, dass Männer eines derartigen Standes es gewagt hätten,

---

324 *Konrad, Pfalzgraf bei Rhein (1134/36–8.11.1195).*
325 *Vgl. den Hymnus der samstäglichen Laudes* Aurora iam spargit polum.
326 *Ps. 2,2 (G).*

iam fas esset et nisi per imperatorem dumtaxat omitterent, diversis penis affectos, laqueis eorum guttura confringerent^y, et variis suppliciis actos, diversarum genera penarum experirentur.

54. Tandem, cum sollempnis sacratissime nativitatis Domini ortus urgeret, nacta oportunitate – in medio exhibiti cum obiectis respondere nequirent, *nec*[327] *esset conveniens* eorum *testimonium*; et ex principum sentencia mortis pene^z addici super horrenda sua presumpcione universi deberent – iudicium sic mutatum est in consilium: ut ipsi, omnimoda satisfactione domno episcopo in misericordia vel iudicio respondentes, sicut vitam et res diligerent, civitatem monasterium et omnia ablata infra illud spacium sibi cum omni integritate restituerent; et offensam illatam digno exhibicionis honore pro beneplacito domni episcopi cum omni emendacione expiarent; et civitatem et proprium larem et totum episcopatum usque ad graciam suam et preceptum abiurarent. Noluit autem domnus episcopus tunc in instancia eorum iuramenta^a recipere, nisi primum excommunicacionis vinculo exirent et secundum canonicam se exhiberent iusticiam. Quod quidem ob obsidionis ferventissimum studium ad Papiense usque dilatum est concilium. Satagebat enim domnus imperator, ante nativitatis proximum festum ut oppido[328] vel dedicione seu viribus potiretur.

55. Interim autem – adversariis ibidem retentis, ut postmodum, nisi omnia restituerentur episcopo, gravius in eos animadverteretur – domnus imperator in hec verba Maguntino^b rescribit[329]:

„Fredericus Dei gratia Romanorum imperator et semper augustus universo clero tocius civitatis Maguntine ministerialibusque et omnibus eiusdem civitatis civibus graciam suam et omne bonum. Veniens ad nostre maiestatis presenciam carissi-

---

y) constringerent *Jf.*   z) *Jf*; pena W.   a) *Jf*; in camenta W.   b) Maguntinis M F *Jf.*

327 *Marc. 14,59:* Et non erat conveniens testimonium illorum.
328 *Crema.*

eine so blindwütige und verbrecherische Tat gegen einen so herausragenden Fürsten und erhabenen Erzbischof und gegen einen so hochedlen Bischofssitz zu begehen, wobei sie hinzufügten, dass sie – wenn es bereits für Recht erkannt wäre und sie es nicht allein um des Kaisers willen unterließen – den auf verschiedene Weise Bestraften ihre Genicke mit Stricken brechen und an den auf alle möglichen Arten Gefolterten die unterschiedlichsten Bestrafungen anwenden würden.

54. Als der feierliche Tag der hochheiligsten Geburt des Herrn bevorstand, bot sich endlich eine Gelegenheit. Als die vor Gericht Gestellten auf die Vorwürfe nichts entgegnen konnten, als sich[327] ihr Zeugnis als nicht ausreichend erwies und sie auch alle wegen ihrer erschreckenden Anmaßung durch den Urteilsspruch der Fürsten mit der Todesstrafe belegt werden sollten, da wurde das Urteil folgendermaßen in einen Vermittlungsbeschluss umgewandelt: dass sie selbst, indem sie durch jede Art von Genugtuung dem Herrn Bischof nach Gnade oder Recht Wiedergutmachung zu leisten hätten, ihm, so wie sie ihr Leben und ihr Vermögen liebten, die Stadt, die Domkirche und alles, was geraubt wurde, innerhalb einer bestimmten Frist in völliger Unversehrtheit zurückgeben sollten, dass sie ferner mit fester Absicht zur Besserung die zugefügte Kränkung durch eine angemessene Ehrerweisung zum Wohlgefallen des Herrn Bischofs sühnen sollten und dass sie sich von der Stadt, von ihrem eigenen Haus und vom ganzen Bistum bis zu seinem Gnadenspruch und seiner Erlaubnis fernzuhalten hätten. Damals aber wollte der Herr Bischof, obwohl die Mainzer drängten, ihre Eide nicht annehmen, bevor sie sich nicht zuerst von der Fessel der Exkommunikation befreit hätten und sich gemäß dem kanonischen Recht unterwerfen würden. Diese Sache aber wurde wegen des überaus hitzigen Einsatzes bei der Belagerung bis zum Konzil von Pavia verschoben. Der Herr Kaiser war nämlich völlig damit beschäftigt, noch vor dem ganz nahe bevorstehenden Fest der Geburt des Herrn sich der Stadt[328] entweder durch deren Übergabe oder durch Gewalt zu bemächtigen.

55. Inzwischen aber – nachdem die Gegner dort festgehalten worden waren, damit man für den Fall, dass sie dem Bischof nicht alles vollständig wiederherstellen würden, dann mit noch schwererer Strafe gegen sie vorginge – schrieb der Herr Kaiser für den Mainzer folgende Worte[329]:

„Friedrich, von Gottes Gnaden Kaiser der Römer und allzeit Majestät übermittelt dem gesamten Klerus der ganzen Mainzer Stadt sowie den Ministerialen und allen Bürgern dieser Stadt seine Gnade und alle guten Wünsche. Vor unserer

---

329 *MGH D F I. 289.*

mus et nostri maximus imperii princeps, Arnoldus archiepiscopus noster, miserandam et nostris temporibus inauditam auribus nostris in communi frequencia principum nostrorum querelam adversus vos deposuit: videlicet quod ipsam domum Dei, ecclesiam maiorem, quod a³³⁰ *seculo non est auditum*, incastellaveritis; et, que *domus*³³¹ Dei *domus*ᶜ *oracionis* ex ipsius ore Dei predicatur, *speluncam*³³² *latronum* et omnium officinam abusionum vobis illicite et flagiciose feceritis. Quamobrem, sicut gladius doloris pro tanti sceleris ausu et pro tam piaculari flagicio viscera nostra concussit et ipsa precordia nostra prorsus penetravit, sic ipsum gladium iusticie, gladium ulcionis, quemᵈ *ad*³³³ *vindictam malefactorum laudem vero bonorum* ex divina provisione gerimus, in cervicem impiorum et malefactorum desevireᵉ oportebat; nisi quod ex persuasione principum, neᶠ precipites videamur, tanti sceleris expiacionem et dignam emendacionem vestram expectamus. Preterea, ne quid ad dolorem deesset, unde tam nostra quam omnium catholicorum voluntas contra vos merito succendi debeat, erarium domus Dei, in quo sancta sanctorum erant recondita, in quo et ornatus templi, videlicet pallia cappe plenaria vestesqueᵍ sacerdotales et cetera vasaʰ ministerii Domini erant reposita, armata manu irrupistisⁱ; et universa per pavimenta ecclesie dispergentes, tabernaculum Dei suis operimentis denudastis violastis et contaminastis. Ut autem de divinis ad humana descendamus, huc accedit: quod ipsum carissimum principem nostrum, dominum et archiepiscopum vestrum, suo potentatu suoque dominatu temerario ausu vestro privastis; ab ipsa civitate, ad cuius titulum electus et consecratus et intronisatus est, ipsum violenter eiecistis; eiusque domum et aulam episcopalem indecenter ei abstulistis; et fracto eius erario simulque cellario, aurum eius et argentum, vinum quoque et necessaria cetera, quibus nobis debebat deservire et imperio, vos, quibus est *pro*³³⁴ *racione voluntas*, diripuistis et violenta manu inter vos distraxistisʲ; hec et similia ex nostra voluntate et iussione vos fecisse, asserentes. Quod, sicut *Deo*³³⁵ *et hominibus odibile est*, ita a consciencia nostra et omni mandato nostro, teste Deo, constat esse

---

c) *Jf; fehlt W.* d) *Jf; que W.* e) *Jf; deservire W.* f) *Jf; nec W.* g) *Jf;* vestes quo *W.* h) *Jf; vsa W.* i) *folgt gestrichenes* v *W.* j) *Jf; destruxistis W.*

330 *Ioh. 9,32.*
331 *Matth. 21,13: Domus mea domus orationis vocabitur.*
332 *Matth. 21,13; Marc. 11,17. Vgl. oben, Anm. 285.*

Majestät erschien der sehr geschätzte und höchste Fürst unseres Reichs, unser Erzbischof Arnold, und brachte auf einer allgemeinen Versammlung unserer Fürsten eine bejammernswerte und für unsere Zeiten und unsere Ohren unerhörte Klage gegen euch vor: dass ihr nämlich das Haus Gottes selbst, die
5 Kathedrale – was seit[330] Jahrhunderten nicht gehört wurde – in eine Festung verwandelt habt und dass ihr diese, die als Haus[331] Gottes von Gott selbst als Haus des Gebets bezeichnet wird, für euch in unerlaubter und schändlicher Weise zu einer Räuberhöhle[332] und zu einer Werkstatt jeglichen Missbrauchs verwandelt habt. Aus diesem Grund müsste – so wie das Schwert des Schmerzes angesichts
10 der Verwegenheit eines so großen Verbrechens und angesichts einer derart sühneheischenden Lasterhaftigkeit uns im Innersten getroffen hat und bis tief in unser Herz eingedrungen ist, das Schwert der Gerechtigkeit selbst, das Schwert der Rache, das wir aus göttlicher Vorsehung zur[333] Züchtigung der Übeltäter, zum Lob aber der Guten führen, gegen den Hals der Gottlosen und Übeltäter wüten;
15 aber auf den Rat der Fürsten hin, damit es nicht scheint, als würden wir überstürzt handeln – erwarten wir die Sühneleistung für dieses große Verbrechen und eure angemessene Wiedergutmachung. Außerdem – damit nichts zum Schmerz fehle, was unseren Unmut und den aller Gläubigen zu Recht gegen euch entfachen muss – seid ihr in das Aerarium des Gotteshauses, in dem das Allerheiligste aufbewahrt
20 war, in dem auch die Gerätschaft der Kirche, nämlich die Pallien, die Umhänge, die Reliquienbehälter und die priesterlichen Gewänder und die übrigen Behälter für den Gottesdienst aufgestellt waren, mit bewaffneter Hand eingedrungen; und indem ihr alles über den Boden der Kirche verstreutet, habt ihr den Tabernakel Gottes seiner Bedeckung entblößt, ihn geschändet und befleckt. Damit wir aber
25 vom Göttlichen zum Menschlichen herabsteigen, ist hier noch hinzuzufügen, dass ihr unseren geliebtesten Fürsten selbst, euren Herrn und Erzbischof, in eurer blindwütigen Vermessenheit seiner Macht und seiner Herrschaft beraubt habt, dass ihr ihn aus seiner eigenen Bischofsstadt, auf deren Titel er gewählt, geweiht und inthronisiert worden ist, gewaltsam vertrieben habt, dass ihr ihm sein Haus
30 und den bischöflichen Hof in ungebührlicher Weise weggenommen habt und dass ihr – nachdem ihr seine Schatzkammer und seinen Keller aufgebrochen hattet – sein Gold und Silber und auch den Wein und die übrigen notwendigen Dinge, mit denen er uns und dem Reich zu dienen hatte, von[334] Willkür statt von Vernunft geleitet geplündert und mit gewalttätiger Hand unter euch aufgeteilt habt; dabei
35 habt ihr behauptet, dies und ähnliches hättet ihr mit unserem Willen und Befehl ausgeführt. Das aber, so steht fest, ist, ebenso wie es Gott[335] und den Menschen

---

333 *1. Petr. 2,14. Vgl. hierzu oben, c. 26.*
334 *Juvenal, Saturae, carmen 6, v. 223:* hoc volo, sic iubeo: sit pro ratione voluntas.
335 *Ecclus. 10,7:* odibilis coram Deo et hominibus.

alienum. Per presentes itaque nostre auctoritatis apices^k singulis et universis
mandamus, sub optentu^l nostre gracie precipientes: quatenus, a sanctuario Dei
primum incipientes, cum omni honore et ornamentorum integritate ecclesiam
Dei Deo restituatis; et dilecto principi nostro archiepiscopo vestro domum suam
et aulam episcopalem cum auro et argento suo, cum omnibus utensilibus et
universis ablatis, in presencia legatorum nostrorum Simonis^m de Sarbrucke[336] et
Walteri^n de Husen[337] et Davidis Wormaciensis[338], presente quoque nuncio archiepiscopi, Arnoldo custode^o maioris ecclesie[339], sub testimonio etiam Hartmanni
maioris prepositi[340], Sigilonis^p decani[341] et magistri Willehelmi[342], absque omni
diminucione reddatis; ipsam quoque civitatem cum omni iure et honore ita libe-
ram, sicut eam habuit, cum a patria exivimus, omni remota contradictione, eius
dominacioni subdatis et resignetis; et de omnibus illatis iniuriis ipsi plenarie satisfacientes, debitum honorem et dignam reverenciam cum omni servicio ei de
cetero exhibere ita studeatis, quatenus graciam eius, quam vehementer offendistis, per *dignos*[343] *fructus* correpcionis^q vobis reconcilietis, et nostra imperialis
clemencia inter ipsum et vos mediatrix possit^r exsistere, quod ecclesie Maguntine
status de cetero incolumis perseveret et universitas vestra in rebus et personis sub
eius patrocinio in pace et tranquillitate possit permanere."

56. Postquam, perfecta legacione, nuncii repedarunt – de civitatis, ecclesie auleque episcopalis ablatorumve^s restitucione aliaque prospera^t domno archiepiscopo et universe curie secundos baiulantes rumores – dominice nativitatis feriatis
sollempniis, Cremensisque oppidi obsidione, ipsius facta dedicione[344], victoriose
ac triumphanter^u peracta, castris in favillam cineremque usque redactis^v, ventum
est ad Papiense concilium[345].

k) *folgt* vobis *Jf.*   l) p *von* optentu *korrigiert und durch Scholie* p *verdeutlicht W.*
m) *Jf;* Simone *W.*   n) *Jf;* Waltero *W.*   o) *Jf;* custodi *W.*   p) Sigiloni *W Jf.*
q) correctionis *M F Jf.*   r) *folgt gestrichen* assistere *W.*   s) ablatorumque *Jf.*
t) prosperitate *Jf.*   u) *Jf;* triumphante *W.*   v) *Jf;* correctis *W.*

336 *Auffällig ist, dass Wormser Vermittler angerufen wurden. Simon I., Graf von Saarbrücken, Stiftsvogt und Burggraf von Worms, Vogt von St. Victor, St. Peter und St. Alban in Mainz (gest. um 1183).*
337 *Zu dem unter den Zeugen genannten Walter v. Hausen (Kr. Bad Dürkheim) vgl.* PLASSMANN, *Struktur des Hofes, S. 257 und 276. Walter ist häufig in den Urkunden Christians v. Buch, aber nur einmal in einer Urkunde Arnolds belegt.*
338 *David Ben Kettulan v. Worms, genannt im Codex Laureshamensis, S. 231 (zu 1160), als Zeuge in einer Urkunde der Mönche von Lorsch von Ende April 1160. Ein Wormser Bürger mit Namen David erscheint in D F I. 828 vom 31.5.1182. Laut MUB II 245, Anm. 7, S. 445 ein angesehener Bürger der Stadt Worms, ca. 1160–1200 bezeugt.*

verhasst ist, auch gänzlich ohne unser Wissen und ohne irgendeinen Auftrag von uns geschehen – dafür ist Gott Zeuge. Durch die vorliegende Urkunde unserer Autorität befehlen wir euch daher einzeln und insgesamt und ordnen an, wenn ihr unsere Gnade behalten wollt: dass ihr, beginnend mit dem Heiligtum Gottes, die Kirche Gottes in aller Ehre und Unversehrtheit des Schmucks Gott zurückerstattet und dass ihr unserem geliebten Fürsten, eurem Erzbischof, sein Haus und den bischöflichen Hof mit seinem Gold und Silber, mit allen Einrichtungen und sämtlichen geraubten Dingen ohne irgendeine Minderung zurückgebt in Anwesenheit unserer Gesandten Simon von Saarbrücken[336], Walter von Hausen[337] und David von Worms[338], in Gegenwart auch des Abgesandten des Erzbischofs, des Kustos Arnold von der Domkirche[339], und ebenso unter der Zeugenschaft des Dompropsts Hartmann[340], des Dekans Sigilo[341] und des Magisters Wilhelm[342], dass ihr auch die Stadt selbst mit all ihrem Recht und ihrer Ehre in der Freiheit, wie er sie bei unserem Aufbruch aus der Heimat besessen hat, ohne jeden Widerspruch seiner Herrschaft unterstellt und zurückgebt und ihm hinsichtlich all des zugefügten Unrechts volle Wiedergutmachung leistet, dass ihr euch schließlich so bemüht, ihm in Zukunft die schuldige Ehre und die schuldige Achtung mit jeder Dienstleistung zu erweisen, damit ihr seine Gnade, die ihr zutiefst beleidigt habt, durch angemessene[343] Zeichen der Strafe wiedergewinnt und unsere kaiserliche Milde zwischen ihm und euch vermitteln kann, auf dass der Status der Mainzer Kirche künftig unversehrt weiterbestehe und ihr in eurer Gesamtheit, was Dinge wie Personen betrifft, unter seinem Schutz in Frieden und Ruhe bleiben könnt."

56. Als die Boten nach der Ausführung der Gesandtschaft zurückgekehrt waren, überbrachten sie dem Herrn Erzbischof und dem gesamten Hof günstige Nachricht über die Wiederherstellung von Stadt, Kirche, Bischofshof und den geraubten Gütern sowie über die sonstigen Erfolge; und nachdem das Fest der Geburt des Herrn feierlich begangen worden war und die Belagerung der Stadt Crema durch deren eigene Kapitulation[344] siegreich und glorreich beendet und die Befestigungen zu Schutt und Asche verwandelt worden waren, gelangte man zum Konzil von Pavia[345].

---

339 *Arnold, Domkustos, später auch Dompropst, Propst von St. Peter und Alexander in Aschaffenburg und Propst von St. Marien in Erfurt.*
340 *Dompropst Hartmann, vgl. zu ihm Anm. 247.*
341 *Sigelo, Stadtkämmerer, Domdekan und Propst von St. Maria im Felde, Mainz.*
342 *Wilhelm, Domscholaster, später Propst von St. Georg in Limburg an der Lahn.*
343 *Luc. 3,8:* Facite ergo fructus dignos paenitentiae.
344 *Die Unterwerfung von Crema erfolgte am 26. und 27.1.1160 (RI IV,2,2, Nr. 809).*
345 *Am 2./3.2.1160 zog Barbarossa nach Pavia, die Synode wurde am 5.2.1160 eröffnet (RI IV,2,2 Nr. 817 und 819).*

57. Ubi – postquam sancta et universalis ecclesia, spiritu Dei verbi congregata, de duobus apostolicis per[w] decretum alterum presentem Octavianum videlicet qui ad eius examen confugerat, *canonica*[346] *censura* electum et promotum ut illic multis argumentis sole clarius apparuit, in cathedram beati Petri canonice ac racionabiliter confirmavit[347] – in presencia domni pape et imperatoris tociusque concilii domnus Maguntinus prefatos adversarios suos ab excommunicacionis sentencia denodavit. Dignum namque erat, ut, quod sub oculis tocius mundi, ut[x] ita dicatur[x], per superbiam commiserant, per satisfactionem coram omnibus humilitate diluerent. Absolucionis igitur et reconciliacionis modus hic fuit: ut clerici secundum ordinem suum, qui presentes aderant, post absolucionem pro honore domni episcopi in[y] ipsa civitate Maguntina laneis tunicis nudisque plantis vindictam, que vulgo dicitur harnschare[348], de Sancto Petro[349] usque ad Sanctum Albanum[350] per civitatem mediam deferrent, et sic domno episcopo reconciliarentur per osculum; ita tamen, quod iusticie starent, si super aliquo eos impetere vellet; laici vero, capitanei post ipsam absolucionem, et qui in presenciarum erant et qui domi remanserant, usque ad mandatum domni archiepiscopi civitatem et ipsum episcopatum abiurare et, cum ipse iuberet, civitatem ingredi – et non ante – deberent, responsuri super hiis, que adversus[z] ipsos haberet, vel in misericordia vel iudicio suorum comparium, et sic graciam et bonam voluntatem recuperarent; cives autem, postquam vindictam[a] portassent, domum episcopalem, ut antea fuerat vel melius, in omnibus suis utensilibus reparare et, quicquid ex ablatis deesset[b], equa compensacione domno suo archiepiscopo oporteret recompensare. Hec coram imperatore et principibus acta et previlegio imperiali confirmata ac per nuncios imperiales, quo[c] super his omnibus vicem cesaris cognoscerent, Maguntinis constat esse delata[d].

58. Quanta autem auctoritatis dignitate inter alios catholicos patres in conspectu tocius concilii effulserit; qualia quoque de christiane religionis unitate[e] referenda[e]

---

w) *Jf; fehlt* W.   x–x) *eingeklammert* W.   y) *Jf; fehlt* W.   z) *Jf;* adversarios W.
a) *Jf;* vindicta W.   b) *Jf;* deessent W.   c) *Jf;* quod W.   d) e *von* delata *über eine unleserliche Verbesserung zwischen* d *und* l *geschrieben* W.   e–e) *Jf;* unitatis reverencia W.

---

346 *Decretum Gratiani, C. 15 q. 8 c. 3:* Ideoque quilibet ab episcopo usque ad subdiaconum deinceps vel ex ancillae uel ex ingenuae detestando conubio in honore constituti filios procreaverint, illi quidem, ex quibus geniti probabuntur, canonica censura dampnentur.
347 *Vgl. zur Anerkennung Viktors IV., die am 11.2.1160 erfolgte, RI IV,2,2, Nr. 822.*

57. Nachdem dort die gesamte heilige Kirche, im Geiste des Wortes Gottes versammelt, einen von den beiden Päpsten, den anwesenden Oktavian nämlich, der zu deren Gericht seine Zuflucht genommen hatte, auf³⁴⁶ Grund kirchenrechtlicher Prüfung als – wie dort aus vielen Gründen sonnenklar hervorging – kanonisch und rechtmäßig auf die Kathedra des heiligen Petrus Gewählten und Erhobenen durch Beschluss bestätigt hatte³⁴⁷, löste der Mainzer Herr in Anwesenheit des Herrn Papstes, des Kaisers und des gesamten Konzils seine vorgenannten Gegner vom Spruch der Exkommunikation. Es war nämlich angebracht, dass sie das, was sie sozusagen unter den Augen der ganzen Welt durch Hochmut begangen hatten, durch Wiedergutmachung in Gegenwart aller in Demut tilgen sollten. Die Bedingung für die Absolution und die Versöhnung war folgende: die Kleriker, die persönlich anwesend waren, sollten entsprechend ihrem Rang nach der Absolution um der Ehre des Herrn Bischofs willen in der Stadt Mainz selbst im härenen Hemd und mit bloßen Füßen die Strafe, die in der Volkssprache Harnschare³⁴⁸ genannt wird, vom Stift Sankt Peter³⁴⁹ bis zum Kloster Sankt Alban³⁵⁰ mitten durch die Stadt tragen und sich dann durch einen Kuss mit dem Herrn Bischof wieder aussöhnen, allerdings mit der Auflage, dass sie dem Gericht zur Verfügung stünden, wenn er gegen sie in irgendeiner Sache vorgehen wolle; die Laien aber, und zwar die führenden Lehnsleute, sowohl die, die anwesend waren, wie auch die, die zu Hause geblieben waren, müssten nach dieser Absolution sich verpflichten, der Stadt und dem Bistum selbst bis zum Befehl des Herrn Erzbischofs fernzubleiben, und dürften erst, wenn er selbst die Erlaubnis erteilte und nicht früher, die Stadt betreten, um sich hinsichtlich der Dinge zu verantworten, die er gegen sie selbst vorzubringen hätte, entweder auf dem Wege barmherziger Vergebung oder vor einem Gericht ihrer Standesgenossen, und so die Gnade und das Wohlwollen zurückerlangen; die Bürger schließlich sollten, nachdem sie die Strafe getragen hätten, das bischöfliche Haus, wie es vorher war oder besser, in allen seinen Einrichtungen wiederherstellen und das, was von den geraubten Dingen fehle, durch einen gleichwertigen Ersatz ihrem Herrn Erzbischof erstatten. Fest steht, dass dies in Gegenwart des Kaisers und der Fürsten verhandelt, durch kaiserliches Privileg bestätigt und den Mainzern, damit sie in all dem das Wort des Kaisers erkannten, durch kaiserliche Gesandte überbracht wurde.

58. Mit welcher würdevollen Autorität er aber unter den anderen rechtgläubigen Vätern vor der ganzen Konzilsversammlung erstrahlte, welch wichtige Dinge er

---

348 *Dies war eine Ehrenstrafe bzw. Kirchenbuße für schwere Vergehen, vgl. DRW, Artikel „Harmschar".*
349 *Vgl. zu St. Peter, Mainz oben, Anm. 251.*
350 *Das heute nicht mehr erhaltene Benediktinerkloster St. Alban, außerhalb der Stadtmauern südöstlich von Mainz gelegen.*

contra divisionis impiissimum scisma more declamatorio et quam profunda disputarit; quomodo et universam ecclesiam^f verbo exhortacionis ad *emulacionem*^351 indivise armaverit unitatis et *paternarum tradicionum*; quantum pro pacis bono, quantum ad reformandam^g concordiam inter regnum et sacerdocium desudaverit; et quantum Maguntinam ecclesiam profunditate sapiencie, discipline gestusque sui reverencia, vocis tociusque persone dignitate in oculis omnium magnificaverit, ita ut recte id in ipsum regine Austri concreparent eulogium: *Maior*^352 *est sapiencia tua quam rumor, quem audivi*; et quomodo omnem Theutonicum clerum in articulo diei illius sue virtutis fulgore nobilitarit; nulla temporis mobilitate^h a bonorum mentibus debet excidere.

59. Deinde, novo cum apostolico Romane^i veterana^i et Maguntine ecclesie federa novis amicitiis^j concilians, vicem^k apostolici super omnem sui metropolitanatus diocesim legacionemque novellis fascibus portans^353; valedicens fratribus; ab imperatore totaque curia gratissime resalutatus, ei quoque^l optata prosperaque imprecante^m; assumptis honoratissimis viris ex imperiali latere, qui causam suam cum Maguntinis vice domni imperatoris, ut supra dictum est^354, peragerent; itinere multo confecto, aerisque violentissimam intemperiem fluminumque viarum pericula^n, aquilone horribiliter stridente, Spiram^355 usque perpessus; ad patrios lares – pacem et quietem^o, et amodo divinis totum se mancipare obsecucionibus inenarrabiliter siciens – Maguntiam^p circiter ramos^q palmarum^356 remeavit. Et haut procul a civitate apud Sanctum Albanum emendacionem civium per octo dies continuos et eo amplius expectavit.

60. Ubi cum omnia in pace iuxta imperialem sanctionem auctore Deo^r composita viderentur, et misericordissimum ultra quam credi possit se singulis et universis exhibuisset, omnibus, qui honorem^s, vindictam vel exilium pro offensa debebant, supra modum parcens et compaciens; pauci admodum effluxerunt dies, quod hii, qui secus^t imperiale decretum gracia satisfactionis ad exilium, sine voluntate

---

f) *folgt in Jf.* Romane *Jf.*   g) *Jf;* reformandum *W.*   h) *Jf;* nobilitate *W.*   i–i) veterana Romane *Jf.*   j) *Jf;* amicis *W.*   k) *folgt gestrichen* apostolici *W.*   l) queque *Jf.*
m) *Jf;* imprecantes *W.*   n) *Jf;* periculis *W.*   o) *Jf;* quietam *W.*   p) *Jf;* Maguntinam *W.*   q) *folgt gestrichen* pl. *W.*   r) *Jf; fehlt W.*   s) onerosam *Jf.*
t) secundum *Jf.*

351 *Gal. 1,14:* aemulator existens paternarum mearum traditionum.
352 *3. Reg. 10,7.*
353 *Das entsprechende Privileg hat sich nicht erhalten (JL 14437).*

auch über die Einheit der christlichen Religion darlegte gegen das gottloseste Schisma der Teilung in kunstvoller Rede, wie er auch die gesamte Kirche mit Worten der Ermahnung stärkte für das Streben[351] nach ungeteilter Einheit und die Beobachtung der väterlichen Überlieferungen, wie sehr er sich um das Gut des Friedens bemühte, wie sehr um die Wiederherstellung der Eintracht zwischen geistlicher und weltlicher Gewalt, und wie sehr er die Mainzer Kirche durch die Tiefe der Weisheit, durch die ehrfurchtgebietende Art seiner Disziplin und seines Auftretens, durch die Würde seiner Stimme und seiner ganzen Person in den Augen aller erhöht hat, so dass sie mit Recht dieses wohlklingende Wort der Königin des Südens auf ihn selbst anstimmten: Größer[352] ist deine Weisheit als ihr Ruf, den ich vernommen habe, und wie er das Ansehen des ganzen deutschen Klerus im Augenblick jenes Tages durch den Glanz seiner Tugend berühmt gemacht hat, das darf niemals durch den Lauf der Zeit dem Gedächtnis der Guten entfallen.

59. Darauf erneuerte er mit dem neuen Papst die alten Verträge zwischen der römischen und der Mainzer Kirche in neuem Freundschaftsbund und erhielt die Stellvertretung des Papstes für alle Diözesen seiner Kirchenprovinz und das Legatenamt mit erneuerten Zeichen des Amtes[353]. Er verabschiedete sich von seinen Brüdern. Vom Kaiser und vom gesamten Hof wurde ihm der Gruß ehrerbietigst erwidert, wobei man ihm die Wünsche für ein gutes Gelingen mit auf den Weg gab. Und er nahm ehrenhafteste Männer von kaiserlicher Seite mit sich, die seine Sache gegenüber den Mainzern an Stelle des Herrn Kaisers, wie oben gesagt wurde[354], durchsetzen sollten. Nach einer langen Reise, auf der er das fürchterliche Wüten der Stürme und die Gefahren der Flüsse und Wege zu ertragen hatte und auf der der Nordwind schrecklich fauchte, erreichte er Speyer[355]. Zum heimischen Herd – nach Frieden und Ruhe unsäglich dürstend und in dem Drang, sich in Zukunft ganz dem Dienst für Gott zu widmen – kehrte er um Palmsonntag[356] nach Mainz zurück. Und nicht weit von der Stadt, bei Sankt Alban, erwartete er die Wiedergutmachung der Bürger, volle acht Tage und noch länger.

60. Als dort schon alles entsprechend der kaiserlichen Strafanordnung mit Gottes Fügung friedlich geregelt schien und er sich, mehr als man glauben kann, gegenüber den einzelnen und allen zusammen als überaus barmherzig erwiesen hatte, indem er allen, die Ehrerweisung, Strafe oder Verbannung für die Vergehen schuldeten, über alle Maßen Schonung und Mitleid entgegenbrachte, da verstrichen nur wenige Tage, bis diejenigen, die gemäß der kaiserlichen Verfügung um

---

354 *Vgl. oben, c. 59.*
355 *Speyer erreichte Arnold wahrscheinlich im März 1160.*
356 *20.3.1160.*

domni episcopi non reversuri, transmigrarant, e vestigio ferme – cum optimum circa eos gracie gereret animum, ut mox ad imperatoris precatum eis sine difficultate largiretur introitum^u – ipso invito et inconscio^v denuo civitatem quasi ex precepto imperatoris maiori^w quam prius contumacia ingressi sunt. *Et*^357 fiunt *novissima peiora prioribus.*

61. Duo enim truculentissimi homines, Reginbodo scilicet de Pinguia^358 et Gotefridus de Eppinstein^359, quasi duo viperini virulentissimi *fetus*^360 *gemelli,* qui una cum aliis civitatem et episcopatum abiurarant, in civitate ipsa deierantes^x perstiterant, armata multitudine eundem locum inpiantes. Ad quos eliminandos, quia popularis vesanie impietas ipsis cepit iterum favere, quosdam suos necessarios domnus metropolitanus convenerat. Quamobrem, ut impietas impietati adesset posset^y contra pietatem dimicare forcius, qui exierant, illicitam maturaverunt reversionem. Numquam satis festinare potest infidelis eversaque consciencia.

62. Ceperunt iterum civitatem machinis propugnaculis turribus et edificiorum obstructionibus aliisque munimentis, domos suas^z atque plateas modis omnibus instruere, cives a magno usque ad parvum contra domnum suum archiepiscopum armare animare et, ut ad necem ipsius vigilantissime se prepararent dato signo, pro viribus adhortari; proclamantes: ipsum esse sevum hostem loci, destructorem, predonem, exactorem, qui eos omnibus bonis privasset, tociusque civitatis mortificatorem; senem, cuius iam *peccata*^361 *venissent,* cuiusque sanguinem propriis manibus deberent profundere^a. Et ex hinc *observabant*^362 oportunitatem, quomodo eum possent occidere. Ad maiorem quoque tante exprobracionis atque

---

u) *folgt in W.* degerantes *W.* v) *so M F;* conscio *W;* inconsulto *Jf.* w) *Jf;* maioris *W.* x) *Jf;* degerantes *W.* y) possetque *Jf.* z) *Jf;* suos *W.* a) *Jf;* perfundere *W.*

357 Luc. 11,26.
358 Reinbodo v. Bingen. *Die verschiedenen Träger des gleichen Namens lassen sich seit 1151 nachweisen. Möglicherweise entstammten sie der Reichsministerialität (*DOTZAUER, *Geschichte des Nahe-Hunsrück-Raumes, S. 182). Zum geschilderten Zeitpunkt hatte Reinbodo wohl bereits die Witwe des Bruders Meingots des Älteren, Dudo, geheiratet (vgl. hierzu Oculus Memorie XI, 11 [= MUB II 685, S. 1119]; XI 28, S. 149; XVI 8, S. 269 und* KEUPP, *Dienst und Verdienst, Stammtafel S. 124).*

der Wiedergutmachung willen ins Exil gegangen waren – aus dem sie ohne
Zustimmung des Herrn Bischofs nicht zurückkehren sollten –, geradezu augenblicklich – obwohl er ihnen gegenüber doch die beste Absicht der Gnade hegte
und ihnen gemäß der Bitte des Kaisers ohne Schwierigkeiten den Zugang schon
bald wieder gewähren wollte – ohne seine Einwilligung und ohne sein Wissen
erneut in die Stadt eingedrungen sind, mit noch größerer Überheblichkeit als
zuvor, gleichsam als geschähe dies auf Befehl des Kaisers. Und[357] die jüngsten
Ereignisse sollten noch schlimmer als die früheren werden.

61. Zwei äußerst gewalttätige Menschen nämlich, und zwar Reinbodo von
Bingen[358] und Gottfried von Eppstein[359], gleichsam eine Zwillingsbrut[360] giftigs-
ten Schlangengezüchts, die gemeinsam mit den anderen sich eidlich verpflichtet
hatten, Stadt und Bistum zu verlassen, waren unter Bruch ihres Eides in der Stadt
selbst geblieben und schändeten diesen Ort mit einem bewaffneten Pöbelhaufen.
Um sie zu entfernen – denn die Ruchlosigkeit des wütenden Volkes begann, diesen erneut ihre Gunst zuzuwenden –, hatte der Herr Metropolit einige seiner
Vertrauten um sich geschart. Deshalb, damit die Gottlosigkeit der Gottlosigkeit
sich zugeselle, noch wirksamer gegen die Frömmigkeit kämpfen könne, beeilten
sich diejenigen, die ins Exil gegangen waren, ohne Erlaubnis zurückzukehren.
Niemals kann der treulose und verdrehte Sinn rasch genug eilen.

62. Sie begannen erneut damit, die Stadt mit Kriegsmaschinen, mit Bollwerken,
mit Schutztürmen und Bewehrungen der Gebäude und mit anderen Befestigungen
zu versehen, ihre Häuser und die Straßen mit allen Mitteln zu verbarrikadieren,
die Bürger vom Hoch- bis zum Niedriggestellten gegen ihren Herrn Erzbischof
zu bewaffnen, aufzubringen und nach Kräften anzustacheln, dass sie sich wach-
samt auf ein Zeichen hin zu seiner Ermordung bereithalten sollten. Dabei verbreiteten sie lauthals: dieser selbst sei ein rasender Feind des Ortes, ein Zerstörer,
ein Räuber, ein Geldeintreiber, der sie aller Besitzungen beraubt habe, und ein
Totengräber der ganzen Stadt; er sei ein Greis, dessen Sündenstrafen[361] schon
herangerückt seien und dessen Blut sie mit eigenen Händen vergießen müssten.
Und daraufhin lauerten[362] sie auf eine Gelegenheit, damit sie ihn erschlagen
könnten. Um das Ausmaß so großer Schmähung und Verachtung noch weiter zu

---

359 *Gottfried v. Eppstein, Edelfreier. Die Schwester Gottfrieds sollte ca. zehn Jahre später den Sohn Werners II. v. Bolanden, Philipp, heiraten. Vgl. mit weiteren Informationen* KEUPP, *Dienst und Verdienst, S. 122.*
360 *Cant. 4,2:* omnes gemellis fetibus.
361 *Dan. 13,52:* Inveterate dierum malorum, nunc venerunt peccata tua.
362 *Luc. 22,6:* et quaerebat oportunitatem ut traderet illum.

contemptus cumulum turgida^b et illud adiciebat crudelitas: quod, quicquid ei paulo ante detulerint, non pro ipso, non ut sibi aliquem ex offensa impendissent honorem, sed ex mandato et pro mandato dumtaxat cesaris hec persolvissent. Hec impia et alia sceleratissima in episcopum et domnum suum profana personabat Maguncia.

63. Cum hec multiplici rumore multorum vel relacione forent comperta, primum domnus episcopus, pii magistri ac pastoris Ihesu Christi exemplo maledicta eorum haut multum depensans: „Et Dominus inquit meus Ihesus Christus a Pharisaica hoc quam sepe pertulit perfidia, *dicente*³⁶³: *Demonium habes* et: *Filius*³⁶⁴ *fabri est*, qui *in*³⁶⁵ Belcebub eiecit^c demonia et: Venite, *mittamus*³⁶⁶ *lignum in panem eius, et eradamus eum de terra vivencium; quoniam*³⁶⁷ *contrarius est operibus nostris et improperat nobis peccata legis, et*³⁶⁸ *abstinet se a viis nostris tamquam ab immundiciis. Qui*³⁶⁹, *cum malediceretur, non maledicebat; cum pateretur, non comminabatur; tradebat iudicanti se iniuste. Non*³⁷⁰ *contendebat neque clamabat*, sicut dicit scriptura, *nec audivit quis in plateis vocem suam*. Contumelias et errores passus est ab eis. *Exemplum*³⁷¹ *dedit nobis, ut et nos ita faciamus. Oportet*³⁷² ergo *nos ambulare, ut et* ipse *ambulavit*. Maguntina autem cecitas ad hanc usque prorupit insaniam, quod Iudaica infidelitate *domum*³⁷³ *Dei, domicilium oracionis*, sponsam Iesu Christi, sancta sanctorum^d dehonestarit et infandissima immundicia conculcarit. Et in hoc tanto et tam inexistimato nostris temporibus facinore non solum resipiscere^e, non solum Deo satisfacere nolunt^f, sed et contemptum contemptui coacervant. Quippe *impius*^g³⁷⁴, *cum in profunda viciorum devenerit*^h, *contempnit*. Ceterum *a*³⁷⁵ *sanctuario Domini inceptum* est

b) *Jf*; tergida W. c) eicit *Jf*. d) *folgt* conculcarit et W. e) *Jf*; resipisci W.
f) *Jf*; volunt W. g) *Jf*; ipsius W. h) *Jf*; devenerint W.

363 *Ioh. 7,20:* dixit daemonium habes.
364 *Matth. 13,55.*
365 *Luc. 11,15.*
366 *Ier. 11,19.*
367 *Sap. 2,12.*
368 *Sap. 2,16.*
369 *1. Petr. 2,23.*
370 *Matth. 12,19:* non contendet neque clamabit neque audiet aliquis in plateis vocem eius.
371 *Ioh. 13,15:* exemplum enim dedi vobis ut quemadmodum ego feci vobis ita et vos faciatis.
372 *1. Thess. 4,1:* vos oporteat ambulare et placere Deo sicut et ambulatis ut abundetis magis.

steigern, fügte die aufgeblähte Brutalität noch jenes hinzu: was auch immer sie ihm kurz zuvor erwiesen hätten, hätten sie nicht für ihn geleistet, nicht als wären sie ihm wegen einer Beleidigung irgendeine Ehrerweisung schuldig gewesen, sondern allein auf Grund des Befehls und in Erfüllung des Befehls des Kaisers. Diese gottlosen und anderen frevelhaftesten Lästerungen ließ das heidnische Mainz gegen den Bischof und eigenen Herrn ertönen.

63. Als man dies durch vielfaches Gerücht sowie durch Bericht von verschiedener Seite erfahren hatte, sprach zunächst der Herr Bischof, der nach dem Beispiel des frommen Lehrmeisters und Hirten, Jesus Christus, deren Schmähungen gering achtete:
„Wie oft hat auch mein Herr, Jesus Christus, solches erduldet von Seiten der pharisäischen Ungläubigkeit, welche behauptete[363]: ‚Du hast den Teufel in Dir' und ‚Es[364] ist der Sohn des Zimmermanns, der mit[365] Beelzebub die Dämonen austreibt' und ‚Kommt, lasst[366] uns Holz in sein Brot stechen und ihn von der Erde der Lebenden tilgen, denn[367] er steht unserem Tun im Weg, wirft uns Vergehen gegen das Gesetz vor und[368] hält sich fern von unseren Wegen gleichsam wie von unreinen Dingen'. Er[369] schmähte nicht, als man ihn schmähte, er stieß keine Drohungen aus, als er Leiden ertrug, und er lieferte sich dem ungerechten Richter aus. Er[370] kämpfte nicht dagegen an, noch schrie er, wie die Heilige Schrift sagt, noch hörte man seine Stimme auf den Straßen. Schmähungen und Verirrungen hatte er von ihnen zu erdulden. Er[371] hat uns ein Beispiel gegeben, damit auch wir so handeln sollen. Daher müssen[372] wir den Weg einschlagen, den er selbst gegangen ist. Das verblendete Mainz aber hat sich zu derartiger Raserei hinreißen lassen, dass es mit jüdischer Ungläubigkeit das Haus[373] Gottes, die Stätte des Gebets, die Braut Jesu Christi, das Allerheiligste entehrt und in unsäglichem Schmutz mit Füßen getreten hat. Und in diesem so großen und zu unseren Zeiten so unglaublichen Verbrechen wollen sie nicht nur keine Vernunft annehmen, nicht nur Gott keine Abbitte leisten, sondern sie häufen noch Verachtung auf Verachtung. Denn ein gottloser[374] Mensch, wenn er einmal in die Tiefen des Lasters geraten ist, ist voller Verachtung. Das Gericht aber hat[375] seinen Anfang vom Heiligtum des

---

373 *Matth. 21,13:* et dicit eis scriptum est domus mea domus orationis vocabitur vos autem fecistis eam speluncam latronum; *Marc. 11,17:* et docebat dicens eis non scriptum est quia domus mea domus orationis vocabitur omnibus gentibus vos autem fecistis eam speluncam latronum; *Luc. 19,46:* dicens illis scriptum est quia domus mea domus orationis est vos autem fecistis illam speluncam latronum.
374 *Prov. 18,3:* impius cum in profundum venerit peccatorum contemnit sed sequitur eum ignominia et obprobrium.
375 *Ezech. 9,6:* a sanctuario meo incipite coeperunt ergo a viris senioribus qui erant ante faciem domus.

iudicium; et quis sum ego, ut disposicionem^i Dei possim preire^j, quando et si sic a Deo previsum est, ut^k *pastorem*³⁷⁶ *percuciant.* Sane, impietatem eorum et abhominacionem nefandissimam tantumque nefas in ecclesia Dei, mihi commissa, insidere, equo animo ferre nullatenus possum. *Utamur* ergo *foro,* quod gracia Dei nobis *concessit*³⁷⁷, *donec invicta felicitas finem his malis imponat. Ego*³⁷⁸ *enim sum senex* sexagenarius et eo amplius *et processi in diebus meis*; canus, uti verticem cernitis; multo labore multisque huiusmodi erumpnis et calamitatibus et angustiis spiritus attritus; seniles artus et fatiscens canicies quietem et ocium a modo rogant. Proposueram^l reliquum tempus vite mee et etatis – et sic^m *circa*³⁷⁹ *undecimam* et serotinam horam, tamen quia *numquam*³⁸⁰ *est sera conversio –* adepta pace, domino Deo holocaustum exhibere; ut deinceps, exutus a contubernio et sollicitudine huius mundi et^o a nequicia eius, *soli*³⁸¹ *Deo vacarem.* Sed nunc, quia Maguntina perfidia quietem mihi et propositum invidet, et desolacionem ecclesie mee, pro qua multos perpessus sum labores et mala, contemptumque sanctorum nequeo intueri, vertendus est huius linie^p gressus. Malo enim *incidere*³⁸² *in manus hominum* quam *in manus Dei* mei, ut cum propheta canere possim: *Quid*³⁸³ *retribuam Domino pro omnibus, que retribuit mihi? Calicem salutaris accipiam, et nomen Domini invocabo.* Dominus Ihesus Christus pro peccatoribus, quorum ego unus sum, et pro *ecclesia*³⁸⁴ *non habente*^q *maculam neque rugam,* ut *exhiberet*³⁸⁵ eam *virginem,* sanguinis sui proprii lavacro mori dignatus est. Et ego quoque propter ipsum et ecclesiam suam, ut filii sathane de tanta presumpcione non glorientur, *paratus*³⁸⁶ *sum et in carcerem et in mortem ire.* Ipsi quidem mihi necis minas et verba blasphemie intemptant, arbitrantes me deterrere. Sed ego, volente Deo, persequar^r vias eorum et eos^s de tante factionis

i) *Jf;* disposicioni *W.*   j) perire *W;* prevenire *Jf.*   k) *Jf;* et *W.*   l) *Jf;* Preposueram *W.*   m) etsi *Jf.*   n) *Jf;* sollitudine *W.*   o) *Jf; fehlt W.*
p) linee *Jf.*   q) *Jf;* habentem *W.*   r) *Jf;* perseipsam *W.*   s) *Jf; fehlt W.*

376 *Zach. 13,7:* percute pastorem; *Matth. 26,31:* percutiam pastorem.
377 *Epistulae Senecae ad Paulum et Pauli ad Senecam, ep. 11 (ed. Cl. W.* BARLOW, *Papers and Monographs of the American Academy in Rome 10, S. 133, Z. 7–8).*
378 *Luc. 1,18:* et dixit Zaccharias ad angelum unde hoc sciam ego enim sum senex et uxor mea processit in diebus suis.
379 *Matth. 20,6:* circa undecimam vero exiit.
380 *Hieronymus, Epistulae, ep. 39,1 (CSEL 54, S. 295, Z. 6–5) und ep. 107,2 (CSEL 55, S. 291, Z. 19–20).*

Herrn genommen; und wer bin ich, dass ich der Fügung Gottes zuvorkommen könnte, wann und wenn es von Gott so vorgesehen ist, dass sie den Hirten[376] erschlagen werden. Allerdings kann ich es keinesfalls mit Gleichmut ertragen, dass deren Gottlosigkeit und nichtswürdigste Schandtat und ein so großes Unrecht in der mir anvertrauten Kirche Gottes sich niederlassen. Fügen wir uns also in das Schicksal, das uns Gottes Gnade zugestanden[377] hat, bis die unbesiegbare Glückseligkeit diesem Übel ein Ende bereitet. Ich[378] bin ja nun ein Greis von mehr als 60 Jahren und stehe in vorgerücktem Alter. Grau, wie ihr seht, ist das Haupt. Durch viel Mühsal und viele Widerwärtigkeiten dieser Art, durch Missgeschick und Drangsal des Geistes bin ich zermürbt worden. Die alten Glieder und das ermüdende Alter fordern künftig Ruhe und Muße. Ich hatte mir vorgenommen, die restliche Zeit meines Lebens und meiner Jahre – wenngleich zur[379] elften und späten Stunde, aber eine Umkehr[380] ist niemals zu spät – nach der Wiederherstellung des Friedens Gott dem Herrn als Opfer darzubringen, um künftig, losgelöst von der Gemeinschaft und der Geschäftigkeit dieser Welt und ihrer Nichtigkeit, mich[381] Gott allein zu widmen. Nun aber, da die Mainzer Untreue mir diese Ruhe und den Vorsatz neidet und ich die Verwüstung meiner Kirche, für die ich viele Mühen und Böses ertragen habe, und die Verachtung der Heiligen nicht mit ansehen kann, muss der in diese Richtung eingeschlagene Schritt gewendet werden. Lieber will ich nämlich in[382] die Hände der Menschen als in die Hände meines Gottes fallen, damit ich mit den Worten des Propheten singen kann: ‚Was[383] soll ich dem Herrn entrichten für alles, was er mir Gutes getan? Ich will den Kelch des Heils ergreifen und anrufen den Namen des Herrn'. Der Herr Jesus Christus hat sich dafür hingegeben, für die Sünder, von denen ich einer bin, und für eine Kirche[384] ohne Makel und Falten, um sie als[385] jungfräulich zu erweisen, den Tod zu erleiden durch das reinigende Opfer seines eigenen Blutes. Und[386] auch ich bin bereit, für ihn selbst und für seine Kirche in den Kerker und in den Tod zu gehen, damit sich die Söhne des Satans ihrer unerhörten Anmaßung nicht rühmen. Diese richten zwar Todesdrohungen und Schmähworte gegen mich und glauben, mich zu erschrecken, aber ich werde, so Gott will, sie auf ihren Wegen verfolgen und sie zwingen, von der Sünde eines

---

381 *Gregor d. Große, Dialogorum libri IV, lib. I, c. 8 (SChr 260, S. 70, Z. 4–5):* Qui soli deo uacare desiderans, scrinium deseruit, monasterium elegit.
382 *Ecclus. 2,22:* dicentes si paenitentiam non egerimus incidemus in Dei manus et non in manus hominum.
383 *Ps. 115,12–13 (G).*
384 *Eph. 5,27:* ut exhiberet ipse sibi gloriosam ecclesiam non habentem maculam aut rugam aut aliquid eiusmodi sed ut sit sancta et inmaculata.
385 *2. Cor. 11,2:* virginem castam exhibere Christo.
386 *Luc. 22,33.*

piaculo in emendacionem Domini compellam intrare. Scriptum quippe est: *Cecos*[387] *et claudos compelle intrare.*" Dixerat hec.

64. Denique, ut infidelitatis, periurii et sacrilegii ipsorum detestaretur[t] et convinceretur vesania, ducem Saxonie[388] ad spectaculum istud – quia ipse, cum coram imperatore composicionem[u] fecissent[389], presens erat – et alios principes, ut saltim eorum adhuc uterentur consilio et Deo et sibi satisfacerent, et alios quosdam nobiles suos fideles Mogunciam advocarat. Ipse autem, paululum eos precedens, versus civitatem se cum paucis accinxerat.

65. Sed ubi ad castrum suum Ameneburgk[v][390], quod a Maguncia ferme duabus dietis distat, pervenit, verentes principum tantorum et ipsius domini sui offensi presenciam, missa legacione in magna decepcionis fraudisve[w] dolositate denuo pacem rogabant; obsides, quot et quantos et quales de civitate placeret admittere, pro gracia sua pollicitantes. Dominus autem, sciens de lege mandatum: *Ne*[391] *sis memor iniurie civium tuorum,* quamvis, tociens et tam maligne deceptus, nec[x] se ipsis credere nec ipsorum verbis poterat in tantum[y] fidem adhibere, tamen, ne supplicancium confunderet vultus et iusta diceretur contempnere, omni annisu ad bonum pacis anhelans, tales obsides cum tali satisfactione et hac vice laudavit accipere. Et protinus demandans principibus, ut modice oporteret subsistere, donec super hoc verbo cognosceret; ipse haut in multitudine magna Blidenstat[392] ad cenobium quoddam, deinde, ad levam Mogunciam obmittens, cis Renum progrediens, quatuor miliaribus a civitate Pinguiam, suum quoddam castrum, ultra Renum transivit[393].

66. Helfricum autem quendam, vicedominum suum et fidelem[394], Mogunciam super obsidibus sciscitandis et procurandis transmiserat. Ipse enim particulam

---

t) decertaretur *Jf.* u) *Jf;* comspicionem *W.* v) Ameneburg *Jf.* w) fraudisve *W;* fraudisque *Jf.* x) *Jf;* ne *W.* y) *Jf;* tam *W;* tam gravi re (?) *Jf.*

---

387 *Luc. 14,21:* et caecos et claudos introduc huc; *Luc. 14,23:* et ait dominus servo exi in vias et sepes et conpelle intrare.
388 *Heinrich der Löwe, Herzog von Sachsen und Bayern (1129/1130–6.8.1195).*
389 *Heinrich der Löwe war auf der Synode von Pavia anwesend (RI IV,2,2, Nr. 822).*
390 *Amöneburg, Ldkr. Marburg-Biedenkopf, Hessen.*

derart boshaften Treibens zur Läuterung vor Gott zu gelangen. Denn es steht geschrieben: ‚Nötige[387] die Blinden und Lahmen dazu, einzutreten'." Dieses hatte er gesprochen.

64. Schließlich, damit der Wahnsinn ihrer Untreue, ihres Meineids und ihrer Gotteslästerung bezeugt und verurteilt werde, rief er den Herzog von Sachsen[388] zu dieser öffentlichen Gerichtsverhandlung – weil dieser persönlich anwesend war, als sie in Gegenwart des Kaisers den Vergleich vereinbart hatten[389] – und andere Fürsten, damit man wenigstens deren Rat befolge und Gott und ihm Wiedergutmachung leiste, sowie andere ihm getreue Adlige nach Mainz. Er selbst aber, der ihnen ein wenig vorauseilte, hatte sich mit einer kleinen Schar gegen die Stadt gerüstet.

65. Als er aber seine Festung Amöneburg[390], die von Mainz ungefähr zwei Tagesreisen entfernt ist, erreichte, schickten sie eine Abordnung und baten mit großer Arglist und betrügerischer Verschlagenheit erneut um Frieden, da sie sich vor dem Erscheinen so bedeutender Fürsten und ihres eigenen, verhassten Herrn fürchteten. Um seine Gnade zu erlangen, versprachen sie, Geiseln aus der Stadt zu stellen, wie viele, wie hochgestellte und wie bedeutende er fordere. Der Herr aber hatte das Gebot der Heiligen Schrift im Sinn: ‚Du[391] sollst nicht des Unrechts deiner Mitbürger gedenken', und obwohl er, der so häufig und so böswillig getäuscht worden war, weder ihnen selbst glauben noch ihren Worten mit großem Vertrauen begegnen konnte, hat er dennoch – um nicht Bestürzung auf den Mienen der Bittsteller zu verursachen und um sich nicht dem Vorwurf auszusetzen, er missachte das Gerechte – darin eingewilligt, so bedeutende Geiseln zusammen mit einer entsprechenden Wiedergutmachung für diesmal anzunehmen, wobei sein ganzes Bemühen und Begehren auf das Gut des Friedens gerichtet war. Und sogleich ließ er den Fürsten bestellen, dass man noch eine Weile abwarten solle, bis er über diese Zusage Gewissheit erlangt habe. Er selbst zog mit einer nicht eben großen Gefolgschaft zum Kloster Bleidenstadt[392], rückte dann, Mainz links liegen lassend, auf dieser Seite des Rheins vor und setzte vier Meilen von der Stadt entfernt über den Rhein in Richtung Bingen, seiner Burg[393].

66. Einen gewissen Helfrich aber, seinen Vitztum und Getreuen[394], hatte er nach Mainz hinübergeschickt, um über die Geiseln Erkundigungen einzuholen und

---

391 *Lev. 19,18.*
392 *Benediktinerkloster Bleidenstadt, Rheingau-Taunus-Kreis, Hessen.*
393 *Hier wurden möglicherweise MUB II 250, 251 und 253 ausgestellt.*
394 *Helferich, Mainzer Vitztum (als solcher belegt 1155–1160). Sohn des Ernst v. Selenhofen und somit möglicher Verwandter Arnolds. Vgl. oben, Anm. 161.*

quandam civitatis valida municione et magni muri robore cinxerat, et presidio totis^z viribus suis domno archiepiscopo erat. Argutissima vero calliditate ac impiissima Maguntini utentes renunciabant: paratos se fore, quot et quales obsides preciperet, et omnem satisfactionem et securitatem domino suo archiepiscopo, dummodo eius promererentur graciam, exhibere; summopere et eundem vicedominum exorantes, ut eis in tanto negocio patrocinari dignaretur; quia nil tam asperum, nil adeo durum et difficile esset, dummodo eorum omnino non excederet vires, quin paratissimo animo et obediencia promptissima cum omni fidelitate et humilitate persolverent; et quoniam omni plenitudine cordis et emendacione super his, que deliquerant ad Deum et domnum archiepiscopum, esset eis difficile omnino et timorosum, nec possent^a leviter, in presencia eius apparere; sed in civitate, in curia sua³⁹⁵, pro solito vellent ei ad omnem suam iussionem satisfacere. Verum hec idcirco aiebant, ut, si immunitus civitatem ingrederetur, quocumque ingenio esset, ipsum deberent occidere. Unde maiores civitatis ad ipsum super hoc Pinguiam miserunt. Et consilio adinventum est, ut eorum omnis *malignandi*³⁹⁶ adimeretur *occasio*, quod apud Sanctum Iacobum³⁹⁷ eos suis conspectibus iuberet astare.

67. Locus autem, ubi hoc cenobium consitum^b erat, urbis est promontorium haut modicum, toti civitati patulam faciem pandens^c³⁹⁸. Hoc itaque – ab eadem, que in ipsius fundata est radicibus, civitate per LX cubitos³⁹⁹ vel paulo plus blanda se altitudine in arduum porrigens – amenum et quasi voluptuosum receptaculi sinum in sui medio producit; perviam per ipsum sui medii centrum, in ambientis muri prefati monasterii giro grandi^d ac^d sublimi positam⁴⁰⁰, respiciens portam.

---

z) *Jf;* tocius *W.*   a) *Jf;* possunt *W.*   b) conditum *Jf.*   c) depandens *W;* obpandens *Jf.*   d–d) *Jf;* grandem in *W.*

395 *D.h. im bischöflichen Palast in Mainz an Stelle des heutigen Höfchen.*
396 *Die Formulierung* occasio malignandi *entstammt der Urkundensprache; vgl. etwa D F I. 298, S. 110:* Ut autem omnibus sinistre intencionis occasionem malignandi auferamus *und D F I. 750, S. 298:* ne pravis ingeniis in bonis et honestis factis malignandi occasio relinquatur.
397 *Das heute nicht mehr vorhandene Benediktinerkloster St. Jakob vor Mainz an Stelle der heutigen Zitadelle. Im Mittelalter 130 Meter frei vor der Stadtmauer. 1050 durch Erzbischof Bardo v. Mainz gestiftet, 1055 wurde durch Erzbischof Luitpold die große Klosterkirche mit zwei*

sich um sie zu kümmern. Dieser hatte nämlich einen bestimmten Teil der Stadt mit festem Bollwerk und dem Schutz einer starken Mauer umgeben und war unter Einsatz all seiner Kräfte dem Herrn Erzbischof eine sichere Stütze. Die Mainzer aber bedienten sich einer äußerst durchtriebenen und gottlosesten List und erklärten: Sie seien bereit, ihrem Herrn Erzbischof so viele und so bedeutende Geiseln zu stellen, wie er befehle, und jede Wiedergutmachung und Sicherheitserklärung zu leisten, wenn sie sich nur seine Gnade wieder verdienten. Dabei baten sie inständigst den Vitztum selbst, er möge so gnädig sein und ihnen in dieser so entscheidenden Angelegenheit beistehen. Nichts nämlich wäre so drückend, nichts so hart und schwierig, dass sie nicht bereitwilligst und in willfährigstem Gehorsam in aller Treue und Demut die Leistungen erbrächten, wenn es nur nicht ihre Kräfte völlig übersteige. Überdies wäre es für sie trotz aufrichtiger Gesinnung und Läuterungsabsicht hinsichtlich ihrer Vergehen an Gott und dem Herrn Erzbischof höchst schwierig und furchterregend, und sie könnten es auch nicht leicht über sich bringen, vor ihm zu erscheinen. In der Stadt selbst aber, in seinem Pfalzhof[395], wie es Gewohnheit ist, wollten sie ihm Wiedergutmachung leisten entsprechend all seinen Befehlen. Dies aber sagten sie deshalb, damit, wenn er ohne Schutz die Stadt betrete, sie ihn, wie auch immer er ihnen gegenüber gesonnen wäre, töten könnten. Deshalb schickten sie die Vornehmsten der Stadt in dieser Angelegenheit zu ihm nach Bingen. Und in einer Beratung kam man zu dem Ergebnis, er sollte ihnen den Befehl erteilen, beim Kloster des heiligen Jakob[397] vor seine Augen zu treten, damit ihnen jegliche Gelegenheit[396] zu einer bösen Tat genommen wäre.

67. Der Ort aber, wo dieses Kloster erbaut worden war, liegt auf einem nicht gerade kleinen Bergvorsprung oberhalb der Stadtbefestigung, der der ganzen Stadt eine offene Ansicht darbietet[398]. Dieser Vorsprung nun, der von derselben Stadt, die zu seinen Füßen gegründet ist, um 60 Ellen[399] oder etwas mehr aus sanfter Erhebung zu steiler Höhe aufragt, bildet in seiner Mitte eine anmutige und gleichsam üppige Ausbuchtung für einen sicheren Aufenthalt und ist in seinem rückwärtigen Bereich, direkt auf seinen Mittelpunkt zu, mit einem offenen Zugang ausgestattet, der sich in dem großen und hochragenden, das vorgenannte Kloster umgebenden Mauerring befindet[400]. Während die Anhöhe sich von hier

---

Türmen geweiht; Luitpold wurde auch 1059 in der Klosterkirche beigesetzt. DOBRAS, *Mainz, St. Jakob,* S. 470–473
398 *Der Ort der heutigen Mainzer Zitadelle.*
399 *Ca. 30 Meter.*
400 *Möglicherweise war St. Jakob in ähnlicher Weise befestigt wie dies später für St. Alban und St. Victor belegt ist. St. Alban wird bereits im 12. Jahrhundert mehrmals als* castrum, *als Befestigung also, bezeichnet. Vgl. etwa MUB I 436 vom 11.5.1108.*

Deinde se in vastissimam extendens planiciem, a priori facie, que Maguntiam^e intuetur^f, tribus, per^g ipsius civitatis duas portas ducentibus, levo medio dextroque circuitu distinguitur viis; ipsum cenobium sancti Iacobi apostoli ambientis – ut diximus – cingulo muri in suo sublimi equalive^h plano concludens. Monasterium igitur istud, pedibus suis^i muros Maguntinos attingens, quasi *civitas*⁴⁰¹ *super montem posita*, cernentibus eminus adspicitur^j.

68. Ad hunc itaque locum reverentissimus Arnoldus Maguntinus archiepiscopus, *zelatus*⁴⁰² *domum Dei* et legem *Dei*⁴⁰³ sui *secundum scienciam*^k, ante nativitatem sancti Iohannis baptiste⁴⁰⁴ pacifico ingressu sicut *homo*⁴⁰⁵ *pacis* et mansuetissimus princeps, ut cum impiis civibus suis Maguntinis – quia domum Dei, ecclesiam videlicet Maguntinam, profanaverant – reconciliaretur et^l eorum super hoc scelere emendacionis inibi reciperet obsides, de castro suo Pinguia, non armata manu nec tyrannico apparatu, non ut hostis et depopulator sed ut pius dominus et omnium bonorum amicus, ut in propriam confidentissime^m domum cum paucis advenit. Sic *Achimelech*^n⁴⁰⁶ *sacerdos Dei ad impiissimum regem Saul*, sic *Abner*⁴⁰⁷ princeps Israhel de via dolo *reductus in Ebron ad Ioab*, sic *Onias*⁴⁰⁸ sanctissimus et summus sacerdos *ad Andronicum*, quia scilicet Menelaum *furti vasorum templi* arguerat, sic *Symon*⁴⁰⁹ Machabeus *et Matathias filius eius* ad sceleratissimum *Tolomeum*^o accessit^p.

69. Unde pietas ad Maguntinam impietatem? Pax ad discordiam? Humanitas ad inhumanitatem? Concordia^q ad discordiam? *Homo*⁴¹⁰ *bonus de bono thesauro* ad liberos sathane? Pastor, princeps, dominus reverentissimus, unctus et consecratus, summus sacerdos, religiosus, castus et misericors ad sacrilegos, homicidas et

---

e) *Jf;* Maguntinam *W.* f) intueetur *(gestrichenes* t*), folgt gestrichen* turrib *W.* g) *Jf; fehlt W.* h) equali ve *W;* equalique *Jf.* i) *Jf;* suos *W.* j) ad suspicatur *W;* adspectatur *F Jf.* k) *möglicherweise folgte ursprünglich* die *Jf.* l) *Jf; fehlt W.* m) *Jf;* confidissimam *W.* n) *Jf;* Abimelech *W.* o) *Jf;* Tolonicum *W.* p) *davor gestrichene Buchstaben* (acc ?) *W.* q) *davor gestrichen* condo cond *W.*

401 *Matth. 5,14:* Non potest civitas abscondi supra montem posita.
402 *Ps. 68,10:* zelus domus tuae comedit me.
403 *Rom. 10,2.*
404 *Das heißt am Tag vor dem 24.6.1160, also dem 23.6.1160.*
405 *Ps. 40,10 (G):* etenim homo pacis meae in quo speravi.
406 *1. Reg. 22,11:* misit ergo rex ad accersiendum Ahimelech filium Achitob sacerdotem et omnem domum patris eius sacerdotum qui erant in Nobe qui venerunt universi ad regem.
407 *2. Reg. 3,27:* cumque redisset Abner in Hebron seorsum abduxit eum Ioab ad medium portae ut loqueretur ei in dolo et percussit illum ibi in inguine et mortuus est in ultionem sanguinis Asahel fratris eius.

aus in die große Ebene ausdehnt, wird sie auf der vorderen Seite, die nach Mainz blickt, von drei Wegen durchschnitten, die durch zwei Tore dieser Stadt führen und sich links, in der Mitte und rechts herumziehen. Das Kloster des heiligen Apostels Jakob selbst wird auf dem hohen und gleichmäßigen Plateau, wie wir schon gesagt haben, mit dem Ring einer umlaufenden Mauer umschlossen. Dieses Kloster nun, das zu seinen Füßen die Mauern von Mainz berührt, ist, wie eine[401] auf einem Berg gelegene Stadt, vom Betrachter schon von Ferne zu sehen.

68. Zu diesem Ort also kam Arnold, der hochehrwürdige Erzbischof von Mainz, voller[402] Eifer für das Haus und das Gesetz seines[403] Gottes in rechter Erkenntnis, am Tag vor dem Fest des heiligen Johannes des Täufers[404], in friedfertigem Einzug, wie ein Mann[405] des Friedens und ein allermildester Fürst –, um sich mit seinen gottlosen Mainzer Bürgern, weil sie ja das Haus Gottes, nämlich die Mainzer Kirche, entweiht hatten, auszusöhnen und um dort hinsichtlich dieses Verbrechens ihre Geiseln als Unterpfand für die Besserung anzunehmen – von seiner Festung Bingen, ohne bewaffnete Schar und ohne Kriegsgerät einer Zwangsgewalt, nicht wie ein Feind und Verwüster, sondern wie ein frommer Herr und Freund aller Guten, voller Vertrauen mit wenig Begleitung gleichsam wie in sein eigenes Haus. Ebenso war Achimelech[406], der Priester Gottes, zum gottlosesten König Saul gekommen, so Abner[407], der Führer Israels, durch List vom Weg zurückgeführt nach Ebron, zu Joab, so Onias[408], der allerheiligste Hohepriester, zu Andronicus, weil er nämlich den Menelaus des Diebstahls der heiligen Geräte des Tempels bezichtigt hatte, so Simon[409] Makkabäus und Matathias, dessen Sohn, zu dem verruchtesten Ptolomäus.

69. Warum nur begab sich die fromme Gesinnung zur Mainzer Gottlosigkeit? Warum der Friede zur Zwietracht? Warum die Menschlichkeit zur Grausamkeit? Warum die Eintracht zur Uneinigkeit? Warum[410] ein guter Mann aus einem guten Schatz zu den Kindern des Satans? Warum ein Hirte, ein Fürst, ein hochehrwürdiger Herr, gesalbt und geweiht, ein höchster Priester, gottesfürchtig, rein

---

408 *2. Macc. 4,32*: ratus autem Menelaus accepisse se tempus oportunum aurea quaedam vasa templo furatus donavit Andronico et alia vendiderat Tyro et per vicinas civitates und *2. Macc. 4,34*: unde Menelaus accedens ad Andronicum rogabat ut Onian interficeret qui cum venisset ad Onian et datis dextris cum iureiurando quamvis esset ei suspectus suasisset asylo procedere statim eum peremit non veritus iustitiam.
409 *1. Macc. 16,14–16*.
410 *Matth. 12,35*: bonus homo de bono thesauro profert bona et malus homo de malo thesauro profert mala.

crudelissimos? Sed quid^r consilii Maguntia^s detestabilis cepit? „Ecce" inquit „*venit*^{411} *heres; venite, occidamus eum, et habebimus hereditatem eius.*" Et nesciebat vir Deo deditus, quia tanto molimine fraudes in eum commentarentur.

70. Sed ut ceptam prosequamur historiam, ubi eum Maguntini adesse senserunt, primo – arbitrantes, valida manu adventasse et exercitum magnum habere – omnem emendacionem et condictos obsides iuxta omnem sui beneplaciti graciam prebere in crastinum pollicebantur. Verebantur enim, ne principes, quos illuc pro bono pacis vocarat, ad ipsum e vestigio pro tocius civitatis pernicie maturare deberent, si forte voluntati ipsius non acquiescerent; nondum *introitum*^{412} *vel exitum ipsius* ad plenum usque noscentes. Verum, ut supra allegavimus, venerabilis pontifex non ut hostis, non armata manu, non ut qui eis aliquid moliretur incommodi^t, sed ut pacificus dominus et benivolus pater, scilicet pastor ad oves, pater ad filios, quos *cupiebat*^{413} *in Ihesu Christi visceribus*, ad^u satisfactionem, eorum inclinatus precibus, misericordi animo suscipiendam advenerat; magis ipsorum saluti quam sue voluntati vel potestati consulens. Cuius rei evidentissimum est argumentum, quia milites, qui eum comitati fuerant – sparsim in civitate per hospicia sua secure degentes^{v414} – et tota familia non arma meditabantur, nec ipsa circa dominum suum intulerant; sed leti iocundique animo civium crastinam prestolabantur convencionem. Manifestum est enim, quod venerabilis pontifex numquam tam tenui manu partibus eorum se credidisset, si eos ipse corripere et non ad^w eorum^x emendacionem super sacrilegii commissi reatu tantummodo recipiendam venisset.

71. Cum igitur de convencione hac, de obsidibus^y, de satisfactione per totum illius diei spacium tractaretur et noctis; et tota curia, impaciens morarum, crasti-

---

r) *Jf;* quod *W.* s) *Jf;* Maguntina *W.* t) *Jf;* incomodi *W.* u) *Jf; fehlt W.*
v) *Jf;* eligentes *W.* w) *Jf; fehlt W.* x) *Jf;* ipsorum *W.* y) *Jf;* obsidionibus *W.*

---

411 *Matth. 21,38:* est heres venite occidamus eum et habebimus hereditatem eius.
412 *Isai. 37,28:* habitationem tuam et egressum tuum et introitum tuum cognovi et insaniam tuam contra me.

und barmherzig, zu den Kirchenräubern, Mördern und grausamsten Menschen?
Doch welchen Plan fasste das verabscheuenswerte Mainz! „Siehe", sprach es,
„es⁴¹¹ kommt der Erbe. Kommt, wir wollen ihn töten, und dann werden wir sein
Erbe in Besitz nehmen". Und es wusste der gottergebene Mann nicht, dass sie
mit solchem Eifer den Betrug gegen ihn planten.

70. Aber damit ich die begonnene Geschichte weiterführe: Als die Mainzer
gemerkt hatten, dass er da war, gelobten sie zuerst – in dem Glauben, er sei mit
einer gewaltigen Schar erschienen und führe ein großes Heer mit sich – für den
folgenden Tag, die vollständige Wiedergutmachung zu leisten und die verabredeten Geiseln zu stellen, ganz wie es sein gnädiges Wohlgefallen verlange. Sie fürchteten nämlich, dass die Fürsten, die er für das Gut des Friedens zu sich gerufen
hatte, augenblicklich zum Verderben der ganzen Stadt zu ihm eilen würden für
den Fall, dass man seinem Willen nicht nachkäme; noch hatten sie keine genaue
Kenntnis von⁴¹² seinem Kommen und Gehen. Aber, wie wir oben erwähnt haben, der ehrwürdige Bischof war nicht wie ein Feind gekommen, nicht mit bewaffneter Schar, nicht wie einer, der ihnen gegenüber etwas Böses im Schilde
führte, sondern wie ein friedenstiftender Herr und gütiger Vater, nämlich wie ein
Hirte zu seinen Schafen, ein Vater zu seinen Söhnen, nach denen er⁴¹³ sich sehnte
in innigster Liebe zu Jesus Christus, um mit barmherzigem Sinn, ihren Bitten
geneigt, die Sühne entgegenzunehmen. Er sorgte sich mehr um deren Seelenheil
als um die Durchsetzung seines eigenen Willens und seiner Macht. Der offensichtlichste Beweis dafür ist, dass die Ritter, die ihn begleitet hatten – sie hielten
sich sorglos in der Stadt auf, verteilt auf ihre Quartiere⁴¹⁴ –, und die gesamte
Dienstmannschaft sich nicht auf Kämpfe vorbereiteten und auch nicht Waffen
zum Schutz ihres Herrn bereithielten; vielmehr erwarteten sie fröhlichen und
heiteren Sinnes die Zusammenkunft der Bürger für den folgenden Tag. Es ist
doch ganz eindeutig, dass sich der ehrwürdige Bischof niemals mit einer so kleinen Schar den gegnerischen Gruppen anvertraut hätte, wenn er gekommen wäre
in der Absicht, seinerseits mit Gewalt über diese herzufallen, und nicht, um lediglich ihre Wiedergutmachung für die Schuld des begangenen Kirchenfrevels in
Empfang zu nehmen.

71. Als nun über diese Vereinbarung, über die Geiseln und über die Wiedergutmachung den ganzen Tag und auch die Nacht hindurch verhandelt wurde und

---

413 *Philipp. 1,8:* testis enim mihi est Deus quomodo cupiam omnes vos in visceribus Christi Iesu.
414 *Möglicherweise in Selenhofen.*

num pacis spectaculum et – precursoris Domini, sanctissimi *Iohannis*[415] *baptiste, quo inter natos mulierum nullus maior surrexit,* feriantes[z] vigiliam – cepte festivitatis omnes prestolarentur solempnia; Maguntini fraudum suarum pestilentis[a] artis[a] nequaquam fuere immemores. Placido enim *blandoque*[416] *vultu ut scorpio* et optimis verbis circa domnum episcopum inter nuncios ita incedebant, quod nullus[b] mortalium venenatam caudam ipsorum vel aliud nisi verbum humilitatis, pacis et omnimode[c] satisfactionis, ex ipsis posset percipere. Quippe *in*[417] *corde*[d] *et*[e] *corde*[e] sevientes, magisque blandam faciem quam bonum ingenium gerentes, omnes de curia, pro pace, pro gracia ut sibi circa domnum archiepiscopum essent propicii, efflagitabant; iuramenta periura, quot et qualia velles, et ultro gratisque fervore mendacii exhibentes. Iurares equidem[f], quod nulli vivencium sic pacem, sic et tanto ardore graciam et bonam voluntatem alicuius possent amplecti, sicut isti graciam domni pontificis cupidissime videbantur exoptare. Unde grates ab omnibus dicebantur altissimo Deo, quod iam *pax*[418] videretur *esse reddita terris.*

72. Ea tempestate, qui[g] dominum et magistrum suum furoris et prodicionis precio venumdaret, sicut dicitur, alter Iudas, *primogenitus*[419] *sathane,* quidam qui sub *ovili*[420] *veste* et religionis habitu dirissimus[h] lupus *per*[421] *tonsuram Deo menciebatur,* tocius *discordie*[422] ab ipso cepto *incentor,* iniquus auctor mendacii et natus ex ipso, eiusdem sancti Iacobi cenobii *abbas*[423] affuit. Hunc autem domnus episcopus cum ceteris aliis Maguntinis primum[i] in graciam receperat; et, ut *malum*[424] *in bono* solito *devinceret,* per loca sui episcopatus secum iam ut fidum amicum deducens, eum in plurimis honorarat[j] et, ut bonum amicum de inimicicia

---

z) *folgt* g W.   a–a) *Jf;* pestilentes artes W.   b) *Jf;* nullis W.   c) *Jf;* omni modo W.   d) *Jf;* cerde W.   e–e) ex corde *M F;* excordes *Jf.*   f) *Jf;* et quidem W.   g) cum Iudas *Jf.*   h) *folgt gestrichen* lapis W.   i) primus W; prius *Jf.*   j) *Jf;* honorat W.

---

415 *Matth. 11,11:* amen dico vobis non surrexit inter natos mulierum maior Iohanne Baptista qui autem minor est in regno caelorum maior est illo.
416 *Vgl. Gregor d. Große, Homiliae in Hiezechihelem prophetam, lib. I, hom. 9,21 (CCSL 142, S. 134, Z. 433–S. 135, Z. 438):* Scorpiones ergo sunt omnes blandi et malitiosi, qui bonis quidem in faciem non resistunt ... Scorpiones ergo sunt qui blandi et innoxii in facie uidentur, sed post dorsum portant unde uenenum fundant.
417 *Ps. 11,3 (G):* Vana locuti sunt unusquisque ad proximum suum: Labia dolosa, in corde et corde locuti sunt.
418 *Corpus orationum, Nr. 595 (CCSL 160, S. 298, Z. 1).*

der ganze Hof, der Verzögerungen überdrüssig, dem morgigen öffentlichen Akt des Friedensschlusses entgegensah und, indem sie die Vigil des Vorläufers des Herrn, des allerheiligsten Johannes[415] des Täufers, feierten – kein größerer als dieser hat sich je unter den vom Weibe Geborenen erhoben –, alle die Festlichkeiten des begonnenen Heiligenfestes erwarteten, da war den Mainzern die verderbliche Kunst ihres Betrugs keineswegs aus dem Sinn geraten. Wie[416] ein Skorpion nämlich bewegten sie sich mit sanfter und freundlicher Miene und mit gewähltesten Worten inmitten der Boten so um den Herrn Bischof, dass kein Sterblicher ihren vergifteten Stachel oder etwas anderes als Worte der Demut, des Friedens und jeder Art der Wiedergutmachung bei ihnen wahrnehmen konnte. Denn in[417] zwiespältigem Herzen tobend, mehr ein freundliches Gesicht als eine gute Gesinnung tragend, forderten sie alle, die zum Hof gehörten, um des Friedens und der Gnade willen inständig auf, für sie beim Herrn Erzbischof ein gutes Wort einzulegen; dabei leisteten sie falsche Schwüre, so viele und von welcher Art du wolltest, von sich aus und aus freien Stücken mit einer Leidenschaft zur Lüge. Du hättest wahrlich schwören können, dass niemand auf der Welt so inständig den Frieden und mit solch glühendem Eifer die Gnade und das Wohlwollen von irgendjemandem hätte erstreben können, wie jene die Gnade des Herrn Bischofs sehnlichst herbeizuwünschen schienen. Daher wurde von allen dem höchsten Gott Dank gesagt, weil der Friede[418] den Ländern schon zurückgegeben schien.

72. Zu jener Nachtstunde, zu der er um den Lohn der Verblendung und des Verrats seinen Herrn und Meister verkauft hatte, war, wie gesagt wird, ein zweiter Judas zugegen, eine Erstgeburt[419] des Satans, einer, der unter dem Schafspelz[420] und im Ordenskleid als reißender Wolf mit[421] seiner Tonsur Gott täuschte, von allem Anfang an der Anstifter[422] der ganzen Zwietracht, ein böser Urheber der Lüge und aus dieser selbst geboren, der Abt dieses Klosters Sankt Jakob[423]. Gerade diesen hatte der Herr Bischof mit allen anderen Mainzern als ersten in seine Gnade aufgenommen und, damit er das Böse[424] im gewohnten Guten besiege, schon wie einen vertrauten Freund in die Gebiete seines Bistums mitgenommen und in vielerlei Hinsicht geehrt. Wie einen vom Feind zum guten Freund Gewordenen hatte

---

419 *Hieronymus, De uiris illustribus c. 17 (ed. E. RICHARDSON, Texte und Untersuchungen zur Geschichte der Altchristlichen Literatur 14, 1a, S. 18, Z. 28):* primogenitum diaboli.
420 *Matth. 7,15:* Attendite a falsis prophetis, qui veniunt ad vos in vestimentis ovium, intrinsecus autem sunt lupi rapaces.
421 *Regula Benedicti, c. 1,7:* mentiri Deo per tonsuram noscuntur.
422 *2. Macc. 4,1:* incentor malorum.
423 *Vgl. zu Abt Gottfried oben, Anm. 249.*
424 *Rom. 12,21:* sed vince in bono malum.

creatum, ad consilia secretasve sui cordis deliberaciones, quoniam vultum religionis induerat sanctitatisque indolem, incunctanter admiserat.

73. Hic itaque, solempnem excelsumque diabolum in intencione perbaiulans, accitis nunciis et domesticis suis impiis Maguntinis, efferata, ut dicitur, crudelitate interpretabatur dicens: „Quid tantopere de obsidibus et convencione anxiamini? Quid tam diu protelatis satisfactionis consilium vestre? Ecce *victoria*[425] *in manu vestra est*, si homines esse velitis. Ecce tempus, multis retro diebus optatum, presto est. *Tradidit*[426] *enim Deus inimicum vestrum* et hostem mortalem, qui filios vestros servituti addicere et gentem et locum demoliri et vos patria et bonis privare cupiebat, *in manus vestras*. Nunc igitur *non*[427] *parcat oculus vester*, et non senectuti, non misereatur dignitati; non paveat christum Domini, non *formidet*[428] *a verbis ipsius* et[k] *occursu*; non potestatem, *non*[429] *Deum non hominem, in hoc revereatur* facinore. + Reducere adhibentes[l] memoriam +, quomodo et ante coram imperatore et nunc in principibus vos, civitatem et liberos vestros fuerit annisus confundere ac perdere. Ego sum, qui hoc adhortor, qui tribuo consilium, qui et pro viribus precipio. Circumveniatis inhermem senem et pessimum. Omnia[m] mea licencia et totum monasterium igne corripite et incendite; que potestis, postmodum reddituri[n], eruite ac extrahite[o]; et senem illum pestiferum, cuius extremus accessit finis malorum, vivum comburite. *Expedit*[430] enim, *ut ipse moriatur*, quam omnes vos *pereatis*. Verumtamen, ut omnis infamie a vobis detergatis maculam, qualescumque sive lanificum vel carnificum vel cuiuscumque condicionis extiterint, in crastinum sibi obsides prebete. Quos dum ipse inficiabitur[p], repentino interitu in *impetu*[431] *fortitudinis vestre* ipsum pariter cum omni loco, si necesse fuerit, involventes igne vel gladio consumatis; super omnia curantes, ut hoc verbum omni tegatur silencio. Ego vero, interim que circa ipsum aguntur,

---

k) *Jf; fehlt W.*   l) collibeat in *Jf.*   m) Omni *Jf.*   n) redituri *Jf.*   o) *Jf;* extraite *W.*   p) *Jf;* inficiabatur *W.*

---

425 *Sallust, De coniuratione Catilinae, 20,10:* victoria in manu nobis est.
426 *Iudic. 16,23:* Tradidit Deus noster inimicum nostrum ... in manus nostras.
427 *Deut. 13,8:* neque parcat ei oculus tuus, ut miserearis.
428 *Ps. 118,161 (G):* et a verbis tuis formidavit cor meum.

er ihn, ohne zu zögern, zu den Beratungen hinzugezogen oder ihm die geheimen Entscheidungen seines Herzens mitgeteilt, weil sich jener eine gottesfürchtige Miene und ein heiligmäßiges Aussehen zugelegt hatte.

73. Dieser nun, im Geiste besessen von einem pompösen und sich aufspielenden Teufel, erklärte, wie erzählt wird, den angekommenen Boten und seinen gottlosen Mainzer Dienstleuten in unsäglicher Grausamkeit mit den Worten: „Was ängstigt ihr euch so sehr wegen der Geiseln und wegen der Abmachung? Warum zögert ihr so lange mit dem Entschluss, euch Genugtuung zu verschaffen? Seht, der Sieg[425] liegt in eurer Hand, wenn ihr Männer sein wollt! Seht, nun ist die Zeit gekommen, die ihr an vielen zurückliegenden Tagen herbeigewünscht habt. Gott[426] nämlich hat euch euren Gegner und sterblichen Widersacher, der eure Söhne in die Knechtschaft führen und das Volk und den Ort zerstören und euch der Heimat und des Besitzes berauben wollte, in eure Hände geliefert. Daher soll[427] euer Auge jetzt keine Rücksicht nehmen und kein Mitleid mit dem Alter und der Würde haben, sich nicht ängstigen vor dem Gesalbten des Herrn, sich nicht von[428] dessen Worten und seiner Gegenwart schrecken lassen und nicht die Gewalt, nicht[429] Gott und den Menschen bei dieser Tat scheuen. Ruft euch ins Gedächtnis zurück, wie er sowohl vorher beim Kaiser wie auch jetzt bei den Fürsten darum bemüht war, euch, die Stadt und eure Kinder zuschanden zu machen und zugrunde zu richten. Ich bin es, ich fordere dazu auf, ich gebe den Rat, ja ich befehle nach Kräften: Umzingelt diesen schutzlosen und zutiefst bösen Greis! Mit meiner Erlaubnis macht euch mit Feuer über alles und das ganze Kloster her und setzt es in Brand; was ihr nur könnt, reißt an euch und tragt es heraus, um es später wieder zurückzubringen; und jenen Verderben bringenden Greis, dessen letztes Stündlein der bösen Taten gekommen ist, verbrennt bei lebendigem Leibe! Es[430] ist doch besser, dass der da getötet wird, als dass ihr alle zugrundegeht. Jedenfalls, damit ihr den Schandfleck der ganzen Schmach von euch abwischt, bietet ihm für morgen irgendwelche Geiseln an, sei es dass sie Wollweber oder Fleischer wären oder von welcher Art auch immer. Sobald er selbst diese zurückweist, stürzt euch in einem unvermuteten Vernichtungsschlag im[431] Ansturm eurer Tapferkeit auf ihn und, wenn es erforderlich ist, auf den ganzen Ort und vernichtet ihn mit Feuer oder Schwert. Vor allem achtet darauf, dass dieses Gespräch mit größtem Stillschweigen bedeckt wird. Ich selbst werde mich darum kümmern, das, was in der Zwischenzeit um ihn herum geschieht,

---

429 *Luc. 18,4:* et nolebat per multum tempus post haec autem dixit intra se et si Deum non timeo nec hominem revereor.
430 *Ioh. 11,50:* expedit nobis, ut unus moriatur homo pro populo et non tota gens pereat.
431 *Dan. 8,6:* impetu fortitudinis suae.

vobis demandare curabo." Dixerat hec propheta diaboli, preambulus antichristi, facies sathane, domicilium demonis.

74. Et ilico ad obsequendum reversus coram stabat episcopo; cauteriatam mortiferamque quam gerebat conscienciam minus iam, prodeuntibus^q indiciis, abscondere valens. Ubi autem probabili attestatione conlocucionem, quam cum adversariis habuit, in ipso domnus comprehendit episcopus, a sue conspectu presencie ipsum eliminans tali obiurgacione^r eum, ut fertur, increpuit: „Discede" inquit „a nobis. Numquam illius infidelitatis atque mendacii expertus monachum fui. Nos super hec nullam tibi aliam vicissitudinem reddemus, nisi tu in cheminata tua^s. Nos, sicut Deus voluerit, ambulare decrevimus."

75. Celebratis igitur sanctissimi precursoris Domini cum omni devocione ac supplicacione sollempniis, composicionis procuratores de obsidibus et civium satisfactione domino referebant⁴³²: ipsos^t, agentes desuper^u hoc verbo, tractasse diucius, et obsides preparatos fore; sed plebeios et ignobiles pueros, quales de populo adipisci quiverunt, qui eum comitari non possent nec ipsum decerent; verumtamen interesse sua, et istos qualescumque^v recipere, quandoque^w concivium^x vultus et animos admodum super hoc immutatos fuisse concernerent. Et primum non modicum super hiis commotus, quasi hec minatoria reputans et superba, „Non" inquit „tales obsides nec talem composicionem mihi pollicebantur, sed quales^y ipse admittere vellem, prestitis iuramentis et securitatibus plurimis. *Nemo*⁴³³ *sic petit ut minetur, nemo* per exprobracionem rite impetrat. Quasi nobis minantur et terrore nos et ecclesiam nostram arbitrantur deprimere." Hec et multa alia de decepcione ipsorum, de instabilitate et, quod fallaces essent, heros proponens, post prandium usque et super hec se responsurum consulto promisit; simul, qui venerant, tanto in solempnio secum epulaturos sueta honestate invitans. Suspicabatur etenim: quod tale facinus in ipsum numquam presumerent, cum presertim, multipliciter offensus ab ipsis, eos numquam lesisset; vel, si ad

q) prodentibus *Jf.*   r) *Jf;* obiuracione *W.*   s) *folgt vermutete Lücke Jf.*   t) *Jf;* ipso *W.*
u) super *Jf.*   v) *Jf;* qualiscumque *W.*   w) quandoquidem *M Jf.*   x) *Jf;* cum
civium *W.*   y) *Jf;* qualis *W.*

432 *Am 24.6.1160.*

euch zur Kenntnis zu bringen." Dies hatte der Prophet des Teufels, der Vorgänger des Antichrist, das Antlitz des Satans, der Sitz des Dämonen gesagt.

74. Und sogleich kehrte er, um seinen Gehorsam zu demonstrieren, zurück und hielt sich beim Bischof auf. Dabei konnte er das Brandmal der todbringenden Mitwisserschaft, das er in sich trug, auf Grund verräterischer Anzeichen schon schlechter verbergen. Sobald aber der Herr Bischof durch verlässliches Zeugnis die Unterredung, die dieser mit den Gegnern geführt hatte, an ihm selbst erkannt hatte, verbannte er ihn aus seinem Gesichtskreis und fuhr ihn dabei, wie berichtet wird, wegen einer solch schlechten Verschwörung an: „Weiche von uns", sprach er. „Niemals habe ich einen Mönch von derartiger Treulosigkeit und Verlogenheit kennengelernt. Wir erteilen dir in dieser Sache keine andere Antwort als: In dein Gemach mit dir! Wir haben beschlossen, den Weg, so wie Gott es will, weiter zu gehen."

75. Als nun das Fest des allerheiligsten Vorläufers des Herrn in aller Demut und im Gebet gefeiert worden war, erstatteten die Bevollmächtigten des Vergleichs ihrem Herrn Bericht über die Geiseln und die Buße der Bürger[432]: Diejenigen, die zur Durchführung dieses Befehls beauftragt seien, hätten selbst längere Zeit beraten, und es würden Geiseln vorbereitet; es seien aber ärmliche und unbedeutende Knaben, die sie da vom Volk bekommen konnten, die nicht in seiner Begleitung auftreten könnten und ihm nicht angemessen seien; es sei allerdings in seinem Interesse, auch diese ohne Unterschied anzunehmen, zumal sie sicher erkannt hätten, dass die Mienen der Mitbürger und die Gemüter in dieser Sache völlig verändert gewesen seien. Da war er zunächst über diese ziemlich erzürnt, denn er sah dies als Drohung und Hochmut an, und er sagte: „Nicht solche Geiseln und nicht einen derartigen Vergleich haben sie mir versprochen, sondern solche, wie ich selbst sie zulassen wollte, entsprechend den geleisteten Eiden und zahlreichen Sicherheitserklärungen. Niemand[433] bittet in der Form, dass er droht, niemand kommt rechtmäßigerweise mit Schmähung zum Erfolg. Sie drohen uns gewissermaßen und meinen, durch Einschüchterung uns und unsere Kirche niederzudrücken." Dieses und vieles andere über ihren Betrug und Wankelmut, und dass sie Lügner seien, warf ihnen der Held vor, und er kündigte an, er werde bis nach dem Frühstücksmahl nach reiflicher Überlegung auch in dieser Sache Antwort erteilen. Zugleich lud er die, die gekommen waren, in gewohnter Höflichkeit ein, an diesem so hohen Festtag mit ihm zu speisen. Er vermutete nämlich, dass sie niemals ein solches Verbrechen gegen ihn selbst wagen würden, zumal er, obwohl immer

---

433 *Hieronymus, Uita sancti Pauli, c. 9 (MPL 23, Sp. 25A):* nemo sic petit, ut minetur: nemo cum lacrymis calumniam facit.

hanc inmanitatem prorumperent, quod municionem illam et monasterium, in quo erat, infra triduum quantocumque conamine preoccupare non possent; sed^z sic tandem aliquo honesto consilio, non per fugam, evaderet^a. Cucullatus autem diabolus, quem supra meminimus, hesternam furoris parricidiique crapulam Maguntinis eructabat^b.

76. Vix venerabilis pater refectionem compleverat; occupatus enim circa innumerabiles pauperes, viduas et orphanos – quos in instanti opere misericordie, copiosa^c videlicet elemosina, ut sibi semper moris erat, sufficienter expleverat – fuerat aliquantisper detentus; vix in extrema lectuli parte fessos et aniles^d artus quiescendos posuerat, repente ingens in civitate clamor attollitur. Et confusa voce tubarum campanarumque, cornuum^e armorumque strepitu, aliarumque compulsacionum innumerabilium terra sono horrenti concussa, uti *in*[434] *antiquum chaos* mole subversa, quasi dehiscendo tremiscens iam ferretur^f in preceps, protinus Maguntina impietas, sicut arrepticia passim tumultuanti^g furore debachans, utpote^h apum^i examen, de obscuris perfidie sue, clipeis ac peltis^j ceterisque funestis, vexillis et omni armorum^k genere armata^l. „Io! Est^m pax rupta!" diro clamatu vociferans, cum facibus^n et lignis, lapidibus, scalis, claustra civitatis insana perrupit^o. Deinde festinans, quasi mundum vociferacione involveret, tribus in turmis, diabolica trinitate divisa, tribus viis, quas supra descripsimus, montem, ubi venerabilis episcopus est, ne quaquam abeundi^p ei daretur facultas, preoccupare contendit.

77. Ceterum germanus domni episcopi, Dudo vocatus[435], probus, honestus satis, innocentisve^q conversacionis miles, preveniens populum, primum ad venerabilem fratrem suum domnum episcopum ingressus et eum sedentem reperiens, ait: „Quid hic sedes, mi domine? Ecce mundus totus in te ruit. Veniunt omnes

z) et *Jf.*   a) *Jf;* evadere *W.*   b) *Jf;* eructans *W.*   c) *Jf;* copies *W.*
d) seniles *Jf.*   e) *Jf;* cornorum *W.*   f) *Jf;* ferreretur *W.*   g) *Jf;* tumultanti *W.*
h) ut puta *Jf.*   i) *Jf;* apud *W.*   j) *davor gestrichen* pletis *W.*   k) *Jf;* armor *W.*
l) *Jf;* arma *W.*   m) *Jf;* et *W.*   n) *Jf;* faucibus *W.*   o) *Jf;* prorupit *W.*
p) *Jf;* adeundi *W.*   q) innocentisque *Jf.*

434 Ovid, *Metamorphoseon, lib. II, v. 299:* in chaos antiquum confundimur.

wieder von ihnen beleidigt, ihnen niemals Schaden zugefügt hatte; oder, falls sie sich zu dieser Ungeheuerlichkeit hinreißen ließen, dass sie jene Befestigung und das Kloster, in dem er sich aufhielt, innerhalb von drei Tagen mit einer auch noch so großen Anstrengung nicht einnehmen könnten, sondern dass er somit am Ende nach einem ehrenvollen Entschluss und nicht durch Flucht entkommen würde. Der Teufel im Mönchsgewand aber, den wir oben erwähnt haben, spie den gestrigen Rausch der Raserei und des Mordverbrechens unter den Mainzern aus.

76. Kaum hatte der ehrwürdige Vater das Mahl beendet – beschäftigt nämlich mit unzähligen Armen, Witwen und Waisen, die er in unermüdlichem Werk der Barmherzigkeit mit reicher Speisung, wie er das immer zu tun pflegte, zur Genüge gesättigt hatte, war er eine Weile aufgehalten worden –, kaum hatte er sich am äußersten Rand des Betts niedergelassen, um die ermüdeten und vom Alter schwachen Glieder auszuruhen, als sich plötzlich ein gewaltiges Geschrei in der Stadt erhob. Und als sich der Klang der Trompeten und der Glocken vermischt hatte, als durch den Lärm der Hörner und der Waffen und durch den schrecklichen Schall unzähliger anderer aufeinandergeschlagener Gegenstände die Erde erschüttert worden war, wie wenn sie sich mit ihrer ganzen Masse zum[434] ursprünglichen Chaos gewendet hätte, gleichsam als stürzte sie berstend und erzitternd bereits in den Abgrund, da brach alsbald die Mainzer Gottlosigkeit, wie eine Besessene fortwährend wütend in lärmender Raserei, wie nämlich ein Schwarm von Bienen, aus der Finsternis ihrer Treulosigkeit heraus, ausgerüstet mit Rundschilden und mit leichten Schilden und anderen verderbenbringenden Geräten, mit Fahnen und jeder Art von Waffen, unter dem grauenhaften Gebrüll „He! Der Frieden ist gebrochen!", mit Fackeln und Holzscheitern, mit Steinen, mit Sturmleitern, in ihrer Wut durch die Tore der Stadt. Daraufhin eilte sie los, gleichsam als überzöge sie die Welt mit Kampfgeschrei, und strebte danach, in drei Haufen, in eine teuflische Dreieinigkeit aufgespalten, auf den drei Wegen, die wir oben beschrieben haben, den Berg, wo sich der ehrwürdige Bischof aufhielt, – damit diesem keine Möglichkeit mehr zum Entkommen gegeben wäre – in ihre Gewalt zu bringen.

77. Indes kam der Bruder des Herrn Bischofs, mit dem Namen Dudo[435], rechtschaffen und hochangesehen, ein Ritter von untadeligem Lebenswandel, dem Pöbel zuvor, trat zuerst bei seinem ehrwürdigen Bruder, dem Herrn Bischof, ein, traf ihn sitzend an und sagte: „Was sitzt du hier noch, oh mein Herr? Sieh, die ganze Welt stürzt sich auf dich. Es kommen all die Mainzer, um dich mitsamt den

---

435 *Dudo, Bruder Arnolds. In den Mainzer Bischofsurkunden nicht nachweisbar.*

Maguntini^r, ut te cum omnibus tuis hodie deleant. Nonne compulsaciones et tantum tumultum et tam horribilem strepitum, mi domine, audis? Surge, mi domine; per dominum Deum tuum obtestor, surge; et ascendens equum, ineas^s fugam et salva animam tuam et animas servorum tuorum hodie. Potes enim adhuc, quocumque dignacio tua desiderat, libere et expedite evadere." Cui^t respondit: „Numquid, domne Dudo, incutere vultis mihi metum, ut ego Moguntinos fugiam? Ego ab ipsa puericia eos ad liquidum novi. Videbo, quid iam mihi facere possint. *Paratus*[436] *sum* propter^u Deum et ecclesiam suam hodie *in carcerem et in mortem intrare*, si ita dispositum est." Econtra ille aiebat et omnes, qui cum ipso erant, quod non esset ei tutum, illic contra tantum impetum remanere. Et episcopus: „*Faciat*[437] *Deus, quod bonum est in oculis suis.*" Et surgens venerabilis senex, baculo subnixus, undique per murum suos locabat; et ut fortiter resisterent hostibus, *et*[438] *ut viros se meminerint esse*, et ut quilibet pro vita contra lanistas et carnifices viriliter staret, adhortabatur; perhibens, secum esse iusticiam veritatem et innocenciam, et ipsos contra iusticiam contra fidelitatem, sicut impios^v et ecclesie persecutores, pugnare, et quia in proximo eis a domino Deo veniret auxilium; principis una et boni oratoris gerens officium.

78. Postquam suos multa perarmarat audacia et omnes eos animos quasi leoninos induerat; et quilibet opem suam ad sanguinem usque, licet in extremis^w esset, spoponderat; et alii gladiis, alii lanceis, quidam saxis, quidam pharetra et arcu se^x procul committerent; venerabilis pontifex Arnoldus ad oracionis arma coram domino Ihesu Christo uberrimis lacrimis gemitibusque se contulit, agonica Ihesu Christi oracione perutens: ut, si in beneplacito suo esset, *transferret*[439] *ab eo calicem* mortis et *de*[440] *manu impiorum*, qui ipsum circumdederant^y, *liberaret*; verumtamen non sicut ipse vellet, sed sicut in misericordia sua et gracia adinveniret;

---

r) Moguntini *Jf.*   s) *Jf*; inias *W.*   t) *Jf*; cū *W.*   u) *folgt* d *W.*   v) impii *W Jf.*   w) *Jf*; heremis *W.*   x) *Jf*; *fehlt W.*   y) *Jf*; circudederant *W.*

---

436 *Luc. 22,33:* Domine, tecum paratus sum et in carcerem et in mortem ire.
437 *1. Reg. 3,18:* Dominus est; quod bonum est in oculis suis faciat.
438 Sallust, *De coniuratione Catilinae, 44,5:* fac cogites, in quanta calamitate sis, et memineris te virum esse.

Deinen heute zu vernichten. Hörst du nicht, mein Herr, das Waffengeklirr, den
so gewaltigen Tumult und den so schrecklichen Lärm? Steh auf, mein Herr, bei
Gott, deinem Herrn, beschwöre ich dich: steh auf, besteige ein Pferd, fliehe und
rette heute dein Leben und das Leben deiner Diener! Noch kannst du nämlich
frei und ungehindert entkommen, wohin nur immer deine Erhabenheit es
wünscht." Diesem antwortete er: „Wollt ihr mir etwa, Herr Dudo, Furcht einflö-
ßen, damit ich vor den Mainzern die Flucht ergreife? Ich kenne sie bereits von
Kindheit an zur Genüge. Ich werde sehen, was sie mir jetzt antun können. Ich[436]
bin bereit, um Gott und seiner Kirche willen heute in den Kerker und in den Tod
zu gehen, wenn es so bestimmt ist." Dagegen erwiderte jener und alle, die bei ihm
weilten, dass es für ihn nicht sicher sei, dort gegen einen so gewaltigen Ansturm
auszuharren. Und darauf der Bischof: „Gott[437] möge tun, was in seinen Augen
gut ist." Und der ehrwürdige Greis erhob sich, gestützt auf seinen Bischofsstab,
und ließ die Seinen überall auf der Mauer Posten beziehen; und er ermahnte sie,
sich den Feinden tapfer zu widersetzen und[438] daran zu denken, dass sie Männer
seien, und dass ein jeder um seines Lebens willen gegen die Aufwiegler und
Mordgesellen mannhaft standhalten solle; er sagte, dass auf ihrer Seite Gerechtigkeit, Wahrheit und Rechtschaffenheit seien und dass jene, so wie Gottlose und
Verfolger der Kirche, gegen die Gerechtigkeit und gegen die Treue kämpften,
dass für sie selbst aber in Kürze von Gott dem Herrn Hilfe käme; und so versah
er das Amt des Fürsten ebenso wie das des guten Redners.

78. Nachdem er die Seinen mit festem Selbstvertrauen gewappnet und sie alle
gleichsam mit dem Mut eines Löwen versehen hatte, und nachdem ein jeder seinen Einsatz bis zum letzten Blutstropfen gelobt hatte, auch wenn es zum
Äußersten käme, und während sich die einen in der Ferne mit Schwertern, wieder andere mit Spießen, einige mit Steinbrocken, weitere mit Köcher und Bogen
rüsteten, da zog sich der ehrwürdige Bischof Arnold zu den Waffen des Gebets
vor seinem Herrn Jesus Christus mit überreichen Tränen und mit Wehklagen
zurück, wobei er sich das Gebet Jesu Christi in der Nacht vor seinem Tod ganz
zu eigen machte: dass, wenn es seinem Willen entspräche, er[439] an ihm den Kelch
des Todes vorübergehen lassen und ihn[440] aus der Hand der Ungläubigen, die ihn
selbst umzingelt hatten, befreien möge; doch nicht wie er selbst es wolle, sondern
wie dieser es in seiner Barmherzigkeit und Gnade entscheiden würde; denn der

---

439 *Marc.* 14,36: et dixit Abba Pater omnia possibilia tibi sunt transfer calicem hunc a me sed non
quod ego volo sed quod tu; *Luc.* 22,42: dicens Pater si vis transfer calicem istum a me verumtamen non mea voluntas sed tua fiat.
440 *Ps.* 81,4: salvate inopem et pauperem de manu impiorum liberate; *Ps.* 96,10: qui diligitis Dominum odite malum custodit animas sanctorum suorum de manu impiorum eruet eos.

quia *spiritus*⁴⁴¹ *quidem promptus* est, licet *caro infirma*. Omni igitur *cordis*⁴⁴² devocione et *spiritu contribulato*, totus prostratus corpore coram Deo, inenarrabilibus Deum et sanctos suos, presertim gloriosam virginem Mariam, cui se a prime etatis sue devotus obtulerat, gemitibus exorabat: ut ab eo *mortis*⁴⁴³ transiret *imperium*; et ne iniquorum potestati daretur atque libidini. Et deinceps anxius sollicitus – arcius *orans*⁴⁴⁴, magna *in agonia* spiritus *factus* –: quid dubie sortis ministraret foris eventus, qualiterve paucitas suorum inermis contra hostes^z insisteret^z, et an quilibet loca commissa tutaretur, et si forte irrumperent^a, quod^b sibi fuge presidium foret; genibus humo^c fixus et vultu circumquaque lumina vertens, si quispiam *prospera*⁴⁴⁵ *belli* narraret, in ipsis^d oracionibus^d precatibus attonitus prestolabatur et supplex.

79. Interea Maguntini, quorum filii Mengoti preduces in tota acie et capita erant, passim per montem, tamquam vespe vel magis ut demones, furcatis manibus uncatisque naribus^e gaferatisque verticibus efferebantur. Et precipiti linfantique cursu ardua montis captantes^f, capita sua infausto agitantes auspicio; sicut solis sub^g estu morticine^h deserteque carnes^i in saniem^j verse^k mucore^l horrentis intuitus vermes ebulliunt, sic ipsis pro foribus claustri, que media montis respiciunt, et circum undique muros, efferatis dentibus rabidoque ore frendentes, percrebrescebant^m. Et alii telis, quidam gladiis, pars arcubus pugnabat atque balistis; hunc ille lapide, hic illum cuspide ictibus petebat horrendis. Hic diri vulneris umbone a se comparique suo depulit ictum; hic densa manus pila tenent minancia pilis. Et^n hinc barthones^o ferrigeri^o lunatis bipennis^p, inde^q tetris levigatisque manubriis, mannariis^r, securibus, saxis predictas ingenti conamine feriunt portas.

z–z) *Jf;* insisteret hostes *W.*   a) *Jf;* irruperent *W.*   b) *Jf;* quid *W.*   c) *davor gestrichen* homo *W.*   d–d) ipsius orationis *M F Jf.*   e) *Jf;* nasibus *W.*
f) *Jf;* raptantes *W.*   g) ab *F Jf.*   h) *Jf;* morticinie *W.*   i) *Jf;* carnis *W.*
j) *Jf;* insaniem *W.*   k) *Jf;* verso *W.*   l) *Jf;* mucrore *W.*   m) *Jf;* per crebrescebat *W.*   n) *Jf;* Ex *W.*   o–o) barchones ferrigeri *W. Möglicherweise auch* brachones *im Sinne von „Bluthunde" zu lesen;* garciones furciferi (?) *Jf.;* GRUNDMANN, DA 5, S. 418ff. *vermutet* brabazones.   p) bipennibus *Jf.*   q) *Jf;* in *W.*   r) *fehlt F Jf.*

441 *Marc. 14,38:* vigilate et orate ut non intretis in temptationem spiritus quidem promptus caro vero infirma.
442 *Ps. 50,19 (G):* Sacrificium Deo spiritus contribulatus, cor contritum.

Geist[441] ist gewiss willig, das Fleisch aber schwach. Mit völliger Gottergebenheit also im[442] Herzen und im Geist zerknirscht, mit dem ganzen Körper vor Gott hingestreckt, flehte er mit unbeschreiblichem Wehklagen Gott und seine Heiligen an, besonders die glorreiche Jungfrau Maria, der er sich von frühester Jugend an fromm geweiht hatte: dass die Herrschaft[443] des Todes an ihm vorbeigehe und dass er nicht der Macht und Willkür der Bösen ausgeliefert werde. Und dann – während er noch inständiger betete[444] und sein Geist in große Todesangst versetzt wurde – war er voller Sorge und Kummer, welch ungewisses Schicksal das Geschehen draußen mit sich bringen werde oder wie die geringe Anzahl der Seinen unbewaffnet gegen die Feinde standhalten könne und ob jeder den anvertrauten Platz sichern werde und, wenn sie doch hereinbrechen sollten, welche sichere Möglichkeit zur Flucht sich für ihn bieten würde. Die Knie auf den Boden geheftet und den Blick seiner Augen ringsum wendend, ob irgendjemand ihm einen günstigen[445] Ausgang des Kampfes melden könne, verharrte er erschüttert und demütig in den Bitten seines inständigen Gebets.

79. Unterdessen schwärmten die Mainzer, deren Anführer in der gesamten Schar und deren Häupter die Söhne des Meingot waren, überall entlang des Berges aus, so wie Wespen oder mehr noch wie Dämonen mit Händen wie Gabeln, mit Nasen wie Haken und mit Scheiteln wie gezackte Kämme. Im besinnungslosen und hastigen Laufen nahmen sie die steile Höhe des Berges ein und warfen ihre Köpfe hin und her in unheilvollem Vorzeichen. Wie aus herumliegenden Kadavern, die unter der Hitze der Sonne in Verwesung übergangen sind, in einem Befall Würmer schrecklichen Anblicks hervorquellen, so verbreiteten sie sich unmittelbar vor den Toren des Klosters, die auf den mittleren Teil des Berges gerichtet sind, und überall um die Mauern herum, wobei sie mit gefletschten Zähnen und reißenden Mäulern knirschten. Und die einen kämpften mit Wurfgeschossen, einige mit Schwertern, ein Teil auch mit Bogen und Armbrust. Jener griff diesen mit einem Stein an, dieser jenen unter schaudervollen Stößen mit einer Lanze. Hier wehrte einer mit dem Schild den Schlag einer grauenhaften Wunde von sich und seinem Kampfgefährten ab; dort hielten Hände zahlreiche Speere, die Speeren drohten. Von hier schlugen eisenbewehrte Axtträger mit sichelförmigen Streitäxten, von dort mit gefährlichen und geschärften Stielenden, mit Äxten, Beilen und Felsbrocken unter gewaltiger Kraftanstrengung auf die vorher erwähnten Tore ein.

---

443 *Hebr. 2,14:* qui habebat mortis imperium id est diabolum; *Tob. 2,8:* et vix effugisti mortis imperium et iterum sepelis mortuos.
444 *Luc. 22,43:* Et factus in agonia, prolixius orabat.
445 *Lukan, De bello civili, lib. V, v. 782:* nec solvent audita metus mihi prospera belli.

80. Et cum interiores magna vi eis resisterent, ictusque in eos intorquerent viriles redderentque tristem tristibus vicem – quamvis pauci et inermes, et comparacione^s in milibus unus percuciens – postquam de meridie ad ipsam pene vespertinalis hore sinaxim sevo^t Marte tam modica manus cum tanta turbarum dimicasset^u frequencia, et lapides tela velud pluvie guttas in ipsos ingererent^v, et nullum adhuc hostes Dei de ponderis tanti certamine^w adepti fuissent triumphum; non paci imperatoris, non festo beatissimi precursoris Domini parcentes; non denique reverenciam ipsius diei, qua mundi salus in cruce pependit – sexta enim erat feria – non sacrata sanctorum loca reveriti, non sancti^x Iacobi presenciam, non sanctorum sancta; monasterium cum altaribus et omni oratorio, cum omnibus monachorum officinis, sacris et non sacris, non^y extimuerunt incendere. Sed^z virorum efficaces^a viribus atque virtutibus, sicut effeminati, iam^b vim bellicam ad elementa convertunt. Igitur, perurentibus facibus, piceo liquore perfusis, massisque stramineis flammivomos^c egerentibus estus, ediculas, quibus sancta virginitas solitariis degebat in feminis[446] – tam super portam, quam prius *securibus*[447] *exciderant*, quam per alias muri posterulas structas – semiustis que illuc aderant virginibus, medio in solis fervore cum striccius fervor decoqueret terram, devoranti igne accendunt. Exinde^d per officinarum meatus, per rimas murorum, per eos quos flamma vorans aditus fecerat^e, foribus hinc inde perruptis^f – quia *ignis*[448] *odorem*^g et ineffugibilem^h ipsius flagroremⁱ interiores iam pati nequibant – impii Maguntini, furenti strepitu et confuso clamore: „Zu, zu!" vociferantes, intus proruunt; et inermes, sicut eis occurrerant, subito captivitati addictos, cedunt, sauciant, ictibus crebris contundunt.

---

s) *Jf;* comparacionē *W.*   t) *Jf;* servo *W.*   u) *Jf;* dimicassent *W.*   v) ingereret *W.*
w) *Jf;* certaminis *W.*   x) *Jf;* scilicet *W.*   y) *nachträglich eingefügt M; fehlt W.*
z) scilicet *Jf.*   a) *Jf;* efficaci *W.*   b) *Jf;* non *W.*   c) *Jf;* flamivomos *W.*
d) *Jf;* Ex inde *W.*   e) *nachträglich über der Zeile eingefügt und unterstrichen M; fehlt W.*
f) *Jf;* preruptis *W.*   g) calorem *Jf.*   h) ineffugabilem *W;* ineffabilem *Jf.*
i) fragorem *Jf.*

---

446 *Möglicherweise handelt es sich hierbei um Klausnerinnen wie diejenigen, die in St. Nikomedes an der Südseite des Jakobsberges für spätere Zeiten nachgewiesen sind.*

80. Und als die, die sich im Inneren befanden, sich ihnen mit großer Kraft widersetzten, beherzte Schläge gegen sie führten und den Grimmigen eine grimmige Antwort erteilten – obwohl sie wenige waren und unbewaffnet und ein einziger im Verhältnis gegen Tausende kämpfte –, nachdem eine so kleine Schar von Mittag bis fast zum Gottesdienst der Vesperstunde unter dem Wüten des Mars mit einer so großen Masse von Gegnern gekämpft und Steine als Geschosse dicht wie die Tropfen eines Regengusses gegen diese geschleudert hatte, und nachdem die Feinde Gottes aus diesem Ansturm von so großer Wucht bis dahin keinen Erfolg erzielen konnten, sie, die weder auf das Friedensgebot des Kaisers noch auf das Fest des allerheiligsten Vorläufers des Herrn Rücksicht nahmen, ja noch nicht einmal dem Tag, an dem das Heil der Welt am Kreuze hing – es war nämlich ein Freitag –, auch nicht den geweihten Stätten der Heiligen Ehrfurcht entgegenbrachten, ebenso nicht der Anwesenheit des heiligen Jakob, nicht dem Allerheiligsten, da schreckten sie nicht davor zurück, das Kloster mit den Altären und der ganzen Stätte des Gebets, mitsamt allen Wirtschaftsgebäuden der Mönche, mit den geweihten und ungeweihten Gegenständen anzuzünden. Sie, die doch mit den Kräften und Tugenden von Männern etwas erreichen sollten, wandten, als wären sie zu Weibern geworden, stattdessen die kriegerische Gewalt auf die Elemente. Daher steckten sie mit brennenden Fackeln, die sie in pechhaltige Flüssigkeit getaucht hatten, und mit Bündeln aus Stroh, die funkensprühende Glut verbreiteten, durch das gierig verschlingende Feuer die Behausungen in Brand, in denen allein lebende Frauen in heiliger Jungfräulichkeit ihr Leben verbrachten[446] und die sowohl oberhalb der Pforte, die sie zuvor mit[447] Äxten eingeschlagen hatten, wie auch an weiteren Mauereinlässen errichtet waren – wobei die Frauen, die dort lebten, schon halb verbrannt waren und die Glut in der gleißenden Sonnenhitze die Erde noch heftiger zum Kochen brachte. Darauf stürmten die gottlosen Mainzer durch die Eingänge der Wirtschaftsgebäude, durch die Öffnungen in den Mauern, durch die Zugänge, die das gefräßige Feuer geschaffen hatte, nachdem die Tore von hier und dort durchbrochen worden waren – weil die, die sich darin befanden, den Qualm[448] des Feuers und dessen unentrinnbare Glut nicht länger ertragen konnten –, in das Innere und riefen dabei in wütendem Lärmen und wildem Geschrei: „Nur zu! Nur zu!" Und die Waffenlosen, die – wie sie ihnen über den Weg liefen – plötzlich der Gefangenschaft preisgegeben waren, töteten sie, verwundeten sie und hieben sie mit zahlreichen Schlägen nieder.

---

447 *Ps. 73,6 (G):* securibus exciderunt ianuas eius in id ipsum.
448 *Dan. 3,94:* odor ignis.

81. Interea omnibus pene domni episcopi militibus captivatis, aliqui^j ad ipsum confugientes rei sinistrum sibi referebant eventum: quia omnis maceries fracta, et omnis locus conquisitus ab hostibus esset; insuper, captivatis omnibus suis aut occisis, iam omnia vehementissimus consumeret ignis; adhortantes eum, ut in turres monasterii se cum omni celeritate reciperet; alioquin, ipsis supervenientibus, vita simul extimplo et omni honore privaretur et rebus. Hec illis dicentibus, venerabilis pontifex ab ymo cordis *longa*^449 et luctuosa *trahens suspiria*: „Heu" inquit „domine Deus, *hec*^450 *est*^k *potestas* mortis et *tenebrarum.*" Et summa properancia turrium per scalas annisus, vix qualitercumque fastigia quedam irrepere ceperat, quando^l sacrilega manus predonum truculentissimorum incursat^m, cunctis exercitus^n datis in predam ipsius. Prorumpentes in intima, „Ubi est? ubi est? ubi est ille? ubi est talis?" nefasto^o vocum latrantes tonitruo, ad ipsum eodem devenissent in impetu, nisi iniecta rerum obstacula, que ipsum templi pavimentum multipliciter interpolarant, et nebula fumi que omnia obscuritate caliginosa obduxerat, et ipsa ignota^p quibusdam penetralia domus labilem ipsorum inpingencium^q retinuissent occursum^r.

82. Sed ubi omnia demolita et innumeris sunt rapinis direpta et distracta, sanctuario usque quaque impie profanato; cum iam omnes apices omnesque celsitudines monasterii turriumque cacumina vapor ignis^s intollerabiliter invaderet; altiusque^t ecclesia^u proruptiones^v flamme ....^w corrosionesque substancie sue ad celum usque pavende sonarent^x; et cum omnia turbo^y teterrimi fumi quasi tempestas impeteret; essentque hostes pro ipsius ecclesie valvis^z et observarent; reverendus episcopus de turri in turrim, ab impietate obsessus, progrediens, quid consilii caperet, quid demum eligeret, quo se absconderet, quo prodiret, quo se verteret, ignorans, in immensum a duobus artabatur propositis. Utrum^a enim se incendio tam aspero traderet, an inimicis vitam suam crederet, adinveniri facile non erat^b. Tandem, omnibus angulis consultacionis et^c deliberacionis exploratis, ad hanc

---

j) *korr. aus* aliquid W.   k) *Jf; fehlt* W.   l) *korr. aus* quod *M;* quod W.   m) *Jf;* incursu W.   n) exitibus (?) *Jf.*   o) *Jf;* nefausto W.   p) *Jf;* ignotā W.   q) *Jf;* inpingenciam W.   r) accursum *Jf.*   s) *Jf;* iginis W.   t) *Jf;* aliusque W.   u) *Jf;* ecclesie W.   v) *Jf;* prerupciones W   w) *wohl zu ergänzen* exardescerent *Jf; fehlt* W.   x) *Jf;* sonaret W.   y) *Jf;* turbigo W.   z) *Jf;* valvibus W.   a) *Jf;* Uterum W.   b) *Jf;* est W.   c) *Jf; fehlt* W.

---

449 *Im Mittelalter häufige Formel; vgl. etwa Guaiferius, Vita s. Secundi (MPL 147, Sp. 1299D).*

81. Unterdessen, nachdem fast alle Ritter des Herrn Bischofs gefangengenommen worden waren, flüchteten sich einige zu ihm und berichteten ihm von dem unheilvollen Ausgang der Sache: dass die ganze Mauer niedergerissen und der ganze Ort von Feinden besetzt sei, dass überdies nach der Gefangennahme oder Ermordung aller seiner Leute die gewaltige Feuersbrunst schon alles verschlinge; und sie drängten ihn, er solle sich so schnell wie möglich in die Türme der Kirche zurückziehen; andernfalls würde er, wenn diese hereinbrächen, auf der Stelle seines Lebens, seiner ganzen Ehre und aller Dinge beraubt. Als sie dieses sagten, tat[449] der ehrwürdige Bischof aus innigstem Herzen lange und tiefe Seufzer: „Ach, mein Herr und Gott", sprach er, „das[450] ist die Macht des Todes und der Finsternis". Und in größter Eile hastete er über die Treppen der Türme; kaum war er dabei, sich auf irgendeine Weise in die obersten Winkel zu verkriechen, als die gottlose Schar wildester Räuber – in deren Gewalt die ganze Mannschaft geraten war – eindrang. Sie stürzten in das Innere, wobei sie mit unheilvoll dröhnender Stimme herumbrüllten: „Wo ist er? Wo ist er denn? Wo ist dieser Nichtsnutz? Wo hält sich dieser Schurke auf?" Und in diesem Ansturm wären sie bis zu ihm gelangt, wenn nicht herumliegende hinderliche Gegenstände, die den Boden der Kirche vielfach verstellten, und die Rauchschwaden, die alles mit dichtem Dunst belegten, sowie das für manche unbekannte Innere des Gebäudes ein leichtes Eindringen der Anstürmenden erschwert hätten.

82. Aber sobald alles zerstört und in unzähligem Raub hinweg gerissen und fortgenommen war und der heilige Ort allenthalben auf frevelhafte Weise entweiht worden war, als der Qualm des Feuers bereits in alle Spitzen und alle Höhen der Kirche und in das Gebälk der Türme unaufhaltsam vordrang, und als die höher als die Kirche auflodernden Flammen und das schreckenerregende Bersten im Inneren zum Himmel ertönten, als ein tiefschwarzer Rauchwirbel wie ein Unwetter über alles hereinbrach und die Feinde sich unmittelbar vor der Kirche sammelten und Posten bezogen: da eilte der ehrwürdige Bischof von Turm zu Turm, bedrängt von der Gottlosigkeit, unschlüssig welchen Plan er fassen sollte, wofür er sich denn nun entscheiden sollte, wo er sich verstecken sollte, wohin er gehen sollte, in welche Richtung er sich wenden sollte. Er wurde über die Maßen von zwei Überlegungen in die Enge getrieben. Es war nämlich nicht leicht zu entscheiden, ob er sich diesem so gefährlichen Feuer ausliefern oder sein Leben den Feinden anvertrauen sollte. Endlich, nachdem er in jede Richtung Überlegungen und Erwägungen angestellt hatte, gelangte er zu der folgenden höchst

---

450 *Luc. 22,53:* cum cotidie vobiscum fuerim in templo non extendistis manus in me sed haec est hora vestra et potestas tenebrarum.

potissimam devenit sentenciam: ut se *sacrificium*[451] *laudis in*[452] *odorem suavitatis* Ihesu Christo offerret; operosissime[d] glorie bravium reputans, si mortem, quam[e] Salvator pro omnibus pertulit[f], hanc ipse, licet permatura[g] etate et sub tam arto ancipitive[h] locatus gladio, *zelatus*[453] ecclesiam *et legem* Dei sui, mereretur Salvatori persolvere. Nec *gladium*[454] *persecutoris* decrevit vereri, cum ipse dominus Ihesus Christus proponat: *Nolite*[455] *timere eos, qui occidunt corpus, animam autem non possunt occidere; sed pocius eum timete, qui potest animam et corpus perdere in gehennam*; et quod, *maiorem*[456] caritatem *nemo habet, quam ut animam suam ponat quis pro amicis suis*, presertim cum ipse pro ecclesia Dei ulciscenda ad hoc extremum esset devolutus discrimen.

83. Hiis igitur aliisque scripturarum exemplis, *scutum*[457] *fidei* loricamque caritatis in imminenti[i] dispendio sui tamquam Gygas[458] fortissimus induens, tantum vigoris et[j] solacii assumpsit, ut omnes de mutacione vultus ipsius repente mirari cepissent, qui secum aderant. Habebat enim adhuc quosdam cappellanos sacerdotes circa se[459], quosdam milites, aliquos et ministros. Ab hiis igitur sciscitans[k], quid esset agendum. Et cum nil consolacionis haberent, nullumque afferrent[l] solacium, sed quilibet proprium defleret interitum, adicientes: quia sero ipsorum impetraret[m] consilium; dum prius, cum libere posset abisse, eorum precibus acquiescere nollet, sed tam piaculari se reservasset supplicio. Postquam manibus sub sacerdotum se confitendo multis lacrimis humiliavit, sacrosancto Ihesu Christi munitus ad viaticum[n] corpore, hos omnes deducit in medium, multifarie uberrimis eos fletibus consolans. Et pro amicicia, pro fidelitate, pro assistencia[o], pro devocione, pro tanta anxietate[p], pro tanto labore et servicio graciam et misericordiam, salutem et recompensacionem eis, palmis ad celum extensis, a domino Deo

---

d) optatissime *Jf.* e) *Jf*; quem *W.* f) *Jf*; protulit *W.* g) pro matura *W*; prematura *Jf.* h) anticipative *W*; ancipitipie *Jf.* i) *Jf*; eminenti *W.* j) *Jf*; fehlt *W.* k) se sciscitans *W*; resciscitans *F*; resciscebat *Jf.* l) *Jf*; afferret *W.* m) imploraret *M F Jf.* n) viandum *Jf.* o) *Jf*; assistancia *W.* p) *Jf*; anzitate *W.*

451 *Ps. 49,14 und Ps. 49,23; vgl. ferner Origenes sec. translationem Rufini, In Epistulam Pauli ad Romanos explanationum libri, lib. I, c. 11 (Vetus Latina, Aus der Geschichte der lateinischen Bibel 16, S. 66, Z. 13) und Apponius, In Canticum canticorum expositio, lib. 5 (CCSL 19, S. 128, Z. 415).*
452 *Eph. 5,2:* et ambulate in dilectione sicut et Christus dilexit nos et tradidit se ipsum pro nobis oblationem et hostiam Deo in odorem suavitatis.
453 *1. Macc. 2,26:* et zelatus est legem sicut fecit Finees Zambri filio Salomi.
454 *Breviarium Rom., Festum s. Martini, Antiphona des Canticum Magnificat:* quam etsi gladius persecutoris non abstulit.

vortrefflichen Entscheidung: dass er sich Jesus Christus als Opfer[451] des Lobes zum[452] lieblichem Wohlgeruch darbringen wolle. Dabei dachte er an den Glanz des höchst mühevollen Ruhmes, wenn er – in[453] glühendem Eifer für die Kirche und das Gesetz seines Gottes – es verdiente, für den Erlöser eben den Tod, den der Erlöser für alle erlitten hat, zu sterben, auch wenn er sich schon im vorgerückten Alter befände und unter ein so unerbittliches und doppelschneidiges Schwert gestellt sei. Und er entschied sich dafür, das Schwert[454] des Verfolgers nicht zu fürchten, da der Herr, Jesus Christus, selbst verkündet: ‚Fürchtet[455] euch nicht vor denen, die den Leib töten, die Seele aber nicht töten können; sondern fürchtet euch eher vor dem, der die Seele und den Leib in das Verderben der Hölle stürzen kann', und dass ‚niemand[456] größere Liebe zeigt als der, der sein Leben für seine Freunde hingibt', zumal er selbst, um die Kirche Gottes zu rächen, in diese äußerste Gefahr gebracht worden sei.

83. Mit diesen und anderen Beispielen der Heiligen Schrift also legte er angesichts des drohenden Todes den Schild[457] des Glaubens und die Rüstung der Liebe wie der tapferste Held[458] an und nahm so viel an Kraft und Trost in sich auf, dass alle, die bei ihm waren, sich über die plötzliche Veränderung seiner Miene zu wundern begannen. Er hatte nämlich noch einige Priesterkapelläne um sich[459], sowie einige Ritter und einige Dienstmannen. Bei ihnen suchte er Rat, was man tun sollte. Da sie aber keine hilfreichen Worte fanden und keinen Trost bereiten konnten, sondern ein jeder seinen eigenen Untergang beklagte – wobei sie hinzufügten, dass er allzu spät ihren Rat einhole, während er vorher, als er noch frei hätte abziehen können, ihren Bitten nicht habe folgen wollen, sondern sich dem so sühnebereitenden Martyrium geweiht habe. Nachdem er sich unter den Händen der Priester unter vielen Tränen zur Beichte demütig gebeugt hatte und durch den allerheiligsten Leib Jesu Christi als die letzte Wegzehrung gestärkt worden war, führte er sie alle in der Mitte zusammen und sprach ihnen unter überreichen Tränen auf vielfältige Weise Trost zu. Für die Freundschaft, für die Treue, für die Begleitung, für die Ehrerbietung, für die so große erlittene Angst, für die so große Mühe und den Dienst erflehte er von Gott dem Herrn, dem Spender alles Guten, Gnade und

---

455 *Matth. 10,28.*
456 *Ioh. 15,13:* maiorem hac dilectionem nemo habet ut animam suam quis ponat pro amicis suis.
457 *Eph. 6,14–16:* state ergo succincti lumbos vestros in veritate et induti loricam iustitiae et calciati pedes in praeparatione evangelii pacis in omnibus sumentes scutum fidei in quo possitis omnia tela nequissimi ignea extinguere; *1. Thess. 5,8:* nos autem qui diei sumus sobrii simus induti loricam fidei et caritatis et galeam spem salutis.
458 *Ps 18,6 (G):* exultavit ut gigans ad currendam viam suam.
459 *Möglicherweise befand sich der Verfasser der Vita in dieser Gruppe.*

bonorum datore imprecans; inter cetera orsus est: „Filii carissimi et dilectissimi anime mee, *tempus*⁴⁶⁰ *visitacionis* istius, quo dominus Deus nos visitare dignatur...." Et cum hec inchoasset, singultus omnium, qui audiebant, et fletus et miserabilis luctus interpellabantq oracionem. Et invicem luctuosis fletibusr deinceps ruentes ins amplexust, et: „Heu mi domine, heu mi care domine; *siccine*u⁴⁶¹ *dura mors* hicv nos *separat*?" ululantesw multa intercapedinex facta, iterum venerabilis presul replicansy in id ipsum: „*Sustinete*⁴⁶²" inquit „*modicum*, carissimi; quia non vobisz libataa est mors. Ut enim inceperam, tempus huius visitacionis et diem istum mesticie vestre peccata mea et iniquitates advocarunt. Ego sum, qui peccavi Domino, *ego*⁴⁶³ *inique egi*; vos autem, qui oves et obsecutores contra impios et sacrilegos venistis, quid perpetrastis?" Et multa similia sicut *iustus*⁴⁶⁴, qui in principio *accusator est sui*, inter alia et hec perorans, suspiriis singultibusque magnis memorans: „*Ego*⁴⁶⁵ autem *iam delibor*b et *hora resolucionis mee* proximec *stat*; manus persequencium me solum petit. Vobis, Deo volente, *mors*⁴⁶⁶ *nulla*d *dominabitur*; sed omnes liberaminie, nec magnopere captivitatem presentemf vel vincula vel carceres experieminig. Quia de proximo Deus, cuius hodie in mortis servistis agone, salvos vos faciet, et vicissitudinem super hac vestra fidelitate retribuet." Et cum omnes orarenth et obtestarentur „et tam validus est, non diucius nos paciuntur in unum. Video, quodi ignis iste flammivomusj omnia devorat et, quasi tempestas, in nos festinat irruere". „Scio" inquit „et in ea caritate, qua dominus deus noster Ihesus Christus sua in passione mundum instruxitk. Antequam rapiamur el medio, *calicem*⁴⁶⁷ *benedictionis* et gracie sue percipiamus". Et haustom permodicon potu: „*Bibite*⁴⁶⁸ inquit *ex eo omnes*; potate *in*⁴⁶⁹ memoriam senis vestri, ut *benedicat*⁴⁷⁰ *mihi anima vestra*; quia raro *amodo*⁴⁷¹ simul *bibemus*." Et flebant omnes, et pre tristicia respondere nequibanto.

q) *Jf*; interpolabant *W*.　　r) *Jf*; fletibusve *W*.　　s) *Jf*; *fehlt W*.　　t) *Jf*; amplexibus *W*.　　u) huccine *W*; haeccine *M F*.　　v) *Jf*; sic *W*.　　w) *folgt vermutete Lücke Jf*.　　x) *Jf*; inter capedene *W*.　　y) se replicans *Jf*.　　z) *Jf*; nobis *W*.　　a) *Jf*; libera *W*.　　b) *Jf*; delebor *W*.　　c) *Jf*; proxinie *W*.　　d) *Jf*; ulla *W*.　　e) *Jf*; liberamini *W*.　　f) *Jf*; presentis *W*.　　g) experiri *W*; experti *Jf*.　　h) *Jf*; iurarent *W*.　　i) *Jf*; quos *W*.　　j) *Jf*; flamivomus *W*.　　k) *folgt vermutete Lücke Jf*.　　l) in *mit übergeschriebenem* e *W*.　　m) *Jf*; haustu *W*.　　n) *Jf*; per modico *W*.　　o) *Jf*; nequiebant *W*.

460　*Luc. 19,44:* eo quod non cognoveris tempus visitationis tuae.
461　*1. Reg. 15,32:* Siccine separat amara mors?
462　*2. Cor. 11,1:* utinam sustineretis modicum.
463　*2. Reg. 24,17:* ego inique egi.
464　*Prov. 18,17:* Iustus prior est accusator sui.
465　*2. Tim. 4,6:* ego enim iam delibor et tempus meae resolutionis instat.
466　*Rom. 6,9:* mors illi ultra non dominabitur.

Barmherzigkeit, Rettung und ewigen Lohn für sie, wobei er die Hände zum Himmel erhob; unter anderem hub er an zu sprechen: „Geliebteste und teuerste Söhne meiner Seele, die Zeit⁴⁶⁰ jener Heimsuchung, zu welcher Gott der Herr geruht, zu uns zu kommen ..." Aber als er damit begonnen hatte, unterbrach das Schluchzen aller, die zuhörten, und das Weinen und herzzerreißende Wehklagen seine Worte. Unter jammervollem Weinen fielen sie sich daraufhin gegenseitig in die Arme und brachen in lautes Klagen aus: „Ach mein Herr, ach mein teurer Herr, so⁴⁶¹ also trennt uns hier der unerbittliche Tod?" Nach vielen Unterbrechungen erwiderte ihnen darauf der ehrwürdige Erzbischof ein weiteres Mal: „Beruhigt⁴⁶² euch ein wenig, meine Teuersten, denn nicht euch ist der Tod bestimmt. Wie ich doch schon erwähnte, haben meine Sünden und Missetaten die Zeit dieser Heimsuchung und diesen Tag eurer Trauer verursacht. Ich bin es, der sich gegen den Herrn versündigt hat, ich⁴⁶³ habe unrecht gehandelt. Ihr aber, die ihr gleich Schafen und Willfährigen gegen die gottlosen Schurken eingeschritten seid, was habt ihr Unrechtes getan?" Und wie ein Gerechter⁴⁶⁴, der zuallererst sich selbst anklagt, fügte er vieles dieser Art und unter anderem auch folgendes hinzu, wobei er unter großem Seufzen und Schluchzen nochmals daran erinnerte: „Ich⁴⁶⁵ aber werde nunmehr geopfert, und die Stunde meines Todes ist nahe. Die Schar der Verfolger hat es nur auf mich abgesehen. Euch wird⁴⁶⁶ mit dem Willen Gottes der Tod nicht überwältigen, sondern ihr werdet alle befreit, ohne allzu sehr unter der gegenwärtigen Gefangenschaft oder unter Fesseln und Kerker zu leiden. Gott nämlich wird euch um des Nächsten willen, dem ihr heute in seinem Todeskampf gedient habt, erretten und euch diese eure Treue vergelten." Und als alle flehten und ihn beschworen: „und es ist so heftig, nicht länger erdulden sie uns vereint an einem Ort. Ich sehe, dass dieses flammensprühende Feuer alles verschlingt und wie ein Gewittersturm über uns hereinbricht". „Ich weiß", sprach er, „dass auch in dieser Liebe, mit welcher der Herr, unser Gott, Jesus Christus, durch sein Leiden die Welt unterwiesen hat, […] Bevor wir aus der Mitte herausgerissen werden, lasst uns den Kelch⁴⁶⁷ des Segens und seiner Gnade empfangen."
Und nachdem er einen kleinen Schluck zu sich genommen hatte, sagte er: „Trinket⁴⁶⁸ alle daraus; trinkt zum⁴⁶⁹ Gedächtnis an euren Greis, damit euer⁴⁷⁰ Geist mich segnet, denn von⁴⁷¹ nun an werden wir schwerlich mehr zusammen trinken." Und sie alle weinten und konnten vor Tränen nicht antworten.

---

467 *1. Cor. 10,16:* Calix benedictionis, cui benedicimus, nonne communicatio sanguinis Christi est?
468 *Matth. 26,27:* et accipiens calicem gratias egit et dedit illis dicens bibite ex hoc omnes.
469 *Luc. 22,19:* et accepto pane gratias egit et fregit et dedit eis dicens hoc est corpus meum quod pro vobis datur hoc facite in meam commemorationem.
470 *Gen. 27,4:* et benedicat tibi anima mea.
471 *Matth. 26,29:* dico autem vobis non bibam amodo de hoc genimine vitis usque in diem illum cum illud bibam vobiscum novum in regno Patris mei.

84. At quidam miles hostili ex acie mediam per furentis ignis caliginem ad locum, in quo erat reverendus pontifex, armatus usque progrediens, de eius sciscitabatur hinc inde presencia. Quem presul ex nomine vocans: „Petre" – erat enim suus filiolus, quem de sacro fonte levarat^p472 – multis precibus multisque eum obsecracionibus adiurabat, ut se de tanto et tam ingenti eripere vellet periculo. Simulque de fide, amicicia et de hiis que sibi dudum impenderat beneficiis; et quod nunquam sibi molestus fuerat, nec aliquid contra eum nec contra ipsos Maguntinos, quod dignum foret morte, commiserat^q; et ut paternitatem, senectutem suam et benivolenciam huc usque graciamque sibi ab ipso collatam respiceret; quanta^r et, si^r ipsum de hac tribulacione eximeret, et quam magna sperare^s deberet, aliaque plurima non paucis verbis^t inculcans; ipsum^u propensius strictiusve^v commonitabat^w obtestans. At ipse, vehementer sancto viro super tam seva pressura ut videbatur compaciens, aiebat: nullum sibi ferre posse presidium, nisi forte, lorica indutum, per mediam eum multitudinem tamquam aliquem captivum rapido cursu, ne agnosceretur, educeret^473; sed et loricam nullam aliam, preterquam^x qua^x esset vestitus, habere; nec ipsam ei impartiri sine propria intervencione valeret; cuperetque super hoc verbo filios Mengoti aliosque suos cognatos consultum adire; ad ipsum ilico reversurus. Et dominus episcopus, multa cum^y supplicacione et obsecracione adiurans et de salute et de auxilio et alio^z munere^z rogitans, dimittit eum, iuxta pollicitacionem suam protinus regressurum. *Egressus*^474 est igitur a facie domni episcopi sicut *corvus* ab archa, utpote qui magis explorator quam consolator advenerat.

85. Postquam diucius prestolabatur – et ignis, involvens omnia, summa cum celeritate^a in unam, quicquid sibi occurrebat, absorbebat voraginem^b usque ad lapides; nec, quo quis a calore illo se posset abscondere, erat – quendam ministrum, cui plurimum reverendus episcopus confidebat, concite post ipsum direxit. Et

---

p) *Jf;* lavarat *W.*   q) commiserit *W.*   r–r) quata et se *W;* quatenus et se *M F;* quanta etiam, si *Jf.*   s) seperare *korr. aus* separare *W.*   t) *fehlt W Jf.*   u) *davor zwei gestrichene, unleserliche Buchstaben W.*   v) strictius ve *W;* strictiusque *Jf.*   w) commonicabat *W;* commonebat *M F Jf.*   x–x) *Jf;* quam preter *W.*   y) eum *Jf.*   z–z) *Jf;* alia munera *W.*   a) *korr. aus* celebritate (?) *W.*   b) *folgt* et *W.*

472 *Es könnte sich bei diesem Petrus um den in einer Erzbischofsurkunde Konrads v. Wittelsbach (MUB II 269, S. 479) nachgewiesenen* Petrus scultetus *handeln, der in der Zeugenliste hinter dem Neffen Meingots des Jüngeren, dem Kämmerer Dudo v. Weisenau, und vor* Arnoldus rufus *auftaucht.*
473 *Hierauf könnte sich der Bericht des* Chronicon Moguntinum *beziehen, nachdem Arnold versuchte, in der Kleidung eines Mönches aus dem brennenden Kloster zu fliehen. Vgl.* Chronicon Moguntinum *(Bibliotheca rerum Germanicarum 3), S. 689, Z. 2–14:* Et dum monasterium,

84. Da aber drang aus der feindlichen Schar ein bewaffneter Ritter mitten durch die Rauchschwaden des wütenden Feuers bis zu dem Ort vor, an dem sich der ehrwürdige Bischof befand, und forschte überall danach, wo dieser sei. Ihn rief der Bischof mit Namen an: „Petrus!" – es war nämlich sein Taufsohn, den er aus der heiligen Taufe gehoben hatte[472] –, und er beschwor ihn mit vielen Bitten und inständigem Flehen, dass er ihn dieser so großen und gewaltigen Gefahr entreißen möge. Zugleich erinnerte er ihn – noch heftiger und eindringlicher bittend – an die Treue, die Freundschaft und an die Wohltaten, die er ihm seit langem erwiesen habe, und dass er ihm niemals Ungemach bereitet hätte und nichts gegen ihn und auch nicht gegen die Mainzer selbst begangen habe, was den Tod verdient hätte, und dass dieser die väterliche Fürsorge, sein Greisenalter sowie das Wohlwollen und die Gnade, die er ihm bisher habe zuteilwerden lassen, berücksichtigen möge, und auf was für herrliche und große Gaben dieser hoffen dürfe, wenn er ihn aus dieser Drangsal errette; und vieles andere schärfte er ihm mit nicht wenigen Worten ein. Jener aber, der mit dem heiligen Mann wegen der so bitteren Not, wie es schien, großes Mitleid empfand, sprach: Er könne ihm keinen Schutz gewähren, es sei denn, dass er ihn, mit einer Rüstung versehen, mitten durch die Menge wie einen Gefangenen in raschem Lauf, damit er nicht erkannt werde, herausführe[473]. Aber zum einen habe er keine andere Rüstung außer derjenigen, die er selbst trage, und zum anderen könne er ihm diese nicht ohne eigene Rücksprache überlassen. Er wünsche in dieser Sache die Söhne des Meingot und seine anderen Verwandten um Rat anzugehen, dann werde er sofort zu ihm zurückkehren. Und der Herr Bischof, der ihn mit inständigem Bitten und Flehen beschwor und ihn um Rettung und Hilfe und anderen Dienst anflehte, entließ ihn, auf dass er gemäß seinem Versprechen sogleich zurückkehre. So entfernte[474] er sich vom Angesicht des Herrn Bischof wie der Rabe von der Arche, er, der ja eher als Kundschafter denn als Tröster gekommen war.

85. Nachdem er längere Zeit gewartet hatte – und das Feuer, das sich über alles darüber wälzte, mit rasender Geschwindigkeit das, was ihm in den Weg kam, bis auf die Steine wie in einem einzigen Schlund vertilgte, und es keinen Ort mehr gab, an dem man sich vor dieser Hitze hätte verbergen können –, schickte er unverzüglich einen Diener nach ihm, dem der ehrwürdige Bischof am meisten

---

fumo plenum flammisque, per circuitum premeretur, ipse praesul, turrim monasterii ascendens, misericordiam deprecatur et, si quem offendisset verbo vel facto, satisfacturum se suppliciter pollicetur ... Videns ergo, monachos obtenta securitate abscedere, tentat, si forte et ipse cum eis et inter eos possit evadere. Assumpto itaque habitu monastico, occultari tentat, ut et ignem qui invaluerat et gladium evaderet quem timebat.

474 *Gen. 8,6–7:* dimisit corvum; qui egrediebatur exiens et rediens, donec siccarentur aquae super terram.

progrediens usque ad ianuas monasterii, de intus, ubi Petrus, ubi filii Mengoti, ubi illi essent, sciscitabatur. Et cum nullum responsum reciperet, multa cum miseracione omnes supplicabat, ut domino suo misererentur. Sed cum nil verbis proficeret, intuens obvoluciones flammarum et monasterium^c passim *odore*^{d475} *ignis* tabescere, cuidam ex hostibus dexteram dabat. Qui, cum^e aliis condomesticis suis per captivitatis addictionem receptus, oblita fide, ad dominum suum amplius non est reversus.

86. Sed cum et^f hunc^f per aliquam horam domnus episcopus sollicitus operiretur, et nusquam compareret, quendam monachum, abbatem^{476}, ad idem opus transmisit; magno cum gemitu dicens; „O fides, o fides, ubi es?" Abbas autem viriliter et sine metu ad illos prorumpens, legacionem domini sui pro^g posse^g execucioni mandabat; obtestans et coniurans filios Mengoti omnemque multitudinem, quod pro reverencia domini nostri Ihesu Christi et honore suo et tocius civitatis domnum episcopum vellent recipere captivum, et non eum occidere, sed tam diu in captivitate habere, donec eis satisfaceret iuxta voluntatem et preceptum eorum. Sed et ipso^h hec loquente^h, acclamantes omnes: „Iste est unus ex illis deceptoribus", irruerunt in eum, *et*^{477} *plagis impositis*^{i} flagrisque, mucronum animadversum^j verberibus, *semivivum* proiecerunt ipsum in vinculis. Sic ergo nec istum domnus episcopus, in exicialis agone certaminis positus, amplius vidit.

87. Igitur cum et^k hunc aliquamdiu – secundum quod inminens loci^l permisit incendium, dolens et mestus ut homo, cui vicinissimus duplex iam pene incumbebat interitus – expectaret, suspicans illum aliquo modo impeditum; et cum eructantis infringentisque^m incendii ad instar Ethne montis vehemencia omnes suos a se diremisset^n; alii^o se^o de altitudine turrium^p alii in manus hostium se dedissent in^q preceps^q, atque alii irent sic et alii sic; conspiciens, se fore in medio flammarum cum fratre germano Dudone derelictum; ait ad fratrem suum lacrimabili et luctuosa voce: „Frater" inquit „dominus Deus, qui altissimus est in consiliis et qui omnia secundum suam disponit et ordinat voluntatem, ad hanc

c) *Jf;* monasterii *W.*   d) calore *Jf.*   e) *Jf;* folgt gestrichen illis *W.*   f–f) *Jf;* hunc et *W.*   g–g) *Jf;* proposse *W.*   h–h) *Jf;* ipse hec loquens *W.*   i) impetitum *Jf.*   j) *Jf;* animadversus *W.*   k) *korr. aus* ad *W.*   l) *Jf;* foci *W.*   m) *W;* infrementisque *Jf.*   n) *Jf;* dirimisset *W.*   o–o) aliique *Jf.*   p) *folgt* in preceps *Jf.*   q–q) *fehlt Jf.*

475 *Dan. 3,94:* odor ignis.
476 *Möglicherweise handelte es sich hierbei um Baldemar v. Bleidenstadt, den Bruder des Helferich und somit Angehörigen der Selenhofer. Vgl. hierzu* SCHMID, *St. Alban, S. 72.*

vertraute. Dieser drang bis zur Pforte der Kirche vor und suchte von innen aus in Erfahrung zu bringen, wo Petrus, wo die Söhne des Meingot, wo jene sich aufhielten. Und als er keine Antwort erhielt, flehte er sie alle in ergreifender Bitte inständig an, sich seines Herrn zu erbarmen. Aber als er mit seinen Worten nichts ausrichtete und er das Flammenmeer sah, und wie die Kirche durch den Feuerhauch[475] überall zerfiel, da reichte er einem der Feinde die rechte Hand. Nachdem er zusammen mit anderen, die mit ihm zur Dienerschaft gehörten, unter der Zusicherung der Gefangenschaft aufgenommen worden war, kehrte er, die Treue vergessend, nicht mehr zu seinem Herrn zurück.

86. Als nun auch auf diesen der Herr Bischof sorgenvoll eine gewisse Zeit gewartet hatte und sich dieser nirgendwo zeigte, schickte er einen Mönch, einen Abt[476], in derselben Sache los, wobei er mit einem tiefen Seufzer sprach: „Oh Treue, oh Treue, wo bist du geblieben?" Der Abt aber drang mutig und furchtlos bis zu jenen vor und führte den Auftrag seines Herrn, so gut er konnte, aus. Er beschwor die Söhne des Meingot und die ganze Menge inständig, aus Ehrfurcht vor unserem Herrn Jesus Christus und zur Ehre von ihnen und der ganzen Stadt den Herrn Bischof als Gefangenen annehmen zu wollen und ihn nicht zu töten, sondern ihn so lange in Gefangenschaft zu halten, bis er ihnen entsprechend ihrem Willen und Befehl Genugtuung geleistet habe. Aber als er dies sagte, riefen sie alle: „Das ist einer von diesen Betrügern!", und[477] sie stürzten sich auf ihn, fügten ihm Schläge und Hiebe zu, verletzten ihn mit Messerstichen und warfen ihn halbtot in Fesseln. So hat der Herr Bischof im Ringen seines letzten Kampfes auch diesen nicht mehr gesehen.

87. Als er daher auch auf diesen noch eine gewisse Zeit, wie es die näher kommende Brandhitze des Ortes erlaubte, gewartet hatte, voller Schmerz und Trauer wie ein Mann, über den der unmittelbar bevorstehende, doppelte Untergang schon fast hereinbrach, und er schon befürchtete, dass dieser auf irgendeine Weise aufgehalten worden sei, und als die Heftigkeit des einbrechenden und zischenden Feuers, wie beim Berg Ätna, all die Seinen von ihm trennte, und als sich die einen von der Höhe der Türme, andere sich in die Hände der Feinde ins Verderben stürzten und wieder andere hierhin und dorthin liefen, nahm er wahr, dass er mitten in den Flammen allein mit seinem leiblichen Bruder Dudo übriggeblieben war, und er sagte zu seinem Bruder mit tränenerstickter und trauervoller Stimme: „Bruder", sprach er, „Gott der Herr, der der Höchste ist in den Ratschlüssen und

---

477 *Luc. 10,30:* et plagis impositis abierunt semivivo relicto.

ingruentem perturbacionum^r voluit me necessitatem pro peccatis meis deducere. Et nunc, hac^s in *vertigine*⁴⁷⁸ *rerum*, arto procinctu situs, benignitatis sue presenciam, quo ipse me^t vocare^t dignatur, adire compellor, valde me^u penitens, quod tibi nil boni in vita mea, sicut potui, fecerim. Sed parce mihi et^v hanc noxam et, quicquid in te peccavi, remitte; retribuatque tibi omnipotens Deus fidelitatem et dilectionem fraternam, quam mihi ad istum articulum usque servasti. Ego vado, ut Deus mihi disposuit, ad mortem et ad martirium; sciens, quod sacrilega manus Maguntinorum me^w non dimittet vivere. Sed tanto magis coram Deo ero liberior, quanto magis, cum nil fecerim tale^x, emulatus iusticiam, ab impiis hominibus occidor indempnior. Ne forte ergo incendium istud te repente consumat et occupet mecum, festina et roga ab hostibus misericordiam; committarisque Embriconi, filio Mengoti. Nichil enim unquam ipsos lesisti; sed innocenter cum eis es conversatus in diem hanc." Cumque ille amarissime fleret et, secum mori secum vivere et ipsum nunquam deserere velle, multa constancia obtestaretur, vix tamen multis fletibus ipsum ad abeundum compulit. Inenarrabilibus ergo fletibus suspiriis atque singultibus abscedens, ad porte limen intus de turri progrediens, Embriconem⁴⁷⁹ exorat, ut liberacionis suppeditacionem sibi prestaret. Tum ille: „Valde" inquit „libenter, domne Dudo, te salvum recipio; veni." Gladio igitur potestati sue porrecto, solis lineis dumtaxat et ocreis^y ut erat^z amictus, dextre inheret^a ipsius. Econtra Mengotus, eiusdem Embriconis germanus⁴⁸⁰, in eundem Dudonem extimplo prosiliens, gladium parricidalem eius media per viscera strinxit. Quem Embrico, labentem et^b in se tremebundum palpitantemque, sic enecatum in faciem impulit homicide^c fratris, dicens: „Qualem eum^d fecisti, talem habeas. Bonum hominem et innocentem et inermem viliter et cum infidelitate occidisti." Et ille: „Dimitte illum iacere."

88. Dum hec gererentur^e ante ipsius ecclesie ianuas, studiosissime observabant^f ostium^g obpansum, ut aut domnum episcopum, si egrederetur, occiderent aut in frementis ignis *voragine*⁴⁸¹ spiritum^h exalare^h compellerent, domnus episcopus,

---

r) perturbacionem *W.*   s) hanc *W.*   t–t) *Jf; fehlt W.*   u) *fehlt Jf.*
v) *Jf;* ad *W.*   w) *Jf; fehlt W.*   x) *W;* capitale *Jf.*   y) *Jf;* oceis *W.*
z) *folgt (von späterer Hand?) gestrichen* ac *W.*   a) *Jf;* inherens *W.*   b) *fehlt Jf.*
c) *Jf;* homicidie *W.*   d) *folgt gestrichen* fecisset *W.*   e) *Jf;* gerentur *W.*   f) *M F Jf;* observarent *W.*   g) *Jf;* hostium *W.*   h–h) *Jf;* spū exalacione *W.*

478 *Lukan, De bello civili, lib. VIII, v. 16.*
479 *Embricho, Sohn Meingots des Älteren und Bruder Meingots des Jüngeren.*
480 *Meingot der Jüngere.*

der alles nach seinem Willen ordnet und bestimmt, wollte mich wegen meiner Sünden in dieses hereinbrechende Verhängnis der Katastrophe führen. Und nun, im plötzlichen[478] Umsturz der Verhältnisse, werde ich in der Zwangslage genötigt, die Gegenwart seiner Güte, wo er selbst mich haben möchte, zu erlangen, wobei es mich sehr schmerzt, dass ich dir Zeit meines Lebens nicht das Gute habe angedeihen lassen, so wie ich es konnte. Doch verzeihe mir und vergib mir diese Schuld und das, was ich an dir gesündigt habe; und der allmächtige Gott wird dir die Treue und die brüderliche Liebe lohnen, die du mir bis zu diesem Moment der Entscheidung erwiesen hast. Ich gehe, wie Gott es mir bestimmt hat, in den Tod und in das Martyrium, denn ich weiß, dass mich die gottlose Schar der Mainzer nicht am Leben lässt. Aber umso freier werde ich vor Gott stehen, je mehr ich, da ich nichts derartig Schlechtes begangen, vielmehr nach Gerechtigkeit gestrebt habe, von gottlosen Menschen ohne Schuldurteil getötet werde. Damit nun aber nicht etwa diese Feuersbrunst dich bald verzehrt und zusammen mit mir ergreift, eile los und erbitte von den Feinden Barmherzigkeit und vertraue Dich Embricho, dem Sohn Meingots, an. Niemals nämlich hast du ihnen etwas angetan, sondern bist mit ihnen bis zum heutigen Tag in Rechtschaffenheit gut ausgekommen." Als jener bitterlichst weinte und mit aller Entschiedenheit darauf beharrte, zusammen mit ihm zu sterben und zu leben und ihn niemals verlassen zu wollen, da konnte er ihn nur mit Mühe endlich unter vielen Tränen dazu bewegen, wegzugehen. Unter unsäglichem Weinen, Seufzen und Schluchzen sich entfernend, schritt er vom Turm herab innen bis zur Türschwelle und rief zu Embricho[479] mit der Bitte, ihm Beistand zur Befreiung zu gewähren. Darauf erwiderte jener: „Sehr gerne, Herr Dudo, nehme ich dich unversehrt in Empfang, komm' nur!" Nachdem er daher sein Schwert in dessen Gewalt gegeben hatte, nur mit dem Hemd und den Beinschienen, wie er bekleidet war, ergriff er fest dessen rechte Hand. Da aber stürzte sich Meingot, der leibliche Bruder Embrichos[480], plötzlich auf eben diesen Dudo und stieß ihm sein mörderisches Schwert mitten in den Leib. Diesen so Getöteten, der an ihm zitternd und zuckend herabglitt, stieß Embricho vor das Angesicht des mörderischen Bruders und sagte: „Wie du ihn zugerichtet hast, so sollst du ihn haben. Einen rechtschaffenen, einen unschuldigen und unbewaffneten Mann hast du feige und treulos ermordet." Darauf jener: „Lass' ihn liegen!"

88. Als sich dies unmittelbar vor den Toren der Kirche abspielte, beobachteten sie genauestens den gegenüberliegenden Eingang: damit sie entweder den Herrn Bischof, falls er herauskäme, töteten oder ihn zwängen, im Schlund[481] des prasseln-

---

481 *MUB II 251*, S. 454: in tantam perturbationis et confusionis voraginem impegimus et involuti sumus.

solus et miserabilis derelictus, vim incendii sustinere non valens, de turri, pedetentim insecutus ab igne, inexorabili[i] hoste pellente, ad ostium appropiare iam cogitur.
Et fortuitu paulo ante pauper occurrerat, cui anulum, qualis[j] Maguntinum decebat, et alia quedam contulerat; nil aliud de omni substancia preter quandam crucem ligneam, in qua salus mundi pependit[482] – editam[k], ut in ipsa contra hostes[l] presentes[l], diabolicos cuneos victoriosissime dimicaret cum oracione – reservans. Sane, cum agonis hoc decertaret stadio, quantas venias fecerit, quantum domino Deo se humiliaverit, quanto *lacrimarum*[483] *fonte* ipsum pavimentum ecclesie irrigaverit, et quali compunctione spiritum et eam, quam vix retinebat, animam in manibus Ihesu Christi, beate Marie et omnium sanctorum commendarit[m], dicens: „*In*[484] *manus tuas commendo spiritum meum*", lingua[485] carnis ad *enarrandum* haut sufficiens esset. Deinceps, quia torrens[n] flammarum – undique bonum virum circumstantibus rogis, omnibus quoque imperante favilla – omnia dabat in preceps; et septa[o] monasterii precipitanti furentique ruina strepentes[p] casuum ubique minitabant anfractus; qualitercumque sub ipsa muri crepidine per incendia[q] medius et[r] tormenta toto corpore repens[s]; et leva manu reverentissime caniciei cigneum sibi verticem ab estuantis camini fervore eo usque penaliter protegens – quia ea manus, quam sincipitis fecerat clipeum, stupenda facie ab ignis iam, nervis articulisque[t] contractis, diriguisset[u] – reliquis capillis pilisque immani exustione ad cutem usque decoctis; vesicas ignitissimas, que ab igne ferbuerant, *infixas*[486] quasi *sagittas*, in corpore gestiens[v]; sic, passim combustus, ad certaminis[w] locum, nunc miserabilis, antea reverentissimus, Maguntinus accedit.

---

i) inexl orabili, *nach* inex *durchgestrichen* -h W. j) *Jf;* qualem W. k) *electam Jf.*
l–l) hostis presentis *Jf.* m) *Jf;* commendabat W M; commendavit F. n) *folgt gestrichen* esset (?) W. o) *Jf;* serta W. p) *Jf;* stupentes W. q) incendii *Jf.*
r) fehlt W *Jf.* s) *Jf;* repñs W; repraesentans M F. t) *Jf;* cuticulisque W.
u) deriguisset *Jf.* v) gestans *Jf.* w) *Jf;* cunctaminis W.

482 *Vgl. zu diesem Kreuz oben, c. 20.*
483 *Ier. 9,1:* quis dabit capiti meo aquam et oculis meis fontem lacrimarum.
484 *Ps. 30,6; Luc. 23,46.*

den Feuers die Seele auszuhauchen. Der Herr Bischof, allein und erbärmlich verlassen, konnte die Gewalt der Feuersbrunst nicht mehr ertragen und war nun gezwungen, sich vom Turm herab dem Ausgang zu nähern – Schritt um Schritt verfolgt vom Feuer, dem unerbittlich treibenden Feind.

5 Zufälligerweise war ihm kurz vorher ein Armer begegnet, dem er den Ring, wie er sich für den Mainzer Erzbischof ziemte, und einiges andere übergab; nichts anderes behielt er vom ganzen Besitz zurück außer einem hölzernen Kreuz, an dem das Heil der Welt hing[482] – das er in die Höhe hob, um durch dieses im Gebet gegen die gegenwärtigen Feinde, die teuflischen Scharen siegreichst zu
10 kämpfen. Freilich, als er in dieser Arena des Kampfes stritt, wie viele Kniefälle er vollzog, wie sehr er sich vor Gott dem Herrn erniedrigte, mit welchem Tränenquell[483] er den Boden der Kirche selbst benetzte und in welcher Zerknirschung er den Geist und die Seele selbst, die er kaum zurückhielt, den Händen Jesu Christi, der heiligen Maria und aller Heiligen anvertraute, indem er
15 sagte: „In[484] deine Hände lege ich voller Vertrauen meinen Geist": um[485] das zu berichten, genügt die menschliche Zunge nicht. Dann – von allen Seiten umgaben Feuersbrünste den frommen Mann, über alles legte sich schon die Asche –, weil das Flammenmeer alles ins Verderben riss und die durch das Niederprasseln und Herabstürzen krachenden Teile den Raum der Kirche unsicher machten,
20 kroch er irgendwie mit dem ganzen Körper am Rand der Mauer entlang mitten durch die Martern der Feuersbrunst und bedeckte mit der linken Hand den schwanenweißen Scheitel seines ehrwürdigsten, ergrauten Hauptes schützend vor der gleißenden Hitze des Feuers bis hin zu qualvollem Schmerz – denn diese Hand, die er zum Schild des Kopfes gemacht hatte, sollte durch die betäubende
25 Glut des Feuers, nachdem Sehnen und Glieder steif geworden waren, bald völlig erstarren –, wobei die restlichen Haare und Härchen durch die ungeheuerliche Brandhitze bis zur Haut versengt wurden; schrecklich brennende Blasen, die vom Feuer aufquollen, trug er am Körper, gleichsam wie hineingebohrte[486] Pfeile. So, schon überall von Brandwunden gezeichnet, trat der Mainzer an den
30 Ort der Entscheidung, nun ein bejammernswerter Anblick, der vorher ehrerbietigst erschien.

---

485 *Ambrosius Autpertus, Sermo de assumptione sanctae Mariae, c. 5 (CCCM 27B, S. 1030, Z. 15–17):* Quid ergo de te digne dicam, quid referam, cum non sufficiat lingua carnis tuas enarrare uirtutes?
486 *Ps. 37,3:* quoniam sagittae tuae infixae sunt mihi, et descendit super me manus tua.

89. Accedit; utique per immania, que in corpore tormenta pertulerat, a peccatis occulta^x[487] fide iam expiatus, quia *non*[488] *iudicat Deus bis in id ipsum*. Accedit, iam altero martirio laureatus. Accedit sacrificium et oblacio, sed et holocaustum. Accedit victima sacerdos unctus. Accedit, summus pontifex factus in eternum. Accedit ineffabili tormento iam rubricatus et cauterizatus^y, paulo post in eterne^z vite gaudiis, proprii sanguinis lavacro ut martir et testis fidelis, a^a rege, domino deo suo Christo Ihesu, miles invictus in eternum coronandus. Ut^b elemosinarum et oracionum suarum miseracionumque, equitatis et aliarum virtutum omittamus magnalia; quis, cui sensus incolumis est, hunc – in tanto martirii agone probatum et examinatum et, obrizum^c ut aurum, decandidatum^d – et sortem sanctorum martirum et partem beate e mortuis^e resurrectionis non obtinuisse, contendat, cum et confessionis vexilla et satisfactionis insignia et penitencie remedia per cruces interni^f doloris, *ad*[489] *divisionem corporis et anime* sue *usque* urentia^g, iam in ipsum ad eternam salutem transisse, antequam ad sanguinis proximam^h effusionem ventum sit, intueatur. Quod^i in Nathan^j prophete vaticinio^k regis adulterii homicidiique reatus in *penitudinis*[490] momento diluitur; et *Manasse* impii post satisfactionem scelus aboletur^l; et a vindice *leone*[491] inobediente exterminato propheta, eiusdem denique corpus a^m vigili^m *asino* custoditur extinctum; et Ezechie post luctum ter quinus vite *adicitur*[492] *annus*; et latroni, crucis in extremo confitenti articulo, *paradisi*[493] *incolatus*^n promittitur; et *Petro*[494] lacrimanti et *mulieri*^o[495] *peccatrici* ploranti miseretur.

x) occultis *Jf.*   y) *Jf;* cathezizatus *W.*   z) *davor gestrichen* itinere (?) *W.*
a) *Jf;* et *W.*   b) *Jf;* et *W.*   c) *Jf;* obrisum *W.*   d) candidatum *Jf.*   e) *Jf;* Marie *W.*   f) *M F;* interim *W;* intenti *Jf.*   g) urentes *W.*   h) *Jf;* proximo *W.*   i) quid *W; Jf* liest qui *und korr. zu* quia.   j) *Jf;* Mathan *W.*   k) *möglicherweise folgte ursprünglich* David *Jf.*   l) *Jf;* abolitur *W.*   m–m) *Jf;* cum iugali *W.*   n) *Jf;* incolatur *W.*   o) *Jf;* muliere *W.*

487 Siehe S. Kuttner, Ecclesia de occultis non iudicat. Problemata ex doctrina poenali decretistarum et decretalistarum a Gratiano usque ad Gregorium PP. IX, in: Acta Congressus Iuridici Internationalis VII saeculo a Decretalibus Gregorii IX et XIV a Codice Iustiniano promulgatis. Romae 12–17 novembris 1934. Volumen Tertium, Romae 1936, S. 225–246, hier S. 234f.
488 Die Wendung geht auf mehrere Stellen bei Hieronymus zurück; vgl. etwa Commentarii in prophetas minores, In Naum, c. 1,9 (CCSL 76A, S. 534, Z. 261–262): Non uindicabit Dominus bis in idipsum. In späteren kirchenrechtlichen Sammlungen – etwa dem Decretum Gratiani – wird vindicat/vindicabit *durch* iudicat/iudicabit *ersetzt.*
489 Hebr. 4,12: Dei sermo ... pertingens usque ad divisionem animae ac spiritus.
490 2. Paral. 33,12–13: Qui, postquam coangustatus est, oravit Dominum Deum suum et egit paenitentiam valde coram Deo patrum suorum. Deprecatusque est eum, et placatus ei exaudivit orationem eius reduxitque eum Ierusalem in regnum suum; et cognovit Manasses quod Dominus ipse esset Deus.

89. Er trat heran; und zwar durch die unermesslichen Foltern, die er am Leibe ertragen hatte, von den Sünden durch den verborgenen[487] Glauben schon gereinigt, denn nicht[488] zweimal richtet Gott über dasselbe Vergehen. Er trat heran, schon durch ein zweites Martyrium mit Lorbeeren geschmückt. Er trat heran als Opfer und Gabe, aber auch als Brandopfer. Er trat als Opfergabe heran, der gesalbte Priester. Er trat heran, der zum Erzbischof in Ewigkeit wurde. Er trat heran, von unsagbarer Folter schon gerötet und gebrandmarkt, er, der wenig später in den Freuden des ewigen Lebens durch die Reinigung mit dem eigenen Blut wie ein Märtyrer und treuer Glaubenszeuge von seinem König, Herrn und Gott Christus Jesus als unbesiegter Streiter in alle Ewigkeit gekrönt werden sollte. Um die Großtaten seiner Almosen, Gebete und Taten der Barmherzigkeit, seiner Gerechtigkeit und der anderen Tugenden unerwähnt zu lassen: Wer von gesundem Verstand würde behaupten, dass dieser – in einem solch großen Kampf des Martyriums erprobt und geprüft und wie geläutertes Gold glänzend – nicht sowohl das Los der heiligen Märtyrer wie auch Anteil an der seligen Auferstehung von den Toten erlangt hätte? Denn er kann doch sehen, dass einstweilen die Standarten seines Bekenntnisses und die Zeichen seiner Buße sowie die Heilmittel der Reue durch die Qualen der Zerknirschung, die bis[489] zur Trennung des Leibes von seiner Seele weiterbrannten, bereits auf ihn selbst zum ewigen Heil übergegangen waren, bevor es zum letzten Blutvergießen kam. In der Weissagung des Propheten Nathan nämlich wird die Schuld des Ehebruchs und Mordes des Königs im Augenblick der[490] Reue abgewaschen; auch das Verbrechen des gottlosen Manasse wird nach der Buße getilgt. Und nachdem der ungehorsame Prophet von dem rächenden Löwen[491] getötet worden ist, wird schließlich dessen Leichnam von einem wachsamen Esel geschützt; und dem Hesekiel werden nach dessen Trauer drei mal fünf Lebensjahre[492] zugesagt; und dem Räuber, der im letzten Augenblick des Kreuzesleidens bekennt, wird die Wohnung[493] des Paradieses verheißen; und dem weinenden[494] Petrus wie auch der wehklagenden Sünderin[495] wird Erbarmen geschenkt.

---

491 *3. Reg. 13,24:* qui cum abisset invenit eum leo in via et occidit et erat cadaver eius proiectum in itinere asinus autem stabat iuxta illum et leo stabat iuxta cadaver *und 3. Reg. 13,28:* et ille abisset invenit cadaver eius proiectum in via et asinum et leonem stantes iuxta cadaver non comedit leo de cadavere nec laesit asinum.
492 *4. Reg. 20,6:* Et addam diebus tuis quindecim annos.
493 *Luc. 23,43:* et dixit illi Iesus amen dico tibi hodie mecum eris in paradiso.
494 *Matth. 26,75:* et recordatus est Petrus verbi Iesu quod dixerat priusquam gallus cantet ter me negabis et egressus foras ploravit amare.
495 *Luc. 7,37:* et ecce mulier quae erat in civitate peccatrix ut cognovit quod accubuit in domo Pharisaei adtulit alabastrum unguenti *und Luc. 7,47:* propter quod dico tibi remittentur ei peccata multa quoniam dilexit multum cui autem minus dimittitur minus diligit.

90. Venerabilis ergo archipresul Arnoldus, *tamquam*⁴⁹⁶ *aurum in fornace, in*⁴⁹⁷ *camino* tribulacionis per *ignem probatus*, et inmunis a debito, et purgatus a delicto, ad palmam ut diximus accedit martirii. Miserabile illa dies cunctis prebebat spectaculum cernensᵖ enim hominem – paulo ante maximum principem, summum sacerdotem, supremis fascibus et generalissimisᵠ infulis redimitum, gloriosum et spectabilem et amplissimis virtutibus preditum misericordieʳ, honestissimum et ita honorabilem, tantumque reverencie in vultu habitu et moribus gerentem, et ita letum oculis et plenum tocius gracie apparentem, utˢ inter homines *plus*⁴⁹⁸ *quam homo immo*⁴⁹⁹ *angelus* videretur – nunc miserabiliter et piaculariter igne hostibusque artatum, totum enormiterᵗ ustum et perustum, in sacco et cinere, nudis plantis, deformem et curvatum, experimentumᵘ flagrantis ardorisᵛ portantem.

91. Sed inter hec, *galea*⁵⁰⁰ *spei*, clipeo *fidei, et caritatis* armatus *lorica*, vivifice crucis in pectore colloque gestans trophea, hec apud se perorabat: „*Ne*⁵⁰¹ *reminiscaris Domine peccata mea vel parentum meorum, neque vindictam sumas de peccatis meis*, Deus meus. Ne recorderis peccata mea, Domine. Delicta iuventutis mee et ignorancias meas ne memineris; sed *secundum*⁵⁰² *misericordiam tuam memento mei*, tu, *propter bonitatem tuam, Domine*. Domine Deus, *fortitudo*⁵⁰³ *laborancium et mestorum consolator*, qui pro peccatis meis iuste mihi irasceris, quia peccavi tibi et mandatis tuis non obedivi, parce peccatis meis et iniquitatibus. *Ne*⁵⁰⁴ *derelinquas me, domine Deus salutis mee*. Domine, *non*⁵⁰⁵ *secundum peccata mea facias mihi, neque secundum iniquitates meas retribuas mihi*; sed *convertere*⁵⁰⁶ aliquantulum et propicius esto super servum tuum. *Ne*⁵⁰⁷ *moreris propter*

---

p) cerneres *Jf*. q) genialissimis *Jf*. r) misericordem *Jf*. s) *Jf*; et W.
t) *Jf*; enormē W. u) *Jf*; experimento W. v) *korr. wohl aus* ardores W.

---

496 *Sap. 3,6.*
497 *Ecclus. 2,5:* quoniam in igne probatur aurum et argentum, homines vero receptibiles in camino humiliationis.
498 *Vgl. Augustinus, Sermones, Nr. 287, c. 2,3 (MPL 38, Sp. 1301):* magnus homo ioannes: sed plus quam homo christus; quia et homo et deus; *vgl. auch Augustinus, Sermones, Nr. 293A (ed. F. DOLBEAU ²2009, Collection des études augustiniennes SA 147, S. 486, Z. 42) und Augustinus, In Iohannis euangelium tractatus, Nr. II,5 (CCSL 36, S. 14, Z. 3).*
499 *Vgl. Bernhard v. Clairvaux, Sermo in natiuitate sancti Iohannis Baptistae, par. 6 (ed. J. LECLERCQ/H. M. ROCHAIS, Bernardi opera 5, S. 180, Z. 7–8):* Ioannes, sanctus homo, missus a Deo, immo Angelus Dei.
500 *1. Thess. 5,8:* nos autem qui diei sumus sobrii simus induti loricam fidei et caritatis et galeam spem salutis.

90. Der ehrwürdige Erzbischof Arnold also, gleichsam[496] wie Gold im Schmelzofen, im[497] Ofen der Trübsal durch das Feuer geprüft, frei von Schuld und gereinigt von der Sünde, gelangte zur Krone des Martyriums, wie wir geschildert haben. Jener Tag bot allen ein beklagenswertes Schauspiel, bei dem ein Mensch zu sehen war, der noch kurz vorher der größte Fürst, ein Erzbischof war, geschmückt mit den höchsten Ehrenzeichen und den umfassenden Zeichen bischöflicher Gewalt, ruhmreich, ansehnlich, ausgestattet mit reichsten Tugenden der Barmherzigkeit, hochgeachtet und so ehrwürdig, so würdevoll in Miene, Haltung und Charakter, so fröhlich in den Augen und so sehr voll der Gnaden, dass er unter den Menschen mehr[498] als ein Mensch, nämlich[499] wie ein Engel erschien, der jetzt aber jämmerlich und erbärmlich vom Feuer und von den Feinden bedrängt wurde, der in ungeheuerlicher Weise völlig versengt und verbrannt wurde, der in Sack und Asche, barfuß, verunstaltet und gebeugt das Zeugnis des lodernden Brandes erbrachte.

91. Aber währenddessen, mit[500] dem Helm der Hoffnung, mit dem Schild des Glaubens und mit der Rüstung der Liebe bewaffnet, das Siegeszeichen des lebensspendenden Kreuzes an der Brust und am Hals tragend, betete er inständig bei sich folgendes: „Besinne[501] dich, oh Herr, nicht auf meine Sünden oder die meiner Väter und strafe mich nicht wegen meiner Sünden, mein Gott. Trage mir nicht meine Sünden nach, oh Herr. Denke nicht an meine Jugendsünden und mein Unwissen, sondern in[502] deiner Barmherzigkeit denke an mich, denn du bist gütig, oh Herr. Oh Herr Gott, Kraft[503] der Mühebeladenen und Tröster der Trauernden, der du mir wegen meiner Sünden zu recht zürnst, weil ich gegen dich gesündigt und deinen Geboten nicht gehorcht habe, sei nachsichtig gegenüber meinen Sünden und unrechten Taten. Verlasse[504] mich nicht, oh Herr, Gott meines Heils. Handle, oh Herr, an[505] mir nicht nach meinen Sünden und vergelte mir nicht nach meiner Schuld, sondern wende[506] dich doch deinem Diener etwas zu und sei ihm gnädig. Zögere[507] nicht, mein Gott, um deiner selbst willen,

---

501 *Tob. 3,3:* et nunc Domine memor esto mei ne vindictam sumas de peccatis meis neque reminiscaris delicta mea vel parentum meorum.
502 *Ps. 24,7 (G):* peccatorum adulescentiae meae et scelerum meorum ne memineris secundum misericordiam tuam recordare mei propter bonitatem tuam Domine.
503 *Vgl. Corpus orationum,* Nr. 3852 (CCSL 160E, S. 70, Z. 1–3): Omnipotens sempiterne deus, maestorum consolatio, laborantium fortitudo, perveniant ad te preces de quacumque tribulatione clamantium.
504 *Ps. 37,22–23.*
505 *Ps. 102,10 (H):* non secundum peccata nostra fecit nobis neque secundum iniquitates nostras retribuit nobis.
506 *Ps. 89,13 (G):* Convertere, Domine, usquequo? Et deprecabilis esto super servos tuos.
507 *Dan. 9,19.*

*temet ipsum, Deus meus. Sed festina*⁵⁰⁸ *in auxilium meum,* tu, qui pius et *misericors*⁵⁰⁹ esʷ *prestabilis super malicia*; quoniam invenerunt *me*⁵¹⁰ *mala, quorum non est numerus, comprehenderunt me iniquitates mee. Abissus*⁵¹¹ *vallavit me et*ˣ *pelagus cooperuit caput meum.* Sed tu, Domine, qui solus *laborem*⁵¹² *et dolorem consideras,* vide *omne*⁵¹³ *consilium eorum in* malum *adversum me,* et *fac*⁵¹⁴ *mecum secundum misericordiam*ʸ *nominis tui*; qui non vis *mortem*⁵¹⁵ *peccatoris, sed ut convertatur et vivat, et qui Chananeam*ᶻ *et publicanum vocasti ad penitenciam.* Domine Ihesu Christe, fili Dei vivi, *attende*⁵¹⁶ *et audi vocem adversariorum meorum* et tumultuantem contra me superbiam. Recordare Domine – qui locutus es in sanctis tuis, dicens: *Si*⁵¹⁷ *non annunciaveritis* iniquo *iniquitatem suam, sanguinem eius*ᵃ *de manu tua requiram – quod*⁵¹⁸ steterim in conspectu tuo, ut loquerer*ᵇ pro eis bonum et averterem indignacionem tuam*ᶜ *ab eis*; eo quod ecclesiam tuam, sponsam tuam, sanctuarium tuum profanassent. Sed nunc, Domine, quia super hoc verbo *foderunt*⁵¹⁹ *foveam anime mee* et sanguinem meum siciunt effundere gratis, et traditus sum et *non*⁵²⁰ *est qui adiuvet* nisi tu domine Deus meus, adesto precibus meis pius ac propicius, *et*⁵²¹ *libera me* et animam meam *de manu contrariorum* meorum et *ab*⁵²² omnibus *persequentibus me. Ne*⁵²³ *avertas, Domine, aurem tuam a clamore et singultu meo*; ne sis mihi tu formidiniᵈ, *spes*⁵²⁴ *mea in* hac *die afflictionis* mee. Sed libera animam meam, et *a*⁵²⁵ *timore inimici eripe eam.* Quoniam *in*⁵²⁶ *te speravi, non confundar in eternum; in iusticia tua libera me.* Et eripe me et suscipe iam spiritum meum, et fac me per martirii palmam in hac hora supplicii ad tuam pertingere gloriam. Amen."

---

w) *folgt* et *Jf.*   x) *folgt gestrichen* plagus *W.*   y) *folgt gestrichen* tuam *W.*
z) *Jf;* Chananeum *W.*   a) *über der Zeile eingefügt W.*   b) *Jf;* loquere *W.*
c) *Jf; fehlt W.*   d) *Jf;* formidinis *W.*

---

508 *Ps. 69,2 (H):* Deus ut liberes me Domine ut auxilieris mihi festina.
509 *Ioel 2,13:* et multae misericordiae et praestabilis super malitia.
510 *Ps. 39,13.*
511 *Ionas 2,6.*
512 *Ps. 9,35.*
513 *Ier. 18,23:* Tu autem, Domine, scis omne consilium eorum adversum me in mortem.
514 *Ps. 108,21:* tu autem Deus Domine fac mecum propter nomen tuum quoniam bona est misericordia tua libera me.
515 *Breviarium Rom., Pars vernalis, Respons. Tribularer:* Nolo mortem peccatoris sed ut magis convertatur et vivat: qui Chananaeam et publicanum vocasti ad poenitentiam; *Ezech. 33,11:* dic ad eos vivo ego dicit Dominus Deus nolo mortem impii sed ut revertatur impius a via sua et vivat convertimini a viis vestris pessimis et quare moriemini domus Israhel.
516 *Ier. 18,19.*

sondern eile⁵⁰⁸ mir rasch zu Hilfe, du, der du gnädig und barmherzig⁵⁰⁹ bist, mächtig über das Unheil. Denn das Leiden⁵¹⁰ ohne Zahl ist über mich gekommen und meine Sünden haben mich eingeholt. Der Abgrund⁵¹¹ hat mich erfasst und die Flut hat sich über mein Haupt ergossen. Du aber, Herr, der du allein die Mühsal⁵¹² und den Schmerz mit bedenkst, siehe ihren⁵¹³ schlimmen Mordplan gegen mich und verfahre⁵¹⁴ mit mir nach dem Erbarmen, wie es deinem Namen entspricht, der du am⁵¹⁵ Tod des Sünders keinen Gefallen hast, sondern daran, dass er sich bekehrt und lebt, und der du die Kanaanäerin und den Zöllner zur Reue aufgefordert hast. Herr, Jesus Christus, Sohn des lebendigen Gottes, vernimm⁵¹⁶ und höre das Gerede meiner Widersacher und den Hochmut, der gegen mich wütet. Denke daran, Herr – der du zu deinen Heiligen gesprochen hast mit den Worten: ‚Wenn⁵¹⁷ ihr dem Ungerechten seine Ungerechtigkeit nicht vor Augen führt, werde ich für sein Blut von dir Rechenschaft fordern' –, wie⁵¹⁸ ich vor dir stand, um zu ihren Gunsten zu sprechen und von ihnen deinen Zorn abzuwenden, weil sie ja deine Kirche, deine Braut, dein Heiligtum entweiht hatten. Nun aber, Herr, weil sie wegen dieser Ermahnung meiner⁵¹⁹ Seele eine Grube graben und danach dürsten, mein Blut umsonst zu vergießen, und ich ausgeliefert bin und niemand⁵²⁰ ist, der hilft, außer dir, oh Herr, mein Gott, sei meinen Bitten gnädig und gewogen und⁵²¹ befreie mich und meine Seele aus der Hand meiner Widersacher und von⁵²² allen, die mich verfolgen. Verschließe⁵²³, oh Herr, nicht dein Ohr vor meinem Klagen und Seufzen. Werde mir nicht zum Schrecken, du meine⁵²⁴ Hoffnung an diesem Tag meines Unheils. Sondern befreie meine Seele und entreiße⁵²⁵ sie dem Schrecken des Feindes. Denn bei⁵²⁶ dir suche ich meine Zuflucht, um nicht auf ewig verdammt zu sein; rette mich in deiner Gerechtigkeit. Reiße mich von hier fort und nimm schon meinen Geist zu dir auf und lasse mich durch die Krone des Martyriums in dieser Stunde der Marter zu deiner Ehre gelangen. Amen."

---

517 *Ezech. 3,18:* si dicente me ad impium morte morieris non adnuntiaveris ei neque locutus fueris ut avertatur a via sua impia et vivat ipse impius in iniquitate sua morietur sanguinem autem eius de manu tua requiram.
518 *Ier. 18,20.*
519 *Ier. 18,20.*
520 *Ps. 21,12 (G):* non est adiutor.
521 *Sap. 2,18:* si enim est verus filius Dei suscipiet illum et liberabit eum de manu contrariorum.
522 *Ps. 141,7:* libera me a persequentibus me.
523 *Threni 3,56:* vocem meam audisti ne avertas aurem tuam a singultu meo et clamoribus.
524 *Ier. 17,17.*
525 *Ps. 63,2 (G):* a timore inimici eripe animam meam.
526 *Ps 30,2 (G):* In te Domine speravi non confundar in aeternum in iustitia tua salva me.

92. Cum hec igitur et multa alia prolixius oraret, et in agonia spiritus Deum et omnes sanctos suos et beatam Mariam, sanctumque Iohannem precursorem Cristi^e cuius festivitas erat, et beatum Iacobum ante cuius conspectum has supplicaciones fundebat, sanctumque Martinum patronum et dominum suum attencius deprecaretur; videns, occasionem^f sibi evadendi fore subreptam, et inexorabiles hostes in facie, et atrocissimum ignem circa se perniciosissime infundi; inter gladios inimicorum et invectiones flammarum se totum suspendit in Domino, iterum dicens: „Deus *universitatis*[527] *conditor, qui*[528] *neminem vis perire, et quem*[529] *nemo amittit nisi deceptus, et quem nemo invenit nisi purgatus;* domine *Deus, cui*^g *nos fides excitat, spes*^h *erigit, caritas iungit; qui*[530] *fecit celum et terram, mare et omnia que in eis sunt;* cuius *voluntati*[531] *non est qui possit resistere;* veni nunc queso^i *mihi*[532] *in auxilium, veni in adiutorium meum, vera una eterna substancia.* Exaudi me, domine Ihesu Christe, *qui*[533] *non derelinquis sperantes in te;* et propter admirandam et singularem bonitatem tuam *recipe*[534] me^j nunc *oro, fugitivum tuum. Iam*[535] *te solum amo, te solum sequor, te solum quero, tibi soli servire cupio. Ad te mihi redeundum esse* in instanti bravio, sencio. Pateat queso mihi pulsanti ianua tua vite, et *prebe te ipsum mihi viaticum;* ut *non*[536] *demergat me tempestas aque, nec absorbeat me profundum, neque urgeat super*^k *me*^k *puteus os suum; ne*[537] *quando rapiat ut leo animam meam, dum non est qui* redimat, neque qui salvum faciat, nisi tu, domine *Deus*[538] meus, *secundum nomen tuum.* Ergo sit *laus tua,* Domine, in me; et iam suscipe animam meam et per palmam martirii me fac ad tuam pertingere gloriam, salvator mundi."

e) Christi *Jf.*   f) *Jf;* omnem *W.*   g) cūs *W;* cuius *Jf.*   h) spiritus *W.*
i) *Jf;* queo *W.*   j) *fehlt F Jf.*   k–k) *Jf;* me super *W.*

527 *Augustinus, Confessionum libri tredecim, lib. XI, c. 31 (CCSL 27, S. 215, Z. 11):* conditor universitatis.
528 *Vgl. Corpus orationum, Nr. 4039 (CCSL 160E, S. 155, Z. 1–2):* Omnipotens sempiterne Deus, qui salvas omnes et neminem vis perire.
529 *Augustinus, Soliloquiorum libri duo, lib. I, c. 3 (CSEL 89, S. 6, Z. 1–7):* Deus, quem nemo amittit nisi deceptus, quem nemo quaerit nisi admonitus, quem nemo invenit, nisi purgatus. ... Deus, cui nos fides excitat, spes erigit, caritas iungit, Deus, per quem vincimus inimicum, te deprecor.
530 *Ps. 145,6 (G).*
531 *Est. 13,9:* et non est qui possit tuae resistere voluntati.
532 *Augustinus, Soliloquiorum libri duo, lib. I, c. 4 (CSEL 89, S. 7, Z. 14–15):* Quidquid a me dictum est, unus Deus tu, tu veni mihi in auxilium, una aeterna vera substantia.
533 *Iudith 13,17:* dixit Iudith laudate Dominum Deum nostrum qui non deseruit sperantes in se.

92. Als er nun in reichem Maße dieses und vieles andere betete und als er im Todeskampf des Geistes zu Gott inbrünstig flehte und zu allen seinen Heiligen, zur heiligen Maria und zum heiligen Johannes, dem Vorläufer Christi, dessen Festtag es war, und zum heiligen Jakob, vor dessen Angesicht er diese flehentlichen Bitten ausgoss, und zum heiligen Martin, den Kirchenpatron und seinen Herrn, da erkannte er, dass ihm jede Gelegenheit genommen war zu entkommen, und dass die unerbittlichen Feinde vor ihm und das entsetzliche Feuer um ihn herum sich in todbringender Weise ausbreiteten, und zwischen den Schwertern der Feinde und den Angriffen der Flammen gab er sich ganz dem Herrn hin, wobei er erneut sprach: „Gott, Schöpfer[527] der Welt, der[528] du niemanden zugrunde gehen lassen willst, den[529] niemand verliert, außer er ist verblendet, und den niemand findet, wenn er nicht eine reine Seele hat, oh Herrgott, zu dem uns der Glaube treibt, die Hoffnung aufrichtet, die Liebe hinführt, der[530] Himmel und Erde geschaffen hat, das Meer und alles, was sich in ihnen befindet, dessen Willen[531] sich keiner widersetzen kann, komme mir[532] nun bitte zu Hilfe, komme zu meiner Rettung, wahres, einziges und ewiges Sein. Erhöre mich, Herr Jesus Christus, der[533] du diejenigen, die ihre Hoffnung auf dich setzen, nicht verlässt, und in deiner wunderbaren und einzigartigen Güte nimm[534] bitte jetzt deinen entflohenen Knecht auf. Schon[535] liebe ich dich allein, dir allein folge ich, dich allein suche ich, dir allein verlange ich zu dienen. Ich fühle, dass ich zu Dir zurückkehren muss zum bevorstehenden Lohn. Deine Pforte des Lebens, so bitte ich, möge mir, dem Klopfenden, geöffnet sein, und gewähre dich selbst mir als letzte Wegzehrung, damit[536] die stürmischen Fluten mich nicht fortreißen und die Tiefe mich nicht verschlingt und auch nicht die Grube über mir ihren Rachen schließt, damit[537] sie nicht dereinst wie ein Löwe meine Seele an sich reißt, da es niemanden gibt, der die Erlösung bringt, und niemanden, der das Heil schafft, außer dir, mein Herrgott[538], gemäß deinem Namen. Daher soll dein Lobpreis, oh Herr, in mir sein; und nimm nun meine Seele zu dir und lasse mich durch die Krone des Martyriums zu deiner Ehre gelangen, Erlöser der Welt."

---

534 *Augustinus, Soliloquiorum libri duo, lib. I, c. 5 (CSEL 89, S. 9, Z. 15–S. 10, Z. 10):* Recipe, oro, fugitivum tuum, domine, clementissime. Iamiam satis poenas dederim ... O admiranda et singularis bonitas tua!

535 *Augustinus, Soliloquiorum libri duo, c. lib. I, c. 5 (CSEL 89, S. 9, Z. 8– S. 10, Z. 7):* Iam te solum amo, te solum sequor, te solum quaero, tibi soli servire paratus sum, quia tu solus iuste dominaris; tui iuris esse cupio ... Ad te mihi redeundum esse sentio; pateat mihi pulsanti ianua tua; quomodo ad te perveniatur doce me ... Tu mihi suggere, tu ostende, tu viaticum praebe; *Matth. 7,8:* pulsanti aperietur.

536 *Ps. 68,16:* Non me demergat fluctus aquarum, neque absorbeat me profundum, neque urgeat super me puteus os suum.

537 *Ps. 7,3:* ne forte capiat ut leo animam meam laceret et non sit qui eruat.

538 *Ps. 47,11 (G):* Secundum nomen tuum Deus sic et laus tua in fines terrae.

93. Sed cum hec dixisset, prope portam astitit sedens. *Tenebrosus*⁵³⁹ quippe *turbo*, ex densitate fumiˡ progrediens, ita omnem obscuraverat locum, quod ex pallore nigredinis apparentes *tenebre*⁵⁴⁰ omnino possent *palpari*. Quamobrem Maguntini, porte turrium relicta custodia, a facie ignis exterriti extra murum locum omnem cinxerunt; omnem aditum, semitam omnem, omnes denique rimas et angulos, ne domno episcopo evadendi locus adesset, sollicite perscrutabantur. Et post paululum, cum flamma, fumi densitate reiecta, omnem faciem loci tenebris denudasset, quidam miles ex ipsis, truculentissimus tyrannus, Helmgerus nomine, vestitus ferro et accinctus gladio in manu, furia invectus intra ecclesie ianuas, ad eum sciscitatum advenit, dicens: „Quis es tu" inquitᵐ „et quid ibi agis?" Venerabilis autem episcopus nichil respondit. At ille diris instabat hiatibus; denuo, quis esset et quid ibi ageret, furioso latratu percunctans. Quem protinus agnitum vociferare sicut arrepticius cepit: „Ecce, ecce! Hic est! Currite, currite!" inquit „currite! Hic est!" Et cum omnes ruerent, ille, terribilibus oculis ipsum intuens, homicidis manibus christi Domini verticem attrectare non contremiscens, cigneosⁿ ipsius canos et omnis venerancie plenos temeraria manu deiectioneᵒ demonica arripuit et mox, in ipsum irruens, sevum impietatis sue gladium per ipsius sacratissima temporaᵖ fixit. Cui sanctus episcopus cum profunde inflicto vulnere inclinaret, antequam caput erigeret, alter terribili ictu inter sima colli capitisque ipsum percussit; cui denuo inclinavit. Sed interim alius vecte ipsum, media per dorsaᑫ percuciens plaga crudeli, ad terram usque illisit. Sed Maguntini, omnes impetu facto clamantes: „Occide, occide; et nemo dimittat eum vivere", linfanti furia omnes confertissime accurrentesʳ cunctiveˢ dominum et episcopum suum interficientes. Quidam manum sacratam ad brachium usque gladio vibranti sulcavit. Alter circa sima media nasiᵗ ab aure in aurem eum ictu sevissimo perculit; quidam per sublabiaᵘ de dextro ad sinistrum profunda plaga transfodit. Atque alii pectus, alii brachia, alii crura, et quidam sic et alii sic,

l) *Jf;* sumi W.   m) *folgt* dicens W.   n) *davor gestrichen* cing W.   o) *Jf;* denectione W.   p) *Jf;* tympora W.   q) dorsi *Jf.*   r) accurrerunt *Jf.*   s) cuncti ve W; cuncti, ve, *Jf.*   t) *Jf;* nasus W.   u) *Jf;* sub labia W.

539 *Iob 3,6:* Noctem illam tenebrosus turbo possideat; non computetur in diebus anni nec numeretur in mensibus.

93. Aber als er dies gesprochen hatte, befand er sich nahe der Pforte sitzend. Denn ein finsterer[539] Wirbel, aus der Dichte des Rauchs hervorsteigend, hatte den ganzen Ort derart verdunkelt, dass die aus der Fahlheit der Schwärze heraustretende Dunkelheit[540] geradezu greifbar war. Dies war der Grund, dass die Mainzer, nachdem sie die Bewachung der Pforte zu den Türmen aufgegeben hatten, von dem Antlitz des Feuers erschreckt, außerhalb der Mauer den ganzen Platz umstellten; jeden Zugang, jeden Pfad, ja jede Spalte und Ecke behielten sie sorgfältig im Auge, damit dem Herrn Bischof keine Möglichkeit des Entkommens gegeben wäre. Und nach einer kurzen Zeit, als die Dichte des Rauches niedergesunken war und die Flamme den ganzen Anblick des Ortes von der Dunkelheit entblößt hatte, da kam ein Ritter aus dieser Schar, ein überaus roher Gewaltmensch mit dem Namen Helmger, gekleidet in Eisen und gegürtet mit dem Schwert, das er in der Hand hielt, von der Raserei zwischen die Pforten der Kirche getrieben, zu ihm, dem Gesuchten, heran und fragte: „Wer bist du und was tust Du hier?" Der ehrwürdige Bischof aber antwortete nichts. Doch jener drängte weiter mit grässlich aufgerissenem Mund; erneut fragte er in wütendem Gekläffe, wer er sei und was er hier zu tun hätte. Als er ihn unmittelbar darauf erkannte, begann er ihn wie besessen laut auszurufen: „Seht, seht! Hier ist er! Lauft, lauft", rief er, „lauft, hier ist er!" Und als alle herbeistürzten, da schreckte jener, der ihn mit fürchterlichen Augen anblickte, nicht davor zurück, sich mit mörderischen Händen am Scheitel des Gesalbten des Herrn zu vergreifen, packte dessen schwanenweißes und aller Verehrung würdiges Haar mit blindwütiger Hand in dämonischer Verworfenheit und schlug, auf ihn einstürzend, sogleich das grimmige Schwert seiner Gottlosigkeit durch dessen geweihteste Schläfen. Als der heilige Bischof durch die tief geschlagene Wunde vor ihm den Kopf senkte, und bevor er das Haupt wieder aufrichtete, da durchhieb ihn der andere mit einem schrecklichen Schlag in der Krümmung zwischen Hals und Kopf; erneut neigte er vor ihm das Haupt. Unterdessen aber stieß ihn ein weiterer mit einer Stange, die er ihm mit grausamem Schlag mitten durch den Rücken bohrte, zu Boden nieder. Die Mainzer aber riefen nach dem Ansturm alle: „Töte, töte, und niemand soll ihn leben lassen!", und alle drängten in besessener Raserei heran und alle töteten sie ihren Herrn und Bischof. Einer durchschnitt die geweihte Hand bis zum Arm mit zuckendem Schwert. Ein anderer durchhieb ihn mit grausamstem Schlag mitten in die Nasenkrümmung von Ohr zu Ohr; ein weiterer bohrte mit einem tiefen Stich durch die Unterlippe von der rechten bis zu linken Seite. Und die einen an der Brust, andere an den Armen, wieder andere an den Beinen, die einen hier, die anderen dort: unter dem unheilvollen Kriegsgott zerrten sie am Priester Gottes,

---

540 *Exod. 10,21:* dixit autem Dominus ad Mosen extende manum tuam in caelum et sint tenebrae super terram Aegypti tam densae ut palpari queant.

infausto Marte sacerdotem Dei, ut caro solet macelli, in ipsis ecclesie liminibus piaculariter et miserabiliter divaricantes, eoᵛ proprio rubricato baptisatoque cruore, de principe, de archipontifice, de sacerdote martirem Christi testemque fidelem in eternum fecerunt.

94. Sic igitur, ut dictum est, vesana Maguntinorum turba archiepiscopum et dominum suum, quia arguebat eamʷ, quod Ihesu Christi sponsam, scilicet Maguntinam ecclesiam, profanasset, sicut Iohannes arguebat *Herodem*⁵⁴¹ *propter Herodiadem*, similem Iohanni, largiente Deo martirii per ignem et gladium possessurum palmam, in eiusdem precursoris Domini nativitate crudeliter et inmisericorditer interfecit. In quo nefando scelere, licet plebs furens cruente impietatis sit potita victoria, tamen iste, *munimine*⁵⁴² *regio septus, nullatenus ab adversariis est superatus*.

95. Iste est autem Arnoldus Maguntinus, qui – Maguntino solo ex generosis parentibus et religiosis exortus, Maguntine ecclesie clericus et deinde canonicus, etˣ post multis nobilibus prepositis ecclesiisque simul dotatus, et ab hinc Maguntine civitatis camerarius, et imperialis aule inclitus cancellarius et summus capellanus, per multas virtutes, omnium bonorumʸ operum cella misericors, ad summum sacerdocii gradum, titulis preclaris suffultus, perveniens – octavo sui metropolitanatus anno, iam *grandevus*⁵⁴³ *et plenus dierum, gloriosus et decorus in conspectu Domini*, Maguntinam ecclesiam cui preerat ab impiis suorum civium eripere volens faucibus, ultimam sui sacerdocii *stolam*⁵⁴⁴ *lavans* in sanguine agni, a perfida plebe occisus; infulam perpetuam a domino Ihesu Christo, *pro*⁵⁴⁵ *cuius honore proprium sanguinem fudit*, anno dominice incarnacionis millesimo centesimo sexagesimoᶻ VIIIᵃ Kalend. Iulii feliciter et fideliter est assecutus.

96. Nunc autem profana et pestilens multitudo Maguntina, ut copiosius iram Dei et omnium sanctorum et cunctorum bonorum hominum super se provocaret, de

---

v) *Jf; fehlt W.* w) *Jf;* eum *W.* x) *Jf;* est *W.* y) *Jf; fehlt W.* z) *Jf;* millesimocentesimosexagesimo *W.* a) 8 *Jf; fehlt W M F.*

---

541 *Matth. 14,3–4:* Herodes enim tenuit Iohannem et alligavit eum et posuit in carcere propter Herodiadem uxorem fratris sui.
542 *Fulgentius Ruspensis, De sancto Stephano protomartyre et de conuersione sancti Pauli, Nr. 3, c. 2 (CCSL 91A, S. 906, Z. 39–40).*
543 *Gen. 35,29:* senex et plenus dierum; *Ps. 115,15:* pretiosa in conspectu Domini.

wie es mit Fleisch auf dem Markt geschieht, direkt auf der Schwelle der Kirche in sühneheischender und schrecklicher Weise, wobei er durch das eigene Blut rot gefärbt und getauft wurde. Aus dem Fürsten, dem Erzbischof, dem Priester machten sie einen Märtyrer Christi und einen Zeugen des Glaubens in Ewigkeit.

94. So also hat, wie gesagt, die rasende Menge der Mainzer ihren Erzbischof und Herrn – weil er ihr vorwarf, dass sie die Braut Jesu Christi, die Mainzer Kirche nämlich, entweiht hätte, so wie Johannes den Herodes[541] beschuldigte wegen Herodias –, ihn, der Johannes gleicht und der sich mit Gottes Gnade durch Feuer und Schwert den Ruhm des Martyriums erwerben sollte, am Festtag des Vorläufers Christi selbst grausam und unbarmherzig getötet. Wenn auch in diesem ruchlosen Verbrechen das rasende Volk bluttriefend den Sieg der Gottlosigkeit erlangt hatte, wurde dennoch jener, vom[542] königlichen Schutz umgeben, von den Gegnern keineswegs überwunden.

95. Jener aber ist Arnold, der Mainzer – auf Mainzer Boden von edelmütigen und frommen Eltern geboren, Kleriker und dann Kanoniker der Mainzer Kirche, danach mit vielen ehrenvollen Propsteien und Kirchen zugleich ausgestattet, sodann Kämmerer der Mainzer Stadt und berühmter Kanzler am kaiserlichen Hof und Erzkapellan, durch viele Tugenden als ein barmherziger Hort aller guten Werke zur höchsten Stufe des Priestertums gelangend, durch angesehene Ehrentitel gestützt –, der im achten Jahr seiner Erzbischofswürde, schon in[543] hohem Alter und nach einem erfüllten Leben, ruhmvoll und ausgezeichnet vor den Augen des Herrn, indem er die Mainzer Kirche, der er vorstand, dem gottlosen Rachen seiner Bürger entreißen wollte, die letzte Stola[544] seines Priestertums im Blute des Lamms waschend, vom treulosen Volk getötet, im Jahre 1160 seit der Fleischwerdung des Herrn, an den 8. Kalenden des Juli, die ewige Inful vom Herrn Jesus Christus, zu[545] dessen Ehre er sein eigenes Blut vergoss, in glückseliger und frommer Weise sich erworben hat.

96. Nun aber schleifte der gottlose und Verderben bringende Pöbel von Mainz, damit er den Zorn Gottes, den aller Heiligen und aller rechtschaffenen Menschen noch reichlicher auf sich zöge, den Toten und zu Tode Gequälten an den Füßen,

---

544 *Apoc. 22,14:* beati qui lavant stolas suas ut sit potestas eorum in ligno vitae et portis intrent in civitatem; *Breviarium Rom., Antiphona des Canticum Magnificat der 2. Vesper des Commune plurimorum martyrum extra tempus paschale:* Istorum est enim regnum coelorum ... et laverunt stolas suas in sanguine Agni.

545 *Magnificat-Antiphon der 2. Vesper des Commune plurimorum martyrum extra tempus paschale:* Gaudent in coelis ... quia pro eius amore sanguinem suum fuderunt.

ipsa ecclesia, ubi eum impie et inhumane interemerat^b, mortuum et enecatum per pedes, tamquam canem, in foveam quandam platearum traxerunt. Et subsannantes ei, iurantesque per impietatis nequiciam: quod ille mortificator, senex pessimus, nunquam emori posset, ymmo quendam capellanum suum sibi similem, non ipsum, gladiassent^c; iterum irruerunt^d in ipsum. Intima cordis, ventrisque tocius gelida penetralia ipsius per gladii sevientis animadversionem rimati, circumquaque concisum, eum denuo, quantum in ipsis, occisum occiderunt. Et exinde nudum et inhumatum, miserabili^e funere *volucrum*^546 *latrantiumque rostris trahendum*, in cavearum agrorumque horrenda inoptataque^f solitudine solum et inexequiatum^g dimittentes^547; per triduum sepulturam in estatis ipso flagranti fervore sibi negaverunt.

97. Sed sine pudicis^h exequiis Christus martirem suum non dimisit. Nam in ipso imminentis noctis silencio, quod suum post obitum peremptorie^i succedebat diei^548, circumstabant eum pauperum viduarum pupillorum orphanorumque multitudo innumera, quos semper victu vestituque alebat, ymnidicis choris omnes concrepantes in unum, flentes, simulque domino Deo ostendentes tunicas et vestes et diutinis alimoniis, quibus eos^j episcopus sanctus explerat, referta precordia. Et baiulantes preciosissimum funus de solitudine cavearum viarumque bivio^k, coram Deo in sancta sanctorum intulerunt; per totum illud triduum et deinceps in laudibus psalmis et supplicacionibus sibi excubantes, et elemosinarum misericordiarumque suarum depositum, quod a viro sancto continuum susceperant, domino Deo cum lacrimis et magnis singultibus consignantes.

98. Verum nec infra illud spacium abhominabilis Maguntina furia requiescit. Sed ingredientes, ubi sanctum est feretrum, reverentissimum corpus denudant, exspoliant, pedibus conculcant, ora ipsius premortua^l lapidibus contundunt, et dentes exangues^m, quibus reverenciam addebat ipsa maturitas, ex ipso quod fregerant

---

b) interimerat *W;* interemerant *Jf.* c) agladiassent *W;* iugulassent *Jf.* d) *Jf;* irruerent *W.* e) *Jf;* miserabile *W.* f) *Jf;* ineptaque *W.* g) *Jf;* inexequitatum *W.* h) publicis *Jf.* i) *Jf;* perempte *W.* j) *Jf;* eas *W.* k) *Jf;* bino *W.* l) premortui *Jf.* m) *Jf;* exargues *W.*

546 *Homerus latinus – Ilias latina,* v. 1 (ed. F. BAEHRENS, *Poetae Latini Minores 3,* S. 7): Latrantumque dedit rostris volucrumque trahendos.

wie einen Hund, von dieser Kirche, wo sie ihn unbarmherzig und in unmenschlicher Weise getötet hatten, in die Abfallrinne der Straßen. Und indem sie sich voller Spott über ihn äußerten und in teuflischer Gottlosigkeit darauf schworen, dass jener Verderber, der allerböseste Greis, gar nicht ganz sterben könnte, ja dass sie gar nicht ihn selbst, sondern seinen ihm ähnlichen Kapellan mit dem Schwert niedergehauen hätten, machten sie sich erneut über ihn her. Das innerste Herz, die erkalteten Eingeweide seines ganzen, durch die Schärfe des wütenden Schwertes aufgerissenen Bauches, den überall Zerstückelten, ihn, den Getöteten, töteten sie – soweit sie konnten – von neuem. Und hierauf, damit er in einem erbärmlichen Leichenbegängnis von[546] den Schnäbeln der Vögel und den Schnauzen der Kläffer herumgezerrt werden sollte, ließen sie ihn nackt und unbeerdigt allein und ohne Totenmesse zurück in der trostlosen und erschreckenden Verlassenheit der Weiden und Felder[547]. Drei Tage lang, in der sengenden Hitze des Sommers, verweigerten sie ihm ein Begräbnis.

97. Aber ganz ohne Totenmesse voll Ehrgefühl ließ Christus seinen Märtyrer nicht sein. Denn in dem Schweigen der heraufziehenden Nacht, das nach seinem Tod dem mörderischen Tag folgte[548], umringten ihn in unzähliger Menge die Armen, die Witwen, die Waisen und Kinderlosen, die er stets mit Speise und Kleidung versorgt hatte. In hymnischen Chören stimmten sie alle unter Tränen laut ein und zeigten zugleich Gott, dem Herrn, die Hemden und Kleider und die durch die ständigen Speisungen, mit denen sie der heilige Bischof gesättigt hatte, wohlgenährten Bäuche. Und indem sie den allerkostbarsten Leichnam aus der Verlassenheit der Ställe und von der Kreuzung der Wege wegtrugen, brachten sie ihn vor Gott in das Allerheiligste. Über die gesamten drei Tage hin und darüber hinaus hielten sie mit Lobgesängen, Psalmen und Bittgebeten bei ihm Wache, und das anvertraute Gut seiner Almosen und barmherzigen Werke, das sie von dem heiligen Mann fortwährend empfangen hatten, bestätigten sie Gott, dem Herrn, unter Tränen und heftigem Schluchzen.

98. Aber auch innerhalb dieses Zeitraums gab die unmenschliche Mainzer Raserei keine Ruhe. Sondern sie drangen dort, wo die heilige Totenbahre stand, ein, entblößten den ehrwürdigsten Leichnam, plünderten ihn aus, traten ihn mit Füßen, zerschlugen das Gesicht dieses vorzeitig Gestorbenen mit Steinen; und die leblosen Zähne, denen das hohe Alter selbst Ehrfurcht beigelegt hatte, schlugen sie aus dem Mund, den sie zertrümmerten. Dabei beschimpften sie ihn und sagten:

---

547 *D.h. möglicherweise außerhalb der Stadtmauern. Der Jakobsberg lag zu diesem Zeitpunkt noch nicht innerhalb der Stadtmauern.*
548 *Die Nacht zwischen dem 24.6. und dem 25.6.1160.*

ore decuciunt; exprobrantes ei ac dicentes: „Vis tu filium meum obsidere? Vis tu bona mea recipere?"[549] Et minabantur eis, qui circumstabant, pauperibus viduis orphanis et Scottis. At ipsi econtra, tanti viri necem vehementissime improperantes, adiciebant: quia pro ipso ad mortem usque pati supplicia non vererentur; quoniam eorum pater et mater et post Deum unicum fuisset refugium.

99. Maguntini interea, pauperum[n] improperia et tocius mundi maledictum non valentes ferre, consilium fecerunt, ut cadaver sanctissimi viri[n] immitteretur[o] in amnem[p] et caractere excommunicacionis infamatum, impositum tabulae[q], aquis suspenderetur[r]; ut sic, ubi appulerit, legentes excommunicacionis ei[s] libellum, sepulturam et alia humanitatis officia denegarent. Sed prophanum consilium Deo disponente viribus caruit. Quia tercia sui obitus die in basilica beatissime Marie virginis, que ad Gradus dicitur[550], coram eiusdem sacratissime virginis altari est locum sepulcri, quem vivens quandoque in votis habuerat, defunctus officio[t] tumulacionis[t] sortitus. Ubi eius merita omnibus rite poscentibus ad laudem et gloriam nominis Dei patrocinantur. Amen[u].

n–n) *Jf;* ferre, consilium fecerunt, ut cadaver sanctissimi viri pauperum improperia et tocius mundi maledictum non valentes *W.*   o) *Jf; fehlt W.*   p) *Jf;* inamnem *W.*   q) *Jf;* tabula *W.*   r) *Jf;* suspendi *W.*   s) *über der Zeile eingefügt W.*   t–t) *Jf;* officii tumulacionem *W.*   u) *folgt Abschnitt aus dem Chronicon Moguntinum beginnend mit* (ex) perpetrato hoc scelere alium sibi creare satagunt sceleras nullam clericis quorum intererat eligendi licenciam concedentes (...) *W.*

549 *Diese rhetorische Fragen entsprechen möglicherweise den Maßnahmen, die von erzbischöflicher Seite gegenüber den aufständischen Ministerialen angedroht wurden.*

„Willst du meinen Sohn in deine Gewalt bringen? Willst du meine Güter einziehen?"[549] Und denen, die im Umkreis standen, den Armen, Witwen, Waisen und Schotten, drohten sie. Jene aber, die die Ermordung des so großen Mannes aufs heftigste anprangerten, setzten dagegen, dass sie sich nicht scheuen, für ihn Foltern bis zum Tod zu erdulden, denn er sei für sie Vater und Mutter und nach Gott die einzige Zuflucht gewesen.

99. Die Mainzer unterdessen, die die Vorwürfe der Armen und die Verwünschung der ganzen Welt nicht ertragen konnten, fassten den Beschluss, den Leichnam des heiligsten Mannes, mit dem Zeichen der Exkommunikation entehrt, auf ein Brett gelegt im Fluss auf dem Wasser schwimmen zu lassen, damit man so dort, wo immer er antrieb, die Klageschrift der Exkommunikation verlesend ihm das Begräbnis und andere Pflichten der Menschlichkeit verweigere. Aber dieser gottlose Beschluss entbehrte auf Gottes Weisung der Kräfte zur Durchführung. Denn am dritten Tag nach seinem Tod erlangte er in der Kirche der heiligsten Jungfrau Maria, die „an den Stufen"[550] genannt wird, vor dem Altar derselben allerheiligsten Jungfrau, die Grabstätte, die er zu Lebzeiten einmal gelobt hatte, im Tod durch den Akt der Beerdigung. Dort mögen seine Verdienste alle, die darum in rechter Weise bitten, zum Lob und Ruhm des Namens Gottes beschützen. Amen.

---

550 *Das heute nicht mehr vorhandene Stift* St. Maria ad gradus *in Mainz, zwischen Dom und Rhein gelegen.*

REGISTER

STELLENREGISTER

Bibel

Act.
  7,51
  25,11
  25,12

Apoc.
  12,9
  22,12
  22,14

Cant.
  2,5
  4,2

1. Cor.
  7,20
  9,22
  10,16

2. Cor.
  11,1
  11,2
  13,8

Dan.
  3,94
  5,20
  8,6
  9,19
  12,3
  13,42
  13,52

Deut.
  13,8
  13,15
  20,13
  28,35
  32,5

Ecclus.
  2,5
  2,22
  10,7
  44,10–15

Eph.
  2,21
  4,28
  5,16
  5,2
  5,27
  6,14–16

Est.
  13,9

Exod.
  5,21
  10,21
  15,1
  28,30
  32,9

Ezech.
  3,18
  9,6
  31,10
  40,46
  42,14

Gal.
  1,14
  1,4
  2,9
  5,16

Gen.
  8,6–7
  18,21
  22,17
  25,27
  27,4
  27,16
  29,13
  35,29

Hebr.
  2,14
  4,12
  13,20

Iac.
  1,22
  1,23
  1,5
  2,13
  3,14
  4,6

Ier.
  9,1
  9,26
  11,19
  18,19
  18,20
  18,23
  25,14

Iob.
  2,7
  3,6
  29,25
  29,9

Ioel
  2,13

Ioh.
  7,20
  9,32
  10,1
  11,50
  11,52
  11,53
  13,15
  14,27
  15,13

1. Ioh.
  5,19

Ionas
  2,6

Isai.
  23,8
  37,28
  38,17
  45,13

Iudic.
  16,23
  20,44

Iudith
  13,17

1. Kor.
    15,28

Lev.
    19,18

Luc.
    1,18
    1,78
    3,8
    7,37
    7,47
    10,30
    10,5-6
    10,6
    10,39
    11,15
    11,17
    11,26
    12,2
    12,27
    12,42
    14,21
    14,23
    14,32
    18,4
    19,44
    19,46
    19,48
    21,19
    22,6
    22,19
    22,33
    22,42
    22,43
    22,53
    23,43
    23,46

1. Macc.
    2,26
    16,14–16

2. Macc.
    4,1

4,32
4,34

Marc.
    11,17
    14,36
    14,38
    14,59

Matth.
    2,11
    5,14
    5,3
    6,33
    6,6
    7,8
    7,15
    7,6
    8,23-24
    9,20
    10,28
    11,11
    12,19
    12,35
    13,25
    13,46
    13,55
    14,3-4
    18,7
    20,6
    21,13
    21,38
    22,21
    23,33
    26,27
    26,29
    26,66
    26,75
    27,28

Num.
    21,24

1. Paral.
    13,14

2. Paral.
    6,30
    10,14
    26,16
    33,12–13

1. Petr.
    2,14
    2,23
    4,17

Philipp.
    1,8
    2,15
    2,21
    4,9

Prov.
    2,6
    2,7
    11,27
    18,3
    18,17

Ps.
    2,2 (G)
    7,3
    9,35
    11,3 (G)
    17,17
    18,6 (G)
    18,11
    21,12 (G)
    24,7 (G)
    25,8 (G)
    30,2 (G)
    30,6
    31,20
    34,7 (G)
    37,3
    37,21
    37,22–23
    39,13
    40,10 (G)
    42,1

47,11
49,14
49,23
50,19 (G)
54,7 (G)
55,7 (G)
63,2 (G)
65,5 (G)
68,10
68,16
69,2 (H)
71,9 (G)
73,6 (G)
77,8 (G)
78,1
81,4
88,40 (H)
89,13 (G)
96,10
102,10 (H)
108,21
109,1
115,12
115,13 (G)
115,15
118,62 (H)
118,161 (G)
119,5 (G)
123,3 (H)
125,2 (H)
141,7
145,6 (G)

1. Reg.
    3,18
    3,20
    15,32
    18,16
    22,11
    24,13
    24,6

2. Reg.
    3,27
    15,34

18,8	7,24	2,24	1. Tim.
24,17	10,2	3,6	3,1
	12,20	17,10	
3. Reg.	12,21		2. Tim
2,32	13,1	Soph.	2,4
5,4		3,14	4,6
10,7	Ruth		4,14
13,24	1,6	1. Thess.	
13,28		4,1	Tob.
15,6	2. Sam.	5,8	2,8
	7,9	5,23	3,3
4. Reg.			
20,6	Sap.	Threni	Zach.
	2,12	3,56	13,7
Rom.	2,16		
6,9	2,18		

Spätantike und mittelalterliche Literatur

Ambrosius
    Commentarius in Cantica Canticorum
        c. 4,30
    De uirginbus
        1,8,41

Ambrosius Autpertus
    Sermo de assumptione sanctae Mariae
        5

Anthologia Latina
    485[b]

Apponius
    In Canticum canticorum expositio
        5

Augustinus
    Confessionum libri tredecim
        11,31
    Contra Iulianum
        6,1

    Enarrationes in Psalmos
        25,2,12
        36,2,13
    In Iohannis epistulam ad Parthos tractatus
        9,4
    In Iohannis euangelium tractatus
        2,5
    Sermones
        50
        229 H
        287, 2,3
        293A
    Soliloquiorum libri duo
        1,3
        1,4
        1,5

Benzo v. Alba
    Epygrama
        1

Bernhard v. Clairvaux
    Ep. de moribus et officio espiscoporum
    (ep. 42)
        31
    Homiliae super ‚Missus est'
        4,10
    Sermo in natiuitate sancti Iohannis
    Baptistae
        6
    Sermones super Cantica Canticorum
        50,5
        74,9

Boethius
    Philosophiae consolatio
        1,4
        3,5,14

Breviarium Rom., Missale Rom. und Hymnen
    Adoratio crucis in Parasceve
    Ante Communionem
    Festum s. Martini, Antiphona ex Proprio Sanctorum
    Hymnus des Apostelfestes Exsultet coelum laudibus
    Hymnus der samstäglichen Laudes Aurora iam spargit polum
    Magnificat-Antiphon der 2. Vesper des Commune plurimorum martyrum extra tempus paschale
    Pars vernalis, Respons. Tribularer

Cassiodor
    Expositio psalmorum
        104, 45

Corpus orationum
    595
    3852
    4039

Decretum Gratiani
    D. 1 c. 60
    D. 6 c. 1
    D. 50 c. 32, § 2
    D. 86 c. 19
    C. 1 q. 1 c. 5
    C. 2 q. 6 c. 31
    C. 2 q. 6 c. 33
    C. 5 q. 2 c. 2
    C. 15 q. 8 c. 3
    C. 24 q. 3 c. 24
    C. 30 q. 4 c. 6
    C. 36 q. 2 c. 6

Dionysius Exiguus
    Praefatio ad Iulianum presbyterum in Collectionem Decretorum Romanorum pontificum
        7

Disticha uel dicta Catonis
    2,15

Heriger, Elevatio Sancti Landoaldi et sociorum eius

Epistulae Senecae ad Paulum et Pauli ad Senecam
    11

Fulgentius Ruspensis
    De sancto Stephano protomartyre et de conuersione sancti Pauli
        3,2

Gozechinus Moguntinensis
    Epistula ad Walcherum

Guaiferius, Vita s. Secundi

Gregor d. Große
    Dialogorum libri IV
        1,8
        2, Prolog
        2,1
    Homiliae in Hiezechihelem prophetam
        1,9,21
    Registrum epistolarum
        1,3

1,4
10,2
12,9

Heriger v. Lobbes
    Gesta episcoporum Leodiensium
    43

Hieronymus
    Commentarii in IV epistulas Paulinas
        Ad Galatas, 3,19-21
    Commentariorum in Ezechielem
    7
    Commentarii in prophetas minores
        In Naum, 1
    De uiris illustribus
    17
    Dialogi adversus Pelagianos
    1,13
    Epistulae
    39,1
    107,2
    Uita sancti Hilarionis
    22
    Uita sancti Pauli
    9

Homerus latinus – Ilias latina
    1

Horaz
    De Arte Poetica
    285

Hugo v. St. Victor
    Didascalicon de studio legendi,
    2,23

Isidor v. Sevilla
    Etymologiarum siue Originum libri XX
    2,21,15
    12,1,47
    18,2

Juvenal
    Saturae
    6,223

Lukan
    De bello civili
    1,1
    1,17-18
    5,782
    8,16

Origenes sec. translationem Rufini
    In Genesim homiliae
    9,1
    In Epist. Pauli ad Rom.
    1,11

Otto v. Freising/Rahewin, Gesta Friderici
    2,3
    2,46
    3,32
    4,4
    4,6
    4,56
    4,65

Ovid
    Metamorphoseon
    2,5
    2,299
    6,585f.
    15,640

Passio Bartholomei I 14

Passio Sanctae Ceciliae virginis et martyris

Petrus Damiani
    Briefe
    65
    Sermones
    39,2

Regula Benedicti
    1,7

Sallust
    De coniuratione Catilinae
        1,1
        1,5
        2,9
        3,2
        20,10
        44,5
    Iugurtha
        10,6

Sulpicius Severus
    Dialogorum libri II
        3,10,5
    Vita sancti Martini
        2,1
        3,1
        4,5

Tertullianus
    De cultu feminarum
        2,9,1

Theodulf v. Orléans
    De ordine baptismi
        17

Vergil
    Aeneis
        2,332
        2,650
        4,79
        4,373

Vita Antonii
    5

Vita Landiberti
    Lectio I

Wibald v. Stablo
    Das Briefbuch Abt Wibalds von Stablo
        439

REGISTER DER PERSONEN, ORTE UND WORTE

A
- abbas 102,10. 104,1. 150,19. 172,10.
siehe: [Gottfried], Abt von St. Jakob zu Mainz
- abditus
siehe: observare
- abire 120,3
siehe: facultas
libere posset abisse 166,18
- abiudicare
abiudicata eis forent beneficia 100,7
- abiurare 126,13. 132,17. 136,8
- abolere 178,17
- abominabilis (*abhominabilis*)
siehe: furia, lacuna
- abominatio (*abhominacio*)
siehe: reddere
abhominacionem nefandissimam 140,2–3
- abscedere 174,16
- abscindere
abscisa clamidis ipsius ora 120,11
- abscisio 116,5
- abscondere 154,4–5
quo se absconderet 164,24; *se posset a.* 170,25.
- absconditus
siehe: deus
- absentia (*absencia*) 100,22. 102,4–5
- absolutio (*absolucio*) 132,10.15
siehe: modus
- absorbere
in unam, quicquid sibi occurrebat, absorbebat voraginem 170,24; *nec absorbeat me profundum* 184,18; *quasi vivos absorpserat* 74,10
- abstergere
a se huius suspicionis notam absterserat 122,10–11; *preteritos neglectus commodius a.* 80,5–6

- abstinere
abstinet se a viis nostris tamquam ab immundiciis 138,12–13
- abstrahere 68,2
- abusio
siehe: officina
- abyssus (*abissus*) 182,3
- accedere 58,20. 80,12. 86,10–11. 128,19. 146.19. 152,19. 176,24. 178,1.2.3.4.5.
ad palmam accedit martirii 180,3
- accendere
devoranti igne accendunt 162,17–18
- acceptabilis
Deo et hominibus acceptabilior 54,16
- acceptus 74,23
siehe: exhibere
- accersere (= *arcessere*) 108,4
accersitis necessariis fidelibus suis 94,11
- accessus 106,9. 112,10
- accingere 142,8
ad celebrandam synodum se accingens 106,19–20; *ad tantum imperii negocium se posset a.* 92,20–21; *accinctus gladio in manu* 186,9; *cingulo militari accinxit* 74,20–21
- accipere
Calicem salutaris accipiam 140,17–18. 142,18; *oblivionem non acceperunt* 52,1
- accire
accitis nunciis et domesticis suis impiis Maguntinis 152,4; *accirentque sibi regnorum omnium invidiam* 90,19–20
- acclamare 172,16
populo acclamante 60,5
- accuratus
siehe: loqui
- accurrere
a. confertissime 186,23
- accursus
siehe: retinere

- accusator
  a. sui 168,12
- acer 62,19. 80,4.
  siehe: agere, procumbere
- acies 108,15
  siehe: praedux
  hostili ex acie 170,1; *quam ordinate structa acie* 98,5
- acquiescere
  acquievisset eorum postulacionibus 104,20–21; *eorum precibus a. nollet* 166,18–19; *monitis imperialibus a. nollent* 90,18; *noluit fidelium suorum consultacioni a.* 114,9–10; *voluntati ipsius non acquiescerent* 148,9
- actor 62,18
  siehe: agere
- aculeus
  siehe: caedere
- acutus 132,23
  siehe: gladius
- Adalbert I. (*Albertus*), Erzbischof von Mainz (1110–1137)
  siehe: privilegium
- addere 58,23. 82,17. 190,26
- addicere 126,6
  captivitati addictos 162,22; *filios vestros servituti a.* 152,9; *mortis pene addici* 126,6
- addictio
  per captivitatis addictionem 172,6
- adesse 66,6. 76,17. 132,10. 136,12. 148,4. 162,16. 166,14. 182,15. 186,6
- adhaerere (*adherere*) 112,7
- adhibere 56,17. 68,22. 152,13
  nec ipsorum verbis poterat fidem a. 142,15
- adhortari 136,19. 152,15. 158,14. 164,4
- adiacere 76,17. 90,15. 124,27. 138,1
- adicere 62,12. 82,1. 106,14. 166,17. 178,19. 192,4
- adimere
  ut eorum omnis malignandi adimeretur occasio 144,15–16; *vires eis omnes ademit* 102,22

- adinvenire 106,13. 144,15. 158,25. 164,26
- adipisci 58,9. 154,15
  siehe: pax, plenitudo
- adire 174,3
  filios Mengoti aliosque suos cognatos consultum a. 170,17–18
- aditus 162,19. 186,5
  moncium Iovis 118,8–9
- adiungere 82,14
- adiurare
  multa cum supplicacione et obsecracione adiurans 170,18–19; *multis precibus multisque eum obsecracionibus adiurabat* 170,4–5
- adiutorium 184,12
- adiuvare 182,15
- adminiculare (*aminiculare*)
- admirabilis
  siehe: multitudo
- admirari 82,16
  siehe: bonitas, iunctura
- admiratio (*admiracio*) 82,8
- admittere 76,1. 84,16–17. 142,12. 154,20
  ad consilia secretasve sui cordis deliberaciones admiserat 152,1–2
- admonere
  admonitis fideiussoribus 112,15
- adniti 68,10
- adolescentia (*adolescencia*) 52,13
  siehe: crepundia, primordium
- adulterium
  siehe: reatus
- advenire 146,14–15. 148,14. 170,22. 186,10
- adventare 106,18. 148,5
- adversarius 118,12. 120,23. 132,6. 154,5–6. 182,8. 188,12
  siehe: retinere, vox
  adversarii Dei 122,11
- adversitas
  siehe: discrimen
- adversum
  ex adverso 108,22
- advocare 94,14. 142,7. 168,9
- advolare
  ad sanctorum altissimam paupertatem de hoc inquietudinis stadio a. 78,6–7

- aedicula (*edicula*) 162,14
- aedificatio (*edificacio*)
  siehe: ecclesia
  novi martirii e. 52,11
- aedificium (*edificium*)
  siehe: obstructio, tormentum
- aemulari (*emulari*)
  emulatus iusticiam 174,9; *super omnes coetaneos suos emularetur* 54,7–8
- aemulatio (*emulacio*)
  ad emulacionem indivise unitatis et paternarum tradicionum 134,2–3
- aemulator (*emulator*)
  virtutumque omnium e. magnificus 86,1–2
- aemulus (*emulus*) 62,12. 66,12
- aequalis (*equalis*)
  siehe: naris, pandere, planum
- aequalitas (*equalitas*)
  siehe: species
- aequitas (*equitas*) 70,12–13. 178,8
- aequor (*equor*) 88,6
  siehe: ferre
- aequus (*equus*) 118,18. 158,3
  siehe: ferre, recompensare
- aer
  siehe: intemperies
- aerarium (*erarium*)
  siehe: domus, frangere, prorumpere
- aerumna (*erumpna*) 116,17
  multisque huiusmodi erumpnis 140,7
- aestas (*estas*)
  siehe: fervor
- aestimare (*estimare*) 86,19
- aestuare (*estuare*)
  siehe: fervor
- aestus (*estus*)
  siehe: egerere
  solis sub estu 160,15–16
- aetas (*etas*) 52,15. 92,8. 160,4
  siehe: oblivisci, reverentia, senium, tempus (Zeit)
  presens e. 122,21; *ferventissimam et virilem etatem* 96,8–9; *senilemque etatem* 54,8; *vergentem sui quasi oblitus etatem* 92,14; *permatura etate* 166,3

- aeternus (*eternus*)
  siehe: gaudium, retributio, salus, substantia
  in eternum 178,4.7. 182,20. 188,4
- Ätna (*Ethna*)
  siehe: vehementia
- affectare 108,24. 122,17. 126,1
- affectus
  siehe: impendere (auf-, zuwenden), laxare
- afferre 166,16
- afficere 54,19. 54,19
  quanto pudore affecti 122,17; *diversis penis affectos* 126,1
- afflictio
  siehe: cottidianus, dies, iniuria
- affligere
  siehe: clamor
  circa omnes afflictos 56,8; *Circa omnes vero afflictos* 96,20
- affluens
  siehe: dare
- ager
  siehe: solitudo
- agere 186,12
  siehe: internuntius, pontifex
  ego inique egi 168,10; *variis suppliciis actos* 126,2; *actoribus acriter in ipsum agentibus* 62,18–19
- agger 124,4
- aggredi 52,5. 54,12. 66,21
- agilis 84,20
- agitare
  capita sua agitantes 160,15
- agmen
  dominici agminis 52,15
- agnoscere
- agnus
  siehe: lavare
- agon
  siehe: stadium
  in agone spiritum reddendi 74,14; *in exicialis agone certaminis* 172,19; *in mortis agone* 168,17; *in tanto martirii agone* 178,9

- agonia
  in a. spiritus 184,1; *magna in a.* 160,6
- agonicus
  siehe: oratio
- ait 54,20. 76,14. 156,24. 172,26
- albus
  siehe: vultus
- Alemanni 88,21
- alere
  victu vestituque alebat 190,15
- Alexander III., Papst (1159–1181) 116,1
- algere
  siehe: horror, planta
- algor
  siehe: vis
- alienare 66,22
  siehe: colligere
- alienus 130,1
- alimonium 56,16
  siehe: praecordia
- aliquantisper 156,9
- aliquantulum 180,23
- allegare 94,4. 148,10
- altar 70,2. 76,9. 110,12. 162,10
  siehe: excubare
  violataque altaria 96,17–18; *coram eiusdem sacratissime virginis altari* 192,12
- alter
  tamquam alterum se ipsum 94,21
- altitudo
  siehe: dare, porrigere
  ea virtutis a. 72,16
- altus
  siehe: advolare, deculcare, deus, dicere, ferre
- amare 184,15
- amarus
  siehe: flere
- ambire 124,3
  siehe: cingulum, gyrus, secare
- ambulare 68,5. 138,17. 154,10
  spiritu ambulantes 76,21–22
- amicire
- amicitia (*amicicia*) 166,22. 170,6
  siehe: conciliare

- amicus (Freund) 174,19
  siehe: ponere
  omnium bonorum a. 146,13–14; *primus a.* 74,3; *inter primos et precipuos amicos* 72,11; *ut bonum amicum de inimicicia creatum* 150,22–152,1; *ut fidum amicum* 150,21–22
- amicus (freundschaftlich)
  siehe: introitus
- amissio
  de beneficiorum amissione 104,5
- amittere 72,11. 74,10–11. 96,16. 184,9
  cum ipsis rebus vitam amiserunt extremam 74,10–11; *vitam cum rebus amiserant*
- amnis 192,8
- Amöneburg (*Ameneburgk*)
  castrum suum Ameneburgk 142,9
- amoenus (*amenus*)
  siehe: sinus
- amplecti 150,12
  siehe: artus (eng)
  Religionem autem super aurum et lapidem preciosum omnemque pulchritudinem arcius amplectens 56,21–22
- amplexari 98,8
- amplexus
  siehe: ruere
- amplificare 72,15
- amplus
  siehe: praeditus
  amplius non 172,6–7; *eo amplius* 108,22. 134,22. 140,6; *in potestate et dicione amplissima* 64,16–17
- anathema
  siehe: gladius
- anceps
  siehe: gladius, locare
- anfractus 176,16
- angelus 180,9
- angulus 186,6
  siehe: explorare
- angustiae 140,8
- angustus 80,19
  siehe: observare

- anhelare 52,17
  siehe: bonum
- anilis
  siehe: artus (Gelenke)
- anima 166,6. 168,2.24. 182,16.19. 184,19.21
  siehe: commendare, divisio, exprobrare, fodere, perdere, ponere, possidere, salvare, superintendere
- animadversio
  siehe: experiri, rimatus
- animadvertere
  gravius in eos animadverteretur 126,20; *mucronum animadversum verberibus* 172,17–18
- animare 136,18
- animus 78,1. 94,1. 94,6. 140,4. 154,17
  siehe: audax, compassio, dare, excruciare, ferre, gerere, habere, induere, laxare, procedere, revocare
  animo libenti 94,1-2; *leti iocundique animo* 148,18; *libenti animo* 104,17; *misericordi animo* 148,14; *paratissimo animo* 144,8
- annisio
  siehe: bonum
- annisus
  siehe: bonum
- anniti 80,3. 152,15. 164,9
- annuere 106,2
- annuntiare (*annunciare*)
  Si non annunciaveritis iniquo iniquitatem suam 182,10
- annus 178,19
  anno dominice incarnacionis 188,23
- antichristus
  siehe: praeambulus
- anticipare 118,9
- antiquaria
  siehe: ecclesia
- antiquitas
  siehe: privilegium, sententia
- antiquus
  siehe: subvertere
- antistes
  Maguntinus a. 62,14–15

- anulus
  anulum, qualis Maguntinum decebat 176,4–5
- anxiari 152,5–6
- anxietas
  siehe: obsidio, temptare
  pro tanta anxietate 166,23
- anxius 160,5
- aperire
  siehe: thesaurus
  manum caritatis sue omnibus aperiebat 96,22
- apertus
  siehe: indicium
- apex
  siehe: monasterium
  imperiales apices 116,6; *pontificialis apicis onera laboremque* 62,11–12; *Per presentes itaque nostre auctoritatis apices* 130,1
- apis
  siehe: examen
- apostolicus 114,19. 132,2
  siehe: auctoritas, convenire, curia, donare, factor, implere, legatus, sedes, vicis
  apostolicum illud 66,18; *novo cum apostolico* 134,11
- apostolus
  iuxta apostolum 68,9; *secundum apostolum* 54,2
- apparatus 120,13
  regio apparatu 96,3; *tyrannico apparatu* 146,13
- apparere 180,8
  siehe: clarus, dominus (Gott, Christus), tenebrae
  non modicus appareret 76,2; *in presencia eius a.* 144,11
- appellare
  cesarem appellavit 104,11
- Appennin
  siehe: mons
- appetere
  siehe: pontificium

- applicare
  fibulis aureis a. 84,4; *Venecie applicantur* 88,19
- apponere 82,5–6
- appropiare 176,2
- aqua
  siehe: cogere, fervor, fragor, suspendere, tempestas
  a., in terre duritatem coacta 124,16
- aquilo
  siehe: clima, efflare, stridere
- ara
  in a. crucis 60,1
- arbitrari 52,4. 140,23. 148,5. 154,22
- arbitrium
  siehe: diiudicare
- arcere 124,7
- arcessere, siehe accersere
- archa
  siehe: egredi
- archiepiscopus 52,2. 60,6. 72,14. 86,5–6. 102,2–3. 128,1.20. 130,4.20–21. 132,16.22. 136,17. 144,4. 150,9. 188,5
  siehe: delinquere, [Hillin], praesens, praesidium
  magnificumque archiepiscopum 124,26–27; *reverentissimus Arnoldus Maguntinus a.* 146,7; *venerabilis a.* 74,2. 74,13. 84,4. 88,1
- archipontifex 188,3
- archipraesul (*archipresul*)
- Venerabilis a. Arnoldus 180,1
- arcus 160,19
  pharetra et arcu 96,1. 158,20
  tetris arcubus 108,17–18
- ardens
  siehe: desiderium
- ardere
  in boni viri necem ardebant 68,14–15
- ardor
  siehe: experimentum
  tanto ardore 150,12
- arduum
  siehe: porrigere

- arduus
  siehe: captare, definire
- arena (*harena*)
  siehe: multitudo
- argenteus
  siehe: lamina
- argentum 128,24. 130,5
- arguere 188,6.7
  Menelaum furti vasorum templi arguerat 146,17–18
- argumentosus
  siehe: ovis
- argumentum 132,4
  Cuius rei evidentissimum est a. 148,15–16
- argutus
  siehe: uti
- aridus
  siehe: vexillum
- aries 124,5
- arma 90,19
  siehe: armatus, fortis, meditari, proicere, prosilire, strepitus
  ad oracionis a. 158,21
- armare 70,13. 98,16. 106,8. 110,12. 134,3. 136,18
- armatus 170,2. 180,13
  siehe: manus, multitudo
  omni armorum genere armata 156,16
- armarium 56,11
- Arnold d. Rote (*Arnoldus Rufus*), Mainzer Ministeriale 94,2. 102,10. 104,6.
- Arnold, Mainzer Domkustos
  Arnoldo custode maioris ecclesie 130,8
- aromatizare
  balsamum ut aromatizans 82,12–13
- arrepticius 156,14. 186,13
  siehe: debacchari
- arridere 62,1
- arripere 186,17
  nivosum Iovis montanumque transitum a. 86,12
- ars 150,4
  siehe: immemor, instruere, sectari
- artare
  in immensum a duobus artabatur

propositis 164,25; *igne hostibusque artatum* 180,10
- articulus 174,6. 178,20
  siehe: contrahere, latro, pendere
  in articulo diei illius 134,9; *in extremo mortis articulo* 74,16
- artus (eng)
  siehe: amplecti, locare, orare, situs (gelegen)
  arcius eos consolari cepit et per omnia amplecti 74,19-20
- artus (Gelenke) 156,9
  siehe: torosus
  fessos et aniles a. 156,9; *seniles a.* 140,8; *seniles multisque laboribus fatigatos a.* 58,12-13
- ascendere
  ascendens equum 158,3; *per dignitatum gradus ascendens* 56,5
- ascensor
  siehe: proicere
- asciscere 68,14
- asinarius
  siehe: sella
- asinus
  a vigili asino 178,18
- aspectus
  siehe: digerere
- asper 144,7. 164,26
  siehe: hiems, tradere
- aspergere
  totam terram asperserat 106,17-18
- aspernere
  mundum cum suo flore ipse quandoque asperneret 78,17
- aspicere (*adspicere*) 146,6
- assequi 188,24
- asserere 62,13
- assertio (*assercio*)
  maxime contrarietatis assercionem sue racioni 76,10-11
- assiduus 54,18
- assistentia (*assistencia*) 166,22
- assistere 78,15
- assultus 108,2

- assumere 166,13
  siehe: officium
  assumptis honoratissimis viris 134,15
- assurgere 90,5. 106,7. 120,20
- astare
  sacris astaret misteriis 84,9; *suis conspectibus a.* 144,16-17
- astrum
  siehe: efferre
- atrox
  siehe: ignis
- attemptare 96,12. 104,14. 124,27
- attendere 182,8
- attentus
  siehe: deprecari
- atterere
  multiplici labore in obsequio imperiali attritum 92,9
- attestatio
  probabili attestatione 154,5
- attingere
  marinas Siciliam versus attingentes horas 88,22-90,1; *muros Maguntinos attingens* 146,5; *Venetum a. portum* 86,18-19
- attollere 156,10
- attonitus 160,10
- attrectare
  christi Domini verticem attrectare 186,15; *attrectent martirium* 52,9
- auctor 54,22. 112,13
  siehe: deus, summus
  illius facinoris auctores 74,9; *iniquus a. mendacii* 150,18; *sicut principalis tanti flagicii a.* 70,23-72,1
- auctoritas 118,6
  siehe: apex, dignitas, pondus, praesentia
  auctoritate apostolica 66,4; *auctoritate imperatoris* 118,6; *imperiali auctoritate* 114,11-12
- audacia 158,18
  immani et sacrilega a. 110,10
- audax
  a. erat animo 86,1
- audere 106,15

- audire 122,17.18. 134,8. 138,15. 158,2.
  168,3. 182,8
  quod a seculo non est auditum 128,4
- auferre 130,20. 132,21
  omnia ablata 126,9–10; *universis ablates*
  130,6
- augustus
  semper a. 90,22. 126,22
- aula
  auleque episcopalism 130,19–20; *imperialis
  aule* 56,7; *imperialis aule inclitus
  cancellarius et summus capellanus* 188,16;
  aulam episcopalem 98,25. 108,13. 112,2.
  128,23. 130,5; *aulam imperialem* 120,19
- aureus
  siehe: applicare, contexere, nitor,
  suspendere
- auricularis
  siehe: perficere
- auris 128,2
  siehe: avertere, replere
  religiosis auribus 60,16
- aurora 124,19
- aurum 82,7. 130,5
  siehe: amplecti, balteus, contexere,
  iunctura
  obrizum ut a. 178,10; *tamquam a. in
  fornace* 180,1
- auspicium
  infausto auspicio 160,15
- auster
  siehe: regina
- ausus
  pro tanti sceleris ausu 128,7; *temerario
  ausu vestro* 128,21
- auxilium 158,16. 170,19. 184,12
  siehe: festinare, manus
- ave
  bonis avibus 100,15
- avertere
  averterem indignacionem tuam ab eis
  182,12; *Ne avertas aurem tuam a clamore
  et singultu meo* 182,17–18
- avunculus 74,21. 94,13–14. 98,25

B
- baculum
  siehe: subnixus
  baculo peregrinanti 56,10
- baiulare 190,18
  iudicii doctrinam et veritatem baiulans
  82,17–18; *secundos baiulantes rumores*
  130,21
- balista 160,19
- balsamum
  siehe: aromatizare
- balteus (*baltheus*)
  baltheum auro contextum 82,5
- bannus
  siehe: vicis
- baptista
  siehe: feriari/feriare, nativitas
- baptizare (*baptisare*)
  siehe: cruor
- bartho
  barthones ferrigeri 160,22
- basilica
  in b. beatissime Marie virginis 192,11–12
- beatus 56,12. 184,2.3
  siehe: basilica, commendare, impensa,
  pars, praecursor, promovere, vir
- bellicus
  siehe: convertere, ineptus
- bellum
  siehe: prosperus
  *bello civili et plus quam civili, quasi
  intestine* 100,21; *finitimo et domestico
  bello* 68,15
- belua
  belue marini fetus 88,8
- benedicere 168,24
  siehe: domus
- benedictio
  siehe: imponere, percipere
- beneficium 100,5. 104,3. 170,6
  siehe: abiudicare, amissio, ius, lex,
  propellere, rependere
  beneficiis eas multis et magnis dotabat
  58,2–3; *multisque beneficiis ea locupletavit*
  78,23; *multisque beneficiis ipsos ditavit* 74,21

- beneplacitum 158,23
  siehe: gratia
  pro beneplacito domni episcope 126,11
- benignitas
  siehe: operari, praesentia
- benivolentia (*benivolencia*) 98,7. 170,9
- benivolus
  siehe: pater
- bibere 168,24–25
- biduum
  siehe: spatium
- Bingen (*Pinguia*)
  siehe: Reginbodo
  Pinguiam 142,21. 144,15; *Pinguiam, suum quoddam castrum* 142,21; *de castro suo Pinguia* 146,12; *in castro Pinguie* 112,15–16
- bipenna
  lunatis bipennis 160,22
- bivium
  viarumque bivio 190,18–19
- blandiri 70,6
- blandus
  siehe: gerere, porrigere, risus, vultus
- blasphemare
  siehe: conspuere
- blasphemia
  siehe: intemptare, spiritus
- Bleidenstadt (*Blidenstat*)
  Blidenstat ad cenobium quoddam 142,19–20
- Böhmen (*Boemi*)
  siehe: gladius
- Böhmen und Mähren (*Boemia et Moravia*) 64,18
- Bolanden
  siehe: Werner
- bonitas 180,18
  propter admirandam et singularem bonitatem 184,14
- bonum 136,20. 158,11. 182,12. 192,2
  siehe: deus, devincere, frangere, ingerere, insistere, privare, rependere, vincere
  bona ecclesie eius invadere diripere 68,15–16; *bono pacis cepit insistere* 66,11; *omne b.* 126,24; *omni annisu ad b. pacis anhelans* 142,16–17; *quanta pro bono pacis annisione laborarit* 98,3–4; *quantum pro pacis bono desudaverit* 134,3–5; *quos illuc pro bono pacis vocarat* 148,7–8
- bonus 176,14
  siehe: amicus (Freund), ardere, ave, cella, circumstare, conscius, desiderare, excidere (herausfallen), fides, gerere, gratia, homo, invidere, loqui, loricatus, officium, opinio, provocare, recuperare, sectari, verbum, vindicta, voluntas
- boreas
  siehe: dare
- brabeum, siehe bravium
- brachium 186,27
  ad brachium usque 186,24–25
- bravium
  in instanti bravio 184,16; *operosissime glorie b.* 166,2
- brevis
  in brevi 74,8
- Bronnbach (*sancta Maria in Burnebach*) 78,24
- bruma
  siehe: horror
  b. rigens 86,11
- Burchard (*Burcardus*), Propst von Jechaburg und St. Peter zu Mainz 74,22. 94,13.14. 98,14.17. 102,8.13.21. 104,12
- burgensis 92,22

C
- cacumen
  siehe: turris
- cadaver
  c. sanctissimi viri 192,7
- caecitas (*cecitas*)
  Maguntina c. 138,17–18
- caecus (*cecus*)
  siehe: compellere
- caedere (*cedere*) 162,22
  aculeo flagellis scorpionibusque cedatur 62,7

- caedes (*cedes*) 108,8
- caelicus (*celicus*)
  siehe: efferre
- caelum (*celum*) 184,10
  siehe: extendere, regnum, sonare
- caesar (*cesar*) 98,8
  siehe: appellare, castra, mandatum, reddere, thronus, vicis
  gloriosissimi cesaris 90,16; *invictissimi cesaris* 90,18–19
- caesaries (*cesaries*) 84,16
- calamitas 140,7
- calcaneum
  siehe: observare
- calculus
  ab extremo ungue usque ad supremum calculum 56,4–5; *ad hoc composicionis calculum* 110,2
- caliginosus
  siehe: obducere
- caligo
  mediam per furentis ignis caliginem 170,1
- calix
  siehe: accipere, percipere, transferre
- calliditas
  siehe: uti
- calor 170,25
- calumnia (*calumpnia*)
  siehe: imponere, inniti
- camera
  siehe: confringere
- camerarius
- Maguntine civitatis c. 188,15–16
- caminata (*cheminata*) 154,9
- caminus
  siehe: fervor
  in camino tribulacionis 180,1–2
- campana
  siehe: vox
- cancellarius
  siehe: aula
  illustrissimus c. 56,7
- cancer
  scismatis c. 116,2
- canceratus 54,18

- canere 140,16
- canis
  siehe: portare, trahere
- canities (*canicies*)
  siehe: vertex
  fatiscens c. 140,8
- canon
  siehe: praeceptum
- canonicus 188,14
  siehe: censura, consuetudo, electio, iustitia
  canonice 132,4; *canonicis edictis et legibus* 66,6–7
- canus 140,6
  siehe: pervenire
  C. erat toto vertice 84,16; *cigneos ipsius canos et omnis venerancie plenos* 186,16
- capax
  multitudinis capacious 124,13
- capellanus (*cappellanus*) 190,4
  siehe: aula
  cappellanos sacerdotes 166,14
- capere 164,24
- capessere
  siehe: doctrina
- capillus
  siehe: decoquere
  crispoque capillo 84,16
- capitaneus 132,15
- cappa 128,16
- captare 118,19
  ardua montis captantes 160,15
- captivare 98,23. 164,1.3
- captivitas 96,16. 172,15
  siehe: addicere, addictio
  captivitatem presentem 168,15
- captivus 170,14. 172,14
- caput 160,12
  siehe: agitare, erigere, reddere, simus
  hec venenosa capita ydre repullulancia 114,1
- carcer 120,2. 168,16
  siehe: intrare, ire
- carere 58,22
  noluit ipsius c. presencia 92,12–13; *viribus caruit* 192,11

- caritas 58,4. 166,8. 168,20. 184,10
  siehe: aperire, fervor, lorica, unitas
  iubente caritate 53,3
- carnifex 106,15. 152,21. 158,13–14
- caro 188,1
  siehe: lingua
  c. infirma 160,1; *morticine deserteque carnes* 160,16
- carus 168,7
  siehe: dominus (Menschen), filius, princeps
- castellum 66,22
- castra 98,7. 108,20
  siehe: redigere
  c. cesaris 120,14; *quam instructa, quam robusta, quam fortissima c. fortissimorum* 98,4–5; *ibique pro castris erant* 102,13–14
- castrum 112,15. 142,9.21. 146,12
  siehe: Amöneburg, Bingen
- castus 86,1. 146,23
- casula
  siehe: induere
- casus 176,16
- catena (*cathena*)
  siehe: suspendere
- catervatim 124,1
- cathedra
  siehe: promovere
- catholicus
  siehe: pater, princeps, voluntas
- cauda
  venenatam caudam 150,6
- causa 116,15. 134,15
  siehe: definire, discernere, emergere, vicis
  in civilibus causis 80,3
- cauteriare
  siehe: conscientia
- cauterizare 178,5
- cavea
  siehe: solitudo
- celeber
  siehe: prosequi, splendere
- celebrare 154,11
  siehe: accingere

gaudia feriarum paschalia celebrarunt 88,20
- celeritas
  cum omni celeritate 164,5; *summa cum celeritate* 170,23–24
- cella
  omnium bonorum operum c. misericors 188,17
- cellarium
  siehe: frangere
- celsitudo
  siehe: monasterium
- censura
  canonica c. 132,3
- centrum 144,22
- cerdo 106,15
- cerdonaria 108,19
- cernere 86,21. 96,17. 102,21. 114,12. 120,16. 140,7. 146,6. 180,4
  siehe: nitor, polliceri
- certamen
  siehe: agon, locus
  de ponderis tanti certamine 162,6
- certare
  de Maguntine ecclesie nobilitate certarit 86,3; *Certatum est magna vi multoque discrimine* 70,9
- certatim 120,16. 124,9
- certus
  siehe: promptuarium
- cervix
  siehe: desaevire, populus
- cessare
  cessabantque loqui 58,7
- ceterus 54,9. 88,18
  siehe: dominus (Gott/Christus), necessarius,
- chaos
  siehe: subvertere
- character (*caracter*)
  siehe: infamare, munire
- chlamys (*clamis*) 82,14
  siehe: abscindere, induere
- chorus
  ymnidicis choris 190,15

- christianus
  siehe: referre, soliditas
- christus
  siehe: attrectare
  non paveat christum Domini 152,11
- cibare 120,7
- cidaris (*cydaris*)
  siehe: gestare
- cilicium
  siehe: satisfacere
- cingere
  locum omnem cinxerunt 186,5; *valida municione et magni muri robore cinxerat* 144,1
- cingulum
  siehe: accingere
  ambientis cingulo muri 146,3–4
- cinis
  siehe: redigere, saccus, satisfacere
- circuitus
  levo medio dextroque circuitu 146,2–3
- circumdare 84,1. 158,24
- circumfundere 56,19
- circumpendere
  paleariis pendentibus circum 124,8
- circumquaque
  siehe: concidere (niederhauen), vertere
- circumstare 190,14. 192,2
  undique bonum virum circumstantibus rogis 176,14
- circumvenire 152,16
- cito (schnell)
  siehe: deserere
- civilis
  siehe: bellum, causa
  civiliter 100,9
- civis 56,2. 92,21. 94,6. 106,8. 126,23. 132,20. 134,21. 154,12
  siehe: conventio, eripere, memor, privilegium
  cives a magno usque ad parvum 136,17; *cum impiis civibus suis Maguntinis* 146,10
- civitas 94,19. 96,1. 98,21.24.25. 102,1.15.20.22. 106,2.3.9.15.21. 110,8. 114,12. 126,9.12.23. 128,21. 130,10.19. 132,11.16.17. 134,21. 136,3.8.15. 142,8.12.21. 144,12.13.20. 148,16–17. 152,14. 156,10
  siehe: camerarius, claustrum, clerus, condicio, deditio, deperdere, expellere, foris, honor, magnus, medius, mortificator, oppandere, particula, percutere, pernicies, platea, porta, praecipere, suspendere
  quasi c. super montem posita 146,5; *contra finitimas civitates* 90,14–15
- clam 58,18
- clamare 138,15. 186,22
  siehe: dominus (Gott/Christus)
- clamatus
  siehe: vociferari
- clamor
  siehe: avertere, complere
  c. afflictorum 90,15–16; *ingens c.* 156,10; *clamore sedate* 122,10; *concitato clamore* 122,6; *confuso clamore* 162,21
- clanculo 102,19. 118,14
- clandestinus
  siehe: machinatio
- clarus 54,16
  siehe: refulgere
  luce clarius erat 112,18; *sole clarius apparuit* 132,4
- claudere 98,6. 112,9
- claudus
  siehe: compellere
- claustrum
  siehe: foris (Tür)
  claustra civitates 156,17
- clemens
  siehe: gestitare, pater, praesul
- clementia (*clemencia*)
  siehe: precari
  nostra imperialis c. 130,15–16; *imperialem precabatur clemenciam* 92,7; *dei protegente c.* 54,14; *divina protegente c.* 88,15; *divina satagente c.* 60,4
- clericus 96,21. 112,6–7
  siehe: multitudo, ordo, religiosus
  Maguntine ecclesie c. 188,14

- clerus
  siehe: consortium, eligere, processio, votum
  universo clero tocius civitatis Maguntine 126,22–23; *omnem Theutonicum clerum* 134,8–9; *Prudentissimo itaque frequentique clero comitatus* 86,15
- clibanaria 108,19
- clima
  alia per orbis climata 86,13; *in aquilonis climate* 124,18
- clipeus 96,7. 156,15. 176,19
  sincipitis clipeum 176,19; *clipeo fidei* 180,13; *obscuro fatiscenteque clipeo* 108,18
- coacervare
  contemptum contemptui coacervant 138,22
- coaetaneus (*coetaneus*)
  siehe: aemulari
- coccineus
  siehe: induere
- coenobium (*cenobium*) 144,18. 146,3
  siehe: Bleidenstadt; [Gottfried], Abt von Sankt Jakob zu Mainz
- coeptum (*ceptum*) 120,3. 150,18
  siehe: invidere
  nequicie sue cepta 112,20
- coetus (*cetus*)
  siehe: conciliabulum
- cogere 62,12. 64,7. 176,3
  siehe: aqua, necessitas
  cogeretque per violenciam multos 98,20; *nivales aquas in glaciem coegerat* 118,10
- cogitare 86,7. 102,6
- cogitatio (*cogitacio*)
  siehe: extraneus
- cognatus
  siehe: adire
- cognitor
  siehe: deus
- cognoscere 92,11. 132,24
  super hoc verbo cognosceret 142,19
- collateralis
  siehe: exhibere, perficere
  sibi collateralem in omnibus consiliis suisque secretis 74,24–76,1

- collidere
  siehe: rancor
- colligere
  ecclesie sue dilapsa et multo retro tempore alienata c. 64,13–14; *collecta milicia* 114,10; *multis collectis navibus* 86,18
- collocutio (*conlocucio*) 154,5
- collum
  siehe: congestare, gestare, simus, tegere
  collo pontificis 82,13
- colonus
  siehe: ecclesia
  meridionales coloni 124,17; *miseri illius terre coloni* 96,14
- color
  siehe: vultus
  in rubore colore 84,23
- columba
  siehe: dare
- columna (*columpna*)
  siehe: ecclesia
- comburere
  passim combustus 176,22–23; *vivum comburite* 152,19
- comes
  c. palatinus Reni 124,10; *palatinus c. Reni* 70,23; *palatinus c.* 74,11–12; *sicut coniuracionis ita itineris c.* 104,11–12
- comitari 148,16. 154,15
  siehe: clerus, dominus (Gott/Christus)
- commaculare
  famam ipsius commacularent 118,14–15
- commeatus
  magnis commeatibus 86,15
- commemorare 110,13–14
- commendare 116,15
  In manus tuas commendo spiritum meum 176,12; *spiritum et animam in manibus Ihesu Christi* 176,10–11, *beate Marie et omnium sanctorum commendarit* 176,11–12
- commentari
  fraudes in eum commentarentur 148,3
- commentatio (*commentacio*) 104,13
- comminari 138,14
- commiscere 68,17

- committere 94,20. 102,5. 132,8. 170,8. 174,11
  siehe: ecclesia, recipere, superintendere, tutari
  procul committerent 158,21
- commodus
  siehe: abstergere
- commonitare 170,11-12
- commorari
  in ea vocacione, qua esset vocatus, c. 76,15-16
- commotio (*commocio*) 84,23
  ex humanitatis innata commocione 58,21
- commotus
  non modicum super his c. 154,18
- commovere 92,4
- communis
  siehe: frequentia
- compar 160,21
  siehe: iudicium, respondere, stare
- comparare
  sibi compararent fautores 118,16
- comparatio (*comparacio*)
  siehe: percutere
- comparere 172,9
- compassio
  non sine magna animi compassione 96,18
- compati (*compaci*) 74,14. 134,26
  vehementer sancto viro compaciens 170,12-13
- compellere 96,22. 174,3. 174,15. 174,28
  Cecos et claudos compelle intrare 142,2; *eos ad satisfactionem usque deberent c.* 106,1; *in emendacionem Domini compellam intrare* 142,1
- compendium
  siehe: uti
- compensare
  non dictis facta compensarent 112,19-20
- compensatio (*compensacio*)
  siehe: recompensare
- comperire 74,14. 114,9. 138,6
- complere
  utrum clamorem eorum opera compleverint 100,3-4; *refectionem compleverat* 156,6

- complex 74,6. 98,15
  complices innumerabiles 102,11
- componere 134,23
  essent in pace composite 100,13
- compositio (*composicio*) 108,11. 142,5. 154,19
  siehe: calculus, dispendium, procurator
- compositus
  siehe: labium
- comprehendere 154,6. 182,3
- comprimere 124,16
- compulsatio (*compulsacio*) 158,1
  siehe: terra
- compunctio 176,10
- conamen 156,2
  siehe: temptatus
  ingenti conamine 160,23; *omni conamine* 100,19
- conari 102,1. 118,14
- concedere 140,5
  siehe: privilegium
- concernere 154,17
- concidere (niederhauen)
  circumquaque concisum 190,7
- conciliabulum
  iniquorum cetuum conciliabulis 100,19
- conciliare 66,9
  novis amicitiis concilians 134,12
- concilium 102,11. 108,14
  siehe: praesentia
  in conspectu tocius concilii 132,26-27; *tocius in conspectu ferebant concilii* 72,3; *Papiense c.* 130,24; *tocius sui metropolitanatus convocato concilio* 66,4-5
- concipere 100,22
  siehe: perfundere
- concitare
  siehe: clamor
- concite 170,26
- concivis
  siehe: vultus
- concludere 82,4. 146,4
- concordia 92,17. 146,21
  siehe: crescere, frangere, reformare

- concrepare 134,7. 190,16
- conculcare 138,10
  pedibus conculcant 190,25
- conculcatio (*conculcacio*)
  siehe: deus
- concupiscere 78,13
- concupiscibilis
  siehe: digerere
- concurrere 56,20
- concursus
  viarum c. 106,7–8
- concutere 116,19. 128,8
  siehe: terra
- condere 76,4. 82,13. 110,17
- condicere
  siehe: obses, terminus
  in episcopum condicerent 98,17
- condic(t)io 152,21–22
  siehe: ordo, vir
  extrema civitatis c. 108,19–20; *marina c.* 88,11
- condictum
  iuxta condictum 110,5
- condignus
  siehe: satisfactio
- conditor
  universitatis c. 184,8
- condomesticus 172,5–6
- conducere 66,8
- conferre 176,5
  Contuleruntque manus suas 106,11; *eius fidei contulerat* 94,16; *graciamque sibi ab ipso collatam* 170,9; *plenitudinem ministerii conferret* 110,7; *se contulit* 158,22
- confertus
  siehe: accurrere
- confessio
  siehe: vexillum
- conficere 110,13
  itinere multo confecto 134,16–17
- confidens
  confidentissime 146,14
- confidere 74,2. 170,26
- confirmare 100,10. 132,5
  previlegio imperiali confirmata 132,23

- confiteri 166,20
  siehe: dominus (Gott/Christus), latro
- confodere 102,19
- confringere 106,5
  siehe: navis
  laqueis eorum guttura confringerent 126,2; *confractis cameris* 112,4
- confugere 132,3. 164,2
- confundere 68,17. 104,15. 152,15. 156,10. 182,20
  ne supplicancium confunderet vultus 142,15–16; *confuso fasque nefasque* 110,9
- confusio 116,18
- confusus
  siehe: clamor
- congestare
  proprio collo congestans 70,22
- conglobare
  siehe: fervor
- congredi 108,16
- congregare 132,1
  dilapsa atque dispersa c. 58,3–4
- congressus
  publico congressu 108,13
- congruus
  siehe: dare
- coniurare 172,12
- coniuratio (*coniuracio*) 102,7. 108,8
  siehe: comes, introducere, malum, molimen, princeps, summus
- coniurator 100,18. 102,20
- conqueri
  siehe: deus
- conquirere 164,3
- conscientia (*consciencia*) 128,28. 154,4
  siehe: stimulare
  c. perturbata 112,21; *infidelis eversaque c.* 136,13–14; *c. eorum, nevo infidelitatis transfixa* 112,21–22; *cauteriatam mortiferamque conscienciam* 154,3–4
- conscius 62,16
  bene sibi c. 100,1; *male sibi c.* 104,11
- consecrare 128,22. 146,22–23
- consecratio (*consecracio*)
  imperialis diadematis consecracione percepta 70,15

- conserere (zusammenbringen) 82,5
  conserto navigio 86,19
- conservare 114,13. 118,19
  priscum illius sedis honorem c. 64,14–15
- considerare 182,5
- consideratio (*consideracio*)
  pulchra consideracione 82,9
- considere 120,21
- consignare 190,22
- consilium 92,11. 98,2. 116,12. 126,16–17. 130,24. 144,15. 148,1. 152,15–16. 164,23. 166,18. 182,5. 192,7
  siehe: admittere, collateralis, deus, dissipare, immensus, interesse, mutare, protelare, uti
  prophanum c. 192,10; *consilio principum* 100,12–13; *ex consilio subpeditacionis* 94,1; *honesto consilio* 156,3
- consistere
  siehe: deus
- consitus 144,18
  in cuiusdam valli eminencia patula consitum 124,13
- consociare 82,10
- consolari 98,8. 166,22
  siehe: artus (eng)
- consolatio (*consolacio*) 166,16
- consolator 170,22
  merencium c. 56,13; *mestorum c.* 180,19
- consortium (*consorcium*)
  a cleri eliminavit consorcio 66,7; *ab omni fidelium eliminati consorcio* 70,11; *familiaritatis consorcio* 60,16–17
- conspectus 58,7. 184,3
  siehe: astare, concilium, dominus (Gott/Christus), eliminare, stare, tollere
- conspicere 68,21. 70,3. 120,9. 172,25
- conspuere
  crucem et vulnera Domini c. blasphemare 68,16–17
- constantia (*constancia*)
  siehe: obtestari, pondus
- constare 128,28
  siehe: deferre

omnibus principibus sibi constantibus 120,22
- constituere
  constituentes ibidem custodes 110,18
- consuetudo
  iuxta canonicam consuetudinem 108,9
- consulere
  siehe: adire
  magis ipsorum saluti quam sue voluntati vel potestati consulens 148,14–15; *consultis fidelibus suis* 102,3
- consultare 60,11–12
- consultatio (*consultacio*)
  siehe: acquiescere, explorare
- consultus
  consulto 154,24
- consumere 54,18. 112,6. 164,4. 174,10
  gladio consumatis 152,24
- contaminare 128,18
- contemnere (*contempnere*) 100,5–6. 108,10. 138,23
  ad satisfactionem venire contempserant 70,8; *iusta c.* 142,16
- contemplari 82,6
- contemptus
  siehe: coacervare, cumulus, expiare
  contemptumque sanctorum 140,14–15
- contendere 60,15. 114,16. 124,18. 138,14. 156,21. 178,11
  c. volo iudicio 118,5
- contexere
  siehe: balteus
  desuper contexta per totum ex lamina auree contextionis 82,18–19; *ex preciosissima materia opere polimito erant auro contexte* 80,16–17; *miro opere in aureum corpus contexta* 82,3; *probatissimo auro opere fabrili in margine totum contextum* 80,21–82,1
- contextio
  siehe: contexere
- continere
  a pauperum se continerent rapinis 96,10–11
- contingere 70,4. 76,4
- continuus
  siehe: dies

- contradictio
  siehe: removere
- contrahere
  nervis articulisque contractis 176,20
- contrarietas
  siehe: assertio
- contrarius
  siehe: liberare
  c. est operibus nostris 138,11–12
- contremiscere 186,15–16
- contribulare
  siehe: spiritus
- contritio (*contricio*)
  sedula contricione 124,25
- contubernium 56,22–23
  siehe: exuere
- contumacia 136,4
  tantam contumaciam 118,6–7
- contumelia 138,16
  siehe: cumulus
- contumeliosus
  contumeliose 112,10
- contundere
  ictibus crebris contundunt 162,22–23; *lapidibus contundunt* 190,25
- conturbatio (*conturbacio*) 108,9
  tanta conturbacione 74,16–17
- contus 108,17
- convalescere
  vehementissime convalescebat 102,7
- conveniens
  siehe: testimonium
- convenientia (*conveniencia*) 72,2
- convenire 94,8. 102,12
  apostolicam convenerunt presenciam 90,2; *quosdam suos necessarios convenerat* 136,10–11; *etiam si mundus conveniret in unum* 116,10–11; *principes convenerunt in unum* 124,20; *cum prefatis hostibus osculo pacis conveniens* 72,4–5
- conventio (*convencio*) 148,23. 152,5
  civium crastinam convencionem 148,18–19
- conversari
  innocenter cum eis es conversatus 174,12–13

- conversatio (*conversacio*)
  siehe: dare, specimen, splendere, structura
  innocentisve conversacionis 156,23; *conversacionemque notabilem* 66,3
- conversio
  numquam est sera c. 140,10
- convertere 112,7. 180,22–23. 182,7
  in fugam converti 108,25–26; *in fugam ipsis conversis* 114,9; *transitum ipsum Iovis in difficultatem converteret* 118,10–11; *vim bellicam ad elementa convertunt* 162,12–13
- convincere 142,3–4
- convocare
  siehe: concilium
- cooperari
  imperatore cooperante 60,5
- cooperator 66,6
- cooperire 182,4
- *in omni gloria sua sic fuerit coopertus* 80,15
- copiosus
  siehe: explere, multitudo
  copiosius 188,25
- cor
  siehe: admittere, cubiculum, devotio, dolor, elevare, generatio, incircumcisus, intimus, plenitudo, saevire
  ab ymo cordis 164,7
- cornu
  siehe: strepitus
- coronare 178,7.18
- corpulentus
  siehe: facies
- corpus 58,23. 176,22
  siehe: contexere, dignitas, divisio, deus, dominus (Gott/Christus), ecclesia, gestare, liberare, munire, perdere, procedere, quantitas, tormentum
  c. extinctum 178,18; *reverentissimum c.* 190,24; *Longo igitur corpore* 84,14; *toto corpore* 176,17
- correptio (*correpcio*)
  siehe: fructus

- corripere 148,20–21
  igne corripite 152,17
- corrosio
  corrosioneque substancie sue pavende
  164,20–21
- corruere
  ad pedes reverentissimi pontificis
  corruentes 70,17–18
- coruscus
  siehe: experiri
- corvus
  siehe: egredi
- cottidianus
  siehe: dolor, tempestas
  cottidianis incendiis rapinis afflictionibus
  et exactionibus 70,2
- cottidie 54,16. 80,3. 102,7
- crapula
  siehe: eructare
- crastinus
  siehe: conventio, differre, spectaculum
  in crastinum 108,11. 110,6. 148,7. 152,22;
  usque in crastinum 122,18; *In crastino*
  108,12
- creare
  siehe: amicus (Freund)
  episcopum crearant 98,25
- creber
  siehe: contundere, fama
- crebescere/crebrescere
  longe lateque crebuerat 54,11–12; *nunciis*
  hinc inde crebrescentibus 108,12
- credere 102,18. 110,4. 120,4. 134,24
  an inimicis vitam suam crederet 164,26;
  credidit se procellis 88,2; *partibus eorum*
  se credidisset 148,20; *se eis c.* 102,18; *se*
  ipsis c. 142,14–15
- Crema 124,4. 130,22
- crepido
  sub ipsa muri crepidine 176,16–17
- crepundia
  ab ipsis adolescencie sue crepundiis 66,12
- crescere 52,11
  in gloria et honore crescebat 56,3; *res*
  parve autem et tenues crescunt concordia
  66,13–15

- criminosus
  siehe: facinus
- crispus
  siehe: capillus
- crudelis 148,1
  siehe: interficere, percutere
- crudelitas 138,1
  siehe: maleficium
  turgida c. 138,1; *efferata crudelitate*
  152,4–5
- cruentus
  siehe: potiri
- cruor
  eo proprio rubricato baptisatoque cruore
  188,2–3
- crus 186,27
- crux
  siehe: ara, conspuere, gestare, latro,
  reverentia, signum
  crucem ligneam, in qua salus mundi
  pependit 176,6; *per cruces interni doloris*
  178,12–13; *per verberum dirissimas cruces*
  58,24
- crystallinus (*cristallinus*)
  siehe: opus
- cubiculum
  intra c. cordis 60,1
- cubitus 144,20
- cucullatus
  siehe: diabolus
- cudere
  omnem hanc iniquitatis cudebant
  monetam 102,9–10
- culpa
  siehe: immunis
- culpabilis 94,8
- cultellus
  oblongos cultellos 102,18–19
- cumulatio (*cumulacio*)
  siehe: pulsare
- cumulus
  siehe: secare
  ad contumelie maiorem cumulum 106,14;
  Ad maiorem tante exprobracionis atque
  contemptus cumulum 136,23–138,1

- cuncti
  siehe: dare, provocare
- cuneus
  diabolicos cuneos **176,7**; *hostium cuneos*
  54,14–15
- cupere **102,16. 118,8. 124,21. 152,10.
  170,17. 184,16**
  quos cupiebat in Ihesu Christi visceribus
  148,13
- cupidus
  siehe: exoptare
- cura
  siehe: superintendere
  rerumque suarum c. **96,1–2**
- curare **152,24. 154,1**
- curia **90,7.10. 144,12. 150,9**
  siehe: donare, praesentia, tollere,
  vicinus (benachbart, nahe)
  tota c. **100,10. 148,24**; *Romane curie* **90,4**;
  tociusque curie **122,15**; *universe curie*
  130,21; *totam curiam* **118,15**; *in c.
  prepositi Burcardi* **102,13**; *in episcopali c.*
  98,20–21; *sive in imperiali sive in
  apostolica c.* **92,24**; *totaque c.* **134,14**
- curiosus
  siehe: princeps, sciscitari
- currere **186,13–14**
- cursus
  precipiti linfantique cursu **160,14–15**;
  rapidissimo cursu **88,15–16**; *rapido cursu*
  170,14–15
- curvare **180,11**
- cuspis
  siehe: petere
  fuligineaque cuspide **108,18**
- custodia **120,2**
  siehe: relinquere, servare
- custodire **178,18**
  custodiunt rectorum salutem **52,19**
- custos
  siehe: Arnold, Mainzer Domkustos;
  constituere
  sollertissimos sue vite custodes **78,16**
- cutis
  siehe: decoquere

- cycneus (*cigneus*)
  siehe: canus, vertex

D
- daemon (*demon*) **138,9. 160,13**
  siehe: domicilium
- daemonicus (*demonicus*)
  siehe: deiectio
- daemonium (*demonium*)
  siehe: eicere
- Dalheim, Mainzer Kloster (*Sancta
  Maria invalle*) **78,23–24**
- damnatio (*damnacio*) **122,16**
- damnum (*dampnum*)
  siehe: illatio
- dare **156,20. 76,19. 104,4. 124,22. 138,16**
  siehe: deus, silentium, spernere
  *alii se de altitudine turrium alii in manus
  hostium se dedissent in preceps* **172,24–25**;
  animum dedit **52,15**; *conversacionis sue
  testimonium darent* **78,16**; *cuidam ex
  hostibus dexteram dabat* **172,5**;
  Dabatque in omni sufficiencia singulis
  96,6–7; *dat omnibus affluenter scienciam*
  54,2; *Dederatque omnibus in mandatis*
  96,9–10; *Dedit se ventis* **88,1–2**; *omnia
  dabat in preceps* **176,15**; *ne iniquorum
  potestati daretur atque libidini* **160,5**;
  Pacem meam do vobis **76,18**; *penas tanto
  facinori congruas dederunt* **70,19**; *potum
  da illi* **120,8**; *quantasque dederant strages*
  96,14; *Quis dabit mihi pennas sicut
  columbe* **78,5–6**; *vigilantissimam operam
  dabat* **78,20**; *cunctis datis in predam*
  164,10–11; *data oportunitate* **112,20**; *datis
  velis boree* **86,19**; *dato signo* **136,18**
- dator
  siehe: deus
- David von Worms (*David
  Wormaciensis*), kaiserlicher Gesandter
  130,7
- deambulatorium **112,5**
- debacchari (*debachari*)
  *sicut arrepticia passim tumultuanti furore
  debachans* **156,14–15**

- debere 66,19. 126,7. 128,14. 128,25. 132,17–18. 136,22. 144,14. 148,9. 170,10
  siehe: exhibere, imponere
  de iure nihil d. 94,5, *nihil domno episcopo ex iusticia d.* 94,5; *honorem, vindictam vel exilium pro offensa debebant* 134,25
- debitum
  siehe: immunis, perfungi
  pro officii sui debito 106,19
- decandidare 178,10
- decanus
  siehe: Sigelo, Mainzer Domdekan
- decens
  siehe: donare, parilitas
- decentia (*decencia*)
  secundum Maguntine ecclesie decenciam 92,19–20
- deceptio (*decepcio*) 154,23
  siehe: dolositas
- deceptor 172,16–17
- decere 84,6. 154,15
  siehe: anulus
- decernere 100,25
- decertare 176,8
- decidere
  a religionis forma deciderat 66,3; *a sui presulatus decidisset honore* 62,15
- decipere 184,9
  tociens et tam maligne deceptus 142,14
- declamatorius
  siehe: mos
- decoquere
  reliquis capillis pilisque immani exustione ad cutem usque decoctis 176,20–21; *decoqueret terram* 162,17
- decor 80,10
  siehe: domus
  omnem templi decorum 110,22
- decorus
  siehe: dominus (Gott/Christus)
- decretum 132,2
  secus imperiale d. 134,27
- deculcare
  Iovis altissima iuga deculcans 90,12
- decurrere 124,1

- decutere 192,1
- deditio (*dedicio*) 130,22
  siehe: potiri
  per dedicionem civitates 100,12
- deditus
  siehe: vir
- deducere 64,9. 150,22. 166,21. 174,1
- deesse 132,21–22
  ne quid ad dolorem deesset 128,13
- deferre 132,13
  domno imperatori volens d. 106,1–2; *per nuncios imperiales Maguntinis constat esse delata* 132,24–25
- deficere 106,6
- definire (*diffinire*) 108,7
  tam arduam causam diffiniri 116,11
- definitio (*diffinicio*)
  cuiuspiam vicini peregrina d. 86,3–4
- deflere 74,17
  quilibet proprium defleret interitum 166,17
- deformis 180,11
- defungi 74,20. 192,13
- degere 148,17
- dehiscere 156,13
- dehonestare 138,19
- deiectio
  deiectione demonica 186,17
- deierare 136,8–9
- delere 106,22. 158,1
  delevit de terra 74,8; *nulla debet temporis oblivione deleri* 86,5
- delibare 168,13
- deliberare 68,21
- deliberatio (*deliberacio*)
  siehe: admittere, explorare
- delictum
  siehe: purgare
  Delicta iuventutis mee 180,16–17
- delinquere
  siehe: infligere
  que deliquerant ad Deum et domnum archiepiscopum 144,10
- delphinus
  siehe: species
- demandare 142,18. 154,1

- demergere (*dimergere*) 184,17
  ad profunda yma dimergi 88,13–14
- deminutio (*diminucio*)
  absque omni diminucione 130,9–10
- demoliri
  gentem et locum d. 152,9
- denegare
  sepulturam et alia humanitatis officia denegarent 192,9–10
- denodare
  ab excommunicacionis sentencia denodavit 132,6–7
- dens
  siehe: frendere
  dentes exangues 190,25–26
- densitas
  siehe: reicere
  ex densitate fumi 186,2
- densus
  siehe: pilum
- denudare 128,18
  ad solum usque denudabant 112,8; *omnem faciem loci tenebris denudasset* 186,7–8
- denuo 104,20. 136,3. 142,11. 186,12.20
  siehe: occidere (töten)
- depellere
  ab omnibus sui metropolitanatus depelleret finibus 86,7–8; *patria rebus et honore ipso depulso* 122,1
- dependere (herabhängen) 88,13
- depensare 138,8
- deperdere 70,1
  ne tanta civitas deperditum iret 92,17–18
- deponere 60,6. 110,21
  querelam adversus vos deposuit 128,3
- depopulare
  siehe: navis
- depopulatio (*depopulacio*)
  siehe: praeterire
- depopulator 146,13
- deposcere 92,22
  instanter deposceret 54,3
- depositum
  elemosinarum misericordiarumque suarum d. 190,20–21

- deprecari
  attencius deprecaretur 184,4
- deprehendere 82,7. 102,20
- deprimere 154,22
  libertatem deprimeret 86,4
- depromere
  iniurie sue querelam depromit 120,22–23
- deputare
  iudices deputarat 104,22–106,1
- derelinquere 180,21
  siehe: dominus (Gott/Christus)
- desaevire (*desevire*)
  in cervicem impiorum et malefactorum d. oportebat 128,10–11
- descendere 100,3
  Ut de divinis ad humana descendamus 128,19
- describere 156,19
- deserere 174,14
  cicius nos tempus ad hoc referendum quam verba desereret 98,9–10
- desertus
  siehe: caro, moenia
- deservire 128,25
- desiderare 158,5
  Qui episcopatum desiderat, rem bonam desiderat 60,13
- desiderium 62,2
  desiderio ardentissimo 78,12–13
- desolare
  siehe: pars
- desolatio (*desolacio*)
  desolacionem ecclesie mee 140,13–14
- destructor 136,19–20
- destruere 110,23
- desudare
  siehe: bonum
- detegere 100,18
- detergere
  ut omnis infamie a vobis detergatis maculam 152,20–21
- deterrere 140,24
  non ab incepto deterruit 88,3
- detestabilis
  siehe: Mainz, temeritas

- detestare 142,3
- detinere
  mulier ab infirmitate detenta 82,20
- detrimentum
  siehe: illatio
- deus 54,2. 56,23. 60,2. 66,1. 68,16. 70,11. 76,15. 114,5. 118,1. 120,12. 124,25. 130,4. 138,21. 142,6. 146,15. 152,8.12. 154,10. 158,8.11.16. 160,3. 164,8. 168,2.16. 174,7.8. 178,7. 180,16.18. 182,1.15. 184,8.10.20. 190,16.19.22
  siehe: acceptabilis, adversarius, clementia, delinquere, domus, ecclesia, honor, honorare, hostis, imperator, loqui, malle, munire, nomen, notus, odibilis, potestas, praevenire, provocare, reddere, refugium, regnum, relinquere, sacerdos, sanctuarium, spiritus, tabernaculum, tribunal, ulcisci, vereri, vir, zelari
  D. qui absconditorum est cognitor 62,15; *D., in cuius omnia disposicione consistent* 78,9; *D., qui superbis resistit et humilibus dat graciam* 118,16–17; *dominus d. noster Ihesus Christus* 168,21; *dominus D. pacis, qui est terribilis in consiliis super filios hominum* 74,5–6. 116,21; *dominus D., qui altissimus est in consiliis* 172,27–28; *Dominus D. qui est terribilis in consiliis super filios hominum; non iudicat Deus bis in id ipsum* 178,2; *omnipotens D.* 174,5; *Vindicet D. obprobrium et conculcacionem sanctorum suorum* 114,2–3;
  ad laudem et gloriam nominis Dei 192,14–15; *ex ipsius ore Dei* 128,5; *gracia Dei* 140,4–5; *pro lege Dei sui* 70,10; *sub Dei protection* 110,21;
  Conquerebantur altissimo Deo 124,24–25; *domino Deo holocaustum exhibere* 140,11; *domino Deo se ipsum mactabat* 60,1; *grates ab omnibus dicebantur altissimo Deo* 150,13–14; *per tonsuram Deo menciebatur* 150,17–18; *quantum domino Deo se humiliaverit* 176,8–9;
  quidquid Deo dicatum 110,21; *soli Deo vacarem* 140,12; *ut soli Deo sine intermissione vacare possitis* 78,2; *Deum coram oculis suis omni tempore haberet* 68,4–5; *lugubres ad Deum mittebant mugitus* 112,1–2; *per dominum Deum tuum obtestor* 158,3;
  a domino Deo bonorum datore 166,24–168,1; *si sic a Deo previsum est* 140,1–2; *totus prostratus corpore coram Deo* 160,2; *auctore Deo* 72,4. 134,23; *Deo disponente* 192,10–11; *Deo volente* 168,14; *inspirante Deo* 116,4; *largiente Deo* 188,8; *salva Dei gracia* 64,1; *teste Deo* 128,28; *volente Deo* 140,24;
  domine D. salutis mee 180,21; *Domine Ihesu Christe, fili Dei vivi* 182,8
- devenire 164,13
  ad hanc potissimam devenit sentenciam 166,1; *in profunda viciorum devenerit* 138,22–23
- deversorium (*diversorium*) 112,4
- devincere
  ut malum in bono solito devinceret 150,21
- devocare
  E studio igitur devocatus ad propria 54,6
- devorare 168,19
  siehe: accendere
- devotio (*devocio*) 166,23
  cum omni devocione 54,6. 154,11; *Omni igitur cordis devocione* 160,1–2
- devotus 160,4
- devolvere
  ad hoc extremum esset devolutus discrimen 166,10
- devovere
  hostibus suis devoventes 122,21; *paci devoventes* 108,12–13
- dexter 108,16
  siehe: circuitus
  de dextra in sinistram 82,3; *de dextro ad sinistrum* 186,26

- dextera/dextra
  siehe: dare, inhaerere
- diabolicus
  siehe: cuneus, dividere
- diabolus
  siehe: filius, perbaiulare, propheta, satelles
  Cucullatus d. 156,3-4
- diadema
  siehe: consecratio
- dicare 132,7-8
  siehe: deus
- dicere 56,1.4.12. 66,16. 70,20. 76,18. 78,24. 84,3.11. 88,11. 96,2. 100,3. 120,7.11. 122,13. 132,7-8.12. 134,16. 138,9.15. 142,16. 150,14.16. 152,4.5. 164,6. 172,10. 174,23. 176,12. 182,10. 184,8. 186,10. 188,5. 192,1.12
  siehe: deus, modus
- dicio
  siehe: amplus, persistere
- dictare 106,12. 110,21
- dictum
  siehe: compensare
- dies 102,6. 108,12. 110,2. 120,17. 124,22. 134,9. 174,13. 180,3. 190,14. 192,14
  siehe: articulus, illabi, plenus, praefigere, procedere, reverentia, spatium, tempus (Zeit), tertia, uti
  d. expedicionis 94,7; *pauci d.* 134,26; *sinodales d.* 106,18; *peremptorie diei* 190,13-14; *diem istum mesticie vestre* 168,8-9; *per octo d. continuos* 134,21-22; *Die autem egressionis sue* 94,11; *in hac die afflictionis mee* 182,18-19
- dieta 120,15
  siehe: distare
- differre 126,16
  differebatur in crastinum 108,10-11; *quia in tali negocio non esset differendum* 86,13; *usque ad regressionis sue presenciam ab expedicione distulit* 94,9
- difficilis 144,7. 144,10-11
- difficultas 136,2-3
  siehe: convertere
- diffinire, siehe unter definire
- diffinitio, siehe unter definitio
- digerere
  fimbrias aspectu concupiscibiles undique digerens 82,19
- digitus
  siehe: superponere
- dignari 116,8. 140,21. 144,6. 168,2-3. 174,3
- dignatio (*dignacio*) 158,5
- dignitas
  siehe: ascendere, facies, honestare, misereri, ordo, supplantatio
  corporis dignitatem 122,19; *Quanta auctoritatis dignitate* 132,26; *vocis tociusque persone dignitate*
- dignus 132,7
  siehe: emendatio, exhibere, fructus, honor, satisfactio
  dignum morte 170,8
- diiudicare
  tamquam arbitrio diiudicandam 76,11
- dilabi
  siehe: colligere, congregare
- dilapidatio (*dilapidacio*)
  pro dilapidacione ecclesie 62,18
- dilatio (*dilacio*)
  post multas dilaciones 102,4
- dilectio
  siehe: impendere (auf-, zuwenden)
  dilectionem fraternam 174,6
- dilectus
  siehe: familiaris, filius, frater, princeps
- diligere 54,20. 72,12. 74,4.16
  sicut diligerent personas suas et res 96,10; *sicut vitam et res diligerent* 126,9
- diluculum
  siehe: surgere
- diluere 132,9. 178,16
- dimicare 136,12. 162,4
  victoriosissime dimicaret cum oracione 176,7
- dimissorius
  siehe: littera
- dimittere 170,20. 190,10.12
  Dimitte illum iacere 174,25; *me non dimittet viveret* 174,8; *nemo dimittat*

eum viveret 186,22–23; *nihil intemptatum dimittit* 68,11
- dioecesis (*diocesis*)
  siehe: vicis
- dirigere 170,26
  siehe: dominus (Gott/Christus), generatio
- dirigescere 176,20
- dirimere 172,24
- diripere 164,17
  siehe: bonum
- dirus
  siehe: crux, frendere, ictus, instare, lupus, vociferari
- dirutus
  siehe: resarcire
- dis
  siehe: princeps
  hominibus et rebus ditissima 64,16
- discedere 102,15. 154,7
- discernere
  discernat causam meam 116,21–22
- disciplina 80,11
  siehe: ferula, reverentia, structura, ultrix
- disciplinatus
  siehe: rigor
- discordia 96,12. 146,20.21
  siehe: fucus, incentor, inire, labi, tempestas, terra
  malefida d. 76,4
- discretio (*discrecio*)
  siehe: induere
- discrimen 8,4
  siehe: certare, devolvere
  tante adversitatis discrimine 120,6–7
- discupulus
  siehe: relinquere
- dispendium
  per composicionis dispendium 100,8–9; *in imminenti dispendio sui* 166,12
- dispensator
  sicut fidelis d. et prudens 66,20
- dispergere 128,17–18

- dispersus
  siehe: congregare
- disponere 108,14. 110,5. 158,9. 172,28. 174,7
  siehe: deus
  ut domui sue disponeret 94,11–12; *super iusticiis suis disponendis* 94,21
- dispositio (*disposicio*) 54,4. 84,13
  siehe: deus, praevenire
  divina d.
- disputare 134,1–2
- dissidere
  e regione dissidentibus 114,19–116,1
- dissipare
  dissipavit consilium Achitofel adversus David 118,2, *dissipet consilium eorum adversum me* 118,2–3
- dissolvere 86,20
- distare
  a Maguncia ferme duabus dietis distat 142,9–10
- distinguere 146,3
- distrahere 128,26. 164,17
- ditare
  siehe: beneficium
- diu 152,6. 172,14
  diucius 154,13–14. 168,18. 170,23
- diutinus
  siehe: instantia, mora, praecordia, suspirare
- divaricare 188,2
- diversus
  siehe: afficere, genus
- dividere
  siehe: regnum
  diabolica trinitate divisa 156,19
- divinus 80,13. 84,12
  siehe: clementia, descendere, dispositio, excubare, mancipare, miraculum, officium, provisio, splendor, suspendere
- divisio
  siehe: schisma
  ad divisionem corporis et anime sue usque 178,13–14
- divitiae (*diviciae*) 74,1. 92,11–12

- doctrina
  siehe: baiulare
  ad sanctarum scripturarum capessendam doctrinam 52,16–17
- doctus 52,18
- dolere 54,11. 62,2. 76,5. 172,21
- dolor 182,4
  siehe: crux, deesse, gladius
  dolore cottidiano 70,3; *Nec sine magno cordis dolore* 124,23
- dolositas
  in magna decepcionis fraudisve dolositate 142,11
- dolus
  siehe: reducere, velamen
  domestico dolo 62,10
- domare 62,6
- domesticus 74,23
  siehe: accire, bellum, dolus, hostis
- domicilium
  d. demonis 154,2; *d. oracionis* 138,19
- dominari 168,14–15
  siehe: libido
- dominatio (*dominacio*) 130,12
- dominates 128,21
- dominicalis
  dominicalia ecclesie sue 66,21
- dominicus
  siehe: agmen, annus, feriari, mysterium
- dominus (bezogen auf Gott/Christus/ Heilige) 54,2. 56,1. 66,20. 68,5. 74,8. 76,13. 78,12. 116,20. 120,10. 150,1.15. 154,11. 158,16. 164,8. 166,24. 168,2.5. 178,6. 180,15.16.18.21. 182,4.9.13.15.17. 184,4.9.20.21. 190,16.22
  oft in Verbindung mit Deus, siehe hierzu Deus
  siehe: christus, compellere, conspuere, domus, hostis, inimicus, ortus, persequi, potestas, praecursor, profanare, sanctuarium, vir
  D. Ihesus Christus 140,18. 166,5–6; *D. meus Ihesus Christus* 138,8; *quia respexisset D. plebem suam* 60,8;
  ad mensam Domini 84,7; *cetera vasa ministerii Domini* 128,16; *coram mensa Domini* 110,12; *cum Maria ad pedes Domini staret* 80,3–4; *decorus in conspectu Domini* 188,19–20; *gloriosus apparebat in conspectu Domini* 84,10; *nomen Domini invocabo* 140,18; *pro reverencia domini nostri Ihesu Christi* 172,13; *sanguis et corpus Domini* 110,13; *secundum scripturam Domini* 100,2; *vias suas dirigi in legem Domini* 54,3; *ad confitendum domino surgeret* 58,17; *innumeras venias toto corpore Domino solvens* 58,14–15; *peccavi Domino* 168,10; *Quid retribuam Domino pro omnibus* 140,17, *que retribuit mihi* 78,8; *clamarent ad Dominum* 96,18; *a domino Ihesu Christo* 188,22; *coram domino Ihesu Christo* 158,21–22; *se totum suspendit in Domino* 184,7; *totus suspensus in Domino* 52,16; *Domino comitante* 90,12; *Domino donante* 80,7; *propiciante Domino* 88,19; *domine Ihesu Christe, qui non derelinquis sperantes in te* 184,13
- dominus (bezogen auf Menschen) 70,12.16. 72,14.21. 74,7. 90,3.5.8. 94,22. 96,9. 98,12. 100,9.13.25. 102,14. 104,4.8.13– 14.16.18.20.22. 106,1.6.9.19. 108,26. 110,3.20. 112,7.9.11.13.14. 114,13. 118,8. 122,10.19. 124,1.3.20.22. 126,8.11.13.17.20. 128,20. 130,20. 132,5.6.10.13.16.22. 134,16. 136,1.17. 138,4.7. 142,10.13. 144,2.4.10. 148,18. 150,5.9.13.19. 154,6.13. 156,22.24.25. 158,2.6. 164,1. 170,18.21. 172,6.8.11.14.19. 174,18.27.28. 186,6.23–24. 188,5–6
  siehe: beneplacitum, debere, delinquere, germanus, honor, loqui, mandare, misereri, praesentia, praesidium, thesaurus, vicis
  kommt vor in Verbindungen mit (archi-) episcopus, Maguntinus, pontifex, imperator, papa.
  d. metropolitanus 108,6. 110,8. 136,11; *d. reverentissimus* 146,22; *ut pacificus d.* 148,12; *ut pius d.* 146,13; *mi care domine* 168,5

- domus 66,16. 72,8. 96,1. 98,12. 102,13. 106,7. 112,7. 132,15. 136,16
  siehe: aerarium, benedicere, decor, disponere, expellere, facere, habitare, pax, penetralis, quaerere, tenere, zelari
  domus Dei/Domini: d. Dei d. oracionis 128,5; *ad d. Dei decorum* 66,7–8; *ad decorem d. Domini* 68,8; *Ad decorem vero d. Domini* 80,9; *qui substanciam d. Domini querit* 66,19; *Benedixit domum Dei et inhabitantibus eam* 66,15; *domum Dei* 118,1. 128,3–4. 138,18; *domum Dei, ecclesiam videlicet Maguntinam, profanaverant* 146,10–11; *domum Domini* 110,10–11. 112,10; *erarium d. Dei* 128,14–15; *cum pauperibus pauper habitare in domo Dei in Christo* 78,13–14; *de domo Dei fecerunt speluncam latronum* 114,4–5; *in domo Dei* 118,23; *pro domo Dei* 70,9
  anderes: domum episcopalem 128,23. 130,4–5. 132,20; *domum oracionis* 122,2; *in domo maioris prepositi* 102,12; *in propriam domum* 146,14
- donare
  siehe: dominus (Gott/Christus)
  apostolicis mirifice donatus exeniis 90,11; *curia decentissima largicione donata* 90,10; *festivissimo a Venetis honore donati* 88,20–21
- dorsum
  media per dorsa 186,21
- dos
  siehe: ecclesie
- dotare
  siehe: beneficium
  multis nobilibus preposituris ecclesiisque simul dotatus 188,15
- dubius
  siehe: sors
- ducatus
  siehe: frui
- ducere 58,19. 108,15. 122,11–12. 146,2
  ad viam rectitudinis duci 62,6–7; *quos ipse propriis ducebat expensis* 96,5

- Dudo, Mainzer miles, Bruder Arnolds von Selenhofen 156,22. 158,6. 172,26. 174,18.21
- dudum 66,22. 170,6
- duellio
  venti duelliones 88,10
- duplex
  siehe: interitus
- duritas
  siehe: aqua
- durus
  siehe: mors, populus
- dux
  siehe: summus
  ducem Saxonie 142,4

E
- ebullire 88,7
  horrentis intuitus vermes ebullient 160,16–17
- ecce 148,1. 152,6.7. 156,25. 186,13
- ecclesia 70,5.11–12. 90,9. 110,11.16. 128,4. 130,8.19. 134,5. 140,19.21. 154,22. 158,8. 164,20. 186,10. 188,20. 190,1
- Gesamtkirche, Kirche allgemein: *sancta et universalis e.* 132,1; *in tanta columpna ecclesie* 60,10–11; *in vastum ecclesie corpus* 116,2; *pro necessitate universalis ecclesie* 116,8; *universam ecclesiam* 134,2; siehe auch: honor, honorare, hostis, persecutor, persequi, ulcisci, zelari
- Kirchen: *ad ecclesiarum edificacionem et restauracionem* 78,18; *ad Germanie omnes ecclesias* 86,6; *ecclesias fratrum* 98,6; *in ecclesiis sibi commissis* 78,19; siehe auch: dotare, intendere
- Kirchengut: *dotem titulumque ecclesie sue* 68,3; siehe auch: bonum, dominicalis, thesaurus
- Mainzer Kirche (in der Wendung *ecclesia Maguntina* oder aus Kontext erkennbar): *Maguntine ecclesie homines* 124,24; *ecclesiam Dei* 98,3. 130,3–4; *homines et ministeriales et colonos ecclesie* 98,22–23;

in ecclesia Dei, mihi commissa 140,3;
siehe auch: certare, clericus, decentia,
desolatio, dilapidatio, domus, eximere,
foedus (Vertrag), honor, libertas,
magnificare, naufragium, pernicies,
praepositura, princeps, profanare,
reformare, status, tueri
- Mainzer Domkirche (*ecclesia maior*):
 ecclesie librarias et antiquarias 110,23
- für *ecclesia* als konkretes
 Kirchengebäude siehe: ianua, irrigare,
 limen, pavimentum, prorumpere,
 valvae
- econtra 54,17. 112,18. 158,9. 174,20. 192,3
- edere
 edunt panes meos 62,9
- edictum
 siehe: canonicus, expeditio
- editus 176,6
- educere 170,15
- effectivus
 siehe: ministrare
- effectuosus
 siehe: impendere (auf-, zuwenden)
- effeminatus 162,12
- efferatus
 siehe: crudelitas, frendere
- efferre 52,4. 152,4. 160,14.18
 ad celica usque videbatur astra efferri
 88,12
- efficax 62,11. 162,11–12
 virorum efficaces viribus atque virtutibus
- efflagitare 104,15. 150,10
- efflare
 efflante aquilone 88,15
- effluere 134,26
- effulgere 132,27
- effundere
 siehe: sitire
 proprium effuderant sanguinem 68,13–14
- effusio
 ad sanguinis proximam effusionem
 178,14–15
- egerere
 flammivomos egerentibus estus 162,14

- egredi 72,21. 106,3. 110,8. 174,26–27
 Egressus est sicut corvus ab archa 170,20–
 21; *non egredientur exterius de sanctuario*
 76,9
- egregius
 siehe: imitator, vir
- egressio
 siehe: dies
- eicere
 in Belcebub eiecit demonia 138,10; *ipsum*
 violenter eiecistis 128,22
- elabi 86,20
- elatio (*elacio*)
 multa elacione 98,26
- electio
 canonica electione 64,6
- eleemosyna (*elemosina*) 178,7
 siehe: depositum, explere, opinio
- elegans
 siehe: forma
- elegantia (*elegancia*)
 eleganciam gestus 122,19–20
- elementum
 siehe: convertere
- elevare
 Elevatum est cor eorum 106,9
- eligere 128,22. 132,3. 164,24
 esse spiritu pauperes elegistis 76,22; *clero*
 Maguntine metropolis unanimi eligente
 60,4–5
- eliminare 70,11. 136,9–10. 154,7
 siehe: consortium
 a sue conspectu presencie ipsum eliminans
 154,6–7
- eloquentia (*eloquencia*)
 siehe: inesse
- elucere
 siehe: moralitas
- emanare 100,6. 120,24
- Embricho (*Embrico*), Sohn Meingots d.
 Älteren 104,1. 174,11.17.20.22
- emendatio (*emendacio*) 134,21. 144,9.
 146,12. 148,6.21
 siehe: compellere, recipere, terminus
 dignam emendacionem 128,12; *cum omni*
 emendacione 126,11–12

- emergere
  quibusdam emergentibus causis 92,16
- eminentia (*eminencia*)
  siehe: consitus
- eminus 146,6
- emolumentum (*emolimentum*)
  fraudis sue emolimenta 112,16
- emori 190,4
- enarrare 60,17. 176,13
- enecare 190,1
- enormis
  enormiter 180,10
- epiphania
  in octavis epiphanie 116,8
- episcopalis
  siehe: aula, curia, domus, sedes
- episcopatus 68,18–19. 98,24. 132,16–17. 136,8
  siehe: desiderare, locus, persistere, pertinere, subvertere
  potissima episcopatus 70,1; *totum episcopatum* 126,12
- episcopus 66,18–19. 70,12.16. 72,21. 74,7. 98,12.16. 100,25. 102,11.14.16. 104,4.8.10.14.16.20. 106,6.9.10.19. 108,2.14.21–22.26. 110,3. 112,3.7.9.11.14. 126,8.13–14.20. 132,13. 136,1. 138,4.7. 150,5.20. 154,3.6. 156,24. 158,10–11. 164,1. 170,18.21. 172,8.14.19. 174,27.28. 186,6.24.
  siehe: beneplacitum, condicere, creare, debere, germanus, habere, honor, incommodum, loqui, ministerium, praesentia, thesaurus
  e. sanctus 190,17; *reverendus e.* 164,22–23. 170,26; *sanctus e.* 186,18; *venerabilis e.* 76,5. 100,1. 156,20. 186,11; *per se et venerabiles episcopos* 66,6
- epistola
  siehe: praetextus
  epistole precarie 116,7
- Eppstein
  siehe: Gottfried von Eppstein
- epulari 154,25
- equus
  siehe: ascendere, proicere
- eradere
  eradamus eum de terra vivencium 138,11
- erigere 184,10
  ad alciora proximaque virtuti semper se erigens 56,3–4; *caput erigeret* 186,19
- eripere 182,21. 188,20
  ab hoc nequam eripi seculo 78,13; *ab impiis suorum civium e. volens faucibus* 188,20–21; *a timore inimici eripe eam* 182,19; *erepti de naufragio* 88,19; *se de tanto et tam ingenti e. vellet periculo* 170,5; *ut de hac mundi me potenter eripiat miseria* 78,10–11
- errare
  siehe: visus
- error 138,16
  erroribusque trapezitarum 114,18
- eructare
  siehe: vehementia
  hesternam furoris parricidiique crapulam Maguntinis eructabat 156,4–5
- eruere 152,18
- esurire 120,7
- eulogium 134,7
- evadere 88,17. 108,6. 156,3. 186,6
  siehe: occasio
  libere et expedite e. 158,5; *evasisset potenter insidias* 114,9; *tyrannidem evasit* 54,15
- evangelicus
  siehe: imitator
- evangelium 76,14
- eventus 160,7
  siehe: occurrere
  rei sinistrum eventum 164,2
- eversio
  e. ponti 88,7
- evertere
  siehe: conscientia
- evidens
  siehe: argumentum
- evocare 70,16. 92,6
- evolare
  siehe: fama

- exactio
  siehe: cottidianus, exercere
- exactor 136,20
- examen 132,3
  apum e. 156,15
- examinare 178,10
- exardescere 90,15
- exaudire 184,13
- excedere 80,19–20
  dummodo eorum omnino non excederet vires 144,7–8
- excellens 74,2
  inter omnes regni principes esse excellentissimum 92,12
- excelsus
  siehe: perbaiulare, princeps, secare
- excessus
  siehe: perexpiare
- excidere (herausfallen)
  a bonorum mentibus e. 134,10
- excidere (heraushauen) 162,15
- excipere 74,9
- excitare 74,13. 184,10
- excommunicatio (*excommunicacio*) 108,5
  siehe: denodare, exire, gladius, infamare, libellus
- excruciare
  excruciatque animum 54,22
- excubare 190,20
  excubant ad ministerium altaris 76,8–9; *quomodo quis possit altaribus e. divinis* 76,11–12
- executio (*execucio*)
  siehe: mandare
- exedere
  siehe: margarita
- exemplum 78,17. 138,16
  pii magistri ac pastoris Ihesu Christi exemplo 138,7; *scripturarum exemplis* 166,11
- exercere
  graves rapinas in ipsos et exactiones exercuissent 98,23–24; *intollerabiles exactiones e.* 68,18–19; *quasi tyrannidem e.* 62,8; *tantam impietatem et tam immanem rapinam tyrannidemque exercerent* 118,22–23
- exercitus 96,5. 96,21. 164,11
  tamquam exercitus regis 96,5; *exercitum magnum* 148,5
- exhalare (*exalare*)
  spiritum e. 174,28
- exhaurire
  siehe: senium
- exhibere 74,18.23. 104,8.17. 108,10. 122,3. 126,15. 130,14. 134,25. 140,20. 144,5. 150,11
  siehe: deus, obsequium, species
  in medio exhibiti 126,5; *collateralem sibi acceptum magnificum et gloriosum omnibus exhibebat* 90,5–6; *debitum honorem et dignam reverenciam ei e.* 130,13–14; *paciencium, quam exhibuerit* 116,14–15; *reverentissimam suam e. personam* 116,8–9; *suam eis exhiberet presenciam* 100,2; *precio exhibito* 118,15
- exhibitio (*exhibicio*)
  siehe: honor
- exhortatio (*exhortacio*)
  siehe: verbum
- exigere 94,1
- exilium
  siehe: debere, transmigrare
- eximere
  ecclesiam suam de subiugo aliorum exemit 90,9–10; *ipsum de hac tribulacione eximeret* 170,10
- eximius
  siehe: sidus, vir
- exire 136,12
  in proverbium exiit 72,14; *ut vir in hostes exivit* 70,5; *a patria exivimus* 130,11; *excommunicacionis vinculo exirent* 126,14–15
- exitialis (*exicialis*)
  siehe: agon
- exitium (*exicium*)
  siehe: sitire
- exitus 148,10

- exoptare
  cupidissime e. 150,13
- exorare 144,6. 160,4. 174,17
  ut pro se et pro toto exoraret populo 84,6–7
- exoriri
  ex generosis parentibus et religiosis exortus 188,13–14; *tempestate exorta* 86,20
- expedire 116,11. 152,19
- expeditio (*expedicio*)
  siehe: dies, differre
  sub imperialis edicti expedicione 92,4
- expeditus
  siehe: evadere
- expellere
  de civitate expulit 102,22; *domo patria propriaque sede eum expulissent* 120,1
- expensum
  siehe: ducere
- experientia (*experiencia*) 58,9
- experimentum
  e. flagrantis ardoris 180,11–12
- experiri 52,8. 126,3. 154,8. 168,16
  gladium imperialem experirentur 90,20–21; *quam coruscos intuitus ferocesque animadversiones experti sint* 122,15–16
- expertus
  in multis e. 74,1
- expiare 100,9
  contemptum expiarent 100,8–9; *offensam illatam expiarent* 126,10–12; *a peccatis occulta fide iam expiates* 178,1–2
- expiatio (*expiacio*)
  tanti sceleris expiacionem 128,12
- explere 190,17
  copiosa elemosina sufficienter expleverat 156,8; *Hospitalitatis expletis officiis* 124,19
- explorare
  omnibus angulis consultacionis et deliberacionis exploratis 164,27
- explorator 170,21
- exposcere 104,21
- exprobrare 192,1
  gratis et supervacue exprobraverunt animam meam 116,22–118,1

- exprobratio (*exprobracio*) 154,21
  siehe: cumulus
- exsanguis (*exanguis*)
  siehe: dens
- exsecrare (*execrare*) 70,2
- exsequi (*exequi*)
  percepti officii mei ministerium e. 78,4–5
- exsequiae (*exequiae*)
  post honorabiles exequias 74,17; *sine pudicis exequiis* 190,12
- exsistere (*existere*) 54,16–17. 56,12
- exspectare (*expectare*) 116,12. 128,13. 134,22. 172,22
- exspoliare 190,24–25
- exspoliatio (*expoliacio*) 96,11
- exstare 106,18
- exstinguere (*extinguere*)
  siehe: corpus
- exsultare (*exultare*) 60,8.10
- extemplo (*extimplo*) 164,6. 174,21
- extendere
  e. manum in ipsum 120,11; *se in vastissimam extendens planiciem* 146,1; *palmis ad celum extensis* 166,24
- exter (siehe auch extremus)
  siehe: egredi
- exterminare
  a vindice leone inobediente exterminato propheta 178,17–18
- exterrere
  a facie ignis exterriti 186,4
- extimescere 162,11
- extrahere 152,18
- extraneus
  a cogitacione mea et opere est prorsus extraneum 64,4–5
- extremus
  siehe: amittere, articulus, condicio, devolvere, finis, latro, pars, unguis, voluntas
  in extremis 158,19
- exuere
  exutus a contubernio et sollicitudine huius mundi et a nequicia eius 140,11–12
- exulare 60,8. 96,22

- exulatus
  siehe: iniuria
- exustio
  siehe: decoquere

F
- faber
  siehe: filius
- fabrica 102,9
- fabrilis
  siehe: contexere
- facere 56,5. 64,2.3. 74,7. 80,1. 98,13.26.
  100,8.11.16. 104,12.17. 108,2.8.11. 110,1.15.
  112,19. 114,5. 120,6. 128,6.27. 130,22. 138,17.
  142,5. 158,7.11. 160,6. 162,19. 168,17.
  174,4.9.23. 176,8.19. 178,4. 182,5.21.
  184,10.20.22. 186,22. 188,4. 192,7
  siehe: domus, intercapedo, suscipere
  ab inicio quedam fecit 78,22–23; *me faciat suis inherere mandatis* 78,11–12; *non secundum peccata mea facias mihi* 180,21–22
- facies 70,17. 84,19. 86,8. 122,12. 144,19.
  170,21. 174,23
  siehe: denudare, exterrere, gerere, oppandere
  f. sathane 154,2; *corpulenciorem faciem* 84,14; *a priori facie* 146,1; *facie procliva* 84,22; *pro facie dignitatis sue* 84,3; *stupenda facie ab ignis* 176,20
- facilis
  facile 102,18. 108,25. 164,26
- facinus 152,13. 154,26
  siehe: auctor, dare, sectari
  tam temerarium et criminosum f. 124,26; *in hoc tanto et tam inexistimato nostris temporibus facinore* 138,20–21
- factio
  siehe: indicium, piaculum
- factor 120,7
  f. apostolici verbi 120,7
- factum
  siehe: compensare
- facultas
  abeundi f. 156,20

- fallax 154,23
- fama 98,11. 104,13. 120,14
  siehe: commaculare
  crebra f. 98,11; *famam sanctam* 54,11; *fama evolante* 120,14
- fames
  fame profligatura 56,15
- familia
  tota f. 148,17
- familiaris 74,23
  siehe: res
  f. dilectus 74,3; *ei familiarior* 124,11
- familiaritas
  siehe: consortium
- fas 64,1. 70,13. 76,17. 126,1
  siehe: confundere
- fascis
  siehe: redimire
  novellis fascibus 134,13
- fastigium 164,9
- fateri 114,13
- fatigare
  siehe: artus (Gelenke)
- fatiscere 54,17
  siehe: canities, clipeus
- fauces
  siehe: eripere
- fautor
  siehe: comparare
- favere 136,10
- favilla
  siehe: imperare, redigere
- fax 156,17
  perurentibus facibus, piceo liquore perfusis 162,13
- felicitas
  invicta f. 140,5
- felix
  siehe: papa, praedecessor
  feliciter 188,24
- femina
  solitariis in feminis 162,14–15
- feretrum
  sanctum f. 190,24
- feriae 162,8
  siehe: celebrare

- feriari/feriare
  dominice nativitatis feriatis sollempniis 130,21–22; *sanctissimi Iohannis baptiste feriantes vigiliam* 150,1-2
- ferire 114,14. 160,23
- ferox
  siehe: experiri
- ferre 54,14. 72,3. 76,11. 98,11.14. 170,13. 192,7
  Ferebatur equoris per horridum altissimumque fundum 88,6–7; *ferretur in preceps* 156,13; *equo animo f.* 140,4
- ferriger
  siehe: barcho
- ferrum
  siehe: vestire
- ferula
  sub theologice discipline ferula 54,1
- fervens
  siehe: aetas, studium
- fervere
  ab igne ferbuerant 176,22
- fervor
  caritatisque fervorem 66,8; *per medium conglobantis aque fervorem* 88,13; *ab estuantis camini fervore* 176,18; *fervore mendacii* 150,11; *in estatis ipso flagranti fervore* 190,10–11; *medio in solis fervore* 162,17
- fessus
  siehe: artus (Gelenke)
- festinare 108,22. 116,5. 136,13. 156,18. 168,20. 174,11
  festina in auxilium meum 182,1
- festivitas 184,3
  siehe: sollemne
  in festivitate omnium sanctorum 114,13–14; *omnique festivitate* 98,21
- festivus
  siehe: donare
- festum
  siehe: praecursor
  ante nativitatis proximum festum 126,17
- fetus
  siehe: belua, gemellus
  mortifero fetu 100,22

- fibula
  siehe: applicare
- fideiussor
  siehe: admonere
- fidelis
  siehe: accersire, acquiescere, consortium, consulere, dispensator, posteritas, testis
  fideliter 188,24
- fidelitas 144,8. 158,15. 166,22. 174,5
  siehe: iurare, retribuere
- fidere 94,14
- fides 96,1. 166,11. 170,6. 172,10. 184,10
  siehe: adhibere, clipeus, conferre, expiare, lorica, oblivisci, praestare, scutum, violare
  tuta f. 62,8; *bona fide* 94,20
- fidus
  siehe: amicus (Freund)
- fieri 82,16
  siehe: novus
- figere 186,18
- figura 82,6
- filiolus 170,3
- filius 74,19. 146,18. 148,13. 192,1
  siehe: addicere, adire, deus; für filii Mengoti siehe: Meingot d. Ältere
  f. fabri 138,10; *si ibi fuerit f. pacis* 66,16–17; *ut f. pacis* 66,11; *Filii carissimi et dilectissimi* 168,1; *filii diaboli* 108,1; *filii sathane* 140,21
- fimbria
  siehe: digerere, ora, tangere
- finire
  verba finisset 122,6
- finis 52,5. 68,7
  siehe: depellere, imponere, peragrare, sortiri
  extremus f. malorum 152,19
- finitimus
  siehe: bellum, civitas
- firmamentum
  siehe: fulgere
- fixus
  siehe: manere
  genibus humo f. 160,9

- flagellum
  siehe: caedere
- flagitiosus (*flagiciosus*)
  flagiciose 128,6
- flagitium (*flagicium*)
  siehe: auctor
  pro tam piaculari flagicio 128,7–8; *super tam piaculari flagicio* 114,15–16; *super tanto flagicio* 114,12
- flagrare
  siehe: experimentum, fervor
- flagror (gebildet von flagrare)
  ineffugibilem ipsius flagrorem 162,20
- flagrum
  siehe: imponere
- flamma 186,7
  siehe: invectio, medius, obvolutio, proruptio, torrens (Strom)
  f. vorans 162,19
- flammivomus
  siehe: egerere, ignis
- flatus
  siehe: pellere
- flere
  amarissime fleret 174,13; *vehementissime f.* 74,14–15
- fletus 168,3. 174,15
  siehe: inenarrabilis
  luctuosis fletibus 168,4; *uberrimis fletibus* 166,21–22
- flos
  siehe: aspernere
- fluctitare
  siehe: vicis
- fluctus 62,4
  siehe: rabies
- flumen 94,18
  siehe: periculum
- fodere 182,14
  foderunt foveam anime mee 182,14
- foedus (*fedus*) (Vertrag)
  siehe: inire, rumpere
  Romane veterana et Maguntine ecclesie federa 134,11

- fons
  siehe: irrigare, levare (emporheben)
- foris (Tür)
  siehe: frangere, perrumpere
  pro foribus civitates 114,8; *pro foribus claustri* 160,17; *pro ipsius oppidi foribus* 124,12
- foris (draußen) 160,7
- forma
  siehe: decidere
  persone elegantissimam formam 84,12
- formidabilis
  inclitis terre principibus et tyrannis f. 68,6–7
- formidare
  non formidet a verbis ipsius et occurs 152,11–12
- formido 182,18
- fornax
  siehe: aurum
- fortis
  siehe: castra, Gigas, resistere, vir
  forcius 136,12; *omnes in armis fortissimos* 108,23
- fortitudo
  siehe: impetus
  f. laborancium 180,18–19
- fortuitu 176,4
- fortuna
  ipsa similisque f. 88,18
- forum
  siehe: uti
- fovea
  siehe: fodere
  in foveam quandam platearum 190,2
- fovere 72,12
  tamquam fratres et patres fovebat 56,23–58,1
- fragor
  f. horridissimus aquarum 88,9–10
- frangere 164,2. 190,26
  fractis foribus 110,16; *fracto concordie bono* 110,9; *fracto eius erario simulque cellario* 128,23–24

– Franken (*Franconia*) 64,17
– frater 76,19–20. 78,12.21. 134,13. 156,24. 172,26.27. 174,23
siehe: ecclesia, fovere, frequentia
dilectissimi fratres mei 78,9
– fraternus
siehe: dilectio
– fraus 62,10. 108,3
siehe: commentari, dolositas, emolumentum, immemor, molimen
– fremere
siehe: vorago
– frendere
diros teterrimosque mugitus frendentes 88,8–9 *efferatis dentibus rabidoque ore frendentes* 160,18
– frequens
siehe: clerus, pauper
– frequentia (*frequencia*)
cum tanta turbarum f. 162,4–5; *in communi f. principum nostrorum* 128,2–3; *in religiosissimorum fratrum f.* 96,3; *omniumque populorum f.* 64,8–9
– Friedrich (*Fredericus*) I. Barbarossa, Kaiser 70,14. 90,17.22. 126,22
– frons
f. leta satis sed severa 84,17
– fructus
per dignos f. correpcionis 130,15
– frui 56,22
fruebantur tuicionis ducatu 120,5
– frumentum 112,4
– frustrare 104,17–18
– fucus
discordie f. 80,5
– fuga 156,3
siehe: convertere, inire, praesidium
– fugare
siehe: habitator
– fugere 158,6–7
siehe: pontificium
– fugitivus 184,14–15
– fulcire
summis virtutibus fultus 60,2; *undique et fulcitus proceribus* 120,18

– fulgere
fulgebunt sicut splendor firmament 52,18; *morum gravitate fulgebat* 84,18; *sacerdocii scemate fulgebat* 80,12
– fulgidus
siehe: species
– fulgor
siehe: praestare
sue virtutis fulgore 134,9
– fuligineus
siehe: cuspis
– fulvus
siehe: vexillum
– fumus
siehe: densitas, nebula, reicere, turbo
– funda 96,8. 108,17
– fundamentum
siehe: iacere (*iacio*, werfen)
– fundare 144,20
– fundere
has supplicaciones fundebat 184,3–4; *proprium sanguinem fudit* 188,23
– fundus
siehe: ferre
– funestus
siehe: odium, radius
– fungi 86,6
– funus 74,15
miserabili funere 190,8; *preciosissimum f.* 190,18
– fur 110,17
– furcatus
siehe: manus
– furere
siehe: caligo, plebs, ruina, strepitus
– furia 186,9
abhominabilis Maguntina f. 190,23; *linfanti f.* 186,23
– furiosus
siehe: os (Mund, Gesicht), percunctari
– furor
siehe: debacchari, eructare, irrumpere, pretium, tonitruum
– furtum 96,11
siehe: arguere
– fustis 108,16–17

G
- gaferatus
  siehe: vertex
- galea
  g. spei 180,13
- gaudium
  siehe: celebrare
  in eterne vite gaudiis 178,5–6
- gehenna
  siehe: perdere
- gelidus
  siehe: penetralis
- gemellus
  quasi duo viperini virulentissimi fetus gemelli 136,7
- geminare 122,9
- gemitus
  siehe: lacrima, pernoctare
  inenarrabilibus gemitibus 160,2–4; *magno cum gemitu* 172,10
- generalis
  siehe: occurrere, redimire
- generatio (*generacio*)
  G. prava et perversa 112,22–23; *g. que numquam direxit cor suum* 112,22–23
- generosus
  siehe: exoriri
- genimen
  genimina viperarum 112,23–114,1
- genitrix
  siehe: officium
- genius 84,3
- gens
  siehe: demoliri, ius
- genu
  siehe: fixus
- genus
  siehe: armatus
  diversarum genera penarum 126,2–3; *novum tormentorum g.* 52,7–8
- gerere 98,11. 128,10. 154,4. 174,26. 180,8
  siehe: officium
  gereret artus 58,12–13; *magisque blandam faciem quam bonum ingenium gerentes* 150,8; *optimum circa eos gracie gereret animum* 136,1–2
- Germania 56,15
- Germanicus
  siehe: tellus
- germanus 174,20
  g. domni episcope 156,22; *imperatorisque g.* 124,10–11
- gestare 90,21
  cydarim seu mitram gestans 84,6–7; *pia et misericordissima gestans viscera* 96,20; *vivifice crucis in pectore colloque gestans trophea* 180,13–14
- gestire
  vesicas ignitissimas in corpore gestiens 176,22
- gestitare
  pia et clementissima gestitans viscera 56,8–9
- gestus 84,9. 98,21
  siehe: elegantia, reverentia
- Gigas (*Gygas*)
  tamquam G. fortissimus 166,12
- glacies
  siehe: cogere, vestire
- gladiare 190,5
- gladius 96,8. 100,25. 158,20. 160,19. 174,21. 190,6
  siehe: accingere, consumere, experiri, locare, palma, percutere, porrigere, rimatus, stringere, vorare
  Boemorum g. 96,21; *g. anathematis* 74,9; *g. doloris* 128,7; *cum gladiis et fustibus* 108,16; *acutum vibrantem inmoderatumque gladium Theutonicorum* 92,1–2; *gladium imperialem* 90,20; *gladium iusticie* 128,9; *gladium ulcionis* 128,9; *gladium persecutoris* 166,5; *inter gladios inimicorum* 184,7; *sevum impietatis sue gladium* 186,17–18; *ancipiti gladio spiritus* 116,4; *gladio excommunicacionis* 114,14; *gladio vibranti* 186,25
- glaeba (*gleba*)
  ruralis g. 108,17

- glomerare
  siehe: tumultus
- gloria 182,22
  siehe: bravium, cooperire, crescere, deus, statuere
- gloriari
  de tanta presumpcione non glorientur 140,21–22
- gloriosus
  siehe: caesar, dominus (Gott/Christus), exhibere, locare, perficere, virgo
  in suffraganeis gloriosa 64,15
- gnarus
  siehe: vir
- [Gottfried], Abt von St. Jakob zu Mainz
  abbas Sancti Iacobi 102,10. 104,1–2; *eiusdem sancti Iacobi cenobii abbas* 150,19
- Gottfried von Eppstein (*Gotefridus de Eppinstein*) 136,7
- gracilis 84,20
- gradi 84,8. 118,8
  siehe: protegere
- gradus
  siehe: ascendere, pervenire, provehi
- grandaevus (*grandevus*)
  siehe: reverentia
- grandis
  siehe: gyrus, oculus
- grassari 100,21
- grates
  siehe: deus
- gratia (*gracia*) 72,10. 84,23. 92,7. 98,13. 116,13. 126,13.24. 130,2. 134,27. 142,13. 150,9.12.13. 158,25. 166,23. 180,8
  siehe: conferre, deus, gerere, imperator, percipere, plenus, promerere, recipere, reconciliare, recuperare, redire, respondere, revocare, satisfacere
  Tantaque reverencie g. 80,13; *iuxta omnem sui beneplaciti graciam* 148,6; *oris graciam* 122,19; *in g. bona* 72,19; *pro g. tanti pontificis recuperanda* 70,22

- gratis
  siehe: exprobrare, sitire
- gratus
  siehe: resalutare
- gravare 104,10
- gravis
  siehe: animadvertere, exercere, introducere, laborare, premere
  gravius 106,6. 126,20
- gravitas
  siehe: fulgere
- gremium
  unicum g. 56,11
- gressus
  huius linie g. 140,15
- gubernaculum
  Maguntine metropolis gubernacula 64,7
- gutta
  siehe: ingerere
- guttur
  siehe: confringere
- gyrus (*girus*)
  in ambientis muri prefati monasterii giro grandi ac sublimi 144,22–23

H
- habena
  verborum nostrorum habenas 52,6
- habere 62,19. 66,13.20. 72,12.22. 76,19. 78,14. 80,19. 84,20. 92,21. 98,20. 102,11. 108,22. 122,13. 132,18. 138,9. 140,19. 148,5. 166,8.14.16. 170,16. 172,15. 174,24
  siehe: deus
  aut vix aut numquam ocium habeo 78,5; *habebimus hereditatem eius* 148,2; *haberetque se sicut Maguntinus* 98,20–21; *multos habens suspectos* 102,17; *oculos in ipsum haberet* 98,21–22; *pacem et quietem et animi vestri inenarrabilem tranquillitatem habentes* 78,1–2; *pro episcopo haberent* 98,17; *quanto ludibrio habiti* 122,16
- habitare
  siehe: domus
  habitabo cum habitantibus Cedar 78,3–4

- habitator
  locorum h. incognitus 88,4; *fugato interempto habitatore* 96,15
- habitus 80,10. 180,7
  siehe: induere
  venustatis habitum 84,16; *in pontificiali habitu* 80,13; *religionis habitu* 150,17
- Hadrian IV. (*Adrianus*), Papst (1154–1159) 90,3. 114,7
- harnescharre/harnschare
  vindictam, que vulgo dicitur harnescharre 70,19–20; *vindictam, que vulgo dicitur harnschare* 132,11–12
- Hartmann (*Hartimannus, Hartmannus*), Mainzer Dompropst 130,8
- hasta 96,7
- haurire
  siehe: potus
- Heinrich I. (*Heinricus*), Erzbischof von Mainz (1142–1153) 62,14
- [Heinrich II.], Bischof von Würzburg
  Wirciburgensi episcopo 110,5–6
- [Heinrich d. Löwe], Herzog von Sachsen
  ducem Saxonie 142,4
- Helferich (*Helfricus*), Mainzer vicedominus 142,23
- Helmger (*Helmgerus*), Mainzer miles 186,9
- hereditas
  siehe: habere
- heres 148,2
- Hermann (*Hermannus*) von Stahleck, Pfalzgraf bei Rhein 70,23. 74,11
- heros 154,23
- Hessen (*Asia*) 64,17
- hesternus
  siehe: eructare
- heu 78,3. 164,7. 168,5
- hiatus
  siehe: instare
- hiemalis
  siehe: imber
- hiemare 124,18

- hiems (*hiemps, hyems*) 118,9
  h., que tunc asperior inhorruerat 118,9–10; *in medio hyemis horridissimi temporis* 70,20; *medio hiemis tempore* 124,3
- [Hillin], Erzbischof von Trier (1152–1169)
  Treverensis archiepiscopus 86,5–6
- historia
  siehe: prosequi
- hodie 158,1.4.8. 168,16
- holocaustum 178,3
  siehe: deus
- homicida 146,23. 174,23
  siehe: manus
- homicidium
  siehe: reatus
- hominium
  siehe: recipere
- homo 96,19. 152,7.12. 172,21. 180,4.9
  siehe: acceptabilis, deus, dis, ecclesia, malle, militia, odibilis, provocare, suspectio, vereri
  h. bonus de bono thesauro 146,21; *ille bonus h.* 62,17–18; *sicut h. pacis* 146,9; *truculentissimi homines* 136,6; *Bonum hominem et innocentem et inermem* 174,24; *ab impiis hominibus* 174,9–10
- honestare
  eo dignitatis splendore honestatum 90,4
- honestas 54,7. 92,12
  siehe: praerogativa
  religiosissima honestate 84,7–8; *sueta honestate* 154,25
- honestus
  siehe: consilium, vir
  honestissimum 180,7
- honor 62,15. 114,7. 130,10. 134,25. 164,6. 188,22
  siehe: conservare, crescere, debere, decidere, depellere, donare, exhibere, impendere (auf-, zuwenden), praefulgere, supplantatio
  ad honorem Dei 100,11; *cum omni honore* 130,3; *digno exhibicionis honore* 126,11; *ex honore sacerdotalis officii* 60,17;

honore suo et tocius civitates 172,13; *pro honore Dei* 70,5; *pro honore Dei et Maguntine ecclesie* 92,14–15; *pro honore domni episcopi* 132,10–11; *pro honore ecclesie et tocius civitates* 92,23; *tuto honore meo* 64,2
- honorabilis
  siehe: exsequiae
- honorare 58,1. 72,15. 150,22
  ecclesiam Dei et imperium super omnes principes honorarit 98,3
- honoratus 90,12–13
  siehe: assumere
  honoratissimus 100,14; *tantoque eum honoratum sollempni* 90,3–4
- hora 172,8
  siehe: subtrahere, synaxis
  h. resolucionis mee 168,13; *circa undecimam et serotinam horam* 140,9–10; *in hac h. supplicii* 182,21–22
- horrendus
  siehe: petere, praesumptio, solitudo
- horrens
  siehe: ebullire, terra
- horribilis
  siehe: strepitus, stridere
- horribilitas
  siehe: undare
- horridus
  siehe: ferre, fragor, hiems
- horror
  siehe: pellere
  horroresque algentis brume 124,7
- hospes
  siehe: pauper
  novo hospiti 88,11–12; *novum hospitem* 124,9
- hospitalitas
  siehe: explere
- hospitium (*hospicium*) 124,2.9.11. 148,17
- hostilis
  siehe: acies, turma
- hostis 146,13. 148,11. 164,3.22
  siehe: artare, convenire, cuneus, dare, devovere, exire, insistere, pellere, resistere, rogare
  domesticus h. 62,11; *hostes Dei* 162,6; *contra hostes ecclesie* 92,24; *contra hostes presentes* 176,6–7; *contra impios hostes domini Dei* 116,15–16; *hostem mortalem* 152,8; *inexorabiles hostes* 184,5–6; *sevum hostem loci* 136,19
- humanitas 146,20
  siehe: commotio, denegare
- humanus
  siehe: descendere
- humiliare 166,20
  siehe: deus
- humilis
  siehe: deus
- humilitas 132,8. 144,9
  siehe: verbum
- humo
  siehe: fixus
- hyacinthinus (*iacinctinus*)
  siehe: zona
- hydra (*ydra*)
  siehe: caput
- hymnidicus (*ymnidicus*)
  siehe: chorus

I
- iacere (*iaceo*, liegen)
  siehe: dimittere
- iacere (*iacio*, werfen)
  iacienda sunt fundamenta 52,9–10
- ianua
  i. tua vite 184,17; *ante ipsius ecclesie ianuas* 174,26; *intra ecclesie ianuas* 186,10; *usque ad ianuas monasterii* 172,1
- ictus
  siehe: contundere, intorquere, percellere, percutere, petere
  diri vulneris ictum 160,20–21
- ieiunium
  In oracionibus ieiuniisque 58,10
- ignis 170,23
  siehe: accendere, artare, caligo, corripere, exterrere, facies, fervere, involvere, odor, palma, probare, vapor, vorago

i. iste flammivomus 168,19;
vehementissimus i. 164,4; *atrocissimum ignem* 184,6
- ignitus
  siehe: gestare
- ignobilis
  siehe: puer
- ignorantia (*ignorancia*) 180,17
- ignorare 164,25
- ignotus
  siehe: penetralis
- illabi
  terrisque illabitur dies 124,19–20
- illaesus (*illesus*) 120,3
- illatio (*illacio*)
  vel dampni vel detrimenti illacione 58,22
- illicitus
  siehe: maturare
  illicite 128,6
- illidere
  ipsum ad terram usque illisit 186,21
- illustris
  siehe: cancellarius, princeps
- imber (*ymber*)
  hiemales ymbres 124,6
- imitator
  ut euangelici precepti i. egregius 66,1
- immanis
  siehe: audacia, decoquere, exercere, raritas, tormentum
- immanitas (*inmanitas*)
  siehe: prorumpere
- immemor
  fraudum suarum pestilentis artis nequaquam fuere immemores 150,3–4
- immensus (*inmensus*)
  siehe: artare
  i. in consilio 84,24–86,1
- imminere (*inminere*) 88,20
  siehe: dispendium, incendium, silentium
- immisericors (*inmisericors*)
  siehe: interficere
- immoderatus (*inmoderatus*)
  siehe: gladius

- immunditia (*immundicia*)
  siehe: abstinere
  infandissima immundicia 138,20
- immundus
  siehe: prostibulum, satelles
- immunis (*inmunis*)
  i. a debito 180,2; *ut i. a culpa sic a lesione* 54,15
- immunitus 154,17
- immutatus
- impatiens (*impaciens*)
  i. morarum 148,24
- impedire 120,3. 172,22
- impellere 174,23
- impendere (auf-, zuwenden) (*inpendere*) 170,6
  aliquem ex offensa impendissent honorem 138,2–3; *dilectionis affectum effectuose inpenderet* 74,18–19; *tanta obsequia impenderat* 114,15
- impendium 68,1
  siehe: laborare
- impensa (*inpensa*)
  in beatissime Marie officiorum inpensis 58,11–12
- imperare
  omnibus quoque imperante favillam 176,14–15
- imperator 92,10. 100,9–10. 104,1.12.22. 112,13. 116,14. 118,14–15. 122,10. 124,3–4.22. 126,1.17.20. 132,23. 134,13–14. 142,5. 152,14
  siehe: auctoritas, cooperari, dominus, germanus, latus (Seite), pax, praeceptum, praesentia, precatus, vicis
  Dei gratia Romanorum i. 126,22; *invictissimus Romanorum i.* 90,22; *quasi alter i. in latere imperatoris* 56,7–8; *Romanorum i.* 70,14. 126,22
- imperatorius
  siehe: maiestas
- imperialis
  siehe: acquiescere, apex, attercre, auctoritas, aula, clementia, confirmare, consecratio, curia, decretum, deferre, expeditio, experiri, latus (Seite),

maiestas, obtemperare, oculus, os
(Mund, Gesicht), praesentia, sanctio,
sententia, tribunal
- imperium 60,11. 116,19. 128,25
siehe: accingere, honorare,
magnificentia, maiestas, officium,
princeps, promerere, revocare,
servitium, terra
mortis i. 160,4–5; *coram omni imperio* 118,4
- impertire (*impercire*)/*impertiri*
(*impartiri*) 58,2
- impetere 100,20. 132,14. 164,22
- impetrare 166,17–18
Omnem voluntatem suam impetrans
90,7–8; *rite impetrat* 154,21
- impetus 164,13. 186,22
siehe: trucidare
contra eorum impetum perfidie 106,20;
contra tantum impetum 158,10; *nequicie
impetum* 118,17; *in impetu fortitudinis
vestre* 152,23
- impiare (*inpiare*) 136,9
- impietas 108,3. 136,11–12. 140,2
siehe: exercere, gladius, infligere, iurare,
nequitia, obsidere, opinio, potiri,
rependere
Maguntina i. 156,14; *popularis vesanie i.*
136,10; *impietatem ingratitudinis* 98,14;
Maguntinam impietatem 146,20
- impingere (*inpingere*)
siehe: retinere
- impius 70,9. 138,22. 168,10
siehe: accire, civis, desaevire, eripere,
homo, hostis, interimere, liberare,
manus, profanare, rex, schisma, uti
impii Maguntini 162,20
- implectere 82,8
- implere
implebat mensuram apostolicam 120,6
- implicare
qui secularibus implicaretur negociis
76,12
- imponere 98,19
*ei simul et manum et benedictionem
imponeret pontificatus* 110,6–7; *finem his*

malis imponat 140,5; *huic malo
imponeret debitum finem* 124,23;
*pertinaciter imposuit mihi cum suis
nomen calumpnie* 64,1–2; *impositum
tabulae* 192,8; *plagis impositis flagrisque*
172,17
- importunus
siehe: tumultus
- impositio (*imposicio*)
per imposicionem manus 64,10–11
- impossibilitas 78,10
- impraesentiarum (*in presenciarum*)
132,15
- imprecari 168,1
ei optata prosperaque imprecante
134,14–15
- improperare
improperat nobis peccata legis 138,12;
tanti viri necem improperantes 192,3–4
- improperium
pauperum improperia 192,6
- improvisus (*inprovisus*)
ex inproviso 108,2
- impudicitia (*impudicicia*)
siehe: officium
- impunctio (*inpunctio*)
reatus i. 62,17
- imum (*ymum*)
siehe: cor, demergere
- inaestimabilis (*inestimabilis*)
siehe: sumptus
inestimabiliter 98,2–3
- inauditus
a seculis inauditum 52,7–8; *nostris
temporibus inauditam* 128,2
- incarnatio (*incarnacio*)
siehe: annus
- incastellare 110,12. 128,4
- incedere 150,5
- incendere 152,17. 162,11
- incendium 174,10. 176,17
siehe: cottidianus, tormentum, tradere,
valere, vehementia
inminens loci i. 172,20–21

- incentor
  tocius discordie i. 150,18
- inceptum 54,4
  siehe: deterrere
- inchoare 168,3
- incidere
  siehe: malle
- incipere 110,11. 130,3. 138,23. 168,8
  siehe: perficere, prosequi, sollemne
- incircumcisus
  i. corde et labiis 62,6
- inclinare 186,19.20
  obsequio magnificentissimo sibi inclinabat 90,7
- inclinatus
  eorum i. precibus 148,14
- inclitus
  siehe: aula, princeps, solere
  incliti iuventute sua 96,9
- incognitus
  siehe: habitator
- incohare, siehe inchoare
- incola 96,16
- incolatus
  siehe: prolongare
  paradisi i. 178,20
- incolumis 130,17
  siehe: sensus
- incommodum
  siehe: moliri
  non sine magno episcopi incommodo 94,6
- inconscius 136,3
- increpare 154,7
- incrustare 104,14
- inculcare 170,11
- incumbere 172,21–22
- incunctanter 152,2
- incuria
  siehe: ineptiae
- incurrere
  ne rapine malum incurrerent 96,6
- incursare 164,10
- incutere
  i. vultis mihi metum 158,6

- indecens
  indecenter 128,23
- indemnis (*indempnis*)
  indempnior 174,10
- indere 84,13
- indicium
  siehe: prodire
  manifestum i. 74,15; *ad factionis huius apertum i.* 100,23
- indigentia (*indigencia*)
  siehe: occurrere
- indignatio (*indignacio*)
  siehe: avertere
- indignus 62,3
- indivisus
  siehe: aemulatio
- indoles
  siehe: induere
- indolescere
  vehementer indoluit 120,2
- induere 166,12. 170,13–14
  siehe: splendor
  Animum David induisse 120,8; *casulam induebat* 84,2; *coccineam induebat clamidem* 80,18; *omnes eos animos quasi leoninos induerat* 158,18; *sancte scripture scienciam tamquam discrecionis racionabilem habitum indueret* 54,4–5; *vultum religionis induerat sanctitatisque indolem* 152,1–2
- indulgere 110,10
- indumentum
  sacrata indumenta 110,22
- indutiae (*induciae*) 104,9
  siehe: vocare
  ex induciis 94,7–8
- ineffabilis
  siehe: tormentum
- ineffugibilis
  siehe: flagror
- inenarrabilis
  siehe: gemitus, habere, sitire
  Inenarrabilibus fletibus suspiriis atque singultibus 174,15–16

- ineptiae
  nullis incuriarum ineptiis 52,14
- ineptus
  ad bellicum usum ineptum 92,8–9
- inermis (*inhermis*) 108,25. 162,2.22.
  siehe: homo, paucitas, senex
- inesse
  multumque eloquencie, multumque sapiencie inerat 86,2
- inevitabilis
  siehe: instare
- inexhaustus
  siehe: pinguedo
- inexistimatus
  siehe: facinus
- inexorabilis
  siehe: hostis, pellere
- inexsequiatus (*inexequiatus*) 190,10
- infamare
  caractere excommunicacionis infamatum 192,8
- infamia
  siehe: detergere
- infandus
  siehe: immunditia, temeritas
- infaustus
  siehe: auspicium
  infausto Marte 188,1
- inferre 190,19
  siehe: expiare, satisfacere, satisfactio
  inferrent perniciem 112,11
- infestus
  nomini Theutonico admodum i. 86,9
- inficere
  infecisset malicia 116,3
- infidelis 116,17
  siehe: conscientia
- infidelitas 154,8. 174,24
  siehe: conscientia, occidere (töten), raritas, rumor, vesania
  Iudaica infidelitate 138,18; *tanta infidelitate* 112,17
- infigere
  siehe: sagitta
- infirmitas
  siehe: detinere, percutere
- infirmus 62,3
  siehe: caro
- infitiari (*inficiari*) 152,22
- infligere
  maledictionis ac impietatis persone mee notam infligunt 62,13; *ne delinquendi necessitatem infligeret* 78,20–21; *profunde inflicto vulnere* 186,18–19
- infringere
  siehe: vehementia
- infula
  siehe: redimire
  infulam perpetuam 188,22
- infundere 184,6
- ingenium 144,14
  siehe: gerere, magnus
- ingens
  siehe: clamor, conamen, eripere
- ingerere
  siehe: victoria
  lapides tela velud pluvie guttas in ipsos ingererent 162,5; *tanta mala pro bonis ei ingessissent* 118,22
- ingeries
  i. sompni 58,16
- ingratitudo
  siehe: impietas, propellere
- ingredi 72,20. 76,8. 90,5. 106,2.21. 120,19–20. 132,17. 136,4. 144,13. 156,24. 190,24
  ingrediatur ad sancta sanctorum 82,20–21
- ingressus
  pacifico ingressu 146,9; *pontificatus sui ingressu* 66,10
- ingruere
  siehe: necessitas, tempus (Zeit)
- inhabitare
  siehe: benedicere
- inhaerere (*inherere*)
  siehe: facere
  dextre inheret ipsius 174,19–20
- inhorrescere
  siehe: hiems
- inhumanitas 146,21

- inhumanus
  siehe: interimere
- inhumatus 190,8
- inicere
  siehe: obstaculum
  in eos manum i. 120,1
- inimicitia (*inimicicia*)
  siehe: amicus (Freund), meminisse, rancor
- inimicus (Feind) 66,11. 120,7. 152,8
  siehe: credere, eripere, gladius, lingere
  inimicis Domini sacrilegis 70,6–7
- iniquitas 168,9. 180,20. 182,3
  siehe: annuntiare, cudere, radius, retribuere
- iniquus
  siehe: agere, annuntiare, auctor, conciliabulum, dare
- inire
  discordie federa ineuntes 112,19; *ineas fugam* 158,3
- initium (*inicium*)
  siehe: facere
- iniuria
  siehe: depromere, memor, prosequi, reminisci, satisfacere, satisfactio, transire
  proscripcionis et exulatus multarumque afflictionum iniurias 106,11–12; *tantam sue lesionis iniuriam* 94,8–9
- iniustus
  siehe: tradere
- innatus
  siehe: commotio
- inniti
  quibusdam innitentes calumpniis 122,13
- innocens
  siehe: conversari, conversatio, homo
  innocenter 96,16
- innocentia (*innocencia*) 118,4. 158,15
- innumerabilis
  siehe: complex, terra
  innumerabiles pauperes, viduas et orphanos 156,6–7

- innumerus
  siehe: dominus (Gott/Christus), multitudo, rapina
- inoboediens (*inobediens*)
  siehe: exterminare
- inopia
  siehe: tempus (Zeit)
- inoptatus
  siehe: solitudo
- inquietudo
  siehe: advolare
- inquit 76,18. 112,18. 116,21. 138,8. 148,1. 154,7.19. 164,8. 168,7.20.23. 172,27. 174,18. 186,10.14
- inremissus
  siehe: pinguedo
- insania
  siehe: prorumpere
- insanus 156,18
- insculpere
  mirabiliter insculptum 82,12
- insequi 176,2
- inserere 60,16
- insidere 140,4
- insidiae
  siehe: evadere
- insidiari 114,6
- insidiator 66,12
- insigne
  satisfactionis insignia 178,12
- insignis 78,23
  siehe: praeconium, signum
- insimulare 104,14
- insinuare 116,10
- insistere
  siehe: bonum
  contra hostes insisteret 160,7
- insolentia (*insolencia*) 66,2
  multa pastorum insolencia 60,9
- insomnis (*insompnis*) 58,19
- inspirare
  siehe: deus
- instabilitas 154,23
- instans 58,15
  siehe: bravium, deposcere, opus

- instantia (*instancia*) 126,14
  cum diutina i. 54,1; *multa i.* 92,7; *tanta venerabatur i.* 58,11
- instar
  siehe: vehementia
- instare 94,7
  siehe: prosequi
  diris instabat hiatibus 186,11–12; *inevitabiliter instabat* 110,5
- instructus 108,21
  siehe: castra
- instruere
  mundum instruxit 168,21; *tanta artis virtute opus instructum* 82,6–7
- instrumentum
  subtellarium i. 72,1–2
- insudare 80,10
- insultus 108,8
- insuper 164,3
- insurgere 102,1
  siehe: mugitatio
- integritas
  cum omni integritate 126,10; *ornamentorum integritate* 130,3
- intellegere 84,10–11
- intemperies
  aerisque violentissimam intemperiem 134,17
- intempestus
  siehe: silentium
- intemptare
  minas intemptat 88,12; *necis minas et verba blasphemie intemptant* 140,23
- intemptatus
  siehe: dimittere
- intendere 86,7
  Ecclesiis eciam propensius intendens 58,2
- intentio (*intencio*)
  siehe: perbaiulare, reducere
- intercapedo
  multa intercapedine facta 168,6
- intercedere
  intercedentibus pro ipso principibus 72,7
- interesse 154,16
  intereratque consiliis et secretis ipsius 72,21

- interficere 186,24
  crudeliter et inmisericorditer interfecit 188,9–10
- interimere
  siehe: habitator
  eum impie et inhumane interemerat 190,1
- interior
  interiores 162,1.20
- interitus
  siehe: deflere, irruere
  vicinissimus duplex i. 172,21–22; *repentino interitu* 152,23
- intermissio 58,1–2
  siehe: vacare
- internuntius (*internuncius*)
  agentibus internunciis 108,11
- internus
  siehe: crux
- interpellare 104,11
  interpellabant oracionem 168,4
- interpolare 164,14
- interpretari 98,13. 112,13. 152,5
- interrogare 108,6
- interstitium (*intersticium*)
  post temporum longa intersticia 90,18
- interventio (*intervencio*)
  sine propria intervencione 170,16
- interventus
  multorumque interventu 104,19
- intestinus
  siehe: bellum
- inthronisare (*intronisare*) 128,22
- intimare 52,3
- intimus
  siehe: prorumpere
  Intima cordis 190,5
- intolerabilis (*intollerabilis*)
  siehe: exercere
  intollerabiliter 164,19
- intorquere
  ictusque in eos intorquerent viriles 162,1; *tela invidie persecucionisque molimina i.* 54,13
- intrare 62,4. 66,16.
  siehe: compellere

in carcerem et in mortem i. **158,8–9**; *per ostium intravit et non aliunde* **66,10–11**
- introducere
  gravissima coniuracione introducta **98,15**
- introire
  introivit in orbem terrarum **54,10**
- introitus **136,3. 148,9**
  perfidelem et amicum introitum ad omnia **72,22**
- intromittere
  per invasionem se intromitteret **98,18–19**
- intueri **140,15. 172,4. 178,15**
  siehe: pars
  Maguntiam intuetur **146,1–2**; *terribilibus oculis ipsum intuens* **186,14–15**
- intuitus
  siehe: ebullire, experiri, polliceri
  luminum i. **84,17–18**
- intumescere
  intumescentibus undis **88,6**
- intus **110,21. 172,1. 174,16**
  siehe: proruere
- inultus
  siehe: transire
- invadere **108,14. 122,2. 164,19**
  siehe: bonum
- invalitudo
  siehe: premere
- invasio
  siehe: intromittere
- invectio **122,15**
  invectiones flammarum **184,7**
- invehere **72,8–9. 186,9**
- invenire **182,2. 184,9**
  siehe: thesaurus
  pacem non inveniens **102,17**
- invia
  per invia et solitudines **118,12**
- invicem **86,20. 168,4**
- invictus
  siehe: caesar, felicitas, imperator, miles, signum
- invidere **54,11. 140,13**
  bonis ceptis eius invidens atque quieti **68,11–12**

- invidia **54,19.21**
  siehe: accire, naevus, spiritus, telum
- invisere **120,17**
- invisus
  siehe: litus
- invitare **154,25–26**
  ad satisfactionem invitans **106,22–23**
- invitus **106,20. 136,3**
- invocare
  siehe: dominus (Gott/Christus)
- involvere **170,23**
  involventes igne **152,24**; *quasi mundum vociferacione involveret* **156,18**
- ira
  siehe: meminisse, perfundere, provocare
- irasci
  pro peccatis meis iuste mihi irasceris **180,19**
- ire **70,1. 92,18. 172,25**
  in carcerem et in mortem i. **140,22–23**
- irrepere **116,3. 164,9**
- irreverens
  irreverenter **112,10**
- irrigare
  lacrimarum fonte ipsum pavimentum ecclesie irrigaverit **176,9–10**
- irruere **168,20. 172,17. 186,17. 190,5**
  repentino in ipsos i. interitu **108,24**
- irrumpere (*inrumpere*) **118,13. 128,17. 160,8**
  in tantum vesanie sue irruperunt furorem **100,23–24**
- Italien (*Italia*) **70,15. 86,9. 88,22. 96,4. 124,4**
- iter **118,17**
  siehe: comes, conficere, praebere, procinctus, prosequi, spatium
- iterare
  iterato labore **104,18**
- iubere **84,4–5. 120,3.21. 132,17. 144,17**
  siehe: caritas
- iubilum **64,9**
- iucundus (*iocundus*)
  siehe: animus

- Iudaicus
  siehe: infidelitas, mos
- iudex 112,12
  siehe: deputare
- iudicare 114,5. 120,11
  siehe: deus, malus (schlecht, böse), tradere
- iudicium 110,11. 140,1
  siehe: baiulare, contendere, mutare, respondere, superexaltare, vindicare
  iudicio suorum comparium 132,19
- iugis
  iugiter 56,22. 78,11
- iugum
  siehe: deculcare
- iunctura
  admiranda auri viridisque i. 82,16
- iungere 184,10
- iuramentum
  siehe: praestare, recipere
  iuramenta periura 150,10
- iurare 150,11
  siehe: nequitia
  omnimodam fidelitatem iurarunt 94,21–22
- iurisdictio 86,7
- ius
  siehe: debere, tribuere
  i. gencium 92,21; *secundum beneficiorum iura* 100,7–8; *cum omni iure* 130,10
- iussio 128,27
  ad omnem suam iussionem 144,12
- iustitia (*iusticia*) 52,1. 70,12. 158,14.15. 182,20
  siehe: aemulari, debere, disponere, gladius, praerogativa, prosequi, regnum, respondere, rigor, satisfacere, stare, subvertere, vicis
  secundum canonicam iusticiam 126,15
- iustus 54,21. 168,11
  siehe: contemnere, irasci, necessitas
- iuvenis 54,8
- iuventus
  siehe: delictum, inclitus

J
- Jechaburg (*Iecheburg, Iecheburgk*) 74,22. 94,13

K
- Konrad (*Conradus*) von Staufen, Pfalzgraf bei Rhein 124,10

L
- labi 174,22
  magne res longoque tempore parte labuntur discordia 66,13–14
- labilis
  siehe: retinere
- labium (siehe auch „sublabium")
  siehe: incircumcisus
  Labia composita 84,18
- labor 62,12. 116,17. 140,14. 182,4
  siehe: apex, artus (Gelenke), atterere, iterare, obsidio
  post tantum laborem 102,16; *multo labore* 68,1. 140,7; *multo tamen labore* 90,11; *pro tanto labore* 166,23
- laborare
  siehe: bonum, fortitudo
  eadem sub sorte laborantes 88,18; *graviter laborarat* 60,9–10; *magnis laborasset impendiis* 92,23–24
- lacessere 68,15
- lacrima (*lachrima*) 190,22
  siehe: irrigare, pernoctare
  cum lachrimis et gemitu 58,14–15; *multis lacrimis* 166,20; *uberrimis lacrimis gemitibusque* 158,22
- lacrimabilis
  siehe: vox
- lacrimare
  siehe: misereri
- lacuna
  abhominabilis voluptatis lacunam 110,14; *omnis spurcicie lacunam* 122,3
- laedere (*ledere*) 72,15. 174,12
- laesio (*lesio*)
  siehe: immunis, iniuria
- laetari (*letari*) 60,7–8

- laetus (*letus*)
  siehe: animus, frons
  ita letum oculis 180,8
- laevus (*levus*)
  siehe: circuitus, manus, omittere
- laicus 132,14
  siehe: multitudo
- lamina
  siehe: contexere, pendere
  l. argentea 82,12
- lancea 158,20
- laneus
  siehe: tunica
- languescere
  ne intra silencium langueceret 52,4–5
- lanifex 152,21
- lanista 158,13
- lapis 96,8. 156,17. 160,20
  siehe: amplecti, contundere, ingerere
  lapidem preciosum 56,21; *usque ad lapides* 170,24–25
- laqueus
  siehe: confringere
- lar
  siehe: remeare
  proprium larem 126,12
- largiri 56,17. 98,7. 136,3
  siehe: deus
- largitas 98,7
- largitio (*largicio*)
  siehe: donare
- largus
  siehe: manus
- latere 100,17. 102,18
- latrans
  siehe: rostrum
- latrare 112,3
  nefasto vocum latrantes tonitruo 164,12
- latratus
  siehe: percunctari
- latro 110,17
  siehe: domus, mos, spelunca
  latroni, crucis in extremo confitenti articulo 178,19–20
- latrocinari
  siehe: tyrannis
- latus (Seite) 82,2
  de latere imperatoris 100,15; *ex imperiali latere* 134,15; *in latere imperatoris* 56,7–8
- laudare 142,17
- laureatus
  altero martirio l. 178,3
- laus 184,21. 190,20
  siehe: deus, offerre, vindicta
- lavacrum
  proprii sanguinis lavacro 178,6; *sanguinis sui proprii lavacro* 140,20
- lavare
  ultimam sui sacerdocii stolam lavans in sanguine agni 188,21
- laxare
  affectum animi laxabat 84,22; *verborum nostrorum habenas l.* 52,6–7
- lectulus
  siehe: pars
- legatio (*legacio*) 86,6. 98,11. 134,13
  siehe: mandare, mittere, perficere, potestas
  legacionemque super omnem Maguntinam metropolim 90,8–9
- legatus
  siehe: praesentia
  apostolice sedis legatis 64,10–11
- legere 192,9
- legitimus (*legittimus*)
  siehe: uti, vocare
- lentus
  siehe: procedere
- leo 184,19
  siehe: exterminare
- leoninus
  siehe: induere
- levare (emporheben)
  de sacro fonte levarat 170,4
- levigare (glätten)
  siehe: manubrium
- levis (leicht)
  leviter 144,11

- lex 104,3. 142,13
  siehe: canonicus, deus, dominus (Gott/
  Christus), improperare, mutare, scire,
  zelari
  lege beneficiorum 72,11
- libare 168,8
- libellus
  excommunicacionis libellum 192,9
- libens
  siehe: animus
  libenter 174,18
- liber (frei) 120,3. 130,10–11. 174,8
  siehe: abire, evadere, polliceri
- liberalis
- liberare 168,15. 182,20
  de manu impiorum liberaret 158,24;
  *Quis me liberabit de corpore mortis
  xhuius* 78,7–8; *libera me de manu
  contrariorum meorum et ab omnibus
  persequentibus me* 182,16–17
- liberatio (*liberacio*)
  siehe: praestare
- liberi 152,14
  ad liberos sathane 146,21–22
- libertas
  siehe: deprimere, tueri
  pro libertate ecclesie sue 88,1
- libido
  siehe: dare
  propria dominandi l. 90,14
- libraria
  siehe: ecclesia
- licentia (*licencia*) 152,17
- licet 58,12. 60,13. 102,4. 104,10. 158,19.
  160,1. 166,3. 188,10
- licitus
  contra fas et licitum 70,13
- lictoria 108,19
- ligneus
  siehe: crux
- lignum 156,17
  siehe: mittere
  l., in quo salus mundi pependit 82,11–12
- Ligurer (*Ligurus*) 86,10
- Ligurien (*Liguria*) 86,9

- limen
  ad porte l. 174,16; *in ipsis ecclesie
  liminibus* 188,1
- linea (*linia*) 82,1
  siehe: gressus, pendere
  solis lineis 174,19
- lingere
  Et inimici eius terram lingent 70,18
- lingua
  l. carnis 176,12–13
- liquidus
  siehe: noscere
- liquor
  siehe: fax
- littera 116,19–20
  siehe: precarius
  litteras dimissorias 104,16
- litus 92,3
  siehe: multitudo
  invisa littora 88,3–4
- locare 80,1. 158,12
  *gloriosissime propriam est locatus in
  sedem* 64,9–10; *sub tam arto ancipitique
  locatus gladio* 166,3–4
- locupletare
  siehe: beneficium
- locus 70,6. 116,9. 122,14. 136,9. 144,18.
  146,7. 152,9.23. 164,3. 170,1. 186,6
  siehe: cingere, demoliri, denudare,
  habitator, hostis, incendium, obscurare,
  stare, tutari
  ad certaminis locum 176,23; *eum usque
  ad locum sequeretur sepulcri* 74,17–18;
  locumque sepulcri 80,1; *locum sepulcri*
  192,13; *per loca sui episcopatus* 150,21;
  sacrata sanctorum loca 162,9
- Lombardei (*Lombardia*)
  siehe: praeterire
- longitudo
  *Stature namque habebat longitudinem
  sed mensuratam* 84,13
- longus 54,11
  siehe: corpus, interstitium, labi,
  polliceri, trahere

- loqui 76,17. 172,16. 182,9
  siehe: cessare
  accuratissime loquebantur 116,14; *locuti sunt adversus Deum et adversus dominum suum episcopum* 106,10; *ut loquerer pro eis bonum* 182,11-12
- lorica 96,8. 170,13.15
  fidei et spei tollerancieque tamquam loricam 84,2; *loricamque caritatis* 166,11; *caritatis l.* 180,13
- loricatus
  optime loricatos 108,23
- lucta 86,3
- luctuosus
  siehe: fletus, trahere, vox
- luctus 178,19
  miserabilis l. 168,3-4
- ludibrium
  siehe: habere
- lugubris
  siehe: deus, pars
- lumen
  siehe: intuitus, vertere
- luminare
  siehe: refulgere
- lunatus
  siehe: bipenna
- lupanar
  meretricumque l. 110,14-15
- lupus
  dirissimus l. 150,17
- luridus
  luridi ora 122,11
- lutum
  siehe: portare
- lux
  siehe: clarus, parere (erzeugen, gebären)
- luxuria
  siehe: prostibulum
- lymphans (*linfans*)
  siehe: cursus, furia

M
- macellaria 108,19
- macellum 188,1

- maceria/maceries 164,2
  siehe: saepire
- machina 124,5
- machinari 72,9
- machinatio (*machinacio*)
  clandestinis machinacionibus 100,18-19
- macies
  siehe: pellere
- mactare
  siehe: deus
- macula 84,22. 140,19
  siehe: detergere, propellere
- Mähren (*Moravia*)
  siehe: Böhmen und Mähren
- maerere (*merere*) 64,5
  siehe: consolator
- maestitia (*mesticia*)
  siehe: dies
- maestus (*mestus*) 172,21
  siehe: consolator
- magister 130,9. 150,15
  siehe: exemplum
- magistra
  magistra veritate 52,6-7
- magnalia 178,9
- magnas
  a quodam magnate regionis illius 118,18-19
- magnificare
  magnificavit Dominus facere cum ipso 54,3-4; *Maguntinam ecclesiam in oculis omnium magnificaverit* 134,5-7
- magnificentia (*magnificencia*) 98,2
  magnificenciam imperii 100,11
- magnificus
  siehe: aemulator, archiepiscopus, exhibere, inclinare, obsequium
- magnopere 168,15
- magnus
  siehe: agonia, assertio, beneficium, certare, cingere, civis, commeatus, compassio, cumulus, dolor, dolositas, domus, exercitus, gemitus, incommodum, labi, laborare, malleus, multitudo, nomen, pignus, praepositus,

princeps, resistere, saepire, silentium, singultus, superbia, surgere, vir, virtus, vorago
M. in ingenio 84,24; *maiores civitatis* 144,14
- Maguntinus (Adj.)
für Verbindungen mit ecclesia siehe ecclesia und die dortigen Verweise; für Verbindungen mit metropolis siehe metropolis und die dortigen Verweise
siehe: accire, antistes, archiepiscopus, attingere, caecitas, camerarius, civis, clerus, furia, impietas, multitudo, pagus, perfidia, prior, sedes, solum
- maiestas
siehe: praesentia, reus
m. imperialis 120,20; *apud imperialem maiestatem* 122,4; *penes imperatoriam maiestatem* 104,14–15; *maiestate imperii* 100,14
- Mailänder (*Mediolanenses*) 90,14. 92,1.17. 98,1. 100,12
- Mailand (*Mediolanum*) 98,11. 104,3
- Mainz (*Maguntia, Maguncia, Moguncia*) 114,8. 134,20. 142,7.9.20.23. 146,1.
siehe: auch Maguntinus (Adj.)
- M. detestabilis 148,1; profana M. 138,4–5
- Mainzer (*Maguntinus/Maguntini*) 74,1. 92,21. 134,16. 144,3. 148,4. 150,3.20. 158,1. 160,12. 170,7. 186,4.22. 192,6
oft Maguntinus gebraucht im Sinne von ‚der Mainzer Erzbischof', für diesen Gebrauch siehe: anulus, habere, procedere; für Maguntini siehe: deferre, eructare, impius, manus, turba
- maledicere 102,14. 138,13
- maledictio
siehe: infligere
- maledictum 138,7
tocius mundi m. 192,6
- malefactor
siehe: desaevire, vindicta
- maleficium (*malificium*)
m. crudelitatis 98,13–14

- malefidus
siehe: discordia
- malignare
siehe: adimere
- malignus
siehe: decipere, mundus
- malitia (*malicia*)
siehe: inficere, praestabilis, vis
- malle
Malo incidere in manus hominum quam in manus Dei mei 140,15–16
- malleus
magnis obtunsionum malleis 114,18
- malum
siehe: devincere, finis, imponere, incurrere, ingerere, occurrere, rependere, vincere
in coniuracionis malo 102,17
- malus (schlecht, böse)
siehe: conscius, novus, occursus, senex, voluntas
malorum iudicans esse 72,19–20
- mancipare
divinis totum se m. obsecucionibus 134,19; *divino se manciparet obsequio* 54,6–7; *presertim qui divino mancipabantur obsequio* 80,7–8
- mandare 66,15–16. 122,4. 130,2
siehe: scire
legacionem domini sui execucioni mandabat 172,11–12
- mandatum 118,6. 128,28. 132,16. 180,20
siehe: dare, facere, obtemperare
ex mandato et pro mandato dumtaxat cesaris 138,3
- manere 116,18
fixusque manebat 122,5; *eos periclitatio sola naufragiumque maneret* 88,16–17
- manifestus 148,19
siehe: indicium, oppositio, opus, suspectio, veritas
- manipulus 82,9
- mansuetus
siehe: princeps
- manuaria (*mannaria*) 160,23

- manubrium
  tetris levigatisque manubriis 160,22
- manus 56,13. 152,10. 160,21. 176,19. 182,11
  siehe: accingere, aperire, commendare, conferre, dare, extendere, imponere, impositio, inicere, liberare, malle, ponere, profundere, tradere, victoria
  m. persequencium 168,14; *nostre obediencie m.* 52,8–9; *sacrilega m. Maguntinorum* 174,7–8; *sacrilega m. predonum truculentissimorum* 164,10; *tam modica m.* 162,4; *manum auxilii misericordie sollicitique tutaminis* 58,1; *manum sacratam* 186,24; *armata manu* 100,25. 128,17. 146,12. 148,11; *furcatis manibus* 160,13; *homicidis manibus* 186,15; *larga manu* 78,21; *leva manu* 176,17; *manibus sub sacerdotum* 166,19–20; *propria manu* 56,15; *sacrilega et impiissima manu* 110,19; *sacrilega manu* 68,17; *sacrilega rapaci et parricidali manu* 70,13; *tam tenui manu* 148,20; *temeraria manu* 186,16; *valida manu* 148,5; *violenta manu* 128,26
- mapalia (*mappalia*) 124,8
- mare 184,11
  siehe: monstrum, multitudo, proicere
  mediterraneum m. 86,16–17
- margarita
  tamquam preciose margarite 58,10; *tamquam margaritas porcorum vestigiis exesas* 110,23–112,1
- margo
  siehe: contexere
- marinus
  siehe: attingere, belua, condicio
- Mars
  siehe: infaustus, saevus
- martyr (*martir*) 178,6. 190,12
  siehe: sors
  venerabilis Christi m. 52,12; *martirem Christi* 188,3; *venerabilem martirem Christi* 52,1–2
- martyrium (*martirium*)
  siehe: accedere, aedificatio, agon, attrectare, laureatus, palma, vadere

- massa
  massisque stramineis 162,13–14
- mater
  siehe: terra
- materia 52,10
  siehe: contexere, praebere, superare
- matta
  siehe: submittere
- maturare 148,8
  illicitam maturaverunt reversionem 136,12–13
- maturitas 190,26
- meatus
  per officinarum meatus 162,18
- mediatrix 130,16
- meditari
  siehe: propheta
  non arma meditabantur 148,17
- meditatio (*meditacio*)
  vigilanti meditacione 76,7
- mediterraneus
  siehe: mare
- meditullium
  ad nostre meditullium terre 56,10
- medius
  siehe: caligo, circuitus, dorsum, exhibere, fervor, hiems, multitudo, natio, proferre, prorumpere, publicum, rapere, secare, simus, stringere, tormentum
  per civitatem mediam 132,12–13; *per medium civitatis* 108,15–16; *in medio flammarum* 172,25–26
- Meingot (*Mengotus*) d. Ältere, Mainzer Ministeriale 72,6.20.23. 74,6.12.20. 104,1. 174,12
  filii Mengoti 94,12.20. 98,11–12.22. 100,24. 102,8.13. 108,20. 112,23. 160,12. 170,17. 172,1.12.
- Meingot (*Mengotus*) d. Jüngere, Sohn Meingots d. Älteren 74,20. 174,20
- meminisse 74,7. 94,13. 100,16. 156,4. 180,17.
  m. iram post inimicicias 72,20; *ut viros se meminerint esse* 158,13

- memor
  Ne sis memor iniurie civium tuorum
  142,13–14
- memorare 122,5. 168,13
- memoria 152,13
  siehe: potare, praedecessor, reducere
- mendacium 122,14. 154,8
  siehe: auctor, fervor
- mens
  siehe: excidere (herausfallen)
- mensa 56,18
  siehe: dominus (Gott/Christus)
- mensarius 106,16
- mensura
  siehe: implere, parilitas
- mensuratus
  siehe: longitudo
- mentiri (*menciri*)
  siehe: deus
- merere 60,7
- mereri 166,4
- meretrix
  siehe: lupanar
- meridianus
  siehe: plaga (Gegend)
- meridies 162,3
- meridionalis
  siehe: colonus
- merito 128,14
- meritum 192,14
  siehe: negotium
- metropolis
  siehe: eligere, gubernaculum, legatio
  metropoli illi Maguntine 60,9
- metropolitanatus 188,18–19
  siehe: concilium, depellere, vicis
- metropolitanus
  siehe: dominus (Menschen)
- metus 172,11
  siehe: incutere
- miles 108,21.22. 148,16. 156,23. 164,1. 166,15. 170,1. 186,8
  siehe: robur
  m. invictus 178,7; *in nobilissimo robustoque milite* 96,2

- miliare 120,15. 142,21
  siehe: obrodere
- militaris
  siehe: accingere, res
- militia (*milicia*)
  siehe: colligere, stipendium, stips
  omnique milicia hominum 108,17
- minae (*mine*)
  siehe: intemptare, tonare
  mine ponti 88,2
- minari 154,21.22. 192,2
  siehe: pilum
- minatorius 154,18
- minister 166,15. 170,25
- ministerialis 72,5.23. 92,21. 94,2. 104,6. 120,24. 126,23
  siehe: ecclesia
- ministerium
  siehe: conferre, dominus (Gott/Christus), excubare, exsequi, officium, procumbere, redimire
  ministeriumque episcoporum suorum
  64,11
- ministrare 76,10. 160,6–7
  effectivum processum m. 108,3
- minitare/minitari 56,15. 102,14. 176,16
- mirabilis
  siehe: insculpere
- mirabilitas
  tanti viri mirabilitatis 58,20
- miraculum
  divino miraculo 88,17
- mirari 166,13
- mirificus
  siehe: donare, praesul
- mirus
  siehe: contexere
- miser 122,13
  siehe: colonus
- miserabilis 176,1.23
  siehe: funus, luctus, spectaculum
  miserabiliter 180,9. 188,2
- miserandus 128,1–2
- miseratio (*miseracio*) 52,4. 178,8
  siehe: supplicare
  ad pauperum miseraciones 68,8–9

- misereri 72,19
  non senectuti, non misereatur dignitati 152,11; *Petro lacrimanti et mulieri peccatrici ploranti miseretur* 178,20–21; *ut domino suo misererentur* 172,3
- miseria
  siehe: eripere
- misericordia 158,25. 166,23–24. 180,6.17
  siehe: depositum, manus, opus, respondere, rogare, sublimitas, superexaltare, vir
  secundum misericordiam nominis tui 182,6
- misericors 134,24
  siehe: animus, cella, gestare
- mitra
  siehe: gestare
- mittere 144,15
  siehe: deus
  mittamus lignum in panem eius 138,10–11; *missa legacione* 142,11
- mobilitas
  nulla temporis mobilitate 134,9–10
- modicus
  siehe: apparere, commotus, manus, promuntorium, subsistere, sustinere
- modus
  siehe: parcere, species
  Absolucionis et reconciliacionis m. 132,9; *m. dicendi* 84,9; *modis omnibus* 66,8–9. 136,16; *omnibus modis* 102,20–21
- moenia (*menia*)
  meniaque deserta 96,14–15
- moles
  siehe: subvertere
- molestus 170,7
- molimen
  coniuracionis contra se facte molimina 100,16; *fraudium molimina* 104,13; *persecucionisque molimina* 54,13; *temptacionum molimina* 84,1–2; *tanto molimine* 148,3
- moliri 102,20. 108,8
  contra eum perniciosissimo studio moliebatur 72,6–7; *eis aliquid moliretur incommodi* 148,11–12

- momentum
  in penitudinis momento 178,16
- monachus 96,21. 154,8. 172,9
  siehe: officina, religiosus
- monasterium 126,9. 146,4. 156,1. 162,10. 172,4
  siehe: gyrus, ianua, perficere, recipere, saeptum
  omnes apices omnesque celsitudines monasterii 164,18–19; *totum m.* 152,17
- moneta
  siehe: cudere
- monitum
  siehe: acquiescere
- mons 156,20. 160,13.17
  siehe: aditus, captare, civitas, observare, vehementia
  m. Appenninus 86,8
- monstrum
  maris terribilia monstra 88,8
- monstruosus 124,17
- montanus
  siehe: arripere
- mora
  siehe: impatiens
  moram diutinam 90,1
- moralitas
  talis elucebat m. 58,8–9
- morari 180,23
- morbus
  siehe: occurrere
- mori 74,11.12. 122,8. 140,20. 152,19–20. 174,13
  sunt seculo mortui 74,10
- mors 54,10. 166,2. 168,8.14
  siehe: addicere, agon, articulus, dignus, imperium, intrare, ire, liberare, potestas, reus, titulus, transferre, vadere, velle
  dura m. 168,5–6; *ad mortem usque* 72,8. 192,4
- mortalis
  siehe: hostis
  mortalium nemo 58,22; *nullus mortalium* 150,6

- morticinus
  siehe: caro
- mortifer
  siehe: conscientia, fetus, velamen
- mortificator 190,3
  tociusque civitatis mortificatorem 136,20–21
- mortuus 190,1
  siehe: pars
- mos 54,7. 156,8. 180,7–8
  siehe: fulgere, structura
  more declamatorio 134,1; *more Iudaico* 68,16; *more latronum* 118,13; *Teutonico more* 120,20
- mox 54,10. 58,23. 86,20. 136,2. 186,17
- mucor 160,16
- mucro
  siehe: animadvertere, repellere
- mugitatio (*mugitacio*)
  insurgentis tempestatis mugitaciones 88,9
- mugitus
  siehe: deus, frendere
- mulier
  siehe: detinere, misereri, surgere
- multifarie 166,21
- multimodis 68,21
- multiplex
  siehe: atterere, offendere, rumor
  multipliciter 164,14
- multitudo 86,17. 172,12
  siehe: capax, parcere, prorumpere
  clericorum et laicorum maxima m. 104,2; *pauperum viduarum pupillorum orphanorumque m. innumera* 190,14–15; *profana et pestilens m. Maguntina* 188,25; *sicut m. harene que est in littore maris* 92,3; *admirabili multitudine* 108,23–24; *armata multitudine* 136,9; *cum religiosorum copiosissima multitudine* 114,16; *haut in multitudine magna* 142,19; *per mediam multitudinem* 170,14
- multus
  nicht einzeln nachgewiesen
- mundus (Welt) 76,19
  siehe: aspernere, convenire, crux, eripere, exuere, instruere, involvere, lignum, maledictum, oculus, salvator, reverentia
  m. in maligno est positus 76,20; *m. totus* 156,25; *ultima mundi* 56,10
- munificentia (*munificencia*) 98,2
- munimen
  siehe: saepire
- munimentum 136,16
- munire
  siehe: oppidum
  caractere Dei viventis muniatur 82,10; *sacrosancto Ihesu Christi munitus ad viaticum corpore* 166,20–21
- munitio (*municio*) 156,1
  siehe: cingere
- munus 170,19
- murus 158,12. 160,18. 186,4
  siehe: attingere, cingere, cingulum, crepido, gyrus, posterula, rima
- mutare
  iudicium sic mutatum est in consilium 126,7–8; *rerum lege mutata* 124,17
- mutatio (*mutacio*)
  de mutacione vultus ipsius 166,13
- mysterium (*misterium*)
  siehe: astare
  dominice passionis m. 110,13

N

- naevus (*nevus*)
  siehe: conscientia
  nevo invidie 54,17
- nancisci
  nacta oportunitate 126,4–5; *qualibet potestate nacta* 86,4
- Narni (*Nargina*) 90,1
- naris
  nares equales 84,17; *uncatisque naribus* 160,13–14
- narrare 160,10
  siehe: pendere (hängen)
- narratio (*narracio*)
  siehe: resumere
- nasci
  natus 150,19

- nasus
  siehe: simus
- natio (*nacio*)
  in medio nacionis prave et perverse 56,1–2
- nativitas
  siehe: feriari, festum, ortus, praecursor
  ante nativitatem sancti Iohannis baptiste
  146,8–9
- natura
  siehe: perfungi
- natus (Sohn)
  siehe: surgere
- naufragium
  siehe: eripere, manere
  ecclesie Maguntine n. 62,5
- navigare
  simul n. 86,19–20
- navigium
  siehe: conserere (zusammenbringen)
- navis 86,18.21. 88,12.17
  siehe: colligere, pellere
  *Vetustam navem vehementerque
  confractam et a multis depopulatam* 62,2–3
- nebula
  n. fumi 164,14
- necessarius 68,22
  siehe: accersire, convenire
  necessaria cetera 128,24
- necessitas
  siehe: ecclesia, infligere, tribuere
  n. iustum cogat peccare 78,21–22; *ad hanc
  ingruentem perturbacionum necessitatem*
  172,28–174,1; *qualibet necessitate coacti*
  96,6
- nefandus
  siehe: abominatio, rumor, scelus
- nefarius
  siehe: verbum
- nefas 122,8
  siehe: confundere
  tantumque nefas 140,3
- nefastus
  siehe: latrare
- negare 190,11

- neglectus
  siehe: abstergere
- negligentia (*negligencia*)
  siehe: vitare
- negotium (*negocium*) 116,13. 124,20
  siehe: accingere, differre, implicare,
  novitas, tumultus
  in tanto negocio 144,6; *tocius qualitatem
  meritave negocii* 116,9–10
- nepos 94,19–20. 102,8
- nequam
  siehe: eripere, voluntas
- nequire 88,22. 108,3. 140,15. 162,20
  siehe: respondere
- nequitia (*nequicia*) 100,20
  siehe: coeptum, exuere, impetus,
  superbia
  iurantesque per impietatis nequiciam
  190,3; *nequiciam impietatis* 100,22
- nervus
  siehe: contrahere
- nescire 82,16. 148,2
- nex 136,18
  siehe: ardere, improperare, intemptare
- nigredo
  siehe: tenebrae
- nimis 106,9
- niti 62,20. 108,11
- nitor
  aureum cernentibus offert nitorem 82,4
- nivalis
  siehe: cogere
- nivosus
  siehe: arripere
- nobilis 142,7
  siehe: dotare, miles, oriundus,
  praepositura, sedes
  in principibus est nobilissima 64,15–16
- nobilitare 134,9
- nobilitas
  siehe: certare
  Christi illa n. 72,17
- nocere 112,22
- nocturnus
  siehe: sator

- nolle
  nicht einzeln nachgewiesen
- nomen 72,6. 74,20.22. 116,1. 124,4. 170,3. 184,20. 186,9
  siehe: deus, dominus (Gott/Christus), imponere, infestus, misericordia, plenitudo
  n. magnum iuxta n. magnorum qui erant in terra 56,5–6
- nominare 106,14
- nominatim 94,12
- nonnulli 60,14–15. 104,5
- norma
  siehe: sectari
- noscere (auch *novisse*) 62,16
  eos ad liquidum novi 158,7; *ad plenum usque noscentes* 148,10
- nota
  siehe: abstergere, infligere
- notabilis
  siehe: conversatio
- notus
  sibi n. erat et Deo 60,2
- novellus
  siehe: fascis
- novitas
  ob sceleris novitatem 122,6; *tanti novitate negocii* 52,6
- novus
  siehe: aedificatio, apostolicus, conciliare, genus, hospes
  Et fiunt novissima peiora prioribus 136,4–5; *novissime* 90,10. 112,6
- nox 58,17.18
  siehe: silentium, spatium
- noxa 174,4
- nudipes 70,21
- nudus 190,8
  siehe: planta, tegere
- nullatenus 140,4. 188,11
- numerus
  quorum non est numerus 56,17. 120,18–19. 182,2–3
- nuntius (*nuncius*) 130,19. 150,5
  siehe: accire, crebrescere, deferre, praesens
- nuptialis (*nupcialis*)
  siehe: vestire
- nusquam 62,8. 120,4. 172,9
- nutrire 56,16

O

- obducere
  omnia obscuritate caliginosa obduxerat 164,14–15
- obiectum
  siehe: respondere
- obitus 74,18. 190,13. 192,11
- obiurgatio (*obiurgacio*) 154,7
- oblatio (*oblacio*) 178,3
- oblivio
  siehe: accipere, delere, perire, venter
- oblivisci
  siehe: aetas
  oblita fide 172,6
- oblongus
  siehe: cultellus, vultus
- obmittere, siehe omittere
- oboedientia (*obediencia*)
  siehe: manus, transgressio
  o. promptissima 144,8
- oboedire (*obedire*) 64,17. 180,20
- obrizus
  siehe: aurum
- obrodere
  omnibus circiter ad decem miliaria circa obrosis 124,7
- obscurare
  omnem obscuraverat locum 186,2
- obscuritas
  siehe: obducere
- obscurus
  siehe: clipeus
  de obscuris perfidie sue 156,15
- obsecratio (*obsecracio*)
  siehe: adiurare
- obsecutio (*obsecucio*)
  siehe: mancipare
- obsecutor 168,10
- obsequi 154,3

- obsequium
  siehe: atterere, impendere (auf-, zuwenden), inclinare, mancipare, occupare
  de magnifico obsequio 100,14; *obsequiis exhibitis* 56,16
- observantia (*observancia*)
  observanciamque verborum suorum 122,20
- observare 164,22. 174,26
  moncium abdita viarumque Ligurus observabat angusta 86,10; *observabant oportunitatem* 108,1. 136,22; *observantes mihi calcaneum* 62,10
- obses 142,12.17. 144,3. 146,12. 148,23. 152,5.22. 154,12.14.19
  condictos obsides 148,6; *super obsidibus sciscitandis et procurandis* 142,24
- obsidere 192,1
  ab impietate obsessus 164,23
- obsidio 98,1. 130,22
  siehe: studium
  obsidionis labor atque anxietas 124,21–22; *Validissima obsidione* 124,3
- obstaculum
  iniecta rerum obstacula 164,13
- obstinatio (*obstinacio*)
  siehe: sectari
- obstructio
  edificiorum obstructionibus 136,15–16
- obstruere
  transitum o. 102,1–2
- obstupere 122,21
- obtemperare
  imperialibus o. mandatis 92,18
- obtentus (*optentus*)
  sub optentu nostre gracie 130,2
- obtestari 168,18. 170,12. 172,12
  siehe: deus
  multa constancia obtestaretur 174,14
- obtinere 124,10. 178,11
- obtunsio
  siehe: malleus
- obtusio, siehe obtunsio
- obvolutio (*obvolucio*)
  obvoluciones flammarum 172,4
- occasio 104,9
  siehe: adimere
  occasionem evadendi 184,5
- occidere (töten) 102,6. 136,23. 144,14. 148,2. 164,4. 166,6.7. 172,14. 174,9–10.27. 186,22. 188,22
  eum denuo occisum occiderunt 190,7; *viliter et cum infidelitate occidisti* 174,24–25
- occultus
  siehe: expiare
- occupare 52,15. 108,2. 110,11–12. 174,10
  occuparetur obsequiis 58,15–16
- occupatus 156,6
- occurrere 110,6. 120,15. 162,22. 170,24. 176,4
  siehe: absorbere, veritas
  generali morbo o. 116,4–5; *huic malo occurreret* 68,21–22; *indigencie o.* 78,21; *nisi et alter occurrisset eventus* 80,2
- occursus 164,16
  siehe: formidare
  malus o. 68,7–8
- ocrea 174,19
- oculus 116,12. 152,10. 158,11
  siehe: deus, habere, intueri, laetus, magnificare
  Oculi grandes 84,17; *in oculis imperialibus omniumque principum* 76,1; *sub oculis tocius mundi* 132,7
- odibilis
  sicut Deo et hominibus odibile est 128,27–28; *sicut est Deo et hominibus odibile* 64,3–4
- odire (statt *odisse*)
  odiunt 72,15
- odium
  veteri et funestissimo odio 72,8
- odor 84,8
  ignis odorem 162,19; *in odorem suavitatis* 166,1; *odore ignis* 172,4–5
- offendere 142,10
  multipliciter offensus 154,27; *vehementer offendistis* 130,14–15

- offensa 72,17
  siehe: debere, expiare, impendere (auf-, zuwenden)
- offensus 88,21
- offerre 108,4–5. 124,2. 160,4
  siehe: nitor
  ut se sacrificium laudis Ihesu Christo offerret 166,1–2
- officere 54,20
- officiatus 80,7
  siehe: subvertere
- officina
  siehe: meatus
  omnium officinam abusionum 128,6; *cum omnibus monachorum officinis* 162,10–11
- officiosus
  officiosissime 120,14
- officium
  siehe: debitum, denegare, explere, exsequi, gerere, honor, impensa, plenitudo, prosequi, sortiri, vicis
  pontificatus sui o. 80,12; *imperii prestaret officio* 56,8; *ad o. ministerii* 82,17; *divinum o.* 58,11; *genitricis sue o.* 54,19–20; *o. impudicicie* 110,14; *o. pietatis* 98,12–13; *principis una et boni oratoris gerens o.* 158,17; *officio tumulacionis* 192,13–14; *terreni imperii pro assumpto officio* 58,15
- Oktavian (*Octavianus*) (=Victor IV.) 132,2
- omittere (*obmittere*) 90,20
  ad levam Magunciam obmittens 142,20
- omniformis
  siehe: virtus
- omnimodus
  siehe: iurare, ops, satisfactio, verbum
- omnino 78,13. 104,15. 144,11. 186,3
  siehe: excedere
- omnipotens
  siehe: deus
- omnis
  nicht einzeln nachgewiesen
- onus
  siehe: apex
- opera
  siehe: dare, pretium

- operari
  benignitatis sue o. virtutem 78,10
- operimentum 128,18
- operosus
  siehe: bravium
- opertus
  nichil enim opertum, quod non reveletur 100,17
- opinio
  Tanta namque o. elimosinarum suarum ac pietatis 56,18–19; *tante impietatis o.* 112,14; *opinionem boni viri* 54,11
- opitulatio (*opitulacio*) 78,11–12
- oportet 62,8. 132,22. 138,17. 142,18
  siehe: desaevire
- oppandere (*obpandere*)
  siehe: ostium
- opperiri (*operiri*) 172,8
- oppidum (*opidum*)
  siehe: foris, potiri
  quoddam munitissimum Italie o. 124,4
- opportunitas (*oportunitas*)
  siehe: dare, nancisci, observare
- oppositio (*opposicio*)
  manifesta opposicione 100,18
- opprimere
  omniumque peregrinancium oppressorum 56,11
- opprobrium (*obprobrium*)
  siehe: deus
- ops
  siehe: spondere
  opem omnimodam 116,15–16
- optatus (Adj., erwünscht)
  siehe: imprecari, tempus (Zeit)
- optatus (Subst., Wunsch)
  siehe: potiri
- opus 60,16. 82,9. 172,9
  siehe: cella, complere, contexere, contrarius, extraneus, instruere, reddere, superare
  manifesta sacrilegii opera rapinarum 68,20–21; *cristallino opere* 82,12; *in instanti opere misericordie* 156,7

- ora (*hora*) 82,16
  siehe: abscindere, attingere
  in cunctis horis usque ad protensionis sue quaslibet fimbrias 82,1-2
- oraculum
  siehe: propheta
- orare 168,18
  arcius orans 160,6; *prolixius oraret* 184,1
- oratio (*oracio*) 160,10. 178,8
  siehe: arma, dimicare, domicilium, domus, interpellare, pernoctare
  agonica Ihesu Christi oracione 158,22-23; *In oracionibus ieiuniisque* 58,10
- orator
  siehe: officium
- oratorium 162,10
- orbis
  siehe: clima, introire, replere, seducere
- ordinare 172,28
- ordinatus
  siehe: acies
- ordiri 168,1
- ordo 108,15
  clerici secundum ordinem suum 132,9-10; *quilibet in ordine suo secundum suam dignitatem vel condicionem* 70,20-21; *quoslibet in suo ordine peritissimos* 80,8
- origo
  Ab ipsa pactionis origine 112,18
- oriundus
  ex religiosis nobilibusque parentibus o. 52,12-13
- ornamentum
  siehe: integritas
- ornatus 80,11
  o. templi 128,15
- orphanus 56,9. 192,3
  siehe: innumerabilis, multitudo
- ortus
  sollempnis sacratissime nativitatis Domini o. 126,4
- os (Mund, Gesicht) 192,1
  siehe: deus, frendere, gratia, luridus, pendere (hängen), percutere, proferre, puteus, superponere

ora ipsius premortua 190,25; *ab imperiali ore* 104,3; *furioso ore* 112,2-3
- osculum
  siehe: convenire, reconciliare, ruere
- ostendere 190,16
- ostium 112,4. 176,2
  siehe: intrare
  o. obpansum 174,27
- otium (*ocium*) 124,22. 140,8
  siehe: habere
- ovilis
  siehe: vestis
- ovis 148,12. 168,10
  argumentosa o. 52,16

P
- pacificus
  siehe: dominus (Menschen), ingressus
- pactio
  siehe: origo
- pactum
  siehe: suscipere
- paenitentia (*penitencia*)
  siehe: remedium, vocare
- paenitere (*penitere*)
  valde penitens 174,3
- paenitudo (*penitudo*)
  siehe: momentum
- pagus
  pago Maguntino 52,12
- palatinus
  siehe: comes
- palearium
  siehe: circumpendere
- pallium 84,3. 128,16
- pallor 122,12
  siehe: tenebrae
- palma
  siehe: accedere, extendere, ramus
  martirii per ignem et gladium palmam 188,8-9; *per martirii palmam* 182,21; *per palmam martirii* 184,21-22
- palpare 186,3
- palpitare 174,22

- pandere
  in ipso totam pandebat equalem 80,20
  toti civitati patulam faciem pandens
  144,19
- panifex 106,15
- panis
  siehe: edere (essen), mittere
- papa 88,22. 90,5
  siehe: praesentia, vicis
  felicis recordationis p. 114,17; *venerabilis
  p.* 90,2
- paradisus
  siehe: incolatus
- parare 86,18. 108,14
- paratus 118,4. 140,22. 144,3. 158,8
  siehe: animus
- parcere 68,18. 152,10. 162,7. 174,4. 180,20
  p. multitudini volens 108,26; *supra
  modum parcens* 134,26
- parens 180,15
  siehe: exoriri, oriundus
- parere (erzeugen, gebären)
  siehe: labi
  in lucem p. 68,2
- parilis
  siehe: votum
- parilitas
  decenti parilitate mensure 80,20
- pariter 152,23
- parricidalis
  siehe: manus, stringere
- parricidium
  siehe: eructare
- pars 160,19
  siehe: credere
  *lugubres desolatasque regionis intuens
  partes* 96,13–14; *partem beate e mortuis
  resurrectionis* 178,11; *in extrema lectuli
  parte* 156,9
- particula
  particulam quandam civitatis 142,24–144,1
- parturire 100,23
- parvus
  siehe: civis, crescere

- pascere 98,8
- paschalis
  siehe: celebrare
- passim 108,4. 156,14. 160,13. 172,4
  siehe: comburere, polliceri
- passio 168,21
  siehe: mysterium
- pastor 70,12. 146,22. 148,12
  siehe: exemplum, insolentia, percutere
- pater 68,13. 74,18. 148,13. 192,5
  siehe: fovere
  benivolus p. 148,12; *ut pius et clemens p.*
  106,21–22; *venerabilis p.* 156,6; *inter alios
  catholicos patres* 132,26; *in tanto et tam
  venerabili patre* 60,10
- patere 106,9. 112,9. 184,16
  ut vix eorum paterent vestigia 66,22
- paternitas 170,8
- paternus
  siehe: aemulatio
- pati (*paci*) 138,13–14. 162,20. 168,19. 192,4
  siehe: tribuere
- patientia (*paciencia*) 76,22. 114,2
  siehe: exhibere
- patrare 112,20
  siehe: perexpiare
- patria
  siehe: depellere, exire, expellere, privare
- patrius
  siehe: remeare
- patrocinari 144,6. 192,15
- patrocinium 130,18
- patronus 184,4
- patulus
  siehe: consitus, pandere
- pauci 142,8. 146,14. 162,2. 170,11
  siehe: dies
- paucitas
  p. suorum inermis 160,7
- paulisper 108,26
- paululum 142,7
  post p. 186,7
- pauper 56,13.15.19. 78,13–14. 98,6. 176,4. 192,2
  siehe: continere, domus, eligere,

improperium, innumerabilis, miseratio, multitudo, sustentatio, tutamen
multo frequentique paupere hospite ac peregrino 56,18
- paupertas 78,20
siehe: advolare
- pavere
siehe: christus, corrosio
- Pavia (*Papia*) 116,9
für das Konzil von Pavia, siehe: concilium
- pavimentum
siehe: irrigare
per pavimenta ecclesie 128,17; *templi p.* 164,13–14
- pax 68,7. 76,18. 78,1.4. 134,23. 142,12. 146,20. 150,9.11.14
siehe: bonum, componere, convenire, dare, deus, devovere, filius, habere, homo, invenire, permanere, relinquere, rumpere, sitire, spectaculum, verbum
p. est reddita terris 72,4; *p. huic domui* 66,16; *p. inter regnum et sacerdocium* 92,15; *requiescet super eum p. vestra* 66,17; *ea, que pacis erant, cepit primum rogare* 68,22–70,1; *rogabant ea que pacis erant* 108,4; *paci imperatoris* 162,6–7; *nulli pacem servare* 68,19; *Pacem hanc pernecessariam* 76,19; *adepta pace* 140,11; *reformata pace* 74,8; *rutilante pace* 76,4
- peccare 174,5. 180,20
siehe: dominus (Gott/Christus), necessitas
- peccator 140,19
siehe: velle
- peccatrix
siehe: misereri
- peccatum 136,21. 168,9. 174,1. 180,15.16.20
siehe: expiare, facere, improperare, irasci, sumere
- pectus 186,27
siehe: gestare
p. pontificis 82,10
- pedetentim 176,1–2
- pelagus 182,4

- pellere
maciei horrorem pellebat 84,15; *modo ad alta nunc ad ima navem pellentes* 88,10–11; *inexorabili hoste pellente* 176,2; *unda flatibusque pellentibus* 88,16
- pelliparia 108,19
- pelliparius 106,15
- pelta 156,15
- pendere (hängen)
siehe: crux, lignum, reverentia
ad linei usque laminam pendens 82,15; *ab ore narrantis p.* 120,17; *in sentencie penderet articulo* 62,18
- penetralis
ignota quibusdam penetralia domus 164,15; *ventrisque tocius gelida penetralia* 190,5–6
- penetrare 128,8.
- penna
siehe: dare
- pensare 62,1
- peragere 130,23. 134,16
- peragrare
peragratis Theutonici regni finibus 86,16
- perarmare 158,18
- perbaiulare
solempnem excelsumque diabolum in intencione perbaiulans 152,3
- percellere
eum ictu sevissimo perculit 186,25–26
- percipere 150,7
siehe: consecratio, exsequi
calicem benedictionis et gracie sue percipiamus 168,22; *perceptis tropheis* 116,20
- percrebrescere 160,18–19
- percunctari
furioso latratu percunctans 186,12
- percutere
civitatem percuteret in ore gladii 114,10–11; *comparacione in milibus unus percuciens* 162,2–3; *perculens plaga crudeli* 186,21; *pulmonis infirmitate percussus* 74,12; *terribili ictu ipsum percussit* 186,19–20; *ut pastorem percuciant* 140,2

- perdere 152,15
  animam et corpus p. in gehennam 166,7–8
- peregrinari
  siehe: baculus, opprimere
- peregrinus
  siehe: definitio, pauper, puppis
- peremptorius
  siehe: dies
- perexpiare
  excessum patratum perexpians 58,24
- perferre 138,9. 166,3
  siehe: tormentum
- perficere 102,2. 108,15
  ipsum sibi auricularem collateralemque et gloriosum perfecerat 94,17; *Monasteria quedam incepta perfecit* 78,22; *perfecta legacione* 130,19
- perfidelis
  siehe: introitus
- perfidia
  siehe: impetus, obscurus
  Maguntina p. 140,13; *Pharisaica p.* 138,9
- perfidus 116,17
  siehe: plebs
- perfundere 80,13–14
  siehe: fax
  iram conceptam in aliquem perfunderet 58,21–23
- perfungi
  debito nature perfuncto 114,17
- perhibere 158,14
- periclitatio
  siehe: manere
- periculum
  siehe: eripere
  fluminumque viarum pericula 134,17–18
- perire 184,8
  ne oblivione prorsus periret 52,5
- peritus
  siehe: ordo
- periurium
  siehe: vesania
- periurus
  siehe: iuramentum
- permanere
  in pace et tranquillitate possit p. 130,18

- permaturus
  siehe: aetas
- permittere 172,20
- permodicus
  siehe: potus
- pernecessarius
  siehe: pax
- pernicies
  siehe: inferre
  perniciem tocius ecclesie 108,8–9;
  pro tocius civitatis pernicie 148,8
- perniciosus
  siehe: moliri
  perniciosissime 184,6
- pernoctare
  in oracionibus gemitu lacrimisque pernoctans 58,19
- perorare 168,12. 180,14
- perpendere 112,16–17
- perpeti 134,18. 140,14
- perpetrare 168,11
- perpetuus
  siehe: infula
- perrumpere 156,18
  foribus hinc inde perruptis 162,19
- perscrutari 118,5. 186,6–7
- persecutio (*persecucio*)
  siehe: molimen
- persecutor 120,9
  siehe: gladius
  ecclesie persecutores 158,15–16
- persequi 56,3. 140,24
  siehe: liberare, manus
  qui gratis ecclesiam Domini persequebantur 70,7
- perseverare 130,17
  in pravitate propositi sui p. 114,11
- persistere
  in episcopatus sui dicione persisteret 68,4
- persolvere 100,6.7. 138,3. 144,9. 166,5
- persona 80,13
  siehe: dignitas, diligere, exhibere, forma, infligere
  reverentissime et venerabilis sue persone 60,3

- personare 138,4–5
- perstare 122,5. 136,9
- persuasio
  ex persuasione principum 128,11
- perterrere 104,5
- pertinax
  siehe: imponere
- pertinere
  omnibus ad episcopatum pertinentibus
  98,18
- pertingere 182,22. 184,22
- pertractare 72,12. 112,11–12
- pertransire 54,15
- perturbatio (*perturbacio*)
  siehe: necessitas
- perturbatus
  siehe: conscientia
- perurere
  siehe: fax
- peruti 158,23
- pervenire 86,17. 112,14. 142,10.
  ad canos usque pervenerat 60,3;
  ad summum sacerdocii gradum
  perveniens 118,17–18
- perversus
  siehe: generatio, natio
- pervicacia
  in superbie sue p. 106,18
- pervium
  omnia Alpium pervia 86,11
- pervius 144,22
- pes 146,5
  siehe: conculcare, corruere, dominus
  (Gott/Christus), planta, scabellum,
  trahere
- pestifer
  siehe: senex
- pestilens 106,13
  siehe: immemor, multitudo
- pestis 62,11
- Peter (*Petrus*), Mainzer miles 170,3.
  172,1
- petere 154,21. 168,14
  illum cuspide ictibus petebat horrendis
  160,20; *sedem Romanam p.* 86,13–14;
  transalpina petentem 116,6

- petitio (*peticio*)
  siehe: verbum
- phalanga (*falanga*) 108,20
- pharetra 96,8
  siehe: committere
- Pharisaicus
  siehe: perfidia
- piacularis
  siehe: flagitium, reservare
  piaculariter 180,10. 188,2
- piaculum
  de tante factionis piaculo 140,24–142,1
- piceus
  siehe: fax
- pietas 100,20. 136,12. 146,20.
  siehe: officium, opinio
- pignus
  magna sanctorum pignora 82,13
- pilum
  densa pila minancia pilis 160,21
- pilus (Haar)
  siehe: decoquere
- pinguedo
  inexhausta, inremissa tamen, p. 84,15
- pius 182,1.16
  siehe: dominus (Menschen), exemplum,
  gestare, gestitare, pater
- placere 142,12
- placidus
  siehe: vultus
- plaga (Gegend)
  omnem meridianam plagam 124,15
- plaga (Schlag)
  siehe: imponere, percutere, transfodere
- planities (*planicies*)
  siehe: extendere
- planta
  siehe: praebere
  a planta pedis usque ad verticem 84,21;
  nudis plantis 180,11; *nudisque plantis*
  132,11; *rigidis plantis algentibusque* 72,2–3
- planum
  in suo sublimi equalive plano 146,4
- platea 136,16. 138,15
  siehe: fovea
  plateas civitatis 106,7

- plaudere 60,12
  universa terra plaudente 60,6–7
- plebeius
  siehe: puer
- plebs
  siehe: dominus (Gott/Christus)
  p. furens 188,10; *a perfida plebe* 188,21–22
- plenarium 128,16
- plenarius
  plenarie 130,12
- plenitudo
  siehe: conferre
  officii plenitudinem sollempnissime est adeptus et nomen 64,10.12; *omni plenitudine cordis* 144,9
- plenus
  siehe: canus, noscere, scire
  p. dierum 188,19; *plenum tocius gracie* 180,8
- plerique 102,18
- plorare
  siehe: misereri
- pluvia
  siehe: ingerere
- poderes
  siehe: vestire
- poena (*pena*) 52,8. 116,17
  siehe: addicere, afficere, dare, genus
- poenalis (*penalis*)
  penaliter 176,19
- polliceri 148,7. 154,19
  liberum cernentibus longioremque passim pollicebatur intuitum 124,13–14
- pollicitari 102,5. 116,16. 142,13
- pollicitatio (*pollicitacio*) 170,20
- polluere 68,18
  siehe: sanctuarium
  testamentum eius polluerunt 118,1
- polus 124,19
- polymitus (*polimitus*)
  siehe: contexere
- pondus
  siehe: certamen
  constancie pondusque auctoritatis 84,19–20

- ponere 122,1. 144,23. 172,19
  siehe: civitas, mundus
  in manu sua positi 118,20; *ut animam suam ponat quis pro amicis suis* 166,9
- pontifex 82,20. 84,1. 150,13
  siehe: collum, corruere, dominus, gratia, pectus
  reverendus p. 170,2; *summus p.* 178,4; *tantus p.* 84,5; *ut summus Aaron pontifex* 84,6; *venerabilis p.* 94,7. 148,10–11.19–20. 158,21. 164,7; *Romano pontifice agente* 60,6
- pontificalis (*pontificialis*)
  siehe: apex, habitus, praestare
- pontificatus
  siehe: imponere, ingressus, officium
- pontificium
  siehe: sedes
  appetisse magis p. quam fugisse 60,15
- pontus
  siehe: eversio, minae, secare
- popularis
  siehe: impietas
- populatus
  cuncta sui populatus 112,1
- populus 90,15. 154,14–15. 156,23
  siehe: acclamare, exorare, frequentia, procedere, unanimis, votum
  P. hic meus dure cervicis est 62,5–6
- porcus
  siehe: margarita
- porrigere
  blanda se altitudine in arduum porrigens 144,20–21; *Gladio igitur potestati sue porrecto* 174,18–19
- porta 144,23. 160,23. 162,15. 186,1
  siehe: limen, relinquere
  per ipsius civitatis duas portas 146,2; *Portas urbis* 112,9
- portare 58,10. 132,20. 134,13. 180,12
  canem per medium lutum portans 72,1
- portus
  siehe: attingere, Venetus
  tutissimus p. 56,12

- poscere 116,7
  omnibus rite poscentibus 192,14
- posse nicht einzeln nachgewiesen
  pro posse 172,11
- possidere 188,9
  possidebitis animas vestras 78,1
- posteritas
  secutura p. 122,22; *omnium fidelium posteritati* 52,2–3
- posterula
  per alias muri posterulas 162,16
- posterus
  siehe: reminisci
- postulatio (*postulacio*)
  siehe: acquiescere
- potare
  potate in memoriam senis vestri 168,23–24
- potens
  siehe: eripere, evadere, vorago
- potentatus 128,20
- potestas 152,12
  siehe: amplus, consulere, dare, nancisci, porrigere
  omnis p. a domino Deo est 76,16;
  p. mortis et tenebrarum 164,8; *legacionis potestatem* 86,6
- potiri
  cruente impietatis sit potita victoria 188,10–11; *ut oppido vel dedicione seu viribus potiretur* 126,17–18; *Potitis igitur sue voluntatis optatibus* 106,5
- potis
  siehe: devenire, episcopatus
  pocius 72,19. 166,7
- potus (Trank)
  siehe: dare
  hausto permodico potu 168,23
- praeambulus (*preambulus*)
  p. antichristi 154,1
- praebere (*prebere*) 84,14. 148,7. 152,22. 180,3–4
  prebe te ipsum mihi viaticum 184,17; *prebuisse materiam* 62,13–14; *solidum plantis iter prebuerit* 124,16–17

- praecedere (*precedere*)
  paululum eos precedens 142,7
- praeceps (*preceps*) 128,11–12
  siehe: cursus, dare, ferre, raptare
- praeceptor (*preceptor*) 112,13
- praeceptum (*preceptum*) 126,13. 172,15
  siehe: imitator
  iuxta precepta canonum 78,14–15; *quasi ex precepto imperatoris* 136,3–4
- praecipere (*precipere*) 130,2. 144,4. 152,16
  precipientes in civitate 98,24
- praecipitare (*precipitare*)
  siehe: ruina
- praecipuus (*precipuus*)
  siehe: amicus
- praeclarus (*preclarus*)
  siehe: sectari, suffulcire
- praeco (*preco*)
  siehe: vox
- praeconium (*preconium*)
  Ad insigne p. 58,19–20; *sufficienti preconio* 52,3–4
- praecordia (*precordia*) 128,8
  diutinis alimoniis referta p. 190,17–18
- praecursor (*precursor*) 150,1. 154,11. 184,2
  festo beatissimi precursoris Domini 162,7; *in eiusdem precursoris Domini nativitate* 188,9
- praeda (*preda*)
  siehe: dare
- praedecessor (*predecessor*)
  felicis memorie p. meus 62,14
- praedicare (*predicare*) 128,5
- praedictus (*predictus*) 96,1. 160,23
- praeditus (*preditus*)
  amplissimis virtutibus preditum 180,6
- praedo (*predo*) 70,11. 136,20
  siehe: manus
- praedux (*predux*)
  preduces in tota acie 160,12
- praeesse (*preesse*) 188,20
- praefatus (*prefatus*) 74,6. 76,2. 132,6
  siehe: convenire, gyrus

- praefigere (*prefigere*)
  siehe: terminus
  prefigens eis diem 106,2-3
- praefulgere (*prefulgere*)
  tercie vocis honore prefulget 94,16
- praeire (*preire*) 118,14
  ut disposicionem Dei possim p. 140,1
- praemortuus (*premortuus*)
  siehe: os (Mund, Gesicht)
- praenomen (*prenomen*) 94,2
- praenuntiare (*prenunciare*) 116,16
- praeoccupare (*preoccupare*) 156,2.21
- praeparare (*preparare*) 136,18. 154,14
- praepositura (*prepositura*)
  siehe: dotare
  nobilissimam Maguntine ecclesie preposituram 94,15
- praepositus (*prepositus*) 74,22. 76,2. 94,13. 98,15. 102,8.21. 104,12
  siehe: curia, domus
  maior p. 102,9; *maioris prepositi* 130,9
- praerogativa (*prerogativa*)
  p. iusticie ac sapiencie sue 68,6; *honestatis p.* 84,10
- praerupta (*prerupta*)
  valliumque p. 118,9
- praesens (*presens*) 66,6. 120,23. 132,2.10. 142,5
  siehe: aetas, apex, captivitas, hostis
  presente quoque nuncio archiepiscopi 130,7-8
- praesentia (*presencia*) 56,23. 100,23. 108,9. 142,11. 170,3
  siehe: apparere, carere, convenire, differre, eliminare, exhibere, rumor, vereri
  ad imperatoris usque presenciam 120,4-5; *ad imperialem presenciam* 114,14-15; *ad nostre maiestatis presenciam* 126,24; *ad suam, scilicet episcopi, presenciam usque* 118,19; *benignitatis sue presenciam* 174,2-3; *sancti Iacobi presenciam* 162,9; *coram imperiali p.* 100,5; *in p. domni pape et imperatoris tociusque concilii* 132,5; *in p.*

legatorum nostrorum 130,6; *in p. tocius curie* 70,16-17; *sine auctoritatis sue p.* 116,10
- praesidium (*presidium*) 170,13
  fuge p. 160,8-9; *presidio domno archiepiscopo erat* 144,1-2
- praestabilis (*prestabilis*)
  p. super malicia 182,2
- praestare (*prestare*) 108,20
  siehe: officium
  fidem relacionum verbis p. nolebat 100,1-2; *pontificalem fulgorem prestabant* 80,15-16; *ut liberacionis suppedetacionem sibi prestaret* 174,17; *prestitis iuramentis et securitatibus plurimis* 154,20
- praesto (*presto*)
  p. est 152,8
- praestolari (*prestolari*) 106,3. 112,16. 148,19. 150,3. 160,11. 170,23
- praestruere (*prestruere*) 124,6
- praesul (*presul*) 170,3
  siehe: reverentia
  clementissimus p. 118,21; *venerabilis p.* 168,6-7; *in mirifico presule* 60,12. 72,16-17
- praesulatus (*presulatus*)
  siehe: decidere, procumbere
- praesumere (*presumere*) 118,7. 122,9. 154,26.
  Semper enim presumit seva, consciencia perturbata 112,20-21
- praesumptio (*presumpcio*)
  siehe: gloriari
  super horrenda sua presumpcione 126,7
- praetendere (*pretendere*) 92,9-10
- praeterire (*preterire*) 102,4
  siehe: abstergere
  Preteriens per depopulaciones Lombardie 96,13
- praetextus (*pretextus*)
  In omnium quoque epistolarum pretextu 116,13
- praevalere (*prevalere*) 54,14
  siehe: sentential
- praevidere (*previdere*)
  siehe: deus

- prandium 154,24
- pravitas
  siehe: perseverare
- pravus
  siehe: generatio, natio
- precari
  siehe: clementia
- precarius
  siehe: epistola
  multis litterarum precariis 104,18
- precatus 160,10
  siehe: preces
  ad imperatoris precatum 136,2
- preces 182,16
  siehe: acquiescere, adiurare, inclinatus
  Multis tandem precibus precatibus 104,22;
  multisque precibus 104,19
- premere
  gravissima invalitudine pressus 58,13;
  pressi silencio 122,14
- pressura
  tam seva p. 170,12
- pretiosus (*preciosus*)
  siehe: contexere, funus, lapis, margarita
- pretium (*precium*)
  siehe: exhibere
  opere p. est 60,16; *furoris et prodicionis precio* 150,15–16
- primogenitus
  p. sathane 150,16
- primordium
  a primordiis adolescencie sue 68,14
- princeps 58,6. 60,12. 72,16. 98,9. 116,14. 120,15–16. 122,14–15. 124,1.20.24. 132,23. 142,5.18. 146,22. 148,7. 152,14. 188,3
  siehe: consilium, constare, convenire, excellens, frequentia, honorare, intercedere, nobilis, oculus, officium, persuasio, proferre, sententia, splendor, stipare, votum
  Abner p. Israhel 146,15–16; *catholici principes* 116,4; *curiosi principes* 124,9; *mansuetissimus p.* 146,9–10; *nostri maximus imperii p.* 128,1; *p. est principum* 92,19; *principes coniuracionis* 102,7–8; *multorumque illustrium principum* 116,6–7; *principum tantorum* 142,10; *dilecto principi nostro* 130,4; *inclitis terre principibus* 68,6; *carissimum principem nostrum* 128,19–20; *maximum principem* 180,4; *per maiores illius ecclesie principes* 68,12–13; *sicut maximum sapientissimum et ditissimum tocius imperii principem* 92,5–6; *tam excelsum principem* 124,26; *tociusque imperii sui principes* 92,2; *de tam illustrissimo principe* 60,11
- principalis
  siehe: auctor
- principium
  in principio 168,11–12
- prior
  siehe: facies, novus
  omnes Maguntinos pene priores 98,15–16
- priscus
  siehe: conservare
- privare 128,21. 136,20. 164,6
  vita cum rebus privari 70,3; *vos patria et bonis p.* 152,9–10
- privilegium (*previlegium*)
  siehe: confirmare
  previlegia antiquitatis 110,22–23; *ex previlegio per Albertum civibus concesso* 94,4
- probabilis
  siehe: attestatio
- probare 80,11. 84,24. 118,4. 178,9.
  per ignem probatus 180,2
- probatus
  siehe: contexere, specimen
- probus 156,22
- procedere
  procedant ad populum 76,13; *processi in diebus meis* 140,6; *Italiam versus procedit* 96,4; *lente p.* 104,15; *obviam Maguntino p.* 120,16; *versus Mogunciam cum procederet* 114,8; *virtute animi magis p. quam viribus corporis* 92,10–11
- procella
  siehe: credere

- proceres
  siehe: fulcire
- processio
  processione cleri tocius 64,8
- processus
  siehe: ministrare
- procinctus
  siehe: situs (gelegen)
  in itineris ipso procinctu 116,7; *Quo cum in procinctu sentencia esset* 108,10
- proclamare 136,19
- proclivus
  siehe: facies
- procul 86,21. 134,21
  siehe: committere
- procumbere
  Acriusque presulatus sui procumbebat ministerio 80,4–5; *In oracionibus ieiuniisque quam creberrime procumbens* 58,10–11
- procurare 78,21
  siehe: obses
- procurator
  composicionis procuratores 154,12
- prodire 164,24
  prodeuntibus indiciis 154,4
- proditio (*prodicio*)
  siehe: pretium
- producere 112,6. 144,22
- profanare (*prophanare*) 68,16. 110,19–20. 146,11
  siehe: domus
  prophanata sanctuaria Domini 96,17; *ecclesiam tuam, sponsam tuam, sanctuarium tuum profanassent* 182,12–13; *Ihesu Christi sponsam, scilicet Maguntinam ecclesiam profanasset* 188,6–7; *sanctuarium Dei p.* 68,16; *sanctuario usque quaque impie profanato* 164,17–18
- profanus (*prophanus*)
  siehe: consilium, Mainz, multitudo, rumor
- proferre
  in medium proferebat 104,4–5; *Ex ore igitur principum prolata* 100,9

- professio
  siehe: vir
- proficere
  cum nil verbis proficeret 172,3–4
- proficisci 88,22. 94,12. 104,1. 116,14
- profligare
  siehe: fames
- profundere
  cuiusque sanguinem propriis manibus p. 136,21–22
- profunditas
  profunditate sapiencie 134,5
- profundum 184,18
  siehe: demergere, devenire
- profundus 134,1
  siehe: infligere, silentium, transfodere
- prognostica (*pronostica*) 116,1
- progredi 164,23. 170,2. 172,1. 174,16. 186,2
  cis Renum progrediens 142,20–21
- proicere
  arma post tergum quasi proicerent 90,19; *equum et ascensorem proiecit in mare* 118,18; *proiecerunt ipsum in vinculis* 172,18
- proles 74,1
- prolixus
  siehe: orare
- prolongare
  incolatus meus prolongatus est 78,3
- promerere/promereri 122,4
  siehe: reddere
  apud imperium promeruerim 118,5–6; *dummodo eius promererentur graciam* 144,5
- promergere
  ad ima usque promergens 84,3–4
- promittere 154,24. 178,20
- promovere
  promotum in cathedram beati Petri 132,3–4
- promptuarium
  tamquam ad proprium certumque p. 56,20
- promptus
  siehe: oboedientia, spiritus

- promulgare 104,3
- promuntorium (*promontorium*)
  urbis p. haut modicum 144,18–19
- propellere
  ab beneficio suo ingratitudinis maculam deinceps omnem posset p. 80,6–7
- propensus
  siehe: intendere
  propensius 170,11
- properantia (*properancia*)
  summa p. 164,8–9
- properare 108,21
- propheta 58,17. 120,9. 140,16
  siehe: exterminare, vaticinium
  p. diaboli 154,1; *meditans prophete vaticinantis oraculum* 52,17–18
- propitiare (*propiciare*)
  siehe: dominus (Gott/Christus)
- propitius (*propicius*) 150,10. 182,16
  propicius esto super servum tuum 180,23
- proponere 92,22. 116,10. 140,9. 154,23–24. 166,6
  quod racionabiliter proponeret 62,19–20
- propositum 140,13
  siehe: artare, perseverare
- proprius
  siehe: congestare, cruor, deflere, devocare, domus, ducere, effudere, expellere, fundere, interventio, lar, lavacrum, libido, locare, manus, profundere, promptuarium, remeare
- propugnaculum 124,5. 136,15
- prorsus 52,5. 64,4. 128,8
- proruere
  intus proruunt 162,21
- proruminare
  Verbum autem illud scripture proruminans 76,7–8
- prorumpere 172,11
  ad hanc usque prorupit insaniam 138,18; *prorumpentes in erarium ipsius ecclesie* 110,16; *Prorumpentes in intima* 164,11; *si ad hanc inmanitatem prorumperent* 154,27–156,1; *medio prorumpens multitudinis* 94,3

- proruptio (*prorupcio*)
  prorupciones flamme 164,20
- proscribere
  a sede in ipsum esse proscribebant 106,16
- proscriptio (*proscripcio*)
  siehe: iniuria
- prosequi 94,10
  ipsius iniuriam tamquam suam p. 124,21; *sinodum instantem celeberrimo prosequebatur officio* 106,23; *ut ceptam prosequamur historiam* 148,4; *ut ceptum contra iusticiam prosequerentur iter* 120,3–4
- prosilire 174,21
  ad arma prosiliens 90,22–92,1
- prosperus 130,20
  siehe: imprecari
  prospera belli 160,10
- prosternere
  siehe: deus
- prostibulum
  immundissime luxurie scortique p. 110,15
- prostituere 112,10
- protectio
  siehe: deus
- protegere 176,19
  siehe: clementia
  protegunt gradientes simpliciter 52,19–54,1
- protelare
  protelatis satisfactionis consilium vestre 152,6
- protensio
  siehe: ora
- protinus 54,21. 110,7. 142,18. 156,14. 170,20. 186,13
- provehi
  ad summum p. sacerdocii gradum 60,7
- proverbium
  siehe: exire
- providere 60,10
- provincia
  siehe: remorari
- provisio
  ex divina provisione 128,10

- provocare
  ut iram Dei et omnium sanctorum et cunctorum bonorum hominum super se provocaret **188,25–26**
- proximus **168,16**
  siehe: effusio, festum, virtus
  proxime **168,13**; *in proximo* **158,16**
- prudens **68,3**
  siehe: clerus, dispensator
- prudentia (*prudencia*) **52,19. 100,13**
- psalmus **190,20**
- publicanus **182,7**
- publicum
  medio in publico **124,12**
- publicus
  siehe: congressus
- pudicus
  siehe: exsequiae, sanctimonia
- pudor
  siehe: afficere
- puer
  plebeios et ignobiles pueros **154,14**
- pueritia (*puericia*) **158,7**
- pugnare **158,16. 160,19**
- pugnator **92,4**
  pugnatores robustissimi **96,7**
- pulcher
  siehe: consideratio, spectaculum
- pulchritudo
  siehe: amplecti
- pulmo
  siehe: percutere
- pulsare **104,19. 184,17**
  querelarum sedula cumulacione pulsabat **90,17**
- pupillus
  siehe: multitudo, tutamen
- puppis
  peregrina p. **88,3**
- purgare **184,9**
  purgatus a delicto **180,2–3**
- putare **88,13–14**
- puteus
  neque urgeat super me puteus os suum **184,18–19**
- putridus
  siehe: tabula

Q
- quaerere (*querere*) **184,15**
  siehe: domus, regnum
  non que Ihesu Christi, sed ea, que sua sunt, querunt **76,20–21**
- quaesere (*quesere*)
  queso **184,12.16**
- qualitas
  siehe: negotium
- quantitas **84,20**
  corporis quantitatem **84,12**
- quantus
- nicht einzeln nachgewiesen
- quassare
  siehe: tabula
- querela
  siehe: deponere, depromere, pulsare
- questio **100,4**
- quies **78,4. 140,8.13**
  siehe: habere, invidere, sitire
- quiescere **156,10**
  siehe: remittere, voluntas
- quietus
  siehe: vacare
- quire **64,2. 86,18. 154,15**

R
- rabidus
  siehe: frendere
- rabies
  r. fluctus **88,2**
- radius
  funestissimos iniquitatis sue radios **76,3–4**
- radix **144,20**
- ramus
  circiter ramos palmarum **134,20**
- rancor
  inimiciciarum undique collisis rancoribus **76,3**
- rapax **106,12**
  siehe: manus, sacrilegium

- rapere
  Antequam rapiamur e medio 168,22
- rapidus
  siehe: cursus
- rapina
  siehe: continere, cottidianus, exercere, incurrere, opus
  innumeris rapinis 164,17
- raptare
  raptabatur in preceps 116,2
- raritas
  immanissime infidelitatis raritatem 122,6–7
- raro 56,13. 168,24
- ratio (*racio*)
  siehe: assertio, voluntas
- rationabilis (*racionabilis*)
  siehe: induere, proponere
  racionabiliter 62,19–20. 132,4–5
- rationale (*racionale*) 82,17
- reatus
  siehe: impunctio, recipere
  regis adulterii homicidiique r. 178,15–16
- rebellio
  contra Mediolanensium rebellionem 92,1
- recedere 56,14.
- receptaculum
  siehe: sinus
- recipere 72,10. 86,18. 88,18. 90,2.9. 104,16.20. 146,12. 154,16. 172,2.6.14. 174,18. 184,14. 192,2
  ad eorum emendacionem super sacrilegii commissi reatu recipiendam 148,21–22; *eorum iuramenta r.* 126,14; *hominia multorum reciperet* 98,19–20; *in graciam receperat* 150,20; *in graciam recepit* 72,7; *in graciam receptis* 100,12; *in graciam receptum* 74,23; *ut in turres monasterii se reciperet* 164,4–5
- recompensare
  equa compensacione r. 132,22
- recompensatio (*recompensacio*) 166,24
- reconciliare 66,13. 146,11
  graciam eius vobis reconcilietis 130,14–15; *reconciliarentur per osculum* 132,13

- reconciliatio (*reconciliacio*) 74,10
  siehe: modus
- recondere 128,15
- recordari 180,16. 182,9
- recordatio
  siehe: papa
- rectitudo
  siehe: ducere
- rector
  siehe: custodire
- rectus
  recte 134,7
- recuperare 68,1
  siehe: gratia
  graciam et bonam voluntatem recuperarent 132,19
- reddere 130,10. 150,14. 152,18. 154,9
  siehe: agon, pax
  reddat eis secundum vias abhominacionis eorum 118,3; *reddatque eis secundum opera eorum* 114,5–6; *reddat sanguinem tante tradicionis super capita eorum* 114,3–4; *redderentque tristem tristibus vicem* 162,2; *Reddite que sunt cesaris cesari, et que sunt Dei Deo* 76,14; *ut eis redderet, secundum quod ipsi promeruissent* 118,20–21; *ut que sunt cesaris cesari reddat et que sunt Dei Deo* 96,3–4; *Vicemque tristem reddidit* 70,6.8
- redigere
  castris in favillam cineremque usque redactis 130,23
- redimere 184,19
  tempus redimens 104,9
- redimire
  tantis ministeriorum infulis sacerdotaliter redimitus 84,5–6; *supremis fascibus et generalissimis infulis redimitum* 180,5
- redire 70,15. 106,15. 184,16
  ad suam graciam per satisfactionem rediret 72,17–18
- reditus 94,20
- reducere 152,13
  ad memoriam reducens 66,17–18; *ab hac intencione reduxit* 88,4–5; *de via dolo reductus* 146,16

- refectio
  siehe: complere
- referre 104,7. 154,13. 164,2
  siehe: deserere
  de christiane religionis unitate referenda 132,27
- refertus
  siehe: praecordia
- reformare 92,16
  siehe: pax
  ecclesie statum in melius r. 66,2-3; *ad reformandam concordiam inter regnum et sacerdocium* 134,4
- refugium
  post Deum unicum r. 192,5
- refulgere
  tamquam luminare clarissimum refulgens 56,2
- regere
  siehe: suscipere, terra
- regina
  regine Austri 134,7
- Reginbodo von Bingen (*Reginbodo de Pinguia*) 136,6
- regio 124,15
  siehe: dissidere, magnas, pars
  per omnes humerales regiones 82,2
- regius
  siehe: apparatus, saepire, via
- regnum 118,4
  siehe: accire, excellens, pax, peragrare, reformare
  tamquam r. in se ipsum divisum 114,19; *r. celorum* 76,22; *r. Dei et iusticiam eius querere* 66,1-2
- regratiari (*regraciari*) 100,15
- regredi 170,20
- regressio
  siehe: differre
- reicere
  fumi densitate reiecta 186,7
- relatio (*relacio*) 138,6
  siehe: praestare
- religio 58,4. 68,8. 80,11
  siehe: amplecti, decidere, habitus, induere, referre, sanctimonia, servare, studium
  religionem virtutum 54,8
- religiosus 146,23
  siehe: auris, exoriri, frequentia, honestas, multitudo, oriundus, vir
  religiosissimos clericos et monachos 78,15
- relinquere 94,21. 96,2. 98,12
  Pacem inquit reliquit Deus discipulis suis 76,18; *porte turrium relicta custodia* 186,4
- reliquus
  siehe: decoquere, tempus (Zeit)
- remanere 132,16. 158,10
- remeare
  ad patrios lares remeavit 134,18-20; *remeavit ad propria* 90,13. 100,15
- remedium
  penitencie remedia 178,12
- remex
  sub uno remige 86,17
- reminisci 180,14-15
  numquam suam iniuriam in posterum r. 72,18-19
- remittere 58,5. 174,5
  artus quiescendos remitteret 58,13-14
- remorari
  intra provinciam r. 92,8
- removere
  omni remota contradictione 130,11
- renuere (*rennuere*) 86,12
- renuntiare (*renunciare*) 144,3
- reparare
  in omnibus suis utensilibus r. 132,21
- repedare 130,19
- repellere
  vim vi r., mucrone mucronem 70,4
- rependere
  rependentes mala pro bonis, impietatem pro beneficiis 100,20-21
- repens
  repente 106,22. 156,10. 166,13. 174,10
- repentinus
  siehe: interitus, irruere
- repere 176,17
- reperire 84,22. 156,24

- replere
  omnis orbis iam pene repleverat aures 90,16
- replicare 168,7
- reponere 128,17
  reponent vestimenta sua 76,9
- repullulare
  siehe: caput
- reputare 154,18. 166,2
  siehe: sententia
- requiescere 102,17. 190,23
  siehe: pax
- requirere 182,11
- reri 70,3
- res 62,17. 130,17. 164,6
  siehe: amittere, argumentum, crescere, cura, depellere, desiderare, diligere, dis, eventus, labi, mutare, obstaculum, privare, vertigo
  rem militarem 92,10; *res familiares* 112,8
- resalutare 120,21
  gratissime resalutatus 134,14
- resarcire
  diruta r. 58,3
- rescribere 126,21
- reservare 176,8
  tam piaculari se reservasset supplicio 166,19
- resignare 130,12
- resipiscere 138,21
- resistere 124,22. 184,11
  siehe: deus
  magna vi eis resisterent 162,1; *ut fortiter resisterent hostibus* 158,12–13
- resolutio (*resolucio*)
  siehe: hora
- respergere 120,14
- respicere 72,10.19. 144,23. 160,17. 170,9
  siehe: dominus (Gott/Christus)
  Italiam totamque Liguriam respicit 86,9
- respondere 70,16. 102,3. 122,11. 154,24. 158,5. 186,11
  cum obiectis r. nequirent 126,5; *in misericordia vel iudicio respondentes* 126,8–9; *pre tristicia r. nequibant* 168,25; *responsuri vel in misericordia vel iudicio suorum comparium* 132,18–19; *secundum iusticiam vel secundum graciam respondebant* 104,5–6
- responsum 172,2
- restauratio (*restauracio*)
  siehe: ecclesia
- restituere 72,10. 126,10.19–20. 130,4.
- restitutio (*restitucio*) 130,20
- resultare 60,11
- resumere
  resumens iterum narracionis verbum 76,16–17
- resurrectio
  siehe: pars
- retinere 120,3. 122,22. 176,10–11
  labilem ipsorum inpingencium retinuissent accursum 164,15–16; *adversariis ibidem retentis* 126,19
- retribuere 174,5
  siehe: dominus (Gott/Christus)
  neque secundum iniquitates meas retribuas mihi 180,22; *vicissitudinem super hac vestra fidelitate retribuet* 168,17–18
- retributio (*retribucio*)
  pro eterna retribucione 58,3
- retro
  siehe: colligere, tempus (Zeit)
- reus
  Rei sunt mortis et rei sunt maiestatis 122,8–9
- revelare
  siehe: opertus
- reverendus
  siehe: episcopus, pontifex, vir
- reverens
  siehe: archiepiscopus, corpus, corruere, dominus (Menschen), exhibere, persona, vertex, vir
  reverentissimus 176,23
- reverentia (*reverencia*) 84,9. 180,7. 190,26
  siehe: dominus (Gott, Christus), exhibere, gratia

Tante presulis reverencie 120,20; *grandeve sue etatis reverenciam* 122,20-21; *reverenciam ipsius diei, qua mundi salus in cruce pependit* 162,8; *discipline gestusque sui r.* 134,5-6
- revereri 152,13. 162,9
- reversio
  siehe: maturare
- reverti 66,17. 136,1. 154,3. 170,18. 172,7
- revocare
  ad imperii graciam Mediolanenses r. 92,17; *animum tribuendi revocavit* 94,6-7
- rex 178,6
  siehe: exercitus, reatus, sedere
  David, Beethlemitidis regis 120,8; *ad impiissimum regem Saul* 146,15; *Saul impiissimum regem* 120,9-10
- Rhein (*Renus*)
  siehe: comes, progredi, transire
- rigere
  siehe: bruma
- rigidus
  siehe: planta
- rigor
  Disciplinatissime vite rigorem 58,6; *rigore iusticie* 58,21
- rima
  per rimas murorum 162,18
- rimatus
  per gladii sevientis animadversionem rimati 190,6
- risus
  r. blandus et suavis 84,18
- rite
  siehe: impetrare, poscere
- rivus 112,6
- rixa 96,11
- robur
  siehe: cingere, saepire
  in multo militum robore 106,20; *tanto robore* 106,7
- robustus
  siehe: castra, miles, pugnator
- rodere 54,22

- rogare 78,8. 140,9. 142,12
  siehe: pax
  roga ab hostibus misericordiam 174,11
- rogitare 170,19
- rogus
  siehe: circumstare
- Romagna (*Romania*) 88,22
- Romani 88,21
  siehe: imperator
- Romanus
  siehe: curia, foedus, petere, pontifex
- rostrum
  volucrum latrantiumque rostris 190,8-9
- rubor
  siehe: color, suffundere
- rubricare
  siehe: cruor
- rubricatus 178,5
- ruere 124,1. 156,25. 186,14
  in oscula r. 120,16-17; *ruentes in amplexus* 168,5
- rufus
  siehe: Arnold d. Rote
- ruga 140,20
- ruina
  precipitanti furentique r. 176,15
- rumor 134,8
  siehe: baiulare
  huius infidelitatis profanus et nefandus r. 106,17; *presencie sue r.* 120,13; *multiplici rumore multorum* 138,6
- rumpere
  est pax rupta 156,16; *rupto federe* 110,8
- ruralis
  siehe: glaeba
- rutilare
  siehe: pax

S
- saccaria 108,19
- saccarius (*sacharius*) 106,15
- saccus
  in sacco et cinere 180,10-11
- sacer 110,20. 162,11
  siehe: astare, levare (emporheben)

- sacerdos 76,8. 188,3
  siehe: capellanus, manus, vestire
  Achimelech sacerdos Dei 146,15; *s. unctus*
  178,4; *summus s.* 146,17.23; *sacerdotem*
  Dei 188,1; *summum sacerdotem* 180,5
- sacerdotalis
  siehe: honor, redimire, vestis
- sacerdotium (*sacerdocium*)
  siehe: fulgere, lavare, pax, pervenire,
  provehi, reformare, vacare, veneratio
- Sachsen (*Saxonia*) 64,17
  siehe: [Heinrich d. Löwe]
- sacratus
  siehe: altar, indumentum, locus, manus,
  ortus, tempus (Schläfe)
- sacrificium 178,3
  siehe: offerre
- sacrilegium
  siehe: opus, recipere, vesania
  rapaci sacrilegio 122,1
- sacrilegus 70,10.15–16. 110,17. 146,23.
  168,11
  siehe: audacia, inimicus, manus
- sacrosanctus
  siehe: munire
- saecularis (*secularis*)
  siehe: implicare
- saeculum (*seculum*)
  siehe: audire, eripere, inauditus, mori
- saepire (*sepire*)
  magno macerie robore septum 124,12;
  munimine regio septus 188,11
- saeptum (*septum*)
  septa monasterii 176,15
- saevire (*sevire*)
  siehe: rimatus
  in corde et corde sevientes 150,7–8
- saevitia (*sevicia*) 106,8
  Mediolanensium s. 90,14
- saevus (*sevus*)
  siehe: gladius, hostis, percellere,
  praesumere, pressura, sententia
  sevo Marte 162,4
- sagitta
  infixas quasi sagittas 176,22

- salus 166,24. 170,19
  siehe: consulere, crux, custodire, deus,
  lignum, reverentia
  ad eternam salutem 178,14
- salutaris
  siehe: accipere
- salvare
  salva animam tuam et animas servorum
  tuorum 158,4
- salvator 166,3.5
  s. mundi 184,22
- salvus 168,17. 174,18. 184,20
  siehe: deus
- St. Alban, Benediktinerkloster bei
  Mainz 132,12. 134,21
- St. Jakob, Benediktinerkloster vor
  Mainz 102,10. 104,2. 144,16. 146,3. 150,19
- St. Maria ad gradus, Mainzer Stift
  (*basilica beatissime Marie virginis, que*
  ad Gradus dicitur) 192,11–12
- St. Peter, Mainzer Stift 94,15. 102,13.
  132,12.
- sanctimonia
  iuxta religionis pudicam sanctimoniam
  80,9–10
- sanctio
  iuxta imperialem sanctionem 134,23
- sanctitas
  siehe: induere
- sanctuarium 110,19.
  siehe: egredi, profanare
  polluerunt s. Domini 114,4; *a sanctuario*
  Dei 130,2; *a sanctuario Domini* 138,23
- sanctus 76,10. 114,3. 146,9.16. 150,1.
  154,11. 182,10. 184,2.4
  siehe: advolare, cadaver, commendare,
  compati, contemptus, deus, ecclesia,
  episcopus, exorare, fama, feretrum,
  feriari, festivitas, induere, ingredi,
  locus, nativitas, pignus, praesentia,
  provocare, scriptura, sors, templum,
  vereri, vir, virginitas
  sancta sanctorum 82,21. 110,16–17. 128,15.
  138,19. 190,19; *sanctorum sancta* 162,9–10

- sanguis 182,10–11
  siehe: dominus (Gott/Christus),
  effundere, effusio, fundere, lavacrum,
  lavare, profundere, reddere, sitire,
  spondere
  usque ad sanguinem 58,23
- sanies
  siehe: vertere
- sapiens 72,23. 80,14
  siehe: princeps
- sapientia (*sapiencia*) 134,8
  siehe: inesse, praerogativa, profunditas,
  studium
- satagere 126,17
  siehe: clementia
- satan (*sathan*) 68,7.11
  siehe: facies, filius, liberi, primogenitus
- satelles 54,13
  immundissimos diaboli satellites 110,17–18
- satisfacere 102,4. 104,16. 138,21. 142,6.
  144,12. 172,15
  de omnibus illatis iniuriis satisfacientes
  130,12–13; *fecissetque votis satis* 80,1–2; *in
  cinere et cilicio satisfacientes* 70,18–19;
  secundum graciam vel iusticiam s. 110,2–3
- satisfactio 102,6. 104,10–11. 108,5.13.
  112,17. 132,8. 134,27. 142,17. 144,4.
  148,13.23. 154,12–13. 178,17
  siehe: compellere, contemnere, insigne,
  invitare, protelare, redire, spernere,
  terminus, velamentum, verbum
  condignam satisfactionem 104,17; *nec
  ullam de iniuria illata satisfactionem*
  104,8; *digna cum satisfactione* 104,19–20;
  omnimoda satisfactione 126,8
- sator
  nocturnus s. 68,10
- sauciare 162,22
- saxum 158,20. 160,23
- scabellum
  de scabello pedum suorum 94,16–17
- scandalum 96,19
- scala 156,17
  turrium per scalas 164,9
- sceleratus 138,4. 146,18
- scelestus
  siehe: verbum
- scelus 112,12. 146,11–12. 178,17
  siehe: ausus, expiatio, novitas
  In quo nefando scelere 188,10
- schema (*scema*)
  siehe: fulgere
- schisma (*scisma*)
  siehe: cancer
  divisionis impiissimum scisma 134,1
- Schottenmönche
  Scottis 192,3; *Yberniorum Scotorum* 56,9
- Schwaben (*Suevia*) 64,17
- scientia (*sciencia*) 52,19. 54,7
  siehe: dare, induere
  secundum scienciam 146,8
- scire 66,15. 92,10. 100,4. 168,20. 174,7
  sciens de lege mandatum 142,13;
  plenissime scitis 62,2
- sciscitari 166,15. 170,2. 172,2. 186,10
  siehe: obses
  curiosissime sciscitans 120,23
- scorpio 150,4
  siehe: caedere
- scortum
  siehe: prostibulum
- scribere 60,13. 70,18. 118,17–18
- scriptura 76,12. 138,15
  siehe: dominus (Gott/Christus),
  exemplum, induere, proruminare
  sanctarum scripturarum 52,16
- scutum
  s. fidei 166,11
- secare
  *medios ambientes se undique ponti
  excelsissimos cumulos secabat* 88,14–15
- secretum
  siehe: collateralis, interesse
- secretus
  siehe: admittere
- sectari
  *bone artis preclarique facinoris normam
  sectatus* 52,13–14; *obstinacionem sectantes*
  108,1

- secundus
  siehe: baiulare
- securis 160,23. 162,15
- securitas 144,4
  siehe: praestare
- securus
  secure 148,17
- sedare
  siehe: clamor
- sedere 156,24.25. 186,1
  sederem quasi rex in solio meo 56,12–13
- sedes 112,5
  siehe: conservare, expellere, legatus, locare, petere, proscribere
  apostolica s. 60,10. 114,18; *Maguntina s.* 64,15; *in tam nobilissimam sedem* 124,27; *sedem Maguntinam* 122,1; *a sede apostolica* 90,8; *de sede episcopali* 98,17-18; *in sui pontificii sede* 80,10
- seducere
  seduxit universum orbem 68,10
- sedulus 52,17
  siehe: contritio, pulsare
- Seligenstadt (*Selinginstat*) 110,6
- sella
  sellam asinariam 72,1
- semita 186,5
- semiustus
  siehe: virgo
- semivivus 172,18
- senectus 170,8
  siehe: misereri
- senex 136,21
  siehe: potare
  s. pessimus 190,3–4; *s. sexagenarius* 140,6; *venerabilis s.* 158,11; *inhermem senem et pessimum* 152,16; *senem illum pestiferum* 152,18
- senilis
  siehe: aetas, artus (Gelenke)
- senium
  etatis sue exhaustum senium 92,8
- sensus
  s. incolumis 178,9

- sententia (*sentencia*) 116,12
  siehe: denodare, devenire, pendere, procinctus, stare
  hec tam seva s. 120,24; *principum omnium s.* 100,6; *imperialem videns prevalere sentenciam* 92,13; *reputans antiquitatis sentenciam* 66,13; *sentenciam synodalem* 108,5; *synodalem sentenciam* 108,7; *ex principum s.* 126,6
- sentire 184,16
- separare 168,6
- sepulcrum
  siehe: locus
- sepultura 190,10
  siehe: denegare
- sequi 104,1. 184,15
  siehe: locus, posteritas
- sero 166,17
- serotinus
  siehe: hora
- serus
  siehe: conversio
- servare 174,6
  siehe: pax
  ut religio omni servaretur custodia 78,19
- servire 168,17. 184,16
- servitium (*servicium*) 122,4. 166,23
  siehe: species
  post tantum imperii s. 102,16; *cum omni servicio* 130,13
- servitus
  siehe: addicere
- servus
  siehe: propitius, salvare
- severus
  siehe: frons
- sexagenarius
  siehe: senex
- sidus (*sydus*)
  quasi eximium s. 54,9
- Sigelo (*Sigilo*), Mainzer Domdekan 130,9
- signum
  siehe: dare
  insignissimum et invictissimum crucis s. 82,11; *signa ad utrumque* 84,24

- silentium (*silencium*)
  siehe: languescere, premere, tegere
  noctis profunde s. 118,13; *in ipso imminentis noctis silencio* 190,12–13; *intempeste noctis silencio* 74,13; *magno dato silencio* 120,22
- similis 64,5. 128,26. 168,11. 190,4
  siehe: fortuna
  similem Iohanni 188,8
- Simon von Saarbrücken (*Simon de Sarbrucke*), kaiserlicher Gesandter 130,6
- simplex
  siehe: protegere
- simulato 102,4
- simus
  circa sima media nasi 186,25; *inter sima colli capitisque* 186,19–20
- sinciput
  siehe: clipeus
- singularis
  siehe: bonitas
- singuli 96,7. 130,1. 134,24
- singultus 168,3
  siehe: avertere, inenarrabilis
  magnis singultibus 190,22; *singultibusque magnis* 168,12
- sinister 108,16
  siehe: dexter, eventus
- sinus
  amenum et quasi voluptuosum receptaculi sinum 144,21–22
- sitire (*sicire*) 120,8
  ipsius inenarrabiliter siciebat exicium 72,9–10; *pacem et quietem inenarrabiliter siciens* 134,19–20; *sanguinem meum siciunt effundere gratis* 182,14–15; *siciunt sanguinem meum* 62,9–10. 114,6
- situs (gelegen)
  arto procinctu s. 174,2
- Sizilien (*Sicilia*) 88,22
- smaragdinus
  siehe: viror
- sol
  siehe: aestus, clarus, fervor
- solacium 166,13.16–17
- solere 52,15. 60,17. 100,20. 112,12. 188,1
  sicut solent incliti terre 84,13–14
- soliditas
  christiane unitatis soliditatem 116,3
- solidus
  siehe: praebere
- solitarius
  siehe: femina
- solitudo
  siehe: invia
  de solitudine cavearum 190,18; *in cavearum agrorumque horrenda inoptataque solitudine* 190,9
- solitum
  pro solito 144,12
- solitus
  siehe: devincere
- solium
  siehe: sedere
- sollemne (*sollempne/solempne*) 154,12
  siehe: feriari, honoratus
  cepte festivitatis solempnia 150,2–3; *tanto in solempnio* 154,25
- sollemnis (*sollempnis*)
  siehe: ortus, perbaiulare, plenitudo
- sollers
  siehe: custos
- sollicitudo 98,6
  siehe: exuere
  omni sollicitudine 112,11
- sollicitus 56,16. 58,5. 160,5–6. 172,8
  siehe: manus
  sollicite 186,6
- solum (Erdboden)
  siehe: denudare
  Maguntino solo 188,13
- solus 104,6. 114,12. 176,1. 182,4. 184,15
  siehe: linea, manere, vacare
- solvere
  siehe: dominus (Gott/Christus)
- somnus (*sompnus*)
  siehe: ingeries
- sonare
  ad celum usque sonarent 164,20–21

- sonus
  siehe: terra
- sorbere 112,6
- sors
  siehe: laborare
  dubie sortis 160,6; *sortem sanctorum martirum* 178,10–11
- sortiri 192,14
  Sui namque officii finem sortitur invidia 54,18–19
- spargere 124,19
- sparsim 148,16
- spatium (*spacium*) 58,18. 126,10. 190,23
  bidui itineris ferme s. 118,13–14;
  per totum illius diei spacium et noctis 148,23–24
- specialis
  specialiter 56,16. 94,12
- species
  delphinorum s. 88,7; *speciem in modum equalitatis* 80,18–19; *fulgidissima specie* 82,5; *sub specie exhibendi servicii* 62,9
- specimen
  probatissime conversacionis specimine 58,8
- spectabilis 180,6
- spectaculum 142,4
  crastinum pacis s. 148,24–150,1; *pulchri spectaculi* 120,17; *Miserabile s.* 180,3–4
- spelunca 120,10
  siehe: domus
  speluncam latronum 114,5. 122,3. 128,5–6
- sperare 170,10. 182,20
  siehe: dominus (Gott/Christus)
- spernere
  dare spernebant satisfactionem 104,21
- spes 182,18. 184,10
  siehe: galea, lorica
- Speyer (*Spira*) 134,18
- spiritualis
  siehe: vicis
- spiritus 54,19. 140,8
  siehe: agon, agonia, ambulare, commendare, eligere, exhalare, gladius, suscipere

  invidie s. 54,18; *s. invidie* 54,19; *s. promptus est* 160,1; *blasphemie spiritu* 106,13; *spiritu contribulato* 160,2; *spiritu Dei verbi* 132,1
- splendere
  celebri conversacione splenderet 54,9
- splendidus 74,24. 80,18
- splendor
  siehe: fulgere, honestare
  divinus s. 80,13–14; *principumque splendore* 64,8; *splendore indutus principum* 56,6–7
- spondere
  opem spoponderunt 94,1–2; *quilibet opem suam ad sanguinem usque spoponderat* 158,19–20
- sponsa
  siehe: profanare
  sponsam Iesu Christi 138,19
- spurcitia (*spurcicia*)
  siehe: lacuna
- squalere
  siehe: vestire
- stabilire 68,3
- stadium
  siehe: advolare
  agonis hoc stadio 176,8
- stare 168,13
  siehe: dominus (Gott/Christus)
  ut quilibet viriliter staret 158,13–14; *iusticie starent* 132,14; *cum comparium suorum nollet s. sentencia* 104,7; *s. in loco suo* 76,15; *steterim in conspectu tuo* 182,11
- statuere 66,1. 70,4. 86,12. 92,18
  siehe: terminus
  thronum glorie sibi statuisse 80,11
- statura 80,19
  siehe: longitudo
- status
  siehe: reformare
  ecclesie Maguntine s. 130,16–17
- stimulare
  consciensiam stimulat 62,17

- stipare
  Stipatus hinc inde principibus 120,18
- stipendium
  milicie stipendia 100,5; *stipendia milicie* 92,22
- stips 100,7
  milicie stipem 104,4
- stola 82,5
  siehe: lavare
- strages 108,14
  siehe: dare
- stramineus
  siehe: massa
- strenuitas (*strennuitas*) 98,1
- strenuus (*strennuus*) 68,3. 72,23
- strepere 122,7. 176,16
- strepitus
  tam horribilem strepitum 158,2; *cornuum armorumque strepitu* 156,11; *furenti strepitu* 162,21
- strictus
  striccius 162,17; *strictiusve* 170,11
- stridere
  aquilone horribiliter stridente 134,18
- stringere
  gladium parricidalem eius media per viscera strinxit 174,21–22
- structura
  ex discipline conversacionis morumque eius s. 52,10–11
- struere 162,16
  siehe: acies
- studere 130,14
- studiosus
  studiose 54,19; *studiosissime* 174,26
- studium
  siehe: devocare, moliri
  s. sapiencie 60,14; *ob obsidionis ferventissimum s.* 126,16; *religionis s.* 66,8
- stupere
  siehe: facies
- stupor 82,8
- suavis
  siehe: risus
- suavitas
  siehe: odor
- subdere 130,12
- subiugum
  siehe: eximere
- sublabium 186,26
- sublimis
  siehe: gyrus, planum
- sublimitas
  illa misericordie s. 72,16
- submittere
  sibi mattam submittens 58,18
- subnervare 118,17
- subnixus
  baculo s. 158,12
- suboriri 100,6
- subrepere 58,16
- subrubeus 84,22–23
- subsannare 190,2–3
- subsistere 110,1
  modice s. 142,18
- substantia (*substancia*) 176,5
  siehe: corrosio, domus
  vera una eterna s. 184,12–13
- subtellarius
  siehe: instrumentum
- subtrahere
  horas s. 80,3–4
- subvertere 112,3
  officiatos et iusticias episcopatus subverteret 98,19; *in antiquum chaos mole subversa* 156,12–13
- succedere 190,13
- succendere 128,14
- sudare 54,1
- sudis 108,17
- suetus
  siehe: honestas
- sufficiens 176,13
  siehe: explere, praeconium
- sufficientia (*sufficiencia*)
  siehe: dare
- suffraganeus
  siehe: gloriosus

- suffulcire 64,11
  titulis preclaris suffultus 188,18
- suffundere
  siehe: vultus
  suffusus rubore ac tremore 122,12
- sulcare 186,25
- sumere
  neque vindictam sumas de peccatis meis
  180,15–16
- summa
  ut in summa dicatur 88,11
- summopere 144,5
- summus
  siehe: aula, celeritas, fulcire, pervenire,
  pontifex, properantia, provehi, sacerdos
  s. in coniuracione auctor et dux 102,21–22
- sumptus
  inestimabili sumptu 90,11; *multisque*
  sumptibus 86,16
- supellex (*suppellex*) 112,4
- superare 188,12
  materiam superabat opus 80,17
- superbia 132,8
  siehe: pervicacia
  tumultuantem contra me superbiam
  182,9; *in magna s. et nequicia* 106,10–11
- superbus 154,18
  siehe: deus
- superexaltare
  misericordia superexaltat iudicium 72,12–13
- superintendere
  animabus sibi commissis s. 64,13;
  animarum s. curis 60,14
- superponere
  digitum superponebant ori suo 58,7–8
- superseminare
  superseminavit zizaniam in medio tritici
  54,12
- superumerale (*superhumerale*)
  siehe: tegere
- superus
  siehe: calculus, redimire
- supervacuus
  siehe: exprobrare

- supervenire 164,5–6
- suppeditare (*subpeditare*) 102,2
- suppeditatio (*subpeditacio*)
  siehe: consilium, praestare
- supplantatio (*supplantacio*)
  honoris et dignitatis sue supplantacionem
  64,3
- supplex 160,11
- supplicare
  siehe: confundere
  multa cum miseracione omnes supplicabat
  172,2–3
- supplicatio (*supplicacio*) 154,11–12.
  190,20
  siehe: adiurare, fundere
- supplicium 192,4
  siehe: agere, hora, reservare
- surgere 158,2.3.11
  siehe: dominus (Gott/Christus)
  bene diluculo surgit 66,19; *quo inter natos*
  mulierum nullus maior surrexit 150,2
- surripere (*subripere*)
  subreptam 184,5
- suscipere 52,3. 62,4.12. 148,14. 184,21.
  190,22
  siehe: vicis
  Maguntine metropolis gubernacula
  regenda suscepit 64,7–8; *pactum*
  faciendum susciperent 110,1–2; *suscipe*
  iam spiritum meum 182,21
- suspectio
  manifestam hominum suspectionem 66,5
- suspectus
  siehe: habere
- suspendere 122,8
  siehe: dominus (Gott/Christus)
  aquis suspenderetur 192,8–9; *aureis*
  cathenis suspenditur 82,14; *civitatem a*
  divinis suspenderat 114,14
- suspensus
  siehe: dominus (Gott/Christus)
- suspicari 154,26. 172,22
- suspicio
  siehe: abstergere

- suspirare
  diutine suspiratum 88,17
- suspirium 168,12
  siehe: inenarrabilis, trahere
- sustentatio (*sustentacio*)
  ad pauperum sustentacionem 78,18–19
- sustinere 114,2. 176,1
  siehe: valere
  Sustinete modicum 168,7
- synaxis (*sinaxis*)
  ad ipsam pene vespertinalis hore sinaxim
  162,3–4
- synodalis (*sinodalis*)
  siehe: dies, sententia
- synodus (*sinodus*) 108,2.10
  siehe: accingere, prosequi

T
- tabernaculum
  t. Dei 128,18
- tabes 54,18
- tabescere 54,17. 172,5
- tabula
  siehe: imponere
  quassate, putride tabule 62,4–5
- taeter (*teter*)
  siehe: arcus, frendere, manubrium, turbo
- talaris
  siehe: tunica
- talis 58,8. 70,3. 108,20. 122,5. 142,17. 154,7.19.26. 164,12. 174,9.23
  siehe: differre, tergiversatio
- tangere 82,16
  fimbrias tetigit 82,20
- tantopere 152,5
- tantus
  siehe: accingere, agon, anxietas, ardor, auctor, ausus, certamen, contumacia, conturbatio, cumulus, dare, deperdere, discrimen, ecclesia, eripere, exercere, expiatio, facinus, flagitium, frequentia, gloriari, gratia, honoratus, impendere (auf-, zuwenden), impetus, improperare, infidelitas, ingerere, iniuria, instruere, irrumpere, labor, molimen, nefas, negotium, opinio, pater, piaculum, pontifex, princeps, reddere, redimire, reverentia, robur, transire, servitium, sollemne, tumultus, vis
- tegere
  omni tegatur silencio 152,25;
  superhumerale nuda colli tegebat 80,21
- tellus
  Germanica t. 60,12
- telum 100,25. 160,19
  siehe: ingerere
  tela invidie 54,13
- temerare 110,22.
- temerarius
  siehe: ausus, facinus, manus
- temeritas
  detestabili temeritate 122,17; *infanda temeritate* 116,18
- tempestas 114,17. 124,15–16. 150,15. 164,21. 168,20
  siehe: exoriri, mugitatio
  t. aque 184,18; *cottidiana ac valida tempestate* 62,4; *tempestate discordie* 76,6
- templum
  siehe: arguere, decor, ornatus, pavimentum
  t. sanctum Domino 52,11
- temptare
  secum anxietate t. 64,12–13
- temptatio (*temptacio*)
  siehe: molimen
- temptatus
  omni temptatu conaminum 106,6
- tempus (Zeit) 58,16.18. 70,6. 74,2. 90,14. 138,21
  siehe: colligere, delere, deserere, deus, facinus, hiems, inauditus, interstitium, labi, mobilitas, redimere
  t., multis retro diebus optatum 152,7–8; *t. visitacionis istius* 168,2; *reliquum t. vite mee et etatis* 140,9; *t. huius visitacionis* 168,8; *omni tempore* 68,5. 72,6. 78,15; *omni tempore vite sue* 72,9.22–23;

Quadragesimali quoque tempore 58,17–
18; *Tempore vero ingruentis inopie* 56,14
- tempus (Schläfe)
  per ipsius sacratissima tempora 186,18
- tenebrae
  siehe: denudare, potestas
  ex pallore nigredinis apparentes t. 186,2–3
- tenebrosus
  siehe: turbo
- tenere 68,3. 76,12. 160,21
  siehe: viror
  alterius teneret vestigium 86,21;
  Disciplinatissime vite rigorem tenuit 58,6;
  omnemque domum eius t. 74,3
- tenuis
  siehe: crescere, manus
- tepescere 58,4
- tergiversatio (*tergiversacio*)
  tali tergiversacione 108,5–6
- tergum
  siehe: proicere
- terminus
  ad terminum usque statutum 70,21–22;
  condictum eorum satisfactionis terminum
  106,3–4; *prefixum emendacionis terminum*
  112,15–16; *in condicto termino* 102,5
- terra 96,14. 150,14. 184,10
  siehe: aqua, aspergere, colonus,
  decoquere, delere, eradere, illabi, illidere,
  introire, lingere, meditullium, nomen,
  pax, plaudere, princeps, solere, vir
  t. mater 112,6; *Ve terre, cuius imperium
  discordia regit* 96,18–19; *compulsacionum
  innumerabilium t. sono horrenti concussa*
  156,12
- terrenus
  siehe: officium
- terribilis
  siehe: deus, intueri, monstrum,
  percutere
- terror 154,22
- tertia (*tercia*)
  ad terciam usque diei 108,12
- testamentum
  siehe: polluere

- testimonium 130,8
  siehe: dare
  nec esset conveniens eorum t. 126,5–6
- testis
  siehe: deus
  t. fidelis 178,6; *testemque fidelem* 188,3–4
- theologicus
  siehe: ferula
- thesaurus (*tesaurus*)
  siehe: homo
  inventum tesaurum 58,9–10; *omnemque
  thesaurum ecclesie et domni episcopi*
  110,20; *apertis thesauris suis* 70,5
- Theutonicus (*Teutonicus*)
  siehe: clerus, gladius, infestus, mos,
  peragrare
- thronus
  siehe: statuere
  cesaris throno 120,24
- Thüringen (*Thuringia*) 64,17
- timere 166,6.7
- timidus
  timide 112,20
- timor
  siehe: eripere
- timorosus 144,11
- titulus 128,21–22
  siehe: ecclesia, suffulcire
  mortisque titulos 106,12
- tolerantia (*tollerancia*)
  siehe: lorica
- tollere
  a conspectu curie sublati fuerint 122,17–18
- tonare
  minas t. 112,17–18
- tonitruum
  siehe: latrare
  sui furoris t. 112,7
- tonsura
  siehe: deus
- tormentum
  siehe: genus
  omnia edificiorum tormenta 124,5; *per
  immania, que in corpore tormenta
  pertulerat* 178,1; *per incendia medius*

tormenta 176,17; *ineffabili tormento* 178,5
- torosus
  t. artubus 84,21
- torrens (Strom)
  t. flammarum 176,13
- totiens (*tociens*)
  siehe: decipere
- totus
  siehe: aspergere, canus, clerus, concilium, contexere, corpus, curia, deus, dignitas, dominus (Gott/Christus), episcopatus, exorare, familia, honor, incentor, maledictum, mancipare, monasterium, mortificator, mundus, negotium, oculus, oppandere, pandere, penetralis, pernicies, plenus, praedux, praesentia, princeps, respicere, spatium, unanimis, viror, vis
- tractare 148,24. 154,13
- tradere 116,1. 152,8. 182,15
  in manu sua tradidisset 120,10; *ipsiusque voluntati omnes sunt traditi* 118,20; *se incendio tam aspero traderet* 164,25–26; *tradebat iudicanti se iniuste* 138,14
- traditio (*tradicio*)
  siehe: aemulatio, reddere
- trahere 190,9
  longa et luctuosa trahens suspiria 164,7; *per pedes, tamquam canem, traxerunt* 190,1–2
- tranquillitas 78,4
  siehe: habere, permanere
- transalpinare 114,16
- transalpinus
  siehe: petere
- transcendere 54,8–9
- transferre
  ut transferret ab eo calicem mortis 158,23–24
- transfigere
  siehe: conscientia
- transfodere
  profunda plaga transfodit 186,26–27

- transgressio
  obediencie transgressione 62,19
- transire 82,8. 108,24. 160,4. 178,14
  iniuriam illam t. inultam 74,6–7; *Nec transiebant tantam iniuriam* 124,23–24; *Renum t.* 100,25; *ultra Renum transivit* 142,21–22
- transitus
  siehe: arripere, convertere, obstruere
- transmigrare
  ad exilium transmigrarant 134,27–136,1
- transmittere 56,10–11. 142,24. 172,9–10
- trapezita
  siehe: error
- tremebundus 174,22
- tremiscere 156,13
- tremor
  siehe: suffundere
- tribuere 152,15
  siehe: revocare
  unde necessitatem tribueret pacienti 66,20–21; *ut ius suum unicuique tribueret* 68,9
- tribulatio (*tribulacio*)
  siehe: caminus, eximere
- tribunal 124,1
  imperiale t. 90,17; *t. Dei viventis* 122,2–3
- triduum 156,2. 190,10.19
- trinitas
  siehe: dividere
- tripudium 120,13
  cum omni tripudio 90,12
- tristis
  siehe: reddere
- tristitia (*tristicia*)
  siehe: respondere
- triticum
  siehe: superseminare
- triumphans
  triumphanter 130,23
- triumphator
  victoriosissimus t. 70,14
- triumphus 162,6
- trophaeum (*tropheum*)
  siehe: gestare, percipere

- trucidare
  uno impetu eos t. 108,24-25
- truculentus
  siehe: homo, manus, tyrannus
- tuba
  siehe: vox
- tueri 112,12. 114,12
  pro Maguntine ecclesie libertate tuenda 68,13
- tuitio (*tuicio*)
  siehe: frui
- tumulatio (*tumulacio*)
  siehe: officium
- tumultuari
  siehe: debacchari, superbia
- tumultus
  tantum tumultum 158,1-2; *glomeratis tumultubus* 122,7-8; *negociorum importuno tumultu* 76,6
- tunica 82,18. 190,16
  laneis tunicis 132,11; *tamquam talari t.* 84,1
- turba
  siehe: frequentia
  vesana Maguntinorum t. 188,5
- turbare 116,19
- turbo
  Tenebrosus t. 186,1-2; *t. teterrimi fumi* 164,21
- turgidus
  siehe: crudelitas
- turma 108,16. 156,19
  t. hostilis 54,17
- turris 136,15. 164,23. 174,16. 176,1
  siehe: dare, recipere, relinquere, scala
  turriumque cacumina 164,19
- tutamen
  siehe: manus
  pro pauperum pupillorumque tutamine 70,10
- tutari 98,6-7
  quilibet loca commissa tutaretur 160,8
- tutus 120,4. 158,10
  siehe: fides, honor, portus

- tyrannicus
  siehe: apparatus
- tyrannis
  siehe: evadere, exercere
  latrocinanti tyrannide 122,2
- tyrannus 70,7. 106,13
  siehe: formidabilis, vorago
  truculentissimus t. 186,8

U
- uber (reich, ergiebig)
  siehe: fletus, lacrima
- ubique 56,20. 176,16
- ulcisci
  pro ecclesia Dei ulciscenda 166,9-10
- ultimus
  siehe: lavare, mundus (Welt)
- ultio (*ulcio*)
  siehe: gladius
- ultrix
  ultricem discipline 58,23
- ultro 150,10
  siehe: victoria
- ululare 168,6
- umbo 160,20
- umeralis (*humeralis*)
  siehe: regio
- unanimis
  siehe: eligere
  unanimiter cum toto populo 110,9-10
- uncatus
  siehe: naris
- unctus 146,22
  siehe: sacerdos
- unda
  siehe: intumescere, pellere
- undare
  undanti horribilitate 88,10-11
- undique 62,4. 76,3. 82,16. 88,14. 120,18. 158,12. 160,18.
  siehe: circumstare, digerere
- unguis
  siehe: calculus
- unicus
  siehe: gremium, refugium

- unitas
  siehe: aemulatio, referre, soliditas
  sicut caritatis unitate 82,21
- universalis
  siehe: ecclesia
- universi 60,8. 122,21. 126,7. 130,1. 134,24
- universitas 130,17
  siehe: conditor
- universus 128,17
  siehe: auferre, clerus, curia, ecclesia, seducere, plaudere
- unus
  siehe: substantia
- urbs
  siehe: porta, promuntorium
- urere 178,13. 180,10
- urgere 126,4
  siehe: puteus
- usus
  siehe: ineptus
- utensilia 112,3
  siehe: reparare
  cum omnibus utensilibus 130,5
- uti
  Argutissima vero calliditate ac impiissima utentes 144,2-3; *compendio quodam usi* 118,12; *legittimis u. diebus* 94,8; *Utamur ergo foro* 140,4; *ut saltim eorum uterentur consilio* 142,5-6
- utrimque 110,1

V
- vacare
  siehe: deus
  quieto sacerdocio v. 76,6-7; *quondam mihi v.* 78,7
- vacuus 56,14
- vadere
  vado ad mortem et ad martirium 174,6-7
- valedicere 134,13
- valere 58,9. 64,15. 154,5. 170,16. 192,7
  vim incendii sustinere non valens 176,1
- validus 168,18
  siehe: cingere, manus, obsidio, tempestas

- vallare 182,3
- vallis 78,24. 124,4
  siehe: praerupta
- vallum
  siehe: consitus
- valvae
  pro ipsius ecclesie valvis 164,22
- vapor
  v. ignis 164,19
- varius
  siehe: agere
- vas (Gefäß)
  siehe: arguere, dominus (Gott/Christus)
- vastus
  siehe: ecclesia, extendere
- vaticinari
  siehe: propheta
- vaticinium
  in Nathan prophete vaticinio 178,15
- vectis 186,21
- vehemens
  siehe: compati, convalescere, flere, ignis, indolescere, navis, offendere
  vehementissime 192,3
- vehementia (*vehemencia*)
  eructantis infringentisque incendii ad instar Ethne montis v. 172,23
- velamen
  mortifero doli velamine 112,19
- velamentum
  sub velamento satisfactionis 102,19
- velle
  nicht einzeln nachgewiesen
  siehe: deus
  qui non vis mortem peccatoris 182,6
- velum
  siehe: dare
- Venedig, (Venecia) 88,19
  siehe auch: Veneti, Venetus
- venenatus
  siehe: cauda
- venenosus
  siehe: caput

- venerabilis 92,5. 116,5. 120,6. 156,23–24
  siehe: archiepiscopus, archipraesul,
  episcopus, martyr, papa, pater, persona,
  pontifex, praesul, senex, vir
- venerantia (*venerancia*)
  siehe: canus
- venerari 56,23
  siehe: instantia
- veneratio (*veneracio*)
  sacerdocii veneracionem 80,9
- Veneti
  siehe: donare
- Venetus
  Venetum portum 86,18–19. 88,17
- venia 176,8
  siehe: dominus (Gott/Christus)
- venire 74,13. 94,3. 96,20. 100,4. 102,1.
  130,23. 136,21. 138,10. 148,1–2.22. 154,25.
  156,25. 158,16. 168,11. 174,18. 178,15.
  184,11.12
  siehe: contemnere
- venter
  siehe: penetralis
  de ventre oblivionis 68,1
- ventus
  siehe: dare, duellio
- venum dare 150,16
- venustas
  siehe: habitus
- verbera
  siehe: animadvertere, crux
- verbum 72,13. 126,21. 152,25. 154,13.
  170,11.17. 182,14
  siehe: adhibere, cognoscere, deserere,
  factor, finire, formidare, habena,
  intemptare, observantia, praestare,
  proficere, proruminare, resumere,
  spiritus
  v. humilitatis, pacis et omnimode
  satisfactionis 150,6–7; *v. peticionis* 94,3;
  bonis verbis 104,9; *in hoc scelesto et*
  nefario verbo 62,16; *optimis verbis* 150,5;
  verbo exhortacionis 134,2
- vereri 142,10. 148,7. 166,5. 192,4
  eius verebantur presenciam 58,6–7; *nec*
  Deum nec hominem nec ipsa sancta
  verentes 110,18–19
- vergere
  siehe: aetas
- veritas 158,14
  siehe: baiulare, magistra
  manifeste veritati occurrere 64,1;
  adversus veritatem 62,20
- vermis
  siehe: ebullire
- vertere 112,2. 140,15. 164,24
  circumquaque lumina vertens 160,9; *in*
  saniem verse 160,16
- vertex 140,7. 186,15
  siehe: canus, christus, planta
  reverentissime caniciei cigneum verticem
  176,18; *gaferatisque verticibus* 160,14
- vertigo
  vertiginem vesanie sue 112,2; *hac in*
  vertigine rerum 174,2
- verus
  siehe: substantia
- vesania
  siehe: impietas, irrumpere, vertigo
  infidelitatis, periurii et sacrilegii ipsorum
  v. 142,3–4
- vesanus
  siehe: turba
- vesica
  siehe: gestare
- vespa 160,13
- vespertinalis
  siehe: synaxis
- vestigium
  siehe: margarita, patere, tenere
  E vestigio 104,3. 136,1. 148,8
- vestimentum 82,21. 84,3
  siehe: reponere, vestire
- vestire 170,16
  quasi vestitus nupciali podere 84,8;
  squalente vestiverat glacie 86,11;
  Vestimentis aliis sacerdotes vestientur
  76,13; *vestitus ferro* 186,9
- vestis 80,15. 190,17
  vestesque sacerdotales 128,16; *sub ovili*
  veste 150,17

- vestitus
  siehe: alere
- veteranus
  siehe: foedus (Vertrag)
- vetus
  siehe: odium
- vetustus
  siehe: navis
- vexillum 156,16
  confessionis vexilla 178,12; *fulvis aridisque vexillis* 108,18–19
- via 140,24. 146,3. 156,19
  siehe: abstinere, bivium, concursus, dominus (Gott/Christus), ducere, observare, periculum, reddere, reducere
  v. regia 118,8
- viaticum
  siehe: munire, praebere
- vibrare
  siehe: gladius
- vicedominus 142,23. 144,5–6
- vicinus (Nachbar)
  siehe: definitio
- vicinus (benachbart, nahe)
  siehe: interitus
  vicinior curie 124,11
- vicis 104,18. 142,17
  siehe: reddere
  vicem apostolici super omnem sui metropolitanatus diocesim 134,12–13; *vicem cesaris* 132,24; *vicem domni pape* 90,8; *vicem suam in spiritualibus causis et iusticia banni* 94,18; *suscepti vicem officii fluctitantem* 76,5; *vice domni imperatoris* 134,16
- vicissitudo 154,9
  siehe: retribuere
- victima 178,4
- Victor IV., Gegenpapst (1159–1164) 116,1
- victoria
  siehe: potiri
  v. in manu vestra est 152,6–7; *quasi ultro se ingerentis victorie* 116,20
- victoriosus
  siehe: dimicare, triumphator

- victoriose 130,22
- victus 56,17
  siehe: alere
- videre (und *videri*) 54,10. 68,22. 78,12. 88,12. 92,13. 98,9. 100,3. 104,15. 114,5. 116,21. 128,12. 134,24. 150,13.14. 158,7. 168,19. 170,12–13. 172,19. 180,9. 182,5. 184,5
- vidua 56,9. 192,2
  siehe: innumerabilis, multitudo
- vigil
  siehe: asinus
- vigilans
  siehe: dare, meditatio
  vigilantissime 136,18
- vigilia
  siehe: feriari
- vigor 166,12–13
- vilis
  siehe: occidere (töten)
- villa 66,21
- vincere
  Noli vinci a malo, sed vince in bono malum 72,13; *numquam vincuntur in bono* 114,1–2
- vinculum 96,16. 120,2. 168,16
  siehe: exire, proicere
- vindex
  siehe: exterminare
- vindicare (*vendicare*)
  siehe: deus
  noluit absque iudicio v. in ipsos 106,21
- vindicta 70,19. 132,11.20
  siehe: debere, sumere
  ad vindictam malefactorum laudem vero bonorum 90,20–21. 128,9–10; *virgarum vindictam* 58,23–24
- vinum 112,4.5. 128,24
- violare 128,18
  siehe: altar
  violata fide 110,8–9
- violens
  siehe: eicere
- violentia (*violencia*)
  siehe: cogere
- violentus
  siehe: intemperies, manus

- vipera
  siehe: genimen
- viperinus
  siehe: gemellus
- vir 60,1. 64,10. 92,11
  siehe: ardere, assumere, cadaver, circumstare, compati, efficax, exire, improperare, meminisse, mirabilitas, opinio
  huiuscemodi condicionis viri 124,25; *maiores et honestissimi viri terre* 110,3–4; *Reverendus autem v. Domini* 56,1; *reverentissimi viri* 52,9; *ut v. virtutum omnium gnarus* 92,14; *venerabilis v.* 72,4; *v. beatus* 64,5; *v. Deo deditus* 148,3; *v. iste egregius* 120,9; *virorum forcium* 92,3; *religiosis viris* 76,17; *eximium virum* 60,15; *illius professionis viros* 56,22; *venerabilem virum* 54,12–13. 68,12; *virum misericordie* 52,1; *a viro sancto* 190,21
- virga
  siehe: vindicta
- virginitas
  sancta v. 162,14
- virgo 140,20
  siehe: altar, basilica
  gloriosam virginem Mariam 160,3; *semiustis virginibus* 162,16
- viridis
  siehe: iunctura
- virilis
  siehe: aetas, intorquere, stare
  viriliter 172,10
- viror
  smaragdinum per totum tenens virorem 82,14–15
- virtus 52,4.8.14. 66,12. 74,1. 82,6. 92,11. 100,13. 178,8. 188,17
  siehe: aemulator, altitudo, efficax, fulcire, fulgor, instruere, operari, praeditus, procedere, religio, vir
  proximaque virtuti 56,3–4; *in maxima virtute* 92,2–3; *omniformi virtute* 98,2
- virulentus
  siehe: gemellus

- vis 74,1. 98,2. 102,2. 108,4
  siehe: adimere, carere, certare, convertere, efficax, excedere, potiri, procedere, repellere, resistere, valere
  Tanta v. algoris 124,15; *vires malicie* 106,5; *pro viribus* 136,19. 152,16; *totis viribus suis* 144,2
- viscera 128,8
  siehe: cupere, gestare, gestitare, stringere
- visitare 168,2
- visitatio (*visitacio*)
  siehe: tempus (Zeit)
- visus
  visu erranti 82,8
- vita 52,5.9. 74,16. 114,6. 158,13. 164,6. 174,4. 178,19
  siehe: amittere, credere, custos, diligere, gaudium, ianua, privare, rigor, tempus (Zeit)
- vitare
  negligenciam omnem v. 66,18–19
- vitium (*vicium*) 54,14
  siehe: devenire
- vivere 150,11. 174,14. 182,7. 192,13
  siehe: dimittere, eradere, munire, tribunal
- vividus
  siehe: vultus
- vivificus
  siehe: gestare
- vivus
  siehe: absorbere, comburere, deus
- vocare 102,3. 124,9. 156,22. 170,3. 174,3
  siehe: bonum, commorari
  vocasti ad penitenciam 182,7; *legitimis eos vocarat induciis* 70,7–8
- vocatio (*vocacio*)
  siehe: commorari
- vociferari/vociferare 122,7. 162,21. 186,13
  diro clamatu vociferans 156,17
- vociferatio (*vociferacio*)
  siehe: involvere
- volucris
  siehe: rostrum

- voluntas 62,11. 128,27. 134,27. 172,15.28. 184,11
 siehe: acquiescere, consulere, impetrare, potiri, recuperare, tradere
 tam nostra quam omnium catholicorum v. 128,13–14; *vos, quibus est pro racione v.* 128,25–26; *bonam voluntatem* 150,12; *voluntatem eorum malam et nequam* 68,20; *voluntatem quiescendi extremam* 78,24–80,1
- voluptas
 siehe: lacuna
- voluptuosus
 siehe: sinus
- vorago
 siehe: absorbere
 in frementis ignis voragine 174,27–28; *magna de tyrannorum potentumque voragine* 68,2
- vorare
 siehe: flamma
 quos gladius non vorarat 96,16–17
- votum 192,13
 siehe: satisfacere
 parilique voto cleri populique ac omnium principum 64,6–7
- vox 138,15
 siehe: dignitas, latrare, praefulgere
 vocem adversariorum meorum 182,8–9; *lacrimabili et luctuosa voce* 172,26–27; *preconis sub voce* 120,19; *voce tubarum campanarumque* 156,11
- vulgo 70,20. 132,12

- vulgus 108,25
- vulnus
 siehe: conspuere, ictus, infligere
- vultus 160,9. 180,7
 siehe: confundere, induere, mutatio
 v. in oblongum vivido alboque colore suffusus 84,18–19; *concivium v.* 154,16–17; *Placido enim blandoque vultu* 150,4

W
- Walter von Hausen (*Walterus de Husen*), kaiserlicher Gesandter 130,7
- Werner von Bolanden (*Warnherus de Bonlant, Wernerus de Bonlant*) 102,10. 104,2
- Werra 94,18
- Wilhelm (*Willehelmus*), magister 130,9
- Worms (*Wormacia*) 60,6. 70,16

X
- xenium (*exenium*)
 siehe: donare

Z
- zelari
 zelatus domum Dei et legem Dei sui 146,8; *zelatus ecclesiam et legem Dei sui* 166,4
- zizania
 siehe: superseminare
- zona
 z. iacinctina 82,4

v